MÉMOIRES DU DUC DE SAINT-SIMON

Choix et présentation
par Paul GALLERET

10|18

ISBN 2-264-00880-6

SOMMAIRE

INTRODUCTION

LE DUC ET SES « MÉMOIRES »

Louis de Saint-Simon, qui allait être le plus illustre des mémorialistes, naquit à Paris, rue des Saints-Pères, le 16 janvier 1675, d'un second mariage auquel son père, devenu veuf sans avoir eu d'héritier mâle, s'était résolu à l'âge de soixante-sept ans. C'est dire si sa venue au monde fut bien accueillie! Aussi sa mère, née Charlotte de l'Aubespine, l'éleva-t-elle avec amour : « Elle me donna, dit-il, des soins continuels à me former le corps et l'esprit. »

Il avait seize ans, portait le titre un peu archaïque de vidame de Chartres et s'initiait à la philosophie et à l'équitation quand, « commençant à s'ennuyer beaucoup des maîtres et de l'étude » et impatient « d'entrer dans le service », il obtint de son vénérable père, alors octogénaire, qu'il le présentât au roi. Non sans quelque hésitation devant la petite taille du postulant, mais se souvenant qu'il était son filleul, Louis XIV consentit à l'admettre dans ses mousquetaires gris.

Quelques mois plus tard le jeune mousquetaire suivra le roi au siège de Namur. Puis, placé à la tête d'une compagnie du « Royal-Roussillon », il prendra part l'année suivante à la campagne des Pays-Bas et à la bataille de Neerwinden.

Son départ à la guerre avait affligé ses parents. En même temps il leur était arrivé un grave ennui :

« Un nommé Tessé, intendant de mon père, qui demeurait chez lui depuis plusieurs années, disparut tout à coup, et lui emporta cinquante mille francs, qui se trouvèrent dus à tous les marchands dont il avait produit de fausses quittances dans ses comptes. »

Ces soucis s'ajoutant au poids des années, le vieillard mourut subitement le 3 mai 1693, ce qui fit qu'à dix-huit ans son fils hérita de son titre de duc, de sa dignité de pair de France et de ses diverses fonctions honorifiques, ainsi que de tous ses biens, c'est-à-dire essentiellement, de sa seigneurie du Perche (1).

Le jeune duc de Saint-Simon s'empresse alors d'acheter un régiment de cavalerie avec lequel il sera affecté, sur sa demande (2), à l'armée du Rhin, d'où il viendra prendre ses quartiers d'hiver à Versailles et à Paris.

Il n'avait pas encore atteint sa vingtième année que, pressé par sa mère d'entrer au plus tôt dans une famille où il pût trouver un puissant soutien, il chercha à se marier. Finalement son choix se porta sur la fille aînée du maréchal de Lorges sous les ordres duquel il venait de servir. Le mariage fut célébré le 8 avril 1695.

Par une fâcheuse coïncidence, au même moment il perdit sa tante, la marquise de Saint-Simon. Mais comme celle-ci n'avait jamais pardonné à son frère de s'être remarié et qu'elle avait quatre-vingt-onze ans, ce fut, dit-il, un deuil sans douleur.

Puis six années se passent au bout desquelles, après quatre campagnes en Allemagne, son zèle pour le métier des armes paraît s'être singulièrement refroidi; manifestement ses séjours à Versailles où la jeune duchesse et lui fréquentent assidûment la cour, l'intéressent bien davantage. Il sera néanmoins très étonné quand, en 1702, il n'est pas

(1) Située à la Ferté-Vidame, à environ cent kilomètres à l'ouest de Versailles, cette seigneurie comprenait un vaste château médiéval et quatre mille hectares de terres et bois. A Paris les Saint-Simon n'étaient que locataires de leur hôtel.

(2) Bien que tout récent duc et plus récent encore colonel (on disait alors « mestre de camp »), il avait pris parti, à grand fracas, dans une querelle de préséance entre ducs, contre le maréchal de Luxembourg. Point n'était donc question qu'il retournât à l'armée des Flandres que celui-ci commandait.

promu brigadier alors que d'autres, moins anciens que lui, le sont.

Vexé au plus haut point, et prenant délibérément le risque de déplaire au roi, il démissionne pour raisons de santé : « Voilà encore un homme qui nous quitte », dira Louis XIV à l'un de ses ministres. Démission dont il lui tint longtemps rigueur : « Trois ans durant, dit Saint-Simon, il n'oublia aucune bagatelle, faute d'occasion plus importante, de me faire sentir combien il était fâché. Il ne me parla plus; ses regards ne tombaient sur moi que par hasard. Je n'allai plus à Marly et, après quelques voyages, je cessai de lui donner la satisfaction du refus. »

Cette situation lui devint si désagréable qu'à plusieurs reprises il fut tenté de se retirer dans ses terres, et il l'aurait fait sans les sages objections de sa femme. Ce fut d'ailleurs elle qui le fit rentrer en grâce. Le roi et Mme de Maintenon qui l'aimaient bien, lui demandèrent d'être la dame d'honneur de la fille aînée du duc d'Orléans, la future duchesse de Berry, ce qui fit que les Saint-Simon furent logés au château de Versailles.

Or, en 1711, le fils unique du roi, le Grand Dauphin dit « Monseigneur », vint à mourir; ce fut une chance inespérée pour Saint-Simon, car le nouvel héritier du trône, le duc de Bourgogne, l'avait en particulière estime. Cela acheva de sceller sa réconciliation avec le roi qui se contenta de lui dire : « Tenez votre langue! » Conseiller en titre du Dauphin, il connut alors la période qui allait être la plus exaltante de sa vie, car il était devenu, comme il aspirait si fort à l'être, un homme important, redoutable, dans le secret des dieux :

« Je voyais souvent le Dauphin en particulier. Je garnissais toutes mes poches de force papiers toutes les fois que j'allais à ces audiences, et je riais souvent en moi-même, passant dans le salon, d'y voir force gens qui se trouvaient actuellement dans mes poches, et qui étaient bien éloignés de se douter de l'importante discussion qui allait se faire d'eux. »

Période qui ne devait durer, hélas! que dix mois : la mort, à trente ans, du duc de Bourgogne fut pour lui une catastrophe. Il retomba aussitôt dans une demi-obscurité, et, malheureusement, le seul autre prince du sang avec lequel il était lié, le duc d'Orléans, avait tout le monde contre lui en raison de la suspicion dont il était l'objet depuis les morts étranges qui s'étaient succédées au sein de la famille royale. Saint-Simon allait être le seul à lui témoigner une courageuse fidélité (1).

Aussi, quand au décès du roi, trois ans plus tard, le duc d'Orléans devint Régent, une nouvelle période brillante eût-elle dû logiquement s'ouvrir pour lui qui n'avait encore que quarante ans. En fait, et malgré l'insistance de son ami, il n'accepta de jouer pendant les sept années qu'elle dura, qu'un rôle assez effacé.

Membre du Conseil de Régence, il connut alors deux grandes satisfactions : celle de voir le Parlement, qu'il haïssait, contraint de casser le testament de Louis XIV qui confiait au duc du Maine, un des bâtards, le soin de l'éducation du jeune roi, et celle de voir ramener ce même duc du Maine du rang de prince du sang à celui de simple pair :

« Je me mourais de joie, raconte-t-il, j'en étais à craindre la défaillance; mon cœur dilaté à l'excès, ne trouvait plus d'espace à s'étendre. La violence que je me faisais pour ne rien laisser paraître, était infinie, et néanmoins ce tourment était délicieux. Je triomphais, je me vengeais, je nageais dans ma vengeance... »

A juste raison il se considérait comme ayant « la plus véritable part » en la confiance du Régent. Ainsi, pour ne citer que cet exemple mineur, celui-ci n'aurait probablement jamais osé acheter le magnifique diamant auquel fut précisément donné le nom de « Régent », s'il ne lui avait pas fortement conseillé cette « emplette si illustre ».

Aussi n'eut-il aucun mal à obtenir en 1721 d'être envoyé en Espagne comme ambassadeur extraordinaire à l'occasion du double mariage : de Louis XV avec l'infante Marie-Anne-Victoire et de la quatrième fille du Régent, Mlle de

(1) Leur amitié datait de leur adolescence, du temps où l'un était duc de Chartres et l'autre vidame de Chartres.

Montpensier, avec le prince des Asturies. Ce fut l'apogée de sa vie publique.

Deux ans plus tard le Régent meurt soudainement. Devant ce nouveau coup du sort, aussi rude pour lui que l'avait été la mort du duc de Bourgogne, Saint-Simon, « affligé au dernier point » et « rebuté de voir que tout lui rompait entre les mains », écoute d'autant plus volontiers ceux qui lui conseillent « une honnête retraite » que depuis son retour d'Espagne il connaît de sérieux embarras financiers.

Il quitte donc Versailles, résolu à mener désormais « une conduite séparée et retirée, sans se mêler de rien, faisant six mois ses délices de sa maison de la Ferté et les six autres mois de sa maison de Paris, avec ses amis et ses livres, et allant une fois ou deux par an à la cour ».

Certes il n'est pas sans redouter que ces loisirs forcés « forment un vide qui ne sera pas aisé à supporter ni à remplir ». Mais il va bientôt se découvrir trois grandes tâches à accomplir. Elles consisteront : la première, à défendre les prérogatives de sa caste, ce à quoi il consacrera des « Notes sur les Duchés-Pairies », un épais recueil où figurera en bonne place son autobiographie; la seconde, à rendre hommage, — sous la forme d'une importante étude historique intitulée « Parallèle des trois premiers rois Bourbon » —, à la mémoire de Louis XIII, « ce prince, dit-il, auquel mon père a dû toute sa fortune (1) et moi par conséquent tout ce que je suis »; la troisième enfin, à écrire ses Mémoires, une œuvre de longue haleine dont les principales caractéristiques seront analysées plus loin.

Partageant son temps entre ses travaux littéraires, la gestion de ses domaines, le soin de ses affaires familiales et l'intérêt qu'il continuait à porter de loin à celles de la

(1) Tout jeune il avait gagné la faveur du roi en étant le seul de ses pages à ne pas baver dans son cor et à ne pas avoir peur du tonnerre; et aussi pour une troisième raison que nous apprend Saint-Simon : « Mon père, dit-il, qui avait remarqué l'impatience du roi à relayer, imagina de lui tourner le cheval qu'il lui présentait, la tête à la croupe de celui qu'il quittait. Par ce moyen, le roi, qui était dispos, sautait de l'un sur l'autre sans mettre le pied à terre. »

monarchie, il menait cette existence depuis vingt ans quand il eut la douleur de perdre sa femme (1). Elle lui avait donné trois enfants qui, malheureusement, ne leur firent guère honneur. La fille, contrefaite et un peu demeurée, avait été épousée par un courtisan farfelu, lequel mourut au bout de quelques années. Les fils, courts de jambes (on les appelait « les deux bassets »), étaient non moins courts d'esprit. Après s'être efforcé de les établir le plus noblement qu'il put, il les maria avec deux veuves; seul l'aîné eut un enfant : une fille. L'un et l'autre allaient disparaître avant lui.

Désespéré de penser que son cher duché-pairie ne lui survivra pas, harcelé par une horde de créanciers, accablé d'infirmités, Saint-Simon, veuf inconsolable et père infortuné, aurait connu une triste fin de vieillesse s'il n'avait pas eu la possibilité d'achever ses Mémoires. Ce fut avec la satisfaction d'y être pleinement parvenu, et d'avoir même pu en établir une table analytique générale, qu'il mourut à Paris le 2 mars 1755.

Par une curieuse symétrie, sa vie retirée (1723-1755) avait duré exactement le même nombre d'années que sa vie publique (1691-1723), comme si le sort s'était plu à lui ménager en parts égales le temps pour agir et observer, et le temps pour méditer et témoigner.

***

Mais comment le grand seigneur qu'était le duc de Saint-Simon devint-il « mémorialiste »? — Il nous le dit : « Ce fut la lecture de l'histoire qui me fit naître l'envie d'écrire des Mémoires de ce que je verrais, dans le désir et dans l'espérance d'être de quelque chose et de savoir le mieux que je pourrais des affaires de mon temps. » Envie qui lui fut d'autant plus aisée à satisfaire qu'il avait à

(1) Voulant rappeler dans son testament combien son mariage avait été heureux, il y demanda que son cercueil fût rivé à celui de sa femme, ce qui fut fait. Cette double sépulture qui se trouvait dans l'église de la Ferté-Vidame, allait être ignoblement profanée sous la Révolution.

employer des dons exceptionnels d'observation et d'analyse, et un talent inné de conteur et d'écrivain.

Effectivement, comme s'il obéissait à une vocation impérieuse, il décide à dix-neuf ans de tenir une sorte de journal, dans lequel il notera et commentera l'actualité qui compte le plus à ses yeux, à savoir celle « des choses de la cour »; mais en s'attachant, et ce sera en quoi il fera œuvre à la fois d'historien et de moraliste, « à démêler les causes, les intérêts, les vices, les passions, les haines, les amitiés et tous les autres ressorts des actions publiques et privées ».

Occupation quotidienne dans laquelle il a sans doute vu en outre un passionnant passe-temps qui lui permettra d'échapper à l'oisiveté du courtisan. C'est Mme de Maintenon qui écrit à une amie : « Que ne puis-je vous faire voir l'ennui qui dévore les grands et la peine qu'ils ont à remplir leur journée! » Risque qu'il avait d'autant plus à redouter qu'il n'était pas porté sur le jeu et pas davantage « un homme de spectacle et de musique ».

Que pour son esprit « qui avait besoin de pâture », la Cour du Grand Roi serait un théâtre permanent de ce que la comédie humaine pouvait offrir de plus intéressant et de plus curieux, voilà ce qu'a su deviner au sortir de l'adolescence Louis de Saint-Simon. Dès lors, confiant au papier ce que la prudence lui interdirait de dire en public, il va écrire en secret, au fil des jours et des semaines, les relations et les exposés de tout ce dont il aura été témoin, avec la ferme résolution d'en faire profiter la postérité. Et, afin que celle-ci n'ignore rien des hommes et des femmes qui en furent les acteurs, il y joindra le portrait de chacun d'eux au physique et au moral, grâce à quoi plus tard il pourra écrire « avec la plus exacte vérité l'histoire de son temps ».

***

Cependant, ainsi qu'on a pu le constater trois pages plus haut (c'était dans une citation relative au duc du Maine) Saint-Simon se montre parfois si violent et si vindicatif que l'on est amené à douter qu'il puisse être un historien impartial. Effectivement il ne l'est pas, et il en convient lui-même : « Je ne me pique pas d'impartialité, dit-il; je le ferais vainement. »

Au reste rien ne l'y prédisposait, tant s'en faut, et cela depuis ses jeunes années. Né, en effet, avec un naturel impétueux que remarquera déjà son précepteur (« Vous êtes sujet à la colère », lui reprochait-il), il a retenu de son éducation maternelle que le monde est composé de deux catégories de gens, « les bons » et « les mauvais »; et lui, qui est, comme il dit, « un homme droit, vrai, franc, plein d'honneur et de probité », et qui n'a certainement pas oublié (car il n'oubliait rien) l'odieuse escroquerie dont avaient été victimes ses parents, ressent envers quiconque lui semble faire partie des « mauvais », une antipathie foncière qui, surtout s'il s'agit d'un « fripon » ayant porté tort à l'État, peut aller jusqu'à la haine.

D'autre part, ayant été dès son enfance hanté par le grand âge de son père, il a gardé de la maturité précoce d'orphelin qu'il avait alors acquise, une humeur sourcilleuse et rancunière que portera notamment à son paroxysme tout manquement à la considération due à sa naissance :

« Ma passion la plus vive et la plus chère, dira-t-il, est celle de ma dignité et de mon rang. »

Très tôt, en outre, il a vu dans sa médiocre stature (elle lui vaudra un jour le sobriquet de « petit boudrillon »), un handicap pour ses ambitions (1); et la bile qu'il en éprouvera, fera de lui un censeur agressif et intraitable :

« Je m'expliquais sur les gens et sur les choses de façon à emporter la pièce... »

Et, ayant, également de bonne heure, pris conscience de sa supériorité d'esprit, ce sera sans modération qu'il affichera ses idées (2), fussent-elles en opposition avec celles des ministres du roi :

(1) Sous Louis XIV une belle prestance était un si notoire mérite que chacun à la cour cherchait à se grandir en portant, à l'instar du roi, de volumineuses perruques et de très hauts talons.

(2) Des idées hardies et parfois chimériques; son arrière-neveu, le fondateur du saint-simonisme, avait de qui tenir.

« Glorieux, frondeur et plein de vues », tel le dépeindra Mme de Maintenon.

Aussi était-il logique avec lui-même lorsqu'en commençant son journal, il se jura, pour que « la vérité s'y montrât tout entière », et aussi afin de « satisfaire ses passions et inclinations », « de n'y ménager personne par aucune considération ».

Pourtant, ce journal « partialisé », il découvrit un jour, en le relisant au bout de quatre ans, que ce qu'il y avait mis jusque-là « d'âpre et d'amer », pourrait « ruiner la réputation de mille gens »! Soudain saisi de scrupules, il écrivit alors à son vénérable ami, l'abbé de Rancé, pour lui demander conseil (1), en ayant soin toutefois de lui préciser que ce journal, qu'il appelle déjà des Mémoires, et dont il lui soumet divers extraits, est strictement confidentiel, et n'a été et ne sera jamais vu de personne.

La réponse du saint homme apaisa sans doute sa conscience car il redevint sur-le-champ, semble-t-il, ce qu'il avait toujours voulu être : un témoin vigilant et intransigeant de son époque.

Époque qui, comme on l'a vu, se terminera pour lui en 1723, à son exil volontaire de Versailles. Pour demeurer fidèle à sa vocation il se doit maintenant d'en écrire l'histoire, c'est-à-dire, de passer du journal auquel il vient de mettre le point final, aux Mémoires proprement dits. Mais, si désireux qu'il soit de mener à bien cette entreprise, il n'y parviendra qu'au bout de vingt-cinq années! Pourquoi un si énorme délai?

Une première cause en fut son souci extrême de la vérité, car, voulant être absolument sûr que son journal ne comportait ni erreur ni omission, il tiendra à le confronter avec les autres Mémoires contemporains, dans lesquels il lui faut de surcroît trouver la documentation qui lui manque pour la période de 1691 à 1694 antérieure à ses notes. Or il ne pourra disposer des principaux d'entre eux, ceux de

(1) Cette lettre, datée du 24 mars 1699, est le seul document qui nous renseigne quelque peu sur la conception que Saint-Simon avait de son projet de Mémoires secrets.

Dangeau et de Torcy, qu'après 1730, ce qui finalement retardera de près de dix ans le moment où, ayant pu vérifier et compléter son journal, il s'estimera enfin en mesure de commencer à rédiger ses Mémoires.

Pour accomplir dans les meilleures conditions cette longue tâche que, soulignons-le, il entreprend plus de quarante ans après le début de la période sur laquelle elle portera, il va prendre deux décisions logiques : l'une de procéder par tranches successives, de deux, trois, ou quatre ans (elles seront au nombre de onze); l'autre, de tirer tout le parti possible de son journal en l'utilisant comme canevas et comme brouillon. Grâce à quoi, et en s'aidant de ses souvenirs, il pourra composer le plus facilement, tranche après tranche, les textes coordonnés, continus et bien coulants, qui, mis bout à bout, constitueront en définitive le texte-fleuve des Mémoires.

Composition qui lui sera également facilitée par la contexture même qu'il a donnée à son journal, lequel comprend comme nous l'avons dit plus haut, une infinité de relations, d'exposés et de portraits formant autant de *morceaux achevés* (1) qu'il pourra, s'il le juge bon, reproduire presque sans changements.

Néanmoins, pour venir à bout de son entreprise, il lui faudra d'autant plus de temps qu'en raison du rigoureux secret dont il a tenu à l'entourer, il devra se passer complètement de secrétaires, jusques et y compris pour mettre au propre les minutes de rédaction des onze tranches.

C'est ce qui explique que, lorsqu'il transcrira celle de la onzième tranche, il aura atteint l'âge de soixante-quatorze ans; et on peut se le représenter alors, impatient malgré tout d'en finir, en train de couvrir rapidement, tout goutteux et catarrheux qu'il soit, de sa petite écriture fine et serrée, les ultimes des deux mille huit cent cinquante pages grand format que va comprendre son manuscrit.

Mais, revenons un instant, pour en noter une particularité, sur l'élaboration des textes de celui-ci. Certes, au cours

(1) Tels étaient ceux qu'à titre d'exemples il avait présentés à l'abbé de Rancé.

de ce travail, Saint-Simon a été constamment amené à amalgamer ses souvenirs et la substance du journal. Toutefois, ce faisant, comme il considère que, étant « de source et de première main », tout dans ce dernier est « parfaitement vrai », non seulement il s'est astreint à ne rien changer aux appréciations et aux jugements qu'il y a jadis portés (1), mais il reproduira, en tout ou en partie, une si forte proportion des *morceaux achevés* qui s'y trouvent, que le style et le mouvement de ceux-ci donneront le ton à l'ensemble de l'ouvrage.

Que la rédaction des Mémoires se soit effectuée comme nous venons de le décrire, ce qui, entre autres remarques, le donne à penser, c'est, d'une part, que le manuscrit ne comporte ni ratures, ni surcharges; d'autre part, que le style en est si vivant qu'il semble, comme dit Michelet, « palpiter encore de l'émotion du moment »; et enfin, qu'y figurent quantité d'outrances, manifestement conçues au cours d'accès d'indignation ou de haine (2), qu'après tant d'années Saint-Simon n'a pu écrire de sang-froid que parce que, entiché de « sa » vérité, il les a transcrites telles qu'il les a trouvées dans son journal « partialisé ». Et voilà sans doute pourquoi l'impartialité est absente des Mémoires : une absence dont on fera bien de tenir compte quand on les lira.

Il était donc en train de les rédiger quand, en 1743, au souvenir probablement des conseils de modération que sa femme, qui venait de mourir, lui avait donnés, il fut saisi des mêmes scrupules que quarante-quatre ans plus tôt : ne devrait-il pas en conscience brûler cet ouvrage qui va livrer tant de ses contemporains à la réprobation de la postérité? — Eh bien, non! Et il s'en justifiera auprès de ses futurs lecteurs en plaçant en tête de celui-ci sa propre apologie.

(1) Ainsi il s'interdira de tenir compte de l'évolution de ses sentiments entre-temps, ce qu'il nous laisse entendre en déclarant : « J'ai été infiniment en garde contre mes affections et mes aversions... »

(2) « Je ne cache à personne ni à lui-même, osera-t-il, par exemple, dire du duc de Noailles, que le plus beau et plus délicieux jour de ma vie ne fût celui où il me serait donné par la justice divine de l'écraser en marmelade et de lui marcher à deux pieds sur le ventre... »

Sa thèse est simple : pourvu que les jugements qu'il a portés soient justes, — or ils le sont —, et qu'ils ne puissent être connus que « lorsque le temps les aura mis à l'abri des ressentiments », — or telle sera la consigne formelle qu'il laissera après lui —, non seulement la charité n'en sera pas blessée, mais l'histoire « qui permet et prescrit d'attaquer et de révéler les mauvais », y trouvera pleinement son compte. En vertu de quoi, et bien qu'il sache que, tels quels, ils exciteront « une prodigieuse révolte », il ne retranchera rien dans ses Mémoires de ce qui y est « âpre et amer », bravant ainsi allègrement le risque d'être accusé, soit d'avoir obéi à de vieilles rancunes tenaces, soit d'avoir voulu voir, par orgueil et manichéisme, dans ce rôle de justicier d'outre-tombe qui sera le sien, un destin enfin à sa mesure.

Quant à nous, rendons grâces à Saint-Simon d'être resté jusqu'au bout fidèle à lui-même, car, dépouillées de leur véhémente partialité, ses précieuses révélations sur ce qu'il a connu du Grand Siècle, auraient perdu beaucoup de leur saveur et de leur piquant. On aura souvent l'occasion de le vérifier dans le cours de cet ouvrage.

*
* *

Une autre remarque importante s'impose, d'autant qu'elle est à l'origine de la présente anthologie : c'est que parmi les milliers de pages que comptent les Mémoires, un très grand nombre ne peuvent véritablement intéresser que des spécialistes. Ce sont principalement celles qui sont consacrées à des exposés généalogiques ou à des questions de préséance ou d'étiquette, dans lesquelles Saint-Simon ne nous fait grâce d'aucune parenté et d'aucun titre (1), ou à de longs récits touffus de batailles ou de campagnes, ou encore à de fastidieux comptes rendus.

Proposer une anthologie (ou, si l'on préfère, des analectes) de son œuvre est donc entièrement justifié, ne serait-ce

(1) Parce qu'il avait été fait « grand d'Espagne », les considérations auxquelles il se livre concernant cette dignité, y occupent à elles seules plusieurs dizaines de pages.

que parce qu'il n'y a pas d'autre moyen de la mettre à la portée du public (1) : d'où l'ouvrage que voici.

Pour le réaliser nous n'avons pas cru pouvoir mieux faire que de nous inspirer de la façon dont lui-même avait procédé pour soumettre son journal à l'examen de l'abbé de Rancé : « Je me suis résolu, lui avait-il écrit, à vous importuner de quelques morceaux pour vous supplier par iceux de juger de la pièce... J'y ai joint deux portraits pour servir d'échantillon. »

C'est ainsi que, dans huit de ses chapitres mis en forme d'annales, comme le sont les Mémoires, cette anthologie consiste en un *échantillonnage de portraits*, copieux, il est vrai (il y en a plus de deux cents) et en un nombre comparable d'autres « morceaux » : anecdotes, récits, exposés, que nous avons fait alterner avec les portraits afin de donner de l'œuvre une physionomie aussi fidèle que possible.

Si nous y avons suivi l'ordre chronologique, ce fut cependant sans viser à une rigueur superflue : « Ce sont, dit Saint-Simon, de ces curiosités de cour dont les époques ne sont pas importantes dans leur exactitude... » Fréquemment même nous avons pris la liberté de présenter les acteurs avant lui qui attend généralement qu'ils aient quitté la scène pour parler d'eux; leurs portraits étant ainsi débarrassés de leur cadre nécrologique, ils reprennent place en quelque sorte dans l'actualité.

Outre les huit chapitres ci-dessus, l'ouvrage en comprend six dont la présentation est différente : ce sont ceux qui sont consacrés à la personne du roi et à sa famille. Négligeant le fait que dans la table analytique qu'il se donna la peine d'établir, Saint-Simon (qu'il nous le pardonne!) accorde deux fois plus de place à lui-même qu'à Louis XIV, nous avons en effet considéré celui-ci comme le personnage central des Mémoires.

Et c'est justice, car le roi domine de si haut tous les autres acteurs que ceux-ci ne semblent avoir d'existence, surtout les hommes, que par sa délégation ou son reflet : il

(1) Une édition intégrale des Mémoires étant nécessairement d'un prix élevé.

est véritablement le soleil autour duquel tout gravite! D'ailleurs, lui disparu, les Mémoires paraissent avoir perdu leur raison d'être, et l'on s'étonnerait de voir le duc les poursuivre s'il ne s'en expliquait pas à plusieurs reprises par son désir d'arriver jusqu'au moment où il fut ambassadeur en Espagne.

C'est pourquoi, malgré l'intérêt que présentent, quoi qu'on ait pu dire, nombre de ces pages (1), nous avons cru pouvoir terminer notre choix de textes par le pathétique récit de la mort de Louis XIV.

***

Bien que Saint-Simon ait écrit que « les réflexions gâtent souvent les Mémoires », les siens sont loin d'en être dépourvus. Aussi avons-nous jugé bon d'extraire des pages que nous n'avons pas reproduites, certaines des pensées et des maximes qu'elles contiennent. Un petit chapitre leur a été réservé à la fin de cette anthologie.

Dans le désir d'accroître la densité et la cohésion de celle-ci, nous avons estimé pouvoir y rassembler tous les passages qui, épars dans les Mémoires, ont trait au même personnage ou au même sujet.

A part les titres des chapitres et les sous-titres, les uns et les autres fort succincts, tout dans le corps de l'ouvrage est authentiquement de Saint-Simon. Nous avons en effet renoncé à y faire figurer des commentaires ou des notes explicatives qui l'eussent fâcheusement alourdi et qui, plus fâcheusement encore, eussent rompu le style de notre auteur.

Pour remédier dans une certaine mesure à leur absence, nous avons fait suivre cette introduction d'un bref rappel historique, qui permettra au lecteur de mieux situer les extraits choisis, par rapport aux événements du temps. Nous y avons joint un tableau des « noms distinctifs » par lesquels sont constamment désignés plusieurs des principaux per-

(1) Nous donnons en appendice celles où Saint-Simon raconte la visite en France du Czar Pierre Ier.

sonnages des Mémoires, noms qu'il est indispensable de connaître pour l'intelligence de nombreux passages.

*
* *

Ce ne fut qu'à partir de 1770 que des fragments des Mémoires commencèrent à être vus de quelques privilégiés (1), ce qui explique que Voltaire, dans son « Siècle de Louis XIV », n'ait pu en faire état et ne mentionne même pas le nom de Saint-Simon (2). Des extraits plus importants parurent successivement en 1788 et en 1818.

Quant à la première édition complète, elle n'eut lieu qu'en 1830, après que le roi Louis XVIII eût fait rendre au général de Saint-Simon, petit neveu de l'auteur des Mémoires, le manuscrit autographe de ceux-ci, lequel était conservé aux archives des Affaires étrangères. Quatre-vingt-quatre ans s'étaient donc écoulés depuis leur achèvement; c'est dire combien la consigne qu'avait laissée Saint-Simon aura été amplement observée!

Si de son vivant on disait déjà de lui : « Son style ne peut être imité par personne; c'est à lui seul qu'il appartient! », ce ne sera cependant que de la parution de ses Mémoires que datera sa réputation de grand écrivain.

Parmi les hommages qui lui ont été ainsi rendus par la postérité, nous n'en citerons que deux :

— celui de son plus célèbre émule, Chateaubriand, « Il écrit à la diable, mais pour l'immortalité »;

— celui de son plus célèbre commentateur, Sainte-Beuve, « Il n'y a eu jusqu'ici à ce degré de verve et d'ampleur qu'un Saint-Simon! »

*
* *

Dans chacune des pages de cette anthologie le lecteur sera donc, comme nous l'en avons prévenu, pour ainsi dire seul en compagnie du duc.

(1) Mme du Deffand fut de ceux-là. Elle déclara même qu'elle y avait goûté des « plaisirs indicibles ».

(2) Par contre Saint-Simon fait une allusion à Voltaire dont le père, Maître Arouet, avait été le notaire de sa famille.

On devra s'accoutumer à sa façon de parler qui n'est probablement pas très différente de celle qu'il avait à la cour. Puis, en se mettant à son pas qui, souvent nerveux et rapide, est parfois, au contraire, d'une noble lenteur, peut-être se figurera-t-on en train de se promener avec lui dans la Galerie des Glaces, dans les appartements et les salons de Versailles ou à travers les jardins de Marly, les uns et les autres repeuplés pour la circonstance de ceux des contemporains du Grand Roi dont on a lu les portraits.

Ainsi placé au milieu des acteurs, peut-être croira-t-on, comme l'espérait Saint-Simon, « moins lire une histoire ou des Mémoires qu'être soi-même spectateur de tout ce qui a été raconté ».

Peut-être même, et ce serait là notre souhait, éprouvera-t-on après cette lecture le désir d'admirer dans toute son étendue ce grandiose monument littéraire que sont les Mémoires (1), un plaisir auquel il est possible de s'adonner dans toute bibliothèque digne de ce nom.

Enfin, en refermant le présent volume, peut-être aura-t-on une pensée, d'une part, pour la précocité de prodige que fut celle de Saint-Simon quand, à dix-neuf ans! il se donna la mission d'être le témoin et, jusqu'à un certain point, le juge de son époque; et, d'autre part, pour sa décision irrévocable, à soixante-huit ans! de ne laisser voir de son vivant, à qui que ce soit, ce travail de toute sa vie : double originalité qui aidera à mieux percevoir ce qu'il y a dans une telle œuvre de surhumain.

P. GALLERET

(1) Il n'en existe pratiquement que trois éditions complètes :
— celle de Gonzague Truc en 7 vol., Gallimard (La Pléiade), 1953 (c'est la seule qui soit actuellement en vente en librairie);
— celle de Chéruel et Régnier en 20 vol., Hachette, 1886;
— celle de Boislile en 41 vol., Hachette, 1928 (cette dernière se distingue par l'extrême abondance des notes qu'elle comporte).

Nombreux sont en revanche les ouvrages ou essais ayant eu pour objet la critique littéraire et historique des « Mémoires », et *ipso facto* l'étude de la vie et de la personnalité de leur auteur.

Bornons-nous à signaler dans ce genre l'excellent livre, aussi attrayant qu'érudit, de Georges Poisson : *Monsieur de Saint-Simon* (Berger-Levrault, 1973).

NOTA

L'historique ci-après comprend, à la suite d'un préambule, huit paragraphes correspondant aux huit chapitres de l'ouvrage qui en constituent la partie « annales ». Avant de lire un de ces chapitres on aura intérêt à revoir le paragraphe qui s'y rapporte.

Sur un encart figure le tableau des « noms distinctifs » utilisés dans les Mémoires. Il sera bon de l'avoir sous les yeux tant que l'on ne sera pas familiarisé avec ces appellations.

Le vocabulaire de Saint-Simon diffère par ailleurs si peu du nôtre qu'il n'appelle aucune remarque importante. Rappelons toutefois que le « dîner » était alors le repas de midi, que l' « après-dînée » désignait l'après-midi, et que l'on disait « la surveille » pour l'avant-veille.

HISTORIQUE DU RÈGNE DE LOUIS XIV

pour la période correspondant
à la présente anthologie
(*de 1691 à 1715*)

Au moment où Saint-Simon fait commencer ses Mémoires, c'est-à-dire en 1691, il y a trente années que, depuis la mort de Mazarin, Louis XIV, qui est âgé de cinquante-trois ans, exerce une autorité personnelle absolue.

Avec le concours de trois grands ministres (Colbert aux Finances et à la Marine, Lionne aux Affaires étrangères, Louvois à la Guerre) il a instauré l'ordre et la prospérité dans le royaume et, poursuivant l'entreprise des Capétiens, il s'est efforcé de lui donner ses frontières naturelles pour achever son unité et pourvoir à sa sécurité.

A la suite de deux guerres au cours desquelles ses armées parfaitement organisées par Louvois et commandées par les grands capitaines qu'étaient Condé et Turenne, n'avaient connu que des victoires, il a pu annexer la Franche-Comté, l'Artois, le Roussillon et Dunkerque.

Depuis neuf ans il a installé sa cour et son gouvernement au château de Versailles qui, commencé par lui en 1662, est maintenant pourvu d'une annexe : Marly.

Après la mort de la reine survenue en 1683, Louis XIV, qui a bientôt épousé secrètement Mme de Maintenon, se donne la mission d'extirper l'hérésie calviniste et pour cela révoque l'Édit de Nantes, ce qui fera s'exiler un très grand nombre de huguenots qui comptaient parmi les plus industrieux de ses sujets.

En 1688, les principaux monarques de l'Europe, inquiets de son orgueil ou indignés par son intolérance, décident de s'unir contre lui. Ce sera la Ligue d'Augsbourg qui comprendra l'empereur Léopold d'Autriche, les électeurs de l'Empire, le roi d'Espagne, le roi de Suède, le duc de Savoie et le prince d'Orange, stathoudeur de Hollande, devenu depuis peu roi d'Angleterre sous le nom de Guillaume III.

Devançant les coalisés, les armées du roi prennent l'offensive dès 1689, envahissent la rive gauche du Rhin et dévastent le Palatinat. Puis, en 1690, elles conquièrent la Belgique et la Savoie, tandis qu'à la tête de l'escadre que Colbert et Seignelay ont créée, Tourville met en déroute la flotte anglo-hollandaise à la bataille de Beachy-Head.

Aux yeux des étrangers, Louis XIV est, en 1691, au comble de la puissance et de la gloire.

De 1691 à 1695

La guerre qui dure déjà depuis près de trois ans va continuer en s'intensifiant.

Si, sur mer, en contraste avec les exploits de ses corsaires, le roi a à déplorer le désastre de la Hougue (1692) et les bombardements par les Anglais des ports de la Manche (1694), en revanche sur terre il ne compte que des succès : prise de Mons (1691), prise de Namur en sa présence (1692), victoire de Neerwinden (1693), campagne d'Espagne (1694).

Dans sa tombe Louvois, mort en 1691, pouvait encore être satisfait.

De 1695 à 1698

En 1695 la chance semble avoir tourné. Le roi perd son meilleur général, le maréchal de Luxembourg, et les coalisés lui reprennent Namur.

Heureusement l'un d'eux, le duc de Savoie, se laisse

convaincre qu'il est de son intérêt de se retirer du conflit (1696). Bien mieux il donne sa fille aînée en mariage au duc de Bourgogne, petit-fils du roi.

Comme d'autre part Vendôme s'empare en 1697 de Barcelone et qu'en outre dans les deux camps la lassitude se fait sentir, la paix est conclue la même année à Ryswick.

Magnanimement Louis XIV renonce à toutes ses conquêtes sauf Strasbourg et l'Alsace.

De 1698 à 1702

Bien que cette guerre que Louis XIV a dû mener sur trois fronts pendant dix ans ait sérieusement entamé les ressources du royaume, il tient, dès l'été de 1698, à donner à l'Europe une fastueuse démonstration de force militaire : ce sera le camp de Compiègne auquel il conviera les ambassadeurs.

Cependant dans tous les États on commence à se préoccuper du problème que va bientôt poser la succession du roi d'Espagne Charles II, lequel, d'une santé chancelante, est sans héritier.

Lorsque celui-ci meurt, en 1700, on apprend que par testament il a désigné pour lui succéder sur le trône un des petits-fils du roi, le duc d'Anjou.

Louis XIV ayant, non sans hésitation, accepté ce testament, le duc d'Anjou hérite aussitôt sous le nom de Philippe V, de la couronne d'Espagne et de toutes les possessions de celle-ci à savoir : la Flandre, une grande partie de l'Italie, le Mexique et presque toute l'Amérique du Sud.

Face à l'énorme puissance ainsi acquise par la maison de Bourbon une nouvelle coalition ne tarde pas à se former à l'instigation d'une part de Guillaume III, furieux de ce que Louis XIV ait reconnu « roi d'Angleterre » l'héritier des Stuarts réfugié en France, et d'autre part l'empereur d'Autriche qui s'estime spolié par le testament.

Ce dernier confie le commandement de son armée au prince Eugène de Savoie, lequel s'était précédemment distingué contre les Turcs et qui va bientôt mettre sérieusement en échec en Italie les maréchaux Catinat et Villeroy.

Ainsi vient de commencer une nouvelle guerre au cours de laquelle Louis XIV en sus de la défense de la France aura à assumer celle de l'Espagne avec comme seuls alliés les électeurs de Bavière et de Cologne.

De 1702 à 1706

La mort de Guillaume III survenue en 1702 ne change rien à la coalition. Placé à la tête de l'armée anglo-hollandaise, le duc de Marlborough se révèle, dès sa première campagne et en dépit d'un succès de Villars à Fridlingen, un adversaire redoutable.

Si en 1703 Villars remporte un nouveau succès en Allemagne et si Tallart, vainqueur à Spire, s'empare de Landau, l'année suivante Marlborough bouscule l'armée franco-bavaroise sur le Danube, et, rejoint par le prince Eugène, triomphe à Hochstedt, ce qui va donner aux alliés la Bavière et Cologne; puis reprend Landau, ce qui leur ouvre l'Alsace.

La même année les Anglais s'emparent de Gibraltar.

En 1705, Philippe V perd Barcelone; la Catalogne tout entière se dresse alors contre lui. Seul succès de nos armes : celui de Vendôme à Cassano, en Italie.

L'empereur d'Autriche Léopold Ier étant mort, Joseph Ier lui succède.

De 1706 à 1710

En 1706 c'est de plus en plus au désavantage de Louis XIV que la guerre se poursuit.

A Ramillies dans les Pays-Bas Marlborough inflige à Villeroy une lourde défaite qui entraînera la perte de la Flandre espagnole.

En Italie le prince Eugène remporte sur le duc d'Orléans la victoire de Turin, ce qui lui donne le contrôle du Milanais, du Mantouan, du Piémont et du royaume de Naples.

Plus favorable sera l'année 1707 : la situation s'améliore

en Espagne et, mis en échec devant Toulon, le prince Eugène et le duc de Savoie (à nouveau notre ennemi) sont contraints d'évacuer la Provence qu'ils venaient d'envahir.

Malheureusement 1708 verra le prince Eugène et Marlborough écraser à Audenarde notre armée des Flandres commandée par le duc de Bourgogne et Vendôme, puis s'emparer de Lille.

Là-dessus la France subit un hiver exceptionnellement long et rigoureux ; la misère y est grande et la famine menace.

Devant tant d'adversité le roi offre la paix aux alliés. Mais ceux-ci y ayant mis des conditions inacceptables, il galvanise ses sujets par sa fermeté.

A l'été de 1709 les hostilités reprennent; Tournai et Mons sont perdus. Toutefois à Malplaquet Marlborough et le prince Eugène ne parviennent pas à l'emporter nettement sur Villars.

1710-1711

Louis XIV propose alors à nouveau la paix. A ses plénipotentiaires (le maréchal d'Huxelles et l'abbé de Polignac) les alliés répondent de façon outrageante et, reprenant l'offensive, entrent à Douai et à Béthune.

En Espagne où, selon le duc d'Orléans, la princesse des Ursins exerce une autorité néfaste, les troupes franco-espagnoles sont battues à Saragosse, et pour la seconde fois Philippe V est obligé de quitter Madrid. Envoyé à son secours Vendôme rétablit la situation en remportant à Villaviciosa une brillante victoire (1710).

Cependant à Londres le parti de la guerre à outrance a perdu le pouvoir. Bientôt en disgrâce, Marlborough est destitué en 1711 de tous ses emplois. Dans le même temps en Autriche Charles VI succède à Joseph 1er décédé.

1712-1713

Endeuillée par trois morts survenues dans la famille royale, l'année 1712 sera en revanche marquée par la conclusion d'une suspension d'armes entre l'Angleterre et la France.

Malgré la défection des Anglais le prince Eugène s'empare néanmoins du Quesnoy et ses avant-gardes parviennent même aux portes de Reims. C'est alors qu'à Denain et Marchienne Villars l'attaque par surprise et remporte sur lui une victoire décisive qui met son armée en déroute.

En dépit de la mort de Vendôme en Espagne, la conjoncture est devenue favorable pour discuter de la paix, d'autant plus que le prince Eugène, qui n'est plus bien en cour à Vienne, se voit infliger par Villars une nouvelle défaite à Freybourg (1713).

1714-1715

Mettant enfin au bout de treize années un terme à cette funeste guerre de la Succession d'Espagne, la paix, déjà signée une première fois à Utrecht (où le roi avait tenu à envoyer les mêmes plénipotentiaires qu'en 1710), va l'être définitivement à Rastadt.

La France conserve Lille, Strasbourg, Landau et l'Alsace, et obtient que les électeurs de Bavière et de Cologne soient rétablis dans leurs États. Mais l'Espagne se voit dépouiller de toutes ses possessions européennes. Du moins, comme le confirme en 1714 le ralliement de la Catalogne, la légitimité de Philippe V, qui a dû renoncer à toute prétention à la couronne de France, n'y est plus contestée.

A la mort de Louis XIV, le 1er septembre 1715, l'héritier du trône est un enfant. Conformément au testament du roi ce sera le duc d'Orléans son neveu qui, assisté d'un Conseil de Régence, exercera jusqu'à la majorité de Louis XV, les fonctions de Régent.

En ce début du XVIIIe siècle la carte politique de l'Europe se trouve notablement modifiée. Alors que l'influence de l'Espagne semble devoir être très diminuée, deux États vont être appelés à jouer désormais un rôle plus important : le Brandebourg, dont l'électeur a pris le titre de Roi de Prusse, et la Russie, transformée par le Czar Pierre Ier.

CHAPITRE PREMIER

OU SAINT-SIMON AVERTIT LE LECTEUR

Les Mémoires, il n'y en peut avoir de bons que de parfaitement vrais, ni de vrais qu'écrits par qui a vu et manié lui-même les choses qu'il écrit, ou qui les tient de gens dignes de la plus grande foi, qui les ont vues et maniées; et de plus il faut que celui qui écrit aime la vérité jusqu'à lui sacrifier toutes choses.

De ce dernier point, j'ose m'en rendre témoignage à moi-même, et me persuader qu'aucun de tout ce qui m'a connu n'en disconviendrait. C'est même cet amour de la vérité qui a le plus nui à ma fortune; je l'ai senti souvent, mais j'ai préféré la vérité à tout, et je n'ai pu me ployer à aucun déguisement; je puis dire encore que je l'ai chérie jusque contre moi-même.

Ce que j'ai appris de moins sûr, je le marque; et ce que j'ai ignoré, je n'ai pas honte de l'avouer. De cette façon les Mémoires sont de source, de la première main. Leur vérité, leur authenticité ne peut être révoquée en doute.

*
* *

Pour être utile il faut que le récit des faits découvre leurs origines, leurs causes, leurs suites et leurs liaisons des uns aux autres, ce qui ne peut se faire que par l'exposition des actions des personnages qui ont pris part à ces choses; et comme sans cela les faits demeureraient un chaos, autant en serait-il des actions de ces personnages, par conséquent de toute l'histoire, si on ne faisait connaître quels ont été ces personnages, ce qui les a engagés à la part qu'ils ont eue aux faits qu'on raconte, et le rapport d'union ou d'opposition qu'il y a eu entre eux.

Plus donc on a de lumières là-dessus, et plus les faits deviennent intelligibles, plus l'histoire devient curieuse et intéressante, plus on instruit par les exemples des mœurs et des causes des événements.

C'est ce qui rend nécessaire de découvrir les intérêts, les vices, les vertus, les passions, les haines, les amitiés et tous les autres ressorts, tant principaux qu'incidents, des intrigues, des cabales et des actions publiques et particulières qui ont part aux événements qu'on écrit, et toutes les divisions, les branches, les cascades qui deviennent les sources et les causes d'autres intrigues et qui forment d'autres événements.

*
* *

Mais la charité peut-elle s'accommoder du récit de tant de passions et de vices?

La charité n'impose pas l'obligation de ne pas voir les choses et les gens tels qu'ils sont. Elle est due aux bons aux dépens des mauvais. Elle veut que les bons soient avertis et soutenus; elle exige que ceux qui sont établis en des administrations publiques soient éclairés sans ménagement sur les personnes et sur les choses.

Les mauvais, qui dans ce monde ont déjà tant d'avantages sur les bons, en auraient un autre bien étrange contre eux, s'il n'était pas permis aux bons de les discerner, de les connaître, par conséquent de s'en garer, et de les faire passer tels qu'ils sont et qu'ils ont été à la postérité.

*
* *

Reste à toucher l'impartialité, ce point si essentiel et tenu pour si difficile, je ne crains point de le dire, impossible à qui écrit ce qu'il a vu et manié. On est charmé des gens droits et vrais; on est irrité contre les fripons dont les cours fourmillent; on l'est encore plus contre ceux dont on a reçu du mal. Le stoïque est une belle et noble chimère. Je ne me pique donc pas d'impartialité, je le ferais vainement. Toutefois, je me rendrai encore ce témoignage que j'ai été infiniment en garde contre mes affections et mes aversions.

C'est en cette manière que je puis assurer que j'ai été entièrement impartial, et je crois qu'il n'y a point d'autre manière de l'être.

Mais si ces Mémoires voient jamais le jour, je ne doute pas qu'ils n'excitent une prodigieuse révolte. Comme je n'en verrai rien, peu m'importe.

*
* *

Dirais-je enfin un mot du style, de sa négligence, de répétitions trop prochaines des mêmes mots, quelquefois de synonymes trop multipliés, surtout de l'obscurité qui naît souvent de la longueur des phrases, peut-être de quelques répétitions? J'ai senti ces défauts; je n'ai pu les éviter, emporté toujours par la matière, et peu attentif à la manière de la rendre, sinon pour la bien expliquer.

Je ne fus jamais un sujet académique, je n'ai pu me défendre d'écrire rapidement. De rendre mon style plus correct et plus agréable en le corrigeant, ce serait refondre tout l'ouvrage, et ce travail passerait mes forces, il courrait risque d'être ingrat. Pour bien corriger ce qu'on a écrit, il faut savoir bien écrire; on verra aisément ici que je n'ai pas dû m'en piquer.

Je n'ai songé qu'à l'exactitude et à la vérité. J'ose dire que l'une et l'autre se trouvent étroitement dans mes Mémoires, qu'ils en sont la loi et l'âme, et que le style mérite en leur faveur une bénigne indulgence.

CHAPITRE II

OU NOUS SOMMES MIS EN PRÉSENCE DE LOUIS XIV LE ROI-SOLEIL

Les chiffres de référence indiquent le chapitre des *Mémoires* (Édition de la Pléiade), d'où est extrait le passage qui se termine à ces chiffres.

Exemple : 4.15 se lit chapitre XV du tome IV.

Quand plusieurs passages qui se suivent, proviennent du même chapitre, celui-ci n'est indiqué que pour le dernier.

On peut dire qu'au milieu de tous les autres hommes, sa taille, son port, les grâces, la beauté, et la grande mine qui succéda à la beauté, jusqu'au son de sa voix et à l'adresse et la grâce naturelle et majestueuse de toute sa personne, le faisaient distinguer jusqu'à sa mort comme le roi des abeilles, et que, s'il ne fût né que particulier, il aurait eu également le talent des fêtes, des plaisirs, de la galanterie, et de faire les plus grands désordres d'amour [4.51].

Rien n'était pareil à lui aux revues, aux fêtes, et partout où un air de galanterie pouvait avoir lieu par la présence des dames. Toujours majestueux, quoique quelquefois avec de la gaieté, et jamais devant le monde rien de déplacé ni de hasardé, mais jusqu'au moindre geste, son marcher, son port, toute sa contenance, tout mesuré, tout décent, noble, grand majestueux, et toutefois très-naturel, à quoi l'habitude et l'avantage incomparable et unique de toute sa figure donnait une grande facilité.

Aussi, dans les choses sérieuses, les audiences d'ambassadeurs, les cérémonies, jamais homme n'a tant imposé; et il fallait commencer par s'accoutumer à le voir, si en le haranguant on ne voulait s'exposer à demeurer court. Ses réponses en ces occasions étaient toujours courtes, justes, pleines, et très-rarement sans quelque chose d'obligeant, quelquefois même de flatteur, quand le discours le méritait. Le respect aussi qu'apportait sa présence, en quelque lieu qu'il fût, imposait un silence, et jusqu'à une sorte de frayeur.

Il était toujours vêtu de couleur plus ou moins brune avec une légère broderie, jamais sur les tailles, quelquefois rien qu'un bouton d'or, quelquefois du velours noir. Toujours une veste de drap ou de satin rouge, ou bleue, ou verte, fort brodée. Jamais de bague, et jamais de pierreries qu'à ses boucles de souliers, de jarretières, et de chapeau toujours bordé de point d'Espagne avec un plumet blanc. Toujours le cordon bleu dessous, excepté des noces ou autres fêtes pareilles qu'il le portait par dessus, fort long avec pour huit ou dix millions de pierreries [4.54].

*
* *

Il s'applaudissait d'un accès facile.

Le grand seigneur comme le plus subalterne de tous états, parlait librement au roi en allant ou revenant de la messe, en passant d'un appartement à un autre, ou allant monter en carrosse.

C'est à quoi se bornait la facilité de son accès. Ainsi on ne pouvait s'expliquer qu'en deux mots, d'une manière fort incommode, et toujours entendu de plusieurs qui environnaient le roi.

La réponse sûre était un « je verrai », utile à la vérité pour s'en donner le temps, mais souvent bien peu satisfaisante, moyennant quoi tout passait nécessairement par les ministres, sans qu'il pût y avoir jamais d'éclaircissement, ce qui les rendait les maîtres de tout, et le roi le voulait bien, ou ne s'en apercevait pas [4.51].

Jamais personne ne donna de meilleure grâce et n'augmenta tant par là le prix de ses bienfaits. Jamais personne ne vendit mieux ses paroles, son souris même, jusqu'à ses regards. Il rendit tout précieux par le choix et la majesté, à quoi la rareté et la brèveté de ses paroles ajoutait beaucoup. S'il les adressait à quelqu'un, ou de question, ou de choses indifférentes, toute l'assistance le regardait; c'était une distinction dont on s'entretenait, et qui rendait toujours une sorte de considération. Il en était de même de toutes les attentions et les distinctions, et des préférences, qu'il donnait dans leurs proportions. Jamais il ne lui échappa de dire rien de désobligeant à personne; et s'il avait à reprendre, à réprimander ou à corriger, ce qui était fort rare, c'était toujours avec un air plus ou moins de bonté, presque jamais avec sécheresse, jamais avec colère; quoique il ne fût pas exempt de colère, quelquefois avec un air de sévérité.

Jamais homme si naturellement poli, ni d'une politesse si fort mesurée, si fort par degrés, ni qui distinguât mieux l'âge, le mérite, le rang, et dans ses réponses, et dans ses manières. Ces étages divers se marquaient exactement dans sa manière de saluer et de recevoir les révérences, lorsqu'on partait ou qu'on arrivait. Il était admirable à recevoir différemment les saluts à la tête des lignes à l'armée ou aux revues. Mais surtout pour les femmes rien n'était pareil. Jamais il n'a passé devant la moindre coiffe sans soulever son chapeau, je dis aux femmes de chambre, et qu'il connaissait pour telles, comme cela arrivait souvent à Marly. Aux dames, il ôtait son chapeau tout à fait, mais de plus ou moins loin. S'il les abordait il ne se couvrait qu'après les avoir quittées. Tout cela n'était que dehors, car dans la maison il n'était jamais couvert. Ses révérences, plus ou moins marquées mais toujours légères, avaient une grâce et une majesté incomparables, jusqu'à sa manière de se soulever à demi à son souper pour chaque dame assise qui arrivait, non pour aucune autre, ni pour les princes de sang; mais sur les fins cela le fatiguait, quoique il ne l'ait jamais cessé, et les dames assises évitaient d'entrer à son souper quand il était commencé.

Si on lui faisait attendre quelque chose à son habiller, c'était toujours avec patience. Exact aux heures qu'il donnait pour toute sa journée; une précision nette et courte dans ses ordres. Si dans les vilains temps d'hiver qu'il ne pouvait aller dehors qu'il passât chez Mme de Maintenon un quart d'heure plus tôt qu'il n'en avait donné l'ordre, ce qui ne lui arrivait guère, et que le capitaine des gardes en quartier ne s'y trouvât pas, il ne manquait point de lui dire après que c'était sa faute à lui d'avoir prévenu l'heure, non celle du capitaine des gardes de l'avoir manqué. Aussi, avec cette règle qui ne manquait jamais, était-il servi avec la dernière exactitude, et elle était d'une commodité infinie pour les courtisans. Ainsi on savait, à un demi-quart d'heure près, tout ce que le roi devait faire.

Le roi n'a de sa vie manqué la messe qu'une fois à l'armée, un jour de grande marche, ni aucun jour maigre, à moins de vraie et très-rare incommodité.

Il traitait bien ses valets, surtout les intérieurs. C'était parmi eux qu'il se sentait le plus à son aise, et qu'il se communiquait le plus familièrement.

Il ne manquait guère de demander à ses gentilshommes ordinaires, quand ils revenaient de sa part de faire des compliments de conjouissance ou de condoléances aux gens titrés, hommes et femmes, mais à nuls autres, comment ils avaient été reçus; et il aurait trouvé bien mauvais qu'on ne les eût pas fait asseoir, et conduits fort loin, les hommes au carrosse [4.54].

*
* *

Le roi aimait extrêmement l'air, et quand il en était privé, sa santé en souffrait par des maux de tête et par des vapeurs, que lui avait causés un grand usage de parfums autrefois, tellement qu'il y avait bien des années, que, excepté l'odeur de la fleur d'orange, il n'en pouvait souffrir aucune, et qu'il fallait être fort en garde de n'en avoir point, pour peu qu'on eût à l'approcher.

Comme il était peu sensible au froid et au chaud, même à la pluie, il n'y avait que des temps extrêmes qui l'empêchassent de sortir tous les jours. Ces sorties n'avaient que trois objets : courre le cerf, au moins une fois la semaine, et souvent plusieurs, à Marly et à Fontainebleau, avec ses meutes et quelques autres; tirer dans ses parcs, et homme en France ne tirait si juste, si adroitement, ni de si bonne grâce, et il y allait aussi une ou deux fois la semaine, surtout les dimanches et les fêtes qu'il ne voulait point de grandes chasses, et qu'il n'avait point d'ouvriers; les autres jours voir travailler et se promener dans ses jardins et ses bâtiments; quelquefois des promenades avec des dames, et la collation pour elles, dans la forêt de Marly et dans celle de Fontainebleau; et dans ce dernier lieu, des promenades avec toute la cour autour du canal, qui était un spectacle magnifique, où quelques courtisans se trouvaient à cheval.

Il s'amusait volontiers à Fontainebleau, les jours de mauvais temps, à voir jouer les grands joueurs à la paume, où il avait excellé autrefois, et à Marly très-souvent, à voir jouer au mail, où il avait aussi été fort adroit [4.59].

Il était admirable à cheval à son âge. Il aimait à voir faire toutes ces choses avec grâce et adresse. S'en bien ou mal acquitter devant lui était mérite ou démérite. Il disait que de ces choses qui n'étaient point nécessaires, il ne s'en fallait pas mêler si on ne les faisait pas bien. Il aimait fort à tirer, et il n'y avait point de si bon tireur que lui, ni avec tant de grâces. Il voulait des chiennes couchantes excellentes; il en avait toujours sept ou huit dans ses cabinets, et se plaisait à leur donner lui-même à manger pour s'en faire connaître.

Il aimait fort aussi à courre le cerf, mais en calèche, depuis qu'il s'était cassé le bras en courant à Fontainebleau, aussitôt après la mort de la reine. Il était seul dans une manière de soufflet, tiré par quatre petits chevaux, à cinq ou six relais, et il menait lui-même à toute bride, avec une adresse et une justesse que n'avaient pas les meilleurs cochers, et toujours la même grâce à tout ce qu'il faisait. Ses postillons étaient des enfants depuis neuf ou dix ans jusqu'à quinze, et il les dirigeait [4.54].

*
* *

Il pleurait aisément [1.1].

Cependant c'était un homme uniquement personnel, et qui ne comptait tous les autres, quels qu'ils fussent, que par rapport à soi. Sa dureté là-dessus était extrême. Dans les temps les plus vifs de sa vie pour ses maîtresses, leurs incommodités les plus opposées aux voyages et au grand habit de cour, car les dames les plus privilégiées ne paraissaient jamais autrement dans les carrosses ni en aucun lieu de cour, avant que Marly eût adouci cette étiquette, rien, dis-je, ne les en pouvait dispenser. Grosses, malades, moins de six semaines après leurs couches, dans d'autres temps fâcheux, il fallait être en grand habit, parées et serrées dans leurs corps, aller en Flandres, et plus loin encore, danser, veiller, être des fêtes, manger, être gaies et de bonne compagnie, changer de lieu, ne paraître craindre, ni être incommodées du chaud, du froid, de l'air, de la poussière, et tout cela précisément aux jours et aux heures marquées, sans déranger rien d'une minute.

Il voyageait toujours son carrosse plein de femmes : ses maîtresses, après ses bâtardes, ses belles-filles, quelquefois Madame, et des dames quand il y avait place.

Dans ce carrosse, lors des voyages, il y avait toujours beaucoup de toutes sortes de choses à manger : viandes, pâtisseries, fruits. On n'avait pas sitôt fait un quart de lieue que le roi demandait si on ne voulait pas manger. Lui jamais ne goûtait à rien entre ses repas, non pas même à aucun fruit, mais il s'amusait à voir manger, et manger à crever. Il fallait avoir faim, être gaies, et manger avec appétit et de bonne grâce, autrement il ne le trouvait pas bon, et le montrait même aigrement : on faisait la mignonne, on voulait faire la délicate, être du bel air; et cela n'empêchait pas que les mêmes dames ou princesses qui soupaient avec d'autres à sa table le même jour, ne fussent obligées, sous les mêmes peines, d'y faire aussi bonne contenance que si elles n'avaient mangé de la journée. Avec cela, d'aucuns besoins il n'en fallait point parler, outre que pour les femmes ils auraient été très-embarrassants avec les détachements de la maison du roi, et les gardes du corps devant et derrière le carrosse, et les officiers et les écuyers aux portières, qui faisaient une poussière qui dévorait tout ce qui était dans le carrosse. Le roi, qui aimait l'air, en voulait toutes les glaces baissées, et aurait trouvé fort mauvais que quelque dame eût tiré le rideau contre le soleil, le vent ou le froid : il ne fallait seulement pas s'en apercevoir, ni d'aucune autre sorte d'incommodité; et allait toujours extrêmement vite, avec des relais le plus ordinairement. Se trouver mal était un démérite à n'y plus revenir.

J'ai ouï conter à la duchesse de Chevreuse, que le roi a toujours fort aimée et distinguée, qu'allant dans son carrosse avec lui de Versailles à Fontainebleau, il lui prit au bout de deux lieues un de ces besoins pressants auxquels on ne croit pas pouvoir résister. Le voyage était tout de suite, et le roi arrêta en chemin, pour dîner sans sortir de son carrosse. Ces besoins, qui redoublaient à tous moments, ne se faisaient pas sentir à propos, comme à cette dînée, où elle eût pu descendre un moment dans la maison vis-à-vis, mais le repas, si ménagé qu'elle le pût faire, redoubla l'extrémité de son état. Prête à moments à être forcée de l'avouer et de mettre pied à terre, prête aussi très-souvent à perdre connaissance, son courage la soutint jusqu'à Fontainebleau, où elle se trouva à bout. En mettant pied à terre, elle vit le duc de Beauvillier, arrivé de la veille avec les enfants de France, à la portière du roi. Au lieu de monter à sa suite, elle prit le duc par le bras, et lui dit qu'elle allait mourir si elle ne se soulageait. Ils traversèrent un bout de la cour Ovale, et entrèrent dans la chapelle de cette cour, qui heureusement se trouva ouverte, et où on disait des messes tous les matins. La nécessité n'a point de loi; Mme de Chevreuse se soulagea pleinement dans cette chapelle, derrière le duc de Beauvillier, qui en tenait la porte.

Je rapporte cette misère pour montrer quelle était la gêne qu'éprouvait journellement ce qui approchait le roi avec le plus de faveur et de privance, car c'était alors l'apogée de celles de la duchesse de Chevreuse. Ces choses, qui semblent des riens, et qui sont des riens en effet, caractérisent trop pour les omettre. Le roi avait quelquefois des besoins, et ne se contraignait pas de mettre pied à terre. Alors les dames ne bougeaient du carrosse [4.57].

*
* *

Il voulait que ses tables fussent toujours remplies sans que personne manquât [3.15].

Il ne buvait depuis longues années, au lieu du meilleur vin de Champagne, dont il avait uniquement usé toute sa vie, que du vin de Bourgogne avec la moitié d'eau, si vieux qu'il en était usé. Il disait quelquefois, en riant, qu'il y avait souvent des seigneurs étrangers bien attrapés à vouloir goûter du vin de sa bouche. Jamais il n'en avait bu de pur en aucun temps, ni usé de nulle sorte de liqueurs, non pas même de thé, café, ni chocolat. A son lever seulement, au lieu d'un peu de pain, de vin et d'eau, il prenait depuis fort longtemps deux tasses de sauge et de véronique; souvent entre ses repas et toujours en se mettant au lit des verres d'eau avec un peu d'eau de fleurs d'orange qui tenaient chopine, et toujours à la glace en tout temps; même les jours de médecine il y buvait, et toujours aussi à ses repas, entre lesquels il ne mangea jamais quoi que ce fût, que quelque pastille de cannelle, qu'il mettait dans sa poche à son fruit, avec force biscotins pour ses chiennes couchantes de son cabinet.

Toute l'année il mangeait à souper une quantité prodigieuse de salade. Ses potages, dont il mangeait soir et matin de plusieurs, et en quantité de chacun sans préjudice du reste, étaient pleins de jus et d'une extrême force, et tout ce qu'on lui servait plein d'épices, au double au moins de ce qu'on y en met ordinairement, et très-fort d'ailleurs. Cela et les sucreries n'était pas de l'avis de Fagon, qui, en le voyant manger, faisait quelquefois des mines fort plaisantes, sans toutefois oser rien dire, que par-ci par-là, à Livry et à Benoist, qui lui répondaient que c'était à eux à faire manger le roi, et à lui à le purger. Il ne mangeait d'aucune sorte de venaison ni d'oiseaux d'eau, mais d'ailleurs de tout sans exception.

Il mangeait si prodigieusement et si solidement soir et matin, et si également encore, qu'on ne s'accoutumait point à le voir [4.48].

* * *

Infiniment attaché à tout l'extérieur possible [4.33],

il aimait passionnément toutes sortes de somptuosités à sa cour [1.90].

Il aima en tout la splendeur, la magnificence, la profusion. Ce goût il le tourna en maxime par politique, et l'inspira en tout à sa cour. C'était lui plaire que de s'y jeter en tables, en habits, en équipages, en bâtiments, en jeu. C'étaient des occasions pour qu'il parlât aux gens. Le fond était qu'il tendait et parvint par là à épuiser tout le monde en mettant le luxe en honneur, et pour certaines parties en nécessité, et réduisit ainsi peu à peu tout le monde à dépendre entièrement de ses bienfaits pour subsister. Il y trouvait encore la satisfaction de son orgueil par une cour superbe en tout.

Rien, jusqu'à lui, n'a jamais approché du nombre et de la magnificence de ses équipages de chasses et de toutes ses autres sortes d'équipages. Ses bâtiments, qui les pourrait nombrer? En même temps, qui n'en déplorera pas l'orgueil, le caprice, le mauvais goût? Il abandonna Saint-Germain, et ne fit jamais à Paris ni ornement ni commodité, que le Pont Royal, par pure nécessité, en quoi, avec son incomparable étendue, elle est si inférieure à tant de villes dans toutes les parties de l'Europe.

Saint-Germain, il l'abandonna pour Versailles, le plus triste et le plus ingrat de tous les lieux, sans vue, sans bois, sans eau, sans terre, parce que tout y est sable mouvant ou marécage, sans air par conséquent, qui n'y peut être bon.

Il se plut à tyranniser la nature, à la dompter à force d'art et de trésors. Il y bâtit tout l'un après l'autre, sans dessein général : le beau et le vilain furent cousus ensemble, le vaste et l'étranglé. Son appartement et celui de la reine y ont les dernières incommodités, avec les vues de cabinets et de tout ce qui est derrière les plus obscures, les plus enfermées, les plus puantes. Les jardins, dont la magnificence étonne, mais dont le plus léger usage rebute, sont d'aussi mauvais goût. On n'y est conduit dans la fraîcheur de l'ombre que par une vaste zone torride, au bout de laquelle il n'y a plus, où que ce soit, qu'à monter et à descendre; et avec la colline, qui est fort courte, se terminent les jardins.

Du côté de la cour, l'étranglé suffoque, et ces vastes ailes s'enfuient sans tenir à rien. Du côté des jardins, on jouit de la beauté du tout ensemble, mais on croit voir un palais qui a été brûlé, où le dernier étage et les toits manquent encore. La chapelle qui l'écrase, parce que Mansart voulait engager le roi à élever le tout d'un étage, a de partout la triste représentation d'un immense catafalque.

On ne finirait point sur les défauts monstreux d'un palais si immense et si immensément cher, avec ses accompagnements, qui le sont encore davantage : orangerie, potagers, chenils, grande et petite écuries pareilles, commun prodigieux; en murailles enfin, qui par leur immense contour enferment comme une petite province du plus triste et du plus vilain pays du monde.

A la fin, le roi, lassé du beau et de la foule, se persuada qu'il voulait quelquefois du petit et de la solitude. Il chercha autour de Versailles de quoi satisfaire ce nouveau goût. Il visita plusieurs endroits.

Il trouva derrière Lucienne un vallon étroit, profond, à bords escarpés, inaccessible par ses marécages, sans aucune vue, enfermé de collines de toutes parts, extrêmement à l'étroit, avec un méchant village sur le penchant d'une de ces collines qui s'appelait Marly. Cette clôture sans vue, ni moyen d'en avoir, fit tout son mérite. Ce fut un grand travail que dessécher ce cloaque de tous les environs qui y jetaient toutes leurs voiries, et d'y rapporter des terres. L'hermitage fut fait.

Peu à peu l'hermitage fut augmenté; d'accroissement en accroissement, les collines taillées pour faire place et y bâtir, et celles du bout largement emportées pour donner au moins une échappée de vue fort imparfaite. Enfin, en bâtiments, en jardins, en eaux, en aqueduc, en ce qui est si connu et si curieux sous le nom de machine de Marly, en parcs, en forêt ornée et renfermée, en statues, en meubles précieux, Marly est devenu ce qu'on le voit encore.

Telle fut la fortune d'un repaire de serpents et de charognes, de crapauds et de grenouilles, uniquement choisi pour y pouvoir dépenser. Tel fut le mauvais goût du roi en toutes choses, et ce plaisir superbe de forcer la nature, que ni la guerre la plus pesante, ni la dévotion ne put émousser [4.54].

*
* *

Ce fut un prince à qui on ne peut refuser beaucoup de bon, même de grand, en qui on ne peut méconnaître plus de petit et de mauvais.

Il aima la gloire, il voulut l'ordre et la règle. Il était né sage, modéré, secret, maître de ses mouvements et de sa langue; le croira-t-on? il était né bon et juste, et Dieu lui en avait donné assez pour être un bon roi, et peut-être même un assez grand roi. Tout le mal lui vint d'ailleurs. Sa première éducation fut tellement abandonnée, que personne n'osait approcher de son appartement. On lui a souvent ouï parler de ces temps avec amertume, jusque-là qu'il racontait qu'on le trouva un soir tombé dans le bassin du jardin du Palais-Royal à Paris, où la cour demeurait alors.

Dans la suite, sa dépendance fut extrême. A peine lui apprit-on à lire et à écrire, et il demeura tellement ignorant que les choses le plus connues d'histoire, d'événements, de fortunes, de conduites, de naissance, de lois, il n'en sut jamais un mot. Il tomba, par ce défaut et quelquefois en public, dans les absurdités les plus grossières.

Né avec un esprit au-dessous du médiocre, mais un esprit capable de se former, de se limer, de se raffiner, d'emprunter d'autrui sans imitation et sans gêne, il profita infiniment d'avoir toute sa vie vécu avec les personnes du monde qui toutes en avaient le plus, et des plus différentes sortes, en hommes et en femmes de tout âge, de tout genre et de tous personnages.

Il parlait bien, en bons termes, avec justesse; il faisait un conte mieux qu'homme du monde, et aussi bien un récit. Ses discours les plus communs n'étaient jamais dépourvus d'une naturelle et sensible majesté [4.51].

***

Ses ministres, ses généraux, ses maîtresses, ses courtisans s'aperçurent bientôt après qu'il fut le maître, de son faible plutôt que de son goût pour la gloire. Ils le louèrent à l'envi et le gâtèrent. Les louanges, disons mieux, la flatterie lui plaisait à tel point, que les plus grossières étaient bien reçues, les plus basses encore mieux savourées. Ce n'était que par là qu'on s'approchait de lui, et ceux qu'il aima n'en furent redevables qu'à heureusement rencontrer, et à ne se jamais lasser en ce genre. C'est ce qui donna tant d'autorité à ses ministres, par les occasions continuelles qu'ils avaient de l'encenser, surtout de lui attribuer toutes choses, et de les avoir apprises de lui. La souplesse, la bassesse, l'air admirant, dépendant, rampant, plus que tout l'air de néant sinon par lui, étaient les uniques voies de lui plaire.

Il s'appropriait tout avec une facilité et une complaisance admirable en lui-même, et se croyait tel qu'ils le dépeignaient en lui parlant. De là ce goût de revues, qu'il poussa si loin que ses ennemis l'appelaient le roi des revues, ce goût de sièges pour y montrer sa bravoure à bon marché, s'y faire retenir à force, étaler sa capacité, sa prévoyance, sa vigilance, ses fatigues, auxquelles son corps robuste et admirablement conformé, était merveilleusement propre, sans souffrir de la faim, de la soif, du froid, du chaud, de la pluie, ni d'aucun mauvais temps. Il était sensible aussi à entendre admirer, le long des camps, son grand air et sa grande mine, son adresse à cheval et tous ses travaux. C'était de ses campagnes et de ses troupes qu'il entretenait le plus ses maîtresses, quelquefois ses courtisans.

Ce poison ne fit que s'étendre. Il parvint jusqu'à un comble incroyable dans un prince qui n'était pas dépourvu d'esprit et qui avait de l'expérience. Lui-même, sans avoir ni voix ni musique, chantait dans ses particuliers les endroits les plus à sa louange des prologues des opéras. On l'y voyait baigné, et jusqu'à ses soupers publics au grand couvert, où il y avait quelquefois des violons, il chantonnait entre ses dents les mêmes louanges quand on jouait les airs qui étaient faits dessus [4.51].

Ces magnifiques tableaux historiques qui ornent la grande galerie de Versailles et ses deux salons n'ont pas eu peu de part à irriter toute l'Europe contre le roi, et à la liguer plus encore contre sa personne que contre son royaume [1.15].

*
* *

Le désir de lui être agréable était généralement poussé jusqu'à l'esclavage et aux plus grandes bassesses [7.11].

De ces sources étrangères et pestilentielles lui vint cet orgueil, que ce n'est point trop de dire que, sans la crainte du diable que Dieu lui laissa jusque dans ses plus grands désordres, il se serait fait adorer et aurait trouvé des adorateurs [4.52].

CHAPITRE III

CE QU'AURA ÉTÉ LA VIE SENTIMENTALE DU ROI

Avant Madame de Maintenon.

Louis XIV, dans sa jeunesse, plus fait pour les amours qu'aucun de ses sujets, lassé de voltiger et de cueillir des faveurs passagères, se fixa enfin à la Vallière.

Mme de Montespan fut celle dont la rare beauté le toucha ensuite, même pendant le règne de Mme de la Vallière. Le roi donna au monde le spectacle nouveau de deux maîtresses à la fois. Il les promena aux frontières, aux camps, des moments aux armées, toutes deux dans le carrosse de la reine. Les peuples accourant de toutes parts se montraient les trois reines, et se demandaient avec simplicité les uns aux autres si ils les avaient vues [4.55].

Parmi tous ses amours, le roi ne découcha jamais d'avec la reine, souvent tard, mais sans y manquer, tellement que pour être plus à son aise, il se mettait les après dînées entre deux draps chez ses maîtresses [7.18].

***

La cour de Mme de Montespan devint le centre de la cour, des plaisirs, de la fortune, de l'espérance et de la terreur des ministres et des généraux d'armée, et l'humiliation de toute la France. Ce fut aussi le centre de l'esprit, et d'un tour si particulier, si délicat, si fin, mais toujours si naturel et si agréable, qu'il se faisait distinguer à son caractère unique.

Mme de Montespan était méchante, capricieuse, avait beaucoup d'humeur. Les courtisans évitaient de passer sous ses fenêtres, surtout quand le roi y était avec elle. Ils disaient que c'était passer par les armes, et ce mot passa en proverbe à la cour. Il est vrai qu'elle n'épargnait personne, très-souvent sans autre dessein que de divertir le roi; et comme elle avait infiniment d'esprit, de tour et de plaisanterie fine, rien n'était plus dangereux que les ridicules qu'elle donnait mieux que personne.

La reine supportait avec peine sa hauteur avec elle, bien différente des ménagements continuels et des respects de la duchesse de la Vallière, qu'elle aima toujours au lieu que de celle-ci il lui échappait souvent de dire : « Cette pute me fera mourir » [4.55].

Madame de Maintenon.

Née dans les îles de l'Amérique où son père, peut-être gentilhomme, était allé avec sa mère chercher du pain, et que l'obscurité y a étouffé, revenue seule et au hasard en France, abordée à la Rochelle, recueillie au voisinage par pitié chez Mme de Neuillant, mère de la maréchale de Navailles, réduite par sa pauvreté et par l'avarice de cette vieille dame à garder les clefs de son grenier et à voir mesurer tous les jours l'avoine à ses chevaux; venue à Paris à sa suite, jeune, adroite, spirituelle et belle, sans pain et sans parents, d'heureux hasards la firent connaître au fameux Scarron. Il la trouva aimable, ses amis peut-être encore plus. Elle crut faire la plus grande fortune, et la plus inespérable d'épouser ce joyeux et savant cul-de-jatte, et des gens qui avaient peut-être plus besoin de femme que lui l'entêtèrent de faire ce mariage, et vinrent à bout de lui persuader de tirer par là de la misère cette charmante malheureuse.

Le mariage se fit, la nouvelle épouse plut à toutes les compagnies qui allaient chez Scarron. Il la voyait fort bonne et en tous genres; c'était la mode d'aller chez lui, gens d'esprit, gens de la cour et de la ville, et ce qu'il avait de meilleur et de plus distingué, qu'il n'était pas en état d'aller chercher hors de chez lui, et que les charmes de son esprit, de son savoir, de son imagination, de cette gaieté incomparable parmi ses maux, et toujours nouvelle, cette rare fécondité, et la plaisanterie du meilleur goût, qu'on admire encore dans ses ouvrages, attirait continuellement chez lui [4.55].

*
* *

Mme Scarron fit donc là des connaissances de toutes les sortes, qui pourtant, à la mort de son mari, ne l'empêchèrent pas d'être réduite à la charité de sa paroisse de Saint-Eustache. Elle y prit une chambre pour elle et pour une servante dans une montée, où elle vécut très à l'étroit. Ses appas élargirent peu à peu ce mal-être : Villars, père du maréchal, Beuvron, père d'Harcourt, les trois Villarceaux, qui demeurèrent les trois tenants; bien d'autres l'entretinrent.

Cela la remit à flot, et peu à peu l'introduisit à l'hôtel d'Albret, par là à l'hôtel de Richelieu et ailleurs; ainsi de l'une à l'autre. Dans ces maisons, Mme Scarron n'était rien moins que sur le pied de compagnie. Elle y était à tout faire, tantôt à demander du bois, tantôt si on servirait bientôt; une autre fois si le carrosse de celui-ci ou de celle-là étaient revenus; et ainsi de mille petites commissions dont l'usage des sonnettes, introduit longtemps depuis, a ôté l'importunité.

C'est dans ces maisons, principalement à l'hôtel de Richelieu, beaucoup plus encore à l'hôtel d'Albret, où le maréchal d'Albret tenait un fort grand état, où Mme Scarron fit la plupart de ses connaissances, dont les unes lui servirent tant, et les autres leur devinrent si utiles [4.55].

*
* *

Elle dut à la proche parenté du maréchal d'Albret et de M. de Montespan l'introduction décisive à l'incroyable fortune qu'elle fit quatorze ou quinze ans après. M. et Mme de Montespan ne bougeaient de chez le maréchal d'Albret, qui tenait à Paris la plus grande et la meilleure maison, où abondait la compagnie de la cour et de la ville la plus distinguée et la plus choisie. Les respects, les soins de plaire, l'esprit et les agréments de Mme Scarron réussirent fort auprès de Mme de Montespan. Elle prit de l'amitié pour elle, et quand elle eut ses premiers enfants du roi, M. du Maine et Mme la Duchesse, qu'on voulut cacher, elle lui proposa de les confier à Mme Scarron, à qui on donna une maison au Marais pour y loger avec eux, et de quoi les entretenir et les élever dans le dernier secret. Dans les suites, ces enfants furent amenés à Mme de Montespan, puis montrés au roi, et de là peu à peu tirés du secret, et avoués. Leur gouvernante, fixée avec eux à la cour, y plut de plus en plus à Mme de Montespan, qui lui fit donner par le roi à diverses reprises. Lui, au contraire, ne la pouvait souffrir; ce qu'il lui donnait quelquefois, et toujours peu, n'était que par excès de complaisance, et avec un regret qu'il ne cachait pas.

La terre de Maintenon étant tombée en vente, la proximité de Versailles en tenta si bien Mme de Montespan, pour Mme Scarron, qu'elle ne laissa point de repos au roi qu'elle n'en eût tiré de quoi la faire acheter à cette femme, qui prit alors le nom de Maintenon, ou fort peu de temps après. Elle obtint aussi de quoi en raccommoder le château, et attaqua le roi encore pour donner de quoi rajuster le jardin.

C'était à sa toilette où cela se passait, et où le seul capitaine des gardes en quartier suivait le roi. C'était M. le maréchal de Lorges, homme le plus vrai qui fût jamais, et qui m'a souvent conté la scène dont il fut témoin ce jour-là. Le roi fit d'abord la sourde oreille, puis refusa. Enfin impatienté de ce que Mme de Montespan ne démordait point et insistait toujours, il se fâcha, lui dit qu'il ne comprenait pas la fantaisie de Mme de Montespan pour elle, et son opiniâtreté à la garder après tant de fois qu'il l'avait priée de s'en défaire; qu'il avouait pour lui qu'elle lui était insupportable, et que pourvu qu'on lui promît qu'il ne la verrait plus, et qu'on ne lui en parlerait jamais, il donnerait encore, quoique, pour en dire la vérité, il n'eût déjà que beaucoup trop donné pour une créature de cette espèce.

Jamais M. le maréchal de Lorges n'a oublié ces propres paroles; et à moi et à d'autres il les a toujours rapportées précises et dans le même ordre, tant il en fut frappé alors, et bien plus à tout ce qu'il vit depuis de si étonnant et de si contradictoire. Mme de Montespan se tut bien court, et bien en peine d'avoir trop pressé le roi [4.55].

*
* *

M. du Maine était extrêmement boiteux. On disait que c'était d'être tombé d'entre les bras d'une nourrice. Tout ce qu'on lui fit n'ayant pas réussi, on prit le parti de l'envoyer chez divers artistes en Flandres et ailleurs dans le royaume, puis aux eaux, entre autres à Barèges. Les lettres que la gouvernante écrivait à Mme de Montespan pour lui rendre compte de ces voyages étaient montrées au roi. Il les trouva bien écrites, il les goûta, et les dernières commencèrent à diminuer son éloignement.

Les humeurs de Mme de Montespan achevèrent l'ouvrage. Elle en avait beaucoup, elle s'était accoutumée à ne s'en pas contraindre. Le roi en était l'objet plus souvent que personne; il en était amoureux, mais il en souffrait. Mme de Maintenon le reprochait à Mme de Montespan, qui lui en rendit de bons offices auprès du roi. Ces soins d'apaiser sa maîtresse lui revinrent aussi d'ailleurs, et l'accoutumèrent à parler quelquefois à Mme de Maintenon, à s'ouvrir à elle de ce qu'il désirait qu'elle fît auprès de Mme de Montespan, enfin à lui conter ses chagrins contre elle, et à la consulter là-dessus.

Admise ainsi peu à peu dans l'intime confidence, et sans milieu, de l'amant et de la maîtresse, et par le roi même, l'adroite suivante sut la cultiver, et fit si bien par son industrie, que peu à peu elle supplanta Mme de Montespan, qui s'aperçut trop tard qu'elle lui était devenue nécessaire. Parvenue à ce point, Mme de Maintenon fit à son tour ses plaintes au roi de tout ce qu'elle avait à souffrir d'une maîtresse qui l'épargnait si peu lui-même, et à force de se plaindre l'un à l'autre de Mme de Montespan, celle-ci en prit tout à fait la place, et se la sut bien assurer.

La fortune, pour n'oser nommer ici la Providence, qui préparait au plus superbe des rois l'humiliation la plus profonde, la plus publique, la plus durable, la plus inouïe, fortifia de plus en plus son goût pour cette femme adroite et experte au métier, que les jalousies continuelles de Mme de Montespan rendaient encore plus solide, par les sorties fréquentes que son humeur aigrie lui faisait faire sans ménagement sur le roi et sur elle, et c'est ce que Mme de Sévigné sait peindre si joliment en énigme, dans ses lettres à Mme de Grignan [4. 55].

*
* *

Cette même Providence, maîtresse absolue des temps et des événements, les disposa encore en sorte que la reine vécut assez pour laisser porter ce goût à son comble, et point assez pour le laisser refroidir. Le plus grand malheur qui soit donc arrivé au roi, et les suites doivent faire ajouter à l'État, fut la perte si brusque de la reine, au plus fort de ce nouvel attachement enté sur le dégoût de la maîtresse, dont les humeurs étaient devenues insupportables, et que nulle politique n'avait pu arrêter. Cette beauté impérieuse, accoutumée à dominer et à être adorée, ne pouvait résister au désespoir toujours présent de la décadence de son pouvoir; et ce qui la jetait hors de toute mesure, c'était de ne pouvoir se dissimuler une rivale abjecte à qui elle avait donné du pain, qui n'en avait encore que par elle, qui de plus lui devait cette affection qui devenait son bourreau, par l'avoir assez aimée pour n'avoir pu se résoudre à la chasser tant de fois que le roi l'en avait pressée, une rivale encore si au-dessous d'elle en beauté, et plus âgée qu'elle de plusieurs années; sentir que c'était pour cette suivante, pour ne pas dire servante, que le roi venait le plus chez elle, qu'il n'y cherchait qu'elle, qu'il ne pouvait dissimuler son malaise lorsqu'il ne l'y trouvait pas; et le plus souvent la quitter elle, pour entretenir l'autre tête à tête; enfin avoir à tous moments besoin d'elle pour attirer le roi, pour se raccommoder avec lui de leurs querelles, pour en obtenir des grâces qu'elle lui demandait. Ce fut donc dans des temps si propices à cette enchanteresse que le roi devint libre.

Il passa les premiers jours à Saint-Cloud, chez Monsieur, d'où il alla à Fontainebleau, où il passa tout l'automne. Ce fut là où son goût, piqué par l'absence, la lui fit trouver insupportable. A son retour, on prétend, car il faut distinguer le certain de ce qui ne l'est pas, on prétend, dis-je, que le roi parla plus librement à Mme de Maintenon, et qu'elle, osant essayer ses forces, se retrancha habilement sur la dévotion et sur la pruderie de son dernier état, que le roi ne se rebuta point, qu'elle le prêcha et lui fit peur du diable, et qu'elle ménagea son amour et sa conscience l'un par l'autre avec un si grand art, qu'elle parvint à ce que nos yeux ont vu, et que la postérité refusera de croire.

Mais ce qui est très certain, et bien vrai, c'est que quelque temps après le retour du roi de Fontainebleau, et au milieu de l'hiver qui suivit la mort de la reine, chose que la postérité aura peine à croire, quoique parfaitement vrai et avéré, le P. de la Chaise, confesseur du roi, dit la messe en pleine nuit dans un des cabinets du roi à Versailles. Bontemps, gouverneur de Versailles, premier valet de chambre en quartier, et le plus confident des quatre, servit cette messe, où ce monarque et la Maintenon furent mariés, en présence d'Harlay, archevêque de Paris.

La satiété des noces, ordinairement si fatale à des noces de cette espèce, ne fit que consolider la faveur de Mme de Maintenon. Bientôt après elle éclata par l'appartement qui lui fut donné à Versailles au haut du grand escalier, vis-à-vis de celui du roi, et de plain pied. Depuis ce moment, le roi y alla tous les jours de sa vie passer plusieurs heures à Versailles, et en quelque lieu qu'il fût, où elle fut toujours logée aussi proche de lui, et de plain pied autant qu'il fut possible [4. 55].

*
* *

C'était une femme de beaucoup d'esprit, que les meilleures compagnies, où elle avait d'abord été soufferte, et dont bientôt elle fit le plaisir, avaient fort polie et ornée de la science du monde, et que la galanterie avait achevé de tourner au plus agréable. Ses divers états l'avaient rendue flatteuse, insinuante, complaisante, cherchant toujours à plaire. Le besoin de l'intrigue, toutes celles qu'elle avait vues, en plus d'un genre, et de beaucoup desquelles elle avait été, tant pour elle-même que pour en servir d'autres, l'y avaient formée, et lui en avaient donné le goût, l'habitude et toutes les adresses. Une grâce incomparable à tout, un air d'aisance, et toutefois de retenue et de respect, qui lui était devenu naturel, aidaient merveilleusement ses talents, avec un langage doux, juste, en bons termes, et naturellement éloquent et court.

L'abjection et la détresse où elle avait si longtemps vécu lui avait rétréci l'esprit, et avili le cœur et les sentiments. Elle pensait et sentait si fort en petit, en toutes choses, qu'elle était toujours en effet moins que Mme Scarron, et qu'en tout et partout elle se retrouvait telle.

Mme de Maintenon, par raison de ressemblance, aimait bien mieux les repenties que celles qui n'avaient pas fait de quoi se repentir.

Rien n'était si rebutant que cette bassesse jointe à une situation si radieuse; rien aussi n'était à tout bien empêchement si dirimant, comme rien de si dangereux que cette facilité à changer d'amitié et de confiance.

Pour peu qu'on pût être admis à son audience, et qu'elle y trouvât quelque chose à son goût, elle se répandait avec une ouverture qui surprenait, et qui ouvrait les plus grandes espérances; dès la seconde, elle s'importunait, et devenait sèche et laconique. On se creusait la tête pour démêler et la grâce et la disgrâce, si subites toutes les deux; on y perdait son temps. La légèreté en était la seule cause, et cette légèreté était telle qu'on ne se la pouvait imaginer.

Elle eut aussi la maladies des directions, qui lui emporta le peu de liberté dont elle pouvait jouir. Ce que Saint-Cyr lui fit perdre de temps en ce genre est incroyable; ce que mille autres couvents lui en coûtèrent ne l'est pas moins. Elle se croyait l'abbesse universelle, surtout pour le spirituel, et de là entreprit des détails de diocèses. C'étaient là ses occupations favorites. Elle se figurait être une Mère de l'Église. Elle en pesait les pasteurs du premier ordre, les supérieurs de séminaires et de communautés, les monastères et les Filles qui les conduisaient, ou qui y étaient les principales. De là une mer d'occupations frivoles, illusoires, pénibles, toujours trompeuses, des lettres et des réponses à l'infini, des directions d'âmes choisies, et toutes sortes de puérilités qui aboutissaient d'ordinaire à des riens, quelquefois aussi à des choses importantes, et à de déplorables méprises en décisions, en événements d'affaires, et en choix [4. 55].

***

Toujours très-bien-mise, noblement, proprement, de bon goût, mais très-modestement et plus vieillement alors que son âge. Depuis qu'elle ne parut plus en public, on ne voyait que coiffes et écharpe noire quand par hasard on l'apercevait.

Chez elle, avec le roi, ils étaient chacun dans leur fauteuil, une table devant chacun d'eux, aux deux coins de la cheminée, elle du côté du lit, le roi le dos à la muraille du côté de la porte de l'antichambre, et deux tabourets devant sa table, un pour le ministre qui venait travailler, l'autre pour son sac. Les jours de travail, ils n'étaient seuls ensemble que fort peu de temps avant que le ministre entrât, et moins encore fort souvent après qu'il était sorti. Le roi passait à une chaise percée, revenait au lit de Mme de Maintenon, où il se tenait debout fort peu, lui donnait le bonsoir, et s'en allait se mettre à table.

Elle ne voyait personne chez elle en visite, et n'en rendait jamais aucune.

Si elle avait à parler aux filles du roi, ce qui n'arrivait pas souvent, et presque jamais que pour leur laver la tête, elle les envoyait chercher. Elles y arrivaient tremblantes, et en sortaient en pleurs.

Ses audiences étaient pour le moins aussi difficiles à obtenir que celles du roi; et le peu qu'elle en accordait, presque toutes à Saint-Cyr, où on allait la trouver au jour et heure donnée. On l'attendait à Versailles à sortir de chez elle ou à y entrer, quand on avait un mot à lui dire, gens de peu et même pauvres gens, et personnes considérables. On n'avait là qu'un instant, et c'était à qui le saisirait [4. 55].

*
* *

Les suites, les succès, l'entière confiance, la rare dépendance, la toute-puissance, l'adoration publique, universelle, les ministres, les généraux d'armée, la famille royale la plus proche, tout en un mot à ses pieds; tout bon et tout bien par elle, tout réprouvé sans elle : les hommes,l es affaires, les choses, les choix, les justices, les grâces, la religion, tout sans exception en sa main, et le roi et l'État ses victimes; quelle elle fut, cette fée incroyable, et comment elle gouverna sans lacune, sans obstacle, sans nuage le plus léger, plus de trente ans entiers, et même trente-deux, c'est l'incomparable spectacle qui a été celui de toute l'Europe [4. 55].

Mais il ne faut pas s'imaginer que, pour en user et s'y soutenir, elle n'eût besoin d'aucune adresse. Son règne, au contraire, ne fut qu'un continuel manège, et celui du roi une perpétuelle duperie [4. 57].

Jamais prince ne fut plus jaloux que lui de son indépendance et de n'être point gouverné, et jamais pas un ne le fut davantage; mais pour le gouverner, il ne fallait pas qu'il pût le soupçonner, et c'est pour cela que Mme de Maintenon avait besoin d'un ministre dans un entier abandon à elle, et auquel elle se pût parfaitement fier : par lui, elle faisait tout ce que le roi croyait faire, et qu'il aurait refusé par jalousie d'être gouverné si elle eût paru [2. 57].

De fois à autre il lui faisait des sorties terribles, et dont il s'applaudissait. Quelquefois elle se mettait à pleurer devant lui, et elle était plusieurs jours sur de véritables épines.

Elle faisait la malade quand il lui arrivait de ces scènes, et c'était d'ordinaire par où elle les faisait finir avec le plus d'avantage.

Ce n'est pas que cet artifice, ni même la réalité la plus effective, eût aucun pouvoir d'ailleurs de contraindre le Roi en quoi que ce pût être.

En quelque état qu'elle fût, le roi allait chez elle à son heure ordinaire, et y faisait ce qu'il avait projeté; tout au plus elle était dans son lit. Plusieurs fois, y suant la fièvre à grosses gouttes, le roi, qui, comme on l'a dit, aimait l'air, et craignait le chaud dans les chambres, s'étonnait en arrivant de trouver tout fermé, et faisait ouvrir les fenêtres, et n'en rabattait rien, quoique il la vît dans cet état, et jusqu'à dix heures qu'il s'en allait souper, et sans considération pour la fraîcheur de la nuit. S'il devait y avoir musique, la fièvre, le mal de tête n'empêchait rien; et cent bougies dans les yeux. Ainsi le roi allait toujours son train, sans lui demander jamais si elle n'en était point incommodée.

Mme de Maintenon, qui craignait fort l'air et bien d'autres incommodités, ne put gagner là-dessus aucun privilège. Tout ce qu'elle obtint, sous prétexte de modestie et d'autres raisons, fut de voyager à part; mais en quelque état qu'elle fût, il fallait marcher, et suivre à point nommé, et se trouver arrivée et rangée avant que le roi entrât chez elle. Elle fit bien des voyages à Marly, dans un état à ne pas faire marcher une servante. Elle en fit un à Fontainebleau qu'on ne savait pas véritablement si elle ne mourrait pas en chemin [4. 57].

*
* *

Mme de Maintenon dans ce prodige incroyable d'élévation où elle était si miraculeusement parvenue ne laissait pas d'avoir ses peines; son frère n'était pas une des moindres par ses incartades continuelles. On le nommait le comte d'Aubigné; il n'avait jamais été que capitaine d'infanterie, et parlait toujours de ses vieilles guerres comme un homme qui méritait tout, et à qui on faisait le plus grand tort du monde de ne l'avoir pas fait maréchal de France il y a longtemps. Il faisait à Mme de Maintenon des sorties épouvantables de ce qu'elle ne le faisait pas duc et pair, et sur tout ce qui lui passait par la tête. Il courait les petites filles, aux Tuileries et partout, en entretenait toujours quelques-unes, et vivait le plus ordinairement avec elles et leurs familles et des compagnies de leur portée, où il mettait beaucoup d'argent.

C'était un panier percé, fou à enfermer, mais plaisant, avec de l'esprit et des saillies, et des reparties auxquelles on ne pouvait s'attendre; avec cela bon homme et honnête homme, poli, et sans rien de ce que la vanité de la situation de sa sœur eût pu mêler d'impertinent; mais d'ailleurs il l'était à merveilles, et c'était un plaisir qu'on avait souvent avec lui de l'entendre sur les temps de Scarron et de l'hôtel d'Albret, quelquefois sur des temps antérieurs, et surtout ne se pas contraindre sur les aventures et les galanteries de sa sœur, en faire le parallèle avec sa dévotion et sa situation présente, et s'émerveiller d'une si prodigieuse fortune.

Avec le divertissant, il y avait beaucoup d'embarrassant à écouter tous ces propos, qu'on n'arrêtait pas où on voulait, et qu'il ne faisait pas entre deux ou trois amis, mais à table devant tout le monde, sur un banc des Tuileries, et fort librement encore dans la galerie de Versailles, où il ne se contraignait pas non plus qu'ailleurs de prendre un ton goguenard et de dire très-ordinairement « le beau-frère » lorsqu'il voulait parler du roi. J'ai entendu tout cela plusieurs fois, surtout chez mon père, où il venait plus souvent qu'il ne désirait, et dîner aussi; et je riais souvent sous cape de l'embarras extrême de mon père et de ma mère, qui fort souvent ne savaient où se mettre.

Un homme de cette humeur, si peu capable de se refuser rien, et avec un esprit et une plaisanterie à asséner d'autant mieux les choses qu'il n'en craignait pour soi ni le ridicule ni les suites sérieuses, était un grand fardeau pour Mme de Maintenon. Dans un autre genre, elle n'était pas mieux en belle-sœur : c'était la fille d'un nommé Piètre, petit médecin, qui s'était fait procureur du roi de la ville de Paris, qu'Aubigné avait épousée en 1678. C'était une créature obscure, plus, s'il se pouvait, que sa naissance, modeste, vertueuse, et qui, avec ce mari, avait grand besoin de l'être; sotte à merveilles, de mine tout à fait basse, d'aucune sorte de mise, et qui embarrassait également Mme de

Maintenon à l'avoir avec elle et à ne l'avoir pas. Jamais elle ne put en rien faire, et elle se réduisit à ne la voir qu'en particulier. De gens du monde, cette femme n'en voyait point, et demeurait dans la crasse de quelques commères de son quartier. C'étaient des plaintes trop fondées et fréquentes à Mme de Maintenon sur son mari, à qui cette reine, partout ailleurs si absolue, ne pouvait jamais faire entendre raison, et qui la malmenait très-souvent elle-même.

Enfin, à bout sur un frère si extravagant, elle fit tant par Saint-Sulpice, que comme c'était un homme tout de sauts et de bonds et qui avait toujours besoin d'argent, on lui persuada de quitter ses débauches, ses indécences et ses démêlés domestiques, de vivre à son aise, sa dépense entière payée tous les mois, et sa poche de plus garnie, et pour cela de se retirer dans une communauté qu'un M. Doyen avait établie sous le clocher de Saint-Sulpice, pour des gentilshommes, ou soi-disant, qui vivaient là en commun dans une espèce de retraite.

Il n'y tint pas longtemps sans retourner aux filles, aux Tuileries et partout où il put [1.30].

Il mourut aux eaux de Vichy. Elle en porta un deuil fort léger et fort court [2.11].

*
* *

Jeannette était une demoiselle de Bretagne dont le nom est Pincré. Son père mourut, et laissa sa femme sans pain, avec un tas d'enfants tous petits. Réduite à la mendicité, elle s'en vint avec eux, comme elle put, se jeter à genoux au carrosse dans lequel Mme de Maintenon s'en allait à Saint-Cyr. Elle était charitable, se fit informer de cette malheureuse famille, leur donna quelque chose, plaça les enfants, selon leur âge, où elle put, et prit une petite fille tout enfant chez elle, qu'elle mit avec ses femmes en attendant qu'elle fût en âge d'entrer à Saint-Cyr. Cette enfant était très-jolie; elle amusa les femmes de Mme de Maintenon par son petit caquet, et bientôt elle l'amusa elle-même. Le roi la trouva quelquefois comme on la renvoyait, il la caressa, elle ne s'effaroucha point de lui, il fut ravi de trouver une jolie petite enfant à qui il ne faisait point peur, il s'accoutuma à badiner avec elle, et si bien que lorsqu'il fut question de la mettre à Saint-Cyr, il ne le voulut pas.

Devenue grandelette, elle devint plus amusante et plus jolie, et montra de l'esprit, de la grâce, avec une familiarité discrète et avisée qui n'importunait jamais. Elle parlait au roi de tout, lui faisait des questions et des plaisanteries, le tiraillait quand elle le voyait de bonne humeur, se jouait même avec ses papiers quand il travaillait mais tout cela toujours avec jugement et mesure. Elle en usait de même avec Mme de Maintenon, et se fit aimer de tous ses gens.

Mme de Maintenon commença à lui trouver trop d'esprit et de jugement, et que le roi s'y attachait trop. La crainte et la jalousie la déterminèrent à s'en défaire honnêtement par un mariage; elle en proposa au roi, qui trouva à tous quelque chose à redire. Cela la pressa encore plus. Enfin elle fit celui du fils de Mme de Villefort. Le roi avait donné des fonds à Jeannette à diverses fois; il lui en donna encore pour ce mariage et le gouvernement de Guérande en Bretagne pour son mari. Mme de Maintenon se crut délivrée; elle s'y trompa : tout conclu, le roi lui déclara bien sérieusement qu'il n'agréait le mariage qu'à condition que Jeannette demeurerait chez elle après le mariage, tout comme elle y était devant, et il en fallut passer là. Croirait-on qu'un an après elle devint la seule ressource des moments oisifs de leur particulier, jusqu'à la fin de la vie du roi! [3.46].

***

Mme de Maintenon se retira à Saint-Cyr au moment même de la mort du roi, et eut le bon sens de s'y réputer morte au monde, et de n'avoir jamais mis le pied hors de la clôture de cette maison [6.16].

Il n'y avait plus rien à craindre de cette fée presque octogénaire; sa puissante et pernicieuse baguette était brisée, elle était redevenue la vieille Scarron [4.45].

Toutes les semaines, le duc du Maine passait trois et quatre heures avec elle tête à tête. Tout lui riait quand on le lui annonçait. Elle embrassait son mignon avec la dernière tendresse, quoique il puât bien fort, car elle l'appelait toujours ainsi.

La chute du duc du Maine au lit de justice des Tuileries lui donna le premier coup de mort. Ce n'est pas trop présumer que de se persuader qu'elle était bien instruite des mesures et des desseins de ce mignon, et que cette espérance l'ait soutenue; mais quand elle le vit arrêté, elle succomba : la fièvre continue la prit, et elle mourut à quatre-vingt-trois ans, avec toute sa tête et tout son esprit [6.16].

CHAPITRE IV

OU NOUS FAISONS CONNAISSANCE AVEC LES PROCHES PARENTS DU ROI

Le roi voulait vivre doucement dans sa famille et s'y faire aimer [3.52].

SON ÉPOUSE

La reine Marie-Thérèse.

Fille du roi d'Espagne Philippe IV décédée le 30 juillet 1683.

Soumise en tout au roi, soigneuse de lui plaire, d'une vertu qui n'a jamais donné le plus léger soupçon, d'un génie doux et le plus borné [2.18].

SON FILS

Louis de France, Grand Dauphin dit Monseigneur.

Fils unique du roi et de la reine Marie-Thérèse; marié à Marie-Anne Victoire de Bavière, qui lui a donné trois fils : les ducs de Bourgogne, d'Anjou et de Berry.

Réside au château de Meudon.

Monseigneur était plutôt grand que petit, fort gros, mais sans être trop entassé, l'air fort haut et fort noble, sans rien de rude, et il aurait eu le visage fort agréable si M. le prince de Conti ne lui avait pas cassé le nez par malheur en jouant, étant tous deux enfants. Il était d'un fort beau blond, avait le visage fort rouge de hâle partout et fort plein, mais sans aucune physionomie, les plus belles jambes du monde, les pieds singulièrement petits et maigres. Il tâtonnait toujours en marchant, et mettait le pied à deux fois : il avait toujours peur de tomber, et il se faisait aider pour peu que le chemin ne fût pas parfaitement droit et uni. Il était fort bien à cheval et y avait grande mine, mais il n'y était pas hardi.

De caractère, il n'en avait aucun; du sens assez, sans aucune sorte d'esprit; de la hauteur, de la dignité par nature, par prestance, par imitation du roi; de l'opiniâtreté sans mesure, et un tissu de petitesses arrangées, qui formaient tout le tissu de sa vie; doux par paresse et par une sorte de stupidité, dur au fond, avec un extérieur de bonté qui ne portait que sur des subalternes, et sur des valets, et qui ne s'exprimait que par des questions basses; il était avec eux d'une familiarité prodigieuse, d'ailleurs insensible à la misère et à la douleur des autres, en cela peut-être plutôt en proie à l'incurie et à l'imitation qu'à un mauvais naturel; silencieux jusqu'à l'incroyable, conséquemment fort secret. L'épaisseur d'une part, la crainte de l'autre, formaient en ce prince une retenue qui a peu d'exemples; en même temps glorieux à l'excès, ce qui est plaisant à dire d'un Dauphin, jaloux du respect, et presque uniquement attentif et sensible à ce qui lui était dû, et partout.

Il dit une fois à Mlle Choin, sur ce silence dont elle lui parlait, que les paroles de gens comme lui portant un grand poids, il aimait mieux très souvent garder le silence que de parler. C'était aussi plus tôt fait pour sa paresse et sa parfaite incurie; et cette maxime excellente, mais qu'il outrait, était apparemment une des leçons du roi qu'il avait le mieux retenue.

*
* *

Son arrangement était extrême pour les affaires particulières : il écrivait lui-même toutes ses dépenses; il savait ce que lui coûtaient les moindres choses, quoique il dépensât infiniment en bâtiments, en meubles, en joyaux de toute espèce, en voyages de Meudon, et à l'équipage du loup, dont il s'était laissé accroire qu'il aimait la chasse. Il avait fort aimé toute sorte de gros jeu, mais depuis qu'il s'était mis à bâtir il s'était réduit à des jeux médiocres; du reste, avare au-delà de toute bienséance, excepté de très rares occasions.

Il est inconcevable le peu qu'il donnait à la Choin, si fort sa bien-aimée : cela ne passait point quatre cents louis par quartier, en or, faisant pour tout seize cents louis par an. Il les lui donnait lui-même, de la main à la main, sans y ajouter ni s'y méprendre jamais d'une pistole; encore y regardait-il de fort près. Il faut rendre justice à cette fille, et convenir aussi qu'il est difficile d'être plus désintéressée qu'elle l'était.

Monseigneur, tel pour l'esprit qu'il vient d'être représenté, n'avait pu profiter de l'excellente culture qu'il reçut; de son aveu, depuis qu'il avait été affranchi des maîtres, il n'avait de sa vie lu que l'article de Paris de la « Gazette de France », pour y voir les morts et les mariages.

Tout contribua donc en lui, timidité naturelle, dur joug d'éducation, ignorance parfaite et défaut de lumière, à le faire trembler devant le roi, qui, de son côté, n'omit rien pour entretenir et prolonger cette terreur toute sa vie. Toujours roi, presque jamais père avec lui, ou s'il lui en échappa bien rarement quelques traits, ils ne furent jamais purs et sans mélange de royauté, non pas même dans les moments les plus particuliers et les plus intérieurs.

Aussi Monseigneur, pressé de s'intéresser pour quel qu'un, répondait franchement que ce serait le moyen de tout gâter pour lui.

Il était incapable non-seulement de mensonge mais de déguisement.

De ce long et curieux détail il résulte que Monseigneur était sans vice ni vertu, sans lumières ni connaissances quelconques, radicalement incapable d'en acquérir, très-paresseux, sans imagination ni production, sans goût, sans choix, sans discernement, né pour l'ennui, qu'il communiquait aux autres, et pour être une boule roulante au hasard par l'impulsion d'autrui, opiniâtre et petit en tout à l'excès, livré aux plus pernicieuses mains, incapable d'en sortir ni de s'en apercevoir, absorbé dans sa graisse et dans ses ténèbres, et que, sans avoir aucune volonté de mal faire, il eût été un roi pernicieux.

* * *

Chasseur sans plaisir, presque voluptueux mais sans goût, gros joueur autrefois pour gagner, mais depuis qu'il bâtissait sifflant dans un coin du salon de Marly, et frappant des doigts sur sa tabatière, ouvrant de grands yeux sur les uns et les autres sans presque regarder, sans conversation, sans amusement, je dirais volontiers sans sentiment et sans pensée.

Je n'ai jamais su qui lui avait captivé les halles et le bas peuple de Paris si ce n'est cette gratuite réputation de bonté que j'ai touchée.

En place de maîtresse, que le roi ne lui souffrit guère, il eut plutôt des soulagements passagers et obscurs que des galanteries, dont il était peu capable, et que du Mont et Francine, gendre de Lulli, et qui eurent si longtemps ensemble l'Opéra, lui fournirent.

A ce propos, je ne puis m'empêcher de rapporter un échantillon de sa délicatesse. Il avait eu envie d'une de ces créatures, fort jolie. A jour pris, elle fut introduite à Versailles dans un premier cabinet, avec une autre, vilaine, pour l'accompagner. Monseigneur, averti qu'elles étaient là, ouvrit la porte, et prenant celle qui se trouva la plus proche, la tira après lui; elle se défendit. C'était la vilaine qui vit bien qu'il se méprenait. Lui, au contraire, crut qu'elle faisait des façons, la poussa dedans et ferma sa porte. L'autre cependant riait de la méprise et de l'affront qu'elle s'attendait qu'allait avoir sa compagne d'être renvoyée, et elle appelée. Fort peu après, du Mont entra, qui, fort étonné de la voir là et seule, lui demanda ce qu'elle faisait là, et qu'était devenue son amie. Elle lui conta l'aventure. Voilà du Mont à frapper à la porte, et à crier : « Ce n'est pas celle-là; vous vous méprenez. » Point de réponse. Du Mont redouble encore sans succès. Enfin Monseigneur ouvre sa porte et pousse la créature dehors. Du Mont s'y présente avec l'autre, en disant : « Tenez donc, la voilà. — L'affaire est faite, dit Monseigneur; ce sera pour une autre fois », et referma sa porte. Qui fut honteuse et outrée? ce fut celle qui avait ri, et plus qu'elle du Mont encore. La laide avait profité de la méprise, mais elle n'osa se moquer d'eux; la jolie fut si piquée qu'elle le conta à ses amis, tellement qu'en bref toute la cour en sut l'histoire [3.49].

***

On considérait Mlle Choin auprès de Monseigneur comme Mme de Maintenon auprès du roi.

Mgr le duc de Bourgogne et Mme la duchesse de Bourgogne cherchaient à lui plaire, étaient en respect devant elle, en attention avec ses amis et ne réussissaient pas toujours.

Elle montrait à Mgr le duc de Bourgogne la considération d'une belle-mère, que toutefois elle n'était pas, mais une considération sèche et importunée, et il lui arrivait quelquefois de parler avec autorité et peu de ménagement à Mme la duchesse de Bourgogne, et de la faire pleurer.

Le roi et Mme de Maintenon n'ignoraient rien de tout cela, mais ils s'en taisaient, et toute la cour, qui le savait, n'en parlait qu'à l'oreille [2.47].

SES TROIS FILLES NATURELLES

(légitimées, dites « les Princesses »)

Anne-Marie de Bourbon, Princesse de Conti.

Fille du roi et de Madame de la Vallière, épouse du prince de Conti.

Mme la princesse de Conti eut une aventure, qui fit grand bruit et qui eut de grandes suites. La comtesse de Bury avait été mise auprès d'elle pour être sa dame d'honneur. C'était une femme d'une grande vertu, d'une grande douceur et d'une grande politesse avec de l'esprit et de la conduite. Elle avait fait venir du Dauphiné Mlle Choin sa nièce qu'elle avait mise fille d'honneur de Mme la Princesse de Conti. C'était une grosse fille écrasée, brune, laide, camarde, avec de l'esprit et un esprit d'intrigue et de manège. Elle voyait sans cesse Monseigneur, qui ne bougeait pas de chez la Princesse de Conti. Elle l'amusa et sans qu'on s'en aperçut se mit entièrement en sa confiance.

Ce prince avait pris du goût pour Clermont, enseigne des gens d'armes de la garde. C'était un grand homme, parfaitement bien fait, qui n'avait rien que beaucoup d'honneur, de valeur, avec un esprit assez propre à l'intrigue, et qui s'attacha à M. de Luxembourg à titre de parenté. Celui-ci se fit honneur de le ramasser, et bientôt il le trouva propre à ses desseins : il s'était introduit chez Mme la princesse de Conti; il en avait fait l'amoureux; elle la devint bientôt de lui; avec ces appuis il devint bientôt un favori de Monseigneur, et déjà initié avec M. de Luxembourg, il entra dans toutes les vues que M. le prince de Conti et lui s'étaient proposées, de se rendre les maîtres de l'esprit de Monseigneur et de le gouverner, pour disposer de l'État quand il en serait devenu le maître.

Dans cet esprit, ils avisèrent Clermont de s'attacher à la Choin, d'en devenir l'amant et de paraître vouloir l'épouser. Ils lui confièrent ce qu'ils avaient découvert de Monseigneur à son égard, et que ce chemin était sûrement pour lui celui de la fortune. Clermont, qui n'avait rien, les crut bien aisément : il fit son personnage, et ne trouva point la Choin cruelle : l'amour qu'il feignait, mais qu'il lui avait donné, y mit la confiance : elle ne se cacha plus à lui de celle de Monseigneur, ni bientôt Monseigneur ne lui fit plus mystère de son amitié pour la Choin; et bientôt après la princesse de Conti fut leur dupe. Là-dessus on partit pour l'armée, où Clermont eut toutes les distinctions que M. de Luxembourg lui put donner.

Le roi, inquiet de ce qu'il entrevoyait de cabales auprès de son fils, les laissa tous partir, et n'oublia pas d'user du secret de la poste. Le roi eut de leurs lettres : il y vit le dessein de Clermont et de la Choin de s'épouser, leur amour, leur projet de gouverner Monseigneur et présentement et après lui; combien M. de Luxembourg était l'âme de toute cette affaire, et les merveilles pour soi qu'il s'en proposait; l'excès du mépris de la Choin et de Clermont pour la princesse de Conti, de qui Clermont lui sacrifia les lettres, que le roi eut par ce même paquet intercepté à la poste, après beaucoup d'autres dont il faisait rendre les lettres après en avoir pris les extraits, et avec ce paquet une lettre de Clermont accompagnant le sacrifice, où la princesse de Conti était traitée sans ménagement, où Monseigneur n'était marqué que sous le nom de leur gros ami, et où tout le cœur semblait se répandre. Alors le roi crut en avoir assez, et une après-dînée de mauvais temps qu'il ne sortit point, il manda à la princesse de Conti de lui venir parler dans son cabinet. Il en avait aussi des lettres à Clermont, et des lettres de Clermont à elle, où leur amour était fort exprimé, et dont la Choin et lui se moquaient ensemble.

La princesse de Conti, qui, comme ses sœurs, n'allait jamais chez le roi qu'entre son souper et son coucher, hors des étiquettes de sermon ou des chasses, se trouva bien étonnée du message. Elle s'en alla chez le roi fort en peine de ce qu'il lui voulait, car il était redouté de son intime famille, plus s'il se peut encore que de ses autres sujets. Sa dame d'honneur demeura dans un premier cabinet, et le roi l'emmena plus loin; là, d'un ton sévère, il lui dit qu'il savait tout, et qu'il n'était pas question de lui dissimuler sa faiblesse pour Clermont, et tout de suite ajouta qu'il avait leurs lettres, et les lui tira de sa poche en lui disant : « Connaissez-vous cette écriture? » qui était la sienne, puis celle de Clermont. A ce début la pauvre princesse se trouva mal, la pitié en prit au roi, qui la remit comme il put, et qui lui donna les lettres sur lesquelles il la chapitra, mais assez humainement. Après il lui dit que ce n'était pas tout, et qu'il en avait d'autres à lui montrer, par lesquelles elle verrait combien elle avait mal placé ses affections et à quelle rivale elle était sacrifiée. Ce nouveau coup de foudre, peut-être plus accablant que le premier, renversa de nouveau la princesse. Le roi la remit encore, mais ce fut pour en tirer un cruel châtiment : il voulut qu'elle lût en sa présence ses lettres sacrifiées et celles de Clermont et de la Choin. Voilà où elle pensa mourir. Elle se jeta aux pieds du roi, baignée de ses larmes et ne pouvant presque articuler : ce ne fut que sanglots, pardons, désespoirs, rage, et à implorer justice et vengeance; elle fut bientôt faite : la Choin fut chassée le lendemain, et M. de Luxembourg eut ordre en même temps d'envoyer Clermont dans la place la plus voisine, qui était Tournay, avec celui de se défaire de sa charge, et de se retirer après en Dauphiné, pour ne pas sortir de la province. En même temps le roi manda à Monseigneur ce qui s'était passé entre lui et sa fille, et par là le mit hors de mesure d'oser protéger les deux infortunés. On peut juger de la part que le prince de Conti, mais surtout M. de Luxembourg et son fils, prirent à cette découverte, et combien la frayeur saisit les deux derniers.

Cependant, comme l'amitié de Monseigneur pour la Choin avait été découverte par ces mêmes lettres, la princesse de Conti n'osa ne pas garder quelque mesure. Elle envoya Mlle Choin dans un de ses carrosses à l'abbaye de Port-Royal, à Paris, et lui donna une pension, et des voitures pour emporter ses meubles. La comtesse de Bury, qui ne s'était doutée de rien sur sa nièce, fut inconsolable, et voulut se retirer bientôt après.

Les chansons achevèrent de célébrer cette étrange aventure de la princesse et de sa confidente.

*
* *

Louise Françoise de Bourbon, dite Madame la Duchesse.

1re fille du roi et de Madame de Montespan, épouse de Monsieur le duc (Louis de Condé).

Dans une taille contrefaite, mais qui s'apercevait peu, sa figure était formée par les plus tendres amours, et son esprit était fait pour se jouer d'eux à son gré sans en être dominée. Tout amusement semblait le sien; aisée avec tout le monde, elle avait l'art de mettre chacun à son aise; rien en elle qui n'allât naturellement à plaire, avec une grâce non pareille jusque dans ses moindres actions, avec un esprit tout aussi naturel, qui avait mille charmes.

N'aimant personne, connue pour telle, on ne se pouvait défendre de la rechercher, ni de se persuader, jusqu'aux personnes qui lui étaient les plus étrangères, d'avoir réussi auprès d'elle. Les gens même qui avaient le plus lieu de la craindre, elle les enchaînait, et ceux qui avaient le plus de raisons de la haïr avaient besoin de se les rappeler souvent pour résister à ses charmes. Jamais la moindre humeur en aucun temps; enjouée, gaie, plaisante, avec le sel le plus fin, invulnérable aux surprises et aux contre-temps, libre dans les moments les plus inquiets et les plus contraints, elle avait passé sa jeunesse dans le frivole et dans les plaisirs, qui en tout genre, et toutes les fois qu'elle le put, allèrent à la débauche.

Avec ces qualités, beaucoup d'esprit, de sens pour la cabale et les affaires, avec une souplesse qui ne lui coûtait rien; mais peu de conduite pour les choses de long cours, méprisante, moqueuse, piquante, incapable d'amitié et fort capable de haine, et alors méchante, fière, implacable, féconde en artifices noirs, et en chansons les plus cruelles, dont elle affublait gaiement les personnes qu'elle semblait aimer et qui passaient leur vie avec elle. C'était la sirène des poètes, qui en avait tous les charmes et les périls; avec l'âge, l'ambition était venue, mais sans quitter le goût des plaisirs, et ce frivole lui servit longtemps à masquer le solide [2.67].

*
* *

Françoise Marie de Bourbon (Mlle de Blois),
duchesse de Chartres, puis duchesse d'Orléans.

2ème fille du roi et de Madame de Montespan, épouse de Philippe de Chartres qui deviendra duc d'Orléans à la mort de son père.

Mme la duchesse d'Orléans était peut-être ce qu'il y avait dans le monde de plus orgueilleux, et la personne aussi qui avait le plus de vues et le plus de suite dans l'esprit et de ténacité dans ses volontés.

Elle était grande et de tous points majestueux; le teint, la gorge, les bras admirables, les yeux aussi; la bouche assez bien, avec de belles dents, un peu longues, des joues trop larges et trop pendantes qui la gâtaient, mais qui n'empêchaient pas la beauté; ce qui la déparait le plus étaient les places de ses sourcils, qui étaient comme pelées et rouges, avec fort peu de poils; de belles paupières et des cheveux châtains bien plantés.

Elle n'avait pas moins d'esprit que M. le duc d'Orléans, et de plus que lui une grande suite dans l'esprit; avec cela une éloquence naturelle, une justesse d'expression, une singularité dans le choix des termes qui coulait de source et qui surprenait toujours. Mme la duchesse d'Orléans disait tout ce qu'elle voulait et comme elle le voulait, avec force délicatesse et agrément; elle disait même jusqu'à ce qu'elle ne disait pas, et faisait tout entendre selon la mesure et la précision qu'elle y voulait mettre; mais elle avait un parler gras si lent, si embarrassé, si difficile aux oreilles qui n'y étaient pas fort accoutumées, que ce défaut, qu'elle ne paraissait pourtant pas trouver tel, déparait extrêmement ce qu'elle disait.

La mesure et toute espèce de décence et de bienséance étaient chez elle dans leur centre, et la plus exquise superbe dans son trône. On sera étonné de ce que je vais dire, et toutefois rien n'est plus exactement véritable : c'est qu'au fond de son âme elle croyait avoir fort honoré M. le duc d'Orléans en l'épousant. Avec cela, petite-fille de France jusque sur sa chaise percée. Ses déplaisirs de la conduite de M. le duc d'Orléans avec elle, ne venaient point de jalousie, mais du dépit de n'en être pas adorée et servie comme une divinité, sans que de sa part elle eût voulu faire un seul pas vers lui, ni quoi que ce fut qui pût lui plaire et l'attacher, ni se contraindre en quoi que ce soit qui le pouvait éloigner et qu'elle voyait distinctement qui l'éloignait. Jamais de sa part en aucun temps rien d'accueillant, de prévenant pour lui, de familier, de cette liberté d'une femme qui vit bien avec son mari, et toujours recevant ses avances avec froid, et une sorte de supériorité de grandeur. C'est une des choses qui avait le plus éloigné M. le duc d'Orléans d'elle.

La timidité de Mme la duchesse d'Orléans était en même temps extrême. Le roi l'eût fait trouver mal d'un seul regard un peu sévère, et Mme de Maintenon peut-être aussi; du moins tremblait-elle devant elle, et sur les choses les plus communes et en public, elle ne leur répondait jamais qu'en balbutiant et la frayeur sur le visage. Je dis répondait, car de prendre la parole, avec le roi surtout, cela était plus fort qu'elle. Sa vie, au reste, était fort languissante dans une très-ferme santé; solitude et lecture jusqu'au dîner seule, ouvrage le reste de la journée, et du monde depuis cinq heures du soir qui n'y trouvait ni amusement ni liberté, parce qu'elle n'a jamais su mettre personne à son aise [4.39].

SES DEUX FILS NATURELS
(*les deux bâtards*)

Louis, duc du Maine.

1er fils du roi et de Mme de Montespan, marié à Anne-Louise-Bénédicte de Bourbon-Condé.

Réside au château de Sceaux.

Avec de l'esprit, je ne dirai pas comme un ange, mais comme un démon, auquel il ressemblait si fort en malignité, en noirceur, en perversité d'âme, en desservies à tous, en services à personne, en marches profondes, en orgueil le plus superbe, en fausseté exquise, en artifices sans nombre, en simulations sans mesure, et encore en agréments, en l'art d'amuser, de divertir, de charmer quand il voulait plaire, M. du Maine était un poltron accompli de cœur et d'esprit, et à force de l'être, le poltron le plus dangereux, et le plus propre, pourvu que ce fût par-dessous terre, à se porter aux plus terribles extrémités pour parer ce qu'il jugeait avoir à craindre, et se porter aussi à toutes les souplesses et les bassesses les plus rampantes, auxquelles le diable ne perdait rien [2.50].

***

Louis-Alexandre comte de Toulouse, Grand Amiral de France.

2ème fils du roi et de Mme de Montespan.

C'était un homme fort court, mais l'honneur, la vertu, la droiture, l'équité même, avec un accueil aussi gracieux qu'un froid naturel, mais glacial, pouvait le permettre. Le sens droit et juste suppléait à l'esprit. Sage, silencieux, mesuré, il était fort appliqué à savoir sa marine de guerre et de commerce et l'entendait très bien [2.43].

SON FRÈRE

Philippe, duc d'Orléans, dit Monsieur.

Veuf de Henriette d'Angleterre, marié en secondes noces avec Charlotte-Elizabeth de Bavière dont il a eu un fils, Philippe de Chartres, et une fille, Elizabeth-Charlotte.

Réside au château de Saint-Cloud.

C'était un petit homme ventru, monté sur des échasses tant ses souliers étaient hauts, toujours paré comme une femme, plein de bagues, de bracelets, de pierreries partout, avec une longue perruque toute étalée en devant, noire et poudrée, et des rubans partout où il en pouvait mettre, plein de toutes sortes de parfums, et en toutes choses la propreté même; on l'accusait de mettre imperceptiblement du rouge; le nez fort long, la bouche et les yeux beaux, le visage plein, mais fort long. Tous ses portraits lui ressemblent [1.61].

Le goût de Monsieur n'était pas celui des femmes, et il ne s'en cachait même pas [1.1].

Quoique il fût difficile d'être plus timide et plus soumis qu'était Monsieur avec le roi, jusqu'à flatter ses ministres, et auparavant ses maîtresses, il ne laissait pas de conserver, avec un grand air de respect, l'air de frère et des façons libres et dégagées. En particulier, il se licenciait bien davantage : il se mettait toujours dans un fauteuil, et n'attendait pas que le roi lui dît de s'asseoir. Il ne laissait pas de faire au roi par-ci par-là des pointes, mais cela ne durait pas; et comme son jeu, Saint-Cloud et ses favoris lui coûtaient beaucoup, avec de l'argent que le roi lui donnait il n'y paraissait plus. Jamais pourtant il n'a pu se ployer à Mme de Maintenon, ni se passer d'en lâcher de temps en temps quelques bagatelles au roi et quelques brocards au monde. Ce n'était pas sa faveur qui le blessait, mais d'imaginer que la Scarron était devenue sa belle-sœur : cette pensée lui était insupportable.

Avec plus de monde que d'esprit, et nulle lecture, il n'était capable de rien. Personne de si mou de corps et d'esprit, de plus faible, de plus timide, de plus trompé, de plus gouverné, ni de plus méprisé par ses favoris, et très souvent de plus malmené par eux : tracassier, et incapable de garder aucun secret, soupçonneux, défiant, semant des noises dans sa cour pour brouiller, pour savoir, souvent aussi pour s'amuser, en médisant des uns aux autres; avec tant de défauts, destitués de toutes vertus, un goût abominable qui avait été rendu public avec le plus grand scandale.

A Saint-Cloud les plaisirs de toutes sortes de jeux, de la beauté singulière du lieu, des musiques, de la bonne chère, en faisaient une maison de délices, avec beaucoup de grandeur et de magnificence, et tout cela sans aucun secours de Madame qui boudait souvent la compagnie, s'en faisait craindre par son humeur dure et farouche, et quelquefois par ses propos, et passait toute la journée dans un cabinet qu'elle s'était choisi à considérer les portraits des palatins et d'autres princes allemands dont elle l'avait tapissé. Monsieur n'avait pu la ployer à une vie plus humaine, et la laissait faire, et vivait honnêtement avec elle, sans se soucier de sa personne, avec qui il n'était presque point en particulier. [1.61]

Monsieur et les Princesses.

C'était le nom distinctif par lequel on entendait seulement les trois filles du roi. Monsieur avait voulu avec raison que la duchesse de Chartres appelât toujours les deux autres ma sœur, et que celles-ci ne l'appelassent jamais que Madame. Cela était juste, et le roi le leur avait ordonné, dont elles furent fort piquées. La princesse de Conti pourtant s'y soumit de bonne grâce; mais Mme la duchesse, comme sœur d'un même amour, se mit à appeler Mme de Chartres mignonne; or rien n'était moins mignon que son visage, que sa taille, que toute sa personne. Elle n'osa le trouver mauvais; mais quand, à la fin, Monsieur le sut, il en sentit le ridicule, et l'échappatoire de l'appeler Madame, et il éclata. Le roi défendit très-sévèrement à Mme la duchesse cette familiarité, qui en fut encore plus piquée, mais elle fit en sorte qu'il n'y parût pas.

A un voyage de Trianon, ces princesses, qui y couchaient, et qui étaient jeunes, se mirent à se promener ensemble les nuits, et à se divertir la nuit à quelques pétarades. Soit malice des deux aînées, soit imprudence, elles en tirèrent une nuit sous les fenêtres de Monsieur, qui l'éveillèrent, et qui le trouva fort mauvais; il en porta ses plaintes au roi, qui lui fit force excuses, gronda fort les princesses, et eut grand'-peine à l'apaiser. Sa colère fut surtout domestique : Mme la duchesse de Chartres s'en sentit longtemps, et je ne sais si les deux autres en furent fort fâchées. On accusa même Mme la duchesse de quelques chansons sur Mme de Chartres. Enfin tout fut replâtré [1.13].

SA BELLE-SŒUR

Charlotte-Elizabeth de Bavière, dite Madame ou la Palatine.

Fille de l'Électeur Palatin Charles-Louis de Bavière, épouse de Monsieur, frère du roi.

Madame était une princesse de l'ancien temps, attachée à l'honneur, à la vertu, au rang, à la grandeur, inexorable sur les bienséances. Elle ne manquait point d'esprit, et ce qu'elle voyait elle le voyait très-bien. Bonne et fidèle amie, sûre, vraie, droite, aisée à prévenir et à choquer, fort difficile à ramener; grossière, dangereuse à faire des sorties publiques, fort Allemande dans toutes ses mœurs, et franche, ignorant toute commodité et toute délicatesse pour soi et pour les autres, sobre, sauvage et ayant ses fantaisies. Elle aimait les chiens et les chevaux, passionnément la chasse et les spectacles, n'était jamais qu'en grand habit ou en perruque d'homme, et en habit de cheval, et avait plus de soixante ans que, saine ou malade, et elle ne l'était guère, elle n'avait pas connu une robe de chambre [4.41].

Madame tenait en tout beaucoup plus de l'homme que de la femme. Elle était forte, courageuse, allemande au dernier point, franche, droite, bonne et bienfaisante, noble et grande en toutes ses manières, et petite au dernier point sur tout ce qui regardait ce qui lui était dû. Elle était sauvage, toujours enfermée à écrire, hors les courts temps de cour chez elle; du reste, seule avec ses dames; dure, rude, se prenant aisément d'aversion, et redoutable par les sorties qu'elle faisait quelquefois, et sur quiconque; nulle complaisance, nul tour dans l'esprit, quoique elle ne manquât pas d'esprit; nulle flexibilité, jalouse, comme on l'a dit, jusqu'à la dernière petitesse, de tout ce qui lui était dû; la figure et le rustre d'un Suisse, capable avec cela d'une amitié tendre et inviolable. [7.13]

Madame était la droiture, la vérité, la franchise même, avec de grands défauts dont l'un était de pousser à l'extrême les vertus dont on vient de parler [6.9].

SES BELLES-FILLES

Madame La Dauphine.

Marie-Anne-Victoire de Bavière, épouse de Monseigneur.

C'était une rogue et fière allemande [1.61].

***

La duchesse du Maine :

Anne-Louise-Bénédicte de Bourbon-Condé, épouse du duc du Maine.

Elle avait du courage à l'excès, entreprenante, audacieuse, furieuse, ne connaissant que la passion présente et y postposant tout, indignée contre la prudence et les mesures de son mari, qu'elle appelait misères de faiblesse, à qui elle reprochait l'honneur qu'elle lui avait fait de l'épouser, qu'elle rendit petit et souple devant elle en le traitant comme un nègre, le ruinant de fond en comble sans qu'il osât proférer une parole, souffrant tout d'elle dans la frayeur qu'il en avait et dans la terreur encore que la tête achevât tout à fait de lui tourner. Quoique il lui cachât assez de choses, l'ascendant qu'elle avait sur lui était incroyable, et c'était à coups de bâtons qu'elle le poussait en avant [2.50].

SES TROIS GENDRES

Louis-Armand, prince de Conti.
Mari d'Anne-Marie de Bourbon.

Sa figure avait été charmante; jusqu'aux défauts de son corps et de son esprit avaient des grâces infinies; des épaules trop hautes, la tête un peu penchée de côté, un rire qui eût tenu du braire dans un autre, enfin une distraction étrange. Galant avec toutes les femmes, amoureux de plusieurs, bien traité de beaucoup, il était encore coquet avec tous les hommes : il prenait à tâche de plaire au cordonnier, au laquais, au porteur de chaise, comme au ministre d'État, au grand seigneur, au général d'armée, et si naturellement que le succès en était certain. C'était un très-bel esprit, lumineux, juste, exact, vaste, étendu, d'une lecture infinie, qui n'oubliait rien, qui savait où il avait appris chaque chose et chaque fait, qui en discernait les sources et qui retenait et jugeait de même tout ce que la conversation lui avait appris, sans confusion, sans mélange, sans méprise, avec une singulière netteté.

Chez lui l'utile et le futile, l'agréable et le savant, tout était distinct et en sa place. Il avait des amis : il savait les choisir, les cultiver, les visiter, vivre avec eux, se mettre à leur niveau sans hauteur et sans bassesse. Il avait aussi des amies indépendamment d'amour. Doux jusqu'à être complaisant dans le commerce, extrêmement poli, mais d'une politesse distinguée selon le rang, l'âge, le mérite, et mesuré avec tous; il ne dérobait rien à personne. Son esprit était naturel, brillant vif; ses reparties promptes, sans affectation; avec toute la futilité du monde, de la cour, des femmes, et leur langage avec elles, l'esprit solide et infiniment sensé; il en donnait à tout le monde; il se mettait sans cesse et merveilleusement à la portée et au niveau de tous, et parlait le langage de chacun avec une facilité non-pareille. Tout en lui prenait un air aisé; mais, comme tous les hommes, il avait sa contre-partie.

Cet homme si aimable, si charmant, si délicieux, n'aimait rien. Il avait et voulait des amis, comme on veut et qu'on a des meubles. Encore qu'il se respectât, il était bas courtisan, il ménageait tout, et montrait trop combien il sentait ses besoins en tous genres de choses et d'hommes; avare, avide de bien, ardent, injuste.

Toutefois, le monde le plus important, le plus choisi, le courait; jusque dans le salon de Marly il était environné du plus exquis; il y tenait des conversations charmantes sur tout ce qui se présentait indifféremment; jeunes et vieux y trouvaient leur instruction et leur plaisir, par l'agrément avec lequel il s'énonçait sur toutes matières, par la netteté de sa mémoire, par son abondance sans être parleur. Ce n'est point une figure, c'est une vérité cent fois éprouvée qu'on y oubliait l'heure des repas. Le roi le savait, il en était piqué, quelquefois même il n'était pas fâché qu'on pût s'en apercevoir.

Jamais homme n'eut tant d'art caché sous une simplicité si naïve, sans quoi que ce soit d'affecté en rien. Tout en lui coulait de source; jamais rien de tiré, de recherché; et on l'aimait véritablement, quelquefois jusqu'à se le reprocher, toujours sans s'en corriger.

Il vivait avec une considération infinie pour sa femme, même avec amitié, non sans être souvent importuné de ses humeurs, de ses caprices, de ses jalousies. Il glissait sur tout cela, et n'était guère avec elle. Pour son fils, tout jeune qu'il était, il ne pouvait le souffrir : il eût mieux aimé n'en avoir point.

Lui-même était toujours incertain : il avait tous les jours quatre dîners prêts, un à Paris, un à Écouen, un à Chantilly, un où la cour était. Mais la dépense n'en était pas forte : c'était un potage, et la moitié d'une poule rôtie sur une croûte de pain, dont l'autre moitié servait pour le lendemain.

Chantilly était ses délices. Il s'y promenait toujours suivi de plusieurs secrétaires, avec leur écritoire et du papier, qui écrivaient à mesure ce qui lui passait par l'esprit pour raccommoder et embellir. Il y dépensa des sommes prodigieuses.

Autrefois il avait été amoureux de plusieurs dames de la cour; alors rien ne lui coûtait : c'était les grâces, la magnificence, la galanterie même, un Jupiter transformé en pluie d'or. Tantôt il se travestissait en laquais, une autre fois en revendeuse à la toilette, tantôt d'une autre façon; c'était l'homme du monde le plus ingénieux. Il donna une fois une fête au roi, qu'il cabala pour se la faire demander uniquement pour retarder un voyage en Italie d'une grande dame qu'il aimait et avec laquelle il était bien, et dont il amusa le mari à faire les vers. Il perça tout un côté d'une rue près de Saint-Sulpice par les maisons, l'une dans l'autre, qu'il loua toutes et les meubla, pour cacher ses rendez-vous.

Les quinze ou vingt dernières années de la vie de celui dont on parle ici furent accusées de quelque chose de plus que d'emportement et de vivacité; on crut y remarquer des égarements qui ne demeurèrent pas tous renfermés dans sa maison. Entrant un matin chez la maréchale de Noailles, comme on faisait son lit et qu'il n'y avait plus que la courtepointe à y mettre, il s'arrêta un moment à la porte, où, s'écriant avec transport : « Ah! le bon lit, le bon lit », prit sa course, sauta dessus, se roula dessus sept ou huit tours en tous les sens, puis descendit et fit excuse à la maréchale, et lui dit que son lit était si propre et si bien fait qu'il n'y avait pas moyen de s'en empêcher. Ses gens demeurèrent stupéfaits, et elle bien autant qu'eux : elle en sortit adroitement par un grand éclat de rire et par plaisanter.

On disait tout bas qu'il y avait des temps où tantôt il se croyait chien, tantôt quelque autre bête, dont alors il imitait les façons.

Dans les derniers temps de sa vie, il n'entra et ne sortit rien de son corps qu'il ne le vît peser lui-même et qu'il n'en écrivit la balance, d'où il résultait des dissertations qui désolaient ses médecins [3.4].

*
* *

Louis III, prince de Condé, dit Monsieur le Duc.

Mari de Louise Françoise de Bourbon.

C'était un homme très-considérablement plus petit que les plus petits hommes, qui sans être gras était gros de partout, la tête grosse à surprendre, et un visage qui faisait peur : on disait qu'un nain de Mme la Princesse en était cause. Il était d'un jaune livide, l'air presque toujours furieux, mais en tout temps si fier, si audacieux, qu'on avait peine à s'accoutumer à lui. Il avait de l'esprit, de la lecture, des restes d'une excellente éducation, de la politesse et des grâces même, quand il voulait, mais il le voulait très-rarement. Ses mœurs perverses lui parurent une vertu, et d'étranges vengeances qu'il exerça plus d'une fois, et dont un particulier se serait bien mal trouvé, un apanage de sa grandeur. Sa férocité était extrême, et se montrait en tout.

C'était une meule toujours en l'air, qui faisait fuir devant elle, et dont ses amis n'étaient jamais en sûreté, tantôt par des insultes extrêmes, tantôt par des plaisanteries cruelles en face, et des chansons qu'il savait faire sur-le-champ, qui emportaient la pièce et qui ne s'effaçaient jamais; aussi fut-il payé en même monnaie plus cruellement encore. D'amis il n'en eut point, mais des connaissances plus familières, la plupart étrangement choisis, et la plupart obscurs comme il l'était lui-même, autant que le pouvait être un homme de ce rang. Ces prétendus amis le fuyaient; il courait après eux pour éviter la solitude, et quand il en découvrait quelque repas, il y tombait comme par la cheminée, et leur faisait une sortie de s'être cachés de lui.

Il était attaqué d'un mal bizarre, qui lui causait quelquefois des accidents équivoques d'épilepsie et d'apoplexie, qui duraient peu, et qu'il cachait avec tant de soin qu'il chassa un de ses gens pour en avoir parlé à d'autres de ses domestiques [3.28].

***

Philippe, duc de Chartres, puis, à la mort de son père, duc d'Orléans :

Fils de Monsieur, donc également neveu du roi, mari de Mlle de Blois.

Réside à Paris au Palais Royal.

M. le duc d'Orléans était de taille médiocre au plus, fort plein, sans être gros, l'air et le port aisé et fort noble, le visage large, agréable, fort haut en couleur, le poil noir et la perruque de même. Il avait dans le visage, dans le geste, dans toutes ses manières une grâce infinie, et si naturelle qu'elle ornait jusqu'à ses moindres actions, et les plus communes. Avec beaucoup d'aisance quand rien ne le contraignait, il était doux, accueillant, ouvert, d'un accès facile et charmant.

Il avait la vue fort basse; elle peinait surtout en écrivant, et il regardait son papier de si près que le bout de sa plume s'engageait toujours dans sa perruque : aussi n'écrivait-il jamais de sa main que dans la nécessité, et le plus courtement qu'il lui était possible.

Il avait, mieux qu'homme que j'aie connu, le talent de la parole, et sans avoir besoin d'aucune préparation : il disait ce qu'il voulait ni plus ni moins; les termes étaient justes et précis, une grâce naturelle les accompagnait, avec l'air de ce qu'il était toujours mêlé d'un air de politesse.

A l'entendre, on lui aurait cru une vaste lecture. Rien moins. Il parcourait légèrement, mais sa mémoire était si singulière qu'il n'oubliait ni choses, ni noms, ni dates, qu'il rendait avec précision. Quoique il n'eût aucun penchant à la médisance il se passait difficilement de pincer ceux qu'il ne trouvait pas ce qu'il appelait francs du collier. Aussi avait-il le faible de croire ressembler en tout à Henri IV, de l'affecter dans ses façons, dans ses reparties, de se le persuader jusque dans sa taille et la forme de son visage, et de n'être touché d'aucune autre louange ni flatterie comme de celle-là qui lui allait au cœur. C'est une complaisance à laquelle je n'ai jamais pu me ployer. Je sentais trop qu'il ne recherchait pas moins cette ressemblance dans les vices de ce grand prince que dans ses vertus, et que les uns ne faisaient pas moins son admiration que les autres.

Il aimait fort la liberté, et autant pour les autres que pour lui-même. Il me vantait un jour l'Angleterre sur ce point.

Il était né ennuyé, et il était si accoutumé à vivre hors de lui-même, qu'il lui était insupportable d'y rentrer, sans être capable de chercher même à s'occuper. Il ne pouvait vivre que dans le mouvement et le torrent des affaires, comme à la tête d'une armée, ou dans les soins d'y avoir tout ce dont il aurait besoin pour les exécutions de la campagne, ou dans le bruit et la vivacité de la débauche. Il y languissait dès qu'elle était sans bruit et sans une sorte d'excès et de tumulte, tellement que son temps lui était pénible à passer. Il se jeta dans la peinture après que le grand goût de la chimie fut passé ou amorti par tout ce qui s'en était si cruellement publié. Il peignait presque toute l'après-dînée à Versailles et à Marly. Il se connaissait fort en tableaux, il les aimait, il en ramassait et il en fit une collection qui en nombre et en perfection ne le cédait pas aux tableaux de la couronne. Il s'amusa après à faire des compositions de pierres et de cachets à la merci du charbon, qui me chassait souvent d'avec lui, et des compositions de parfums les plus forts, qu'il aima toute sa vie, et dont je le détournais, parce que le roi les craignait fort, et qu'il sentait presque toujours. Enfin jamais homme né avec tant de talents de toutes les sortes, tant d'ouverture et de facilité pour s'en servir, et jamais vie de particulier si désœuvrée, ni si livrée au néant et à l'ennui.

Sa curiosité d'esprit, jointe à une fausse idée de fermeté et de courage, l'avait occupé de bonne heure à chercher à voir le diable, et à pouvoir le faire parler. Il n'oubliait rien, jusqu'au plus folles lectures, pour se persuader qu'il n'y a point de Dieu, et il croyait le diable jusqu'à espérer de le voir et de l'entretenir. Ce contraste ne se peut comprendre, et cependant il est extrêmement commun. Il y travailla avec toutes sortes de gens obscurs, et beaucoup avec Mirepoix. Ils passaient les nuits dans les carrières de Vanves et de Vaugirard à faire des invocations. M. le duc d'Orléans m'a avoué qu'il n'avait jamais pu venir à bout de rien voir ni entendre, et se déprit enfin de cette folie.

Son désir passionné, comme celui de ses pareils en mœurs, était qu'il n'y eût point de Dieu; mais il avait trop de lumière pour être athée, qui sont une espèce particulière d'insensés bien plus rare qu'on ne croit. Son grand faible en ce genre était de se piquer d'impiété et d'y vouloir surpasser les plus hardis.

Je me souviens qu'une nuit de Noël à Versailles, où il accompagna le roi à matines et aux trois messes de minuit, il surprit la cour par sa continuelle application à lire dans le livre qu'il avait apporté, et qui parut un livre de prière. La première femme de chambre de Mme la duchesse d'Orléans, ancienne dans la maison, fort attachée et fort libre, comme le sont tous les vieux bons domestiques, transportée de joie de cette lecture, lui en fit compliment chez Mme la duchesse d'Orléans le lendemain, où il y avait du monde. M. le duc d'Orléans se plut quelque temps à la faire danser, puis lui dit : « Vous êtes bien sotte, Mme Imbert; savez-vous donc ce que je lisais? C'était Rabelais, que, j'avais porté de peur de m'ennuyer. » On peut juger de l'effet de cette réponse. La chose n'était que trop vraie, et c'était pure fanfaronnade. Sans comparaison des lieux ni des choses, la musique de la chapelle était fort au-dessus de celle de l'Opéra et de toutes les musiques de l'Europe; et comme les matines, laudes et les trois messes basses de la nuit de Noël duraient longtemps, cette musique s'y surpassait encore. Il n'y avait rien de si magnifique que l'ornement de la chapelle et que la manière dont elle était éclairée. Tout y était plein; les travées de la tribune remplies de toutes les dames de la cour en déshabillé, mais sous les armes. Il n'y avait donc rien de si surprenant que la beauté du spectacle, et les oreilles y étaient charmées. M. le duc d'Orléans aimait extrêmement la musique; il la savait jusqu'à composer, et il s'est même amusé à faire lui-même une espèce de petit opéra, dont la Fare fit les vers, et qui fut chanté devant le roi; cette musique de la chapelle était donc de quoi l'occuper le plus agréablement du monde, indépendamment de l'accompagnement d'un spectacle si éclatant, sans avoir recours à Rabelais; mais il fallait faire l'impie et le bon compagnon [4.39].

SA NIÈCE

Elizabeth-Charlotte d'Orléans dite Mademoiselle.

Sœur de Philippe de Chartres (elle épousera le duc Léopold de Lorraine).

LES PARENTS DE LA DUCHESSE DU MAINE ET DE MONSIEUR LE DUC

Henri-Jules de Bourbon, prince de Condé, dit Monsieur le Prince.

C'était un petit homme très-mince et très-maigre, dont le visage d'assez petite mine ne laissait pas d'imposer par le feu et l'audace de ses yeux. Personne n'a eu plus d'esprit et de toutes sortes d'esprits, ni rarement tant de savoir en presque tous les genres, avec un goût exquis et universel; et quand il voulait plaire, jamais avec tant de discernement, de grâces, de gentillesse, de politesse, de noblesse, tant d'art caché coulant comme de source. Personne aussi n'a jamais porté si loin l'invention, l'exécution, l'industrie, les agréments ni la magnificence des fêtes, dont il savait surprendre et enchanter, et dans toutes les espèces imaginables.

Jamais aussi tant de talents inutiles, tant de génie sans usage, tant et si continuelle et si vive imagination, uniquement propre à être son bourreau et le fléau des autres; jamais tant d'épines et de danger dans le commerce, tant et de si sordide avarice, et de ménages bas et honteux, d'injustices, de rapines, de violences; jamais encore tant de hauteur, de prétentions sourdes, nouvelles, adroitement conduites, de subtilités d'usages, d'artifice à les introduire imperceptiblement, puis de s'en avantager, d'entreprises hardies et inouïes, de conquêtes à force ouverte; jamais en même temps une si vile bassesse. Fils dénaturé, cruel père, mari terrible, maître détestable, pernicieux voisin, sans amitié, sans amis, incapable d'en avoir, jaloux, soupçonneux, inquiet sans aucun relâche, plein de manège et d'artifices à découvrir et à scruter tout, à quoi il était occupé sans cesse, aidé d'une vivacité extrême et d'une pénétration surprenante; colère et d'un emportement à se porter aux derniers excès, même sur des bagatelles, difficile en tout à l'excès, jamais d'accord avec lui-même, et tenant tout chez lui dans le tremblement [3.7].

*
* *

Anne de Bavière, dite Madame la Princesse.

Épouse de Monsieur le Prince.

Mme la Princesse était également laide, vertueuse et sotte; elle était un peu bossue, et avec cela un gousset fin, qui se faisait suivre à la piste, même de loin. Toutes ces choses n'empêchèrent pas Monsieur le Prince d'en être jaloux jusqu'à la fureur et jusqu'à sa mort, la piété, l'attention infatigable de Madame la Princesse, sa douceur, sa soumission de novice, ne la purent garantir ni des injures fréquentes ni des coups de pied et de poing, qui n'étaient pas rares. Elle n'était pas maîtresse des plus petites choses; elle n'en osait demander ni proposer aucune. Il la faisait partir à l'instant que la fantaisie lui en prenait, pour aller d'un lieu à un autre. Souvent, montée en carrosse, il l'en faisait descendre, ou revenir du bout de la rue, puis recommençait l'après-dînée ou le lendemain. Cela dura une fois quinze jours de suite pour un voyage de Fontainebleau. D'autres fois, il l'envoyait chercher à l'église, lui faisait quitter la grand'messe, et quelquefois la mandait au moment qu'elle allait communier; et il fallait revenir à l'instant, et remettre sa communion à une autre fois. Ce n'était pas qu'il eût besoin d'elle, ni qu'elle osât faire la moindre démarche, ni celles-là mêmes sans sa permission; mais les fantaisies étaient continuelles [3.7].

Madame la Princesse était sans esprit, mais douée de beaucoup de piété, de douceur et de patience, dont elle eut à faire un pénible et continuel usage tant que son mariage dura, qui fut plus de quarante-cinq ans [7.14.]

CHAPITRE V

COMMENT LOUIS XIV PRATIQUAIT « L'ART DE RÉGNER »

Le roi était trop jaloux de son autorité et de sembler tout faire, pour se résoudre jamais à un premier ministre.

Il voulait primer par l'esprit, par la conduite dans le cabinet et dans la guerre, comme il dominait partout ailleurs.

Il fut sur le choix de ses généraux comme sur celui de ses ministres. Il s'applaudissait de les conduire de son cabinet; il voulait que l'on crût que, de son cabinet, il commandait toutes ses armées.

Il ne voulait être servi dans ses principales affaires que par de fort jeunes gens et croyait montrer qu'il n'avait besoin que de soi-même pour les gouverner.

Le roi n'aimait pas à changer ses décisions, beaucoup moins à les voir blâmer.

Il abhorrait toute discussion, et aimait mieux que tout s'usurpât et se confondît, souvent même au préjudice connu de ses affaires, que d'ouïr parler de cette matière.

Rien ne le mettait en si aigre malaise que la crainte d'être désobéi.

Le roi s'expliquait souvent sur ce qu'il appelait les discoureurs, et on devenait coupable d'un crime sensible, quelque bonne intention qu'on eût en parlant, sitôt qu'on s'écartait un peu de la fadeur de la « Gazette de France », et de celle des bas courtisans.

Il se plaisait à la confiance, mais il n'aimait pas moins à se voir craint, et lorsque des gens timides qui avaient à lui parler se déconcertaient devant lui et s'embarrassaient dans leur discours, rien ne faisait mieux leur cour et n'aidait plus à leur affaire.

Rien ne flattait plus le roi que l'opinion et l'étalage de son autorité.

Il ne voulait de grandeur que par émanation de la sienne. Toute autre lui était devenue odieuse [*pass.*].

***

Il voulait régner par lui-même. Sa jalousie là-dessus alla sans cesse jusqu'à la faiblesse. Il régna en effet dans le petit; dans le grand il ne put y atteindre et jusque dans le petit il fut souvent gouverné [4.51].

Il se piquait des détails, ce qui le persuadait, aidé de l'adresse, de l'intérêt, des artifices de ses ministres, qu'il voyait, qu'il faisait, qu'il gouvernait tout par lui-même, tandis qu'amusé par des bagatelles, il laissait échapper le grand qui devenait la proie de ses ministres [4.46].

Le Tellier, longtemps avant d'être chancelier de France, connaissait bien le roi là-dessus. Un de ses meilleurs amis l'avait prié de quelque chose qu'il désirait fort et qui devait être proposé dans le travail particulier de ce ministre avec le roi. Le Tellier l'assura qu'il y ferait tout son possible. Son ami ne goûta point sa réponse, et lui dit franchement que dans la place et le crédit où il était, ce n'était pas de celles-là qu'il lui fallait donner. « Vous ne connaissez pas le terrain, lui répliqua le Tellier. De vingt affaires que nous portons ainsi au roi, nous sommes sûrs qu'il en passera dix-neuf à notre gré; nous le sommes également que la vingtième sera décidée au contraire. Laquelle des vingt sera décidée contre notre avis et notre désir, c'est ce que nous ignorons toujours, et très-souvent c'est celle où nous nous intéressons le plus. Le roi se réserve cette bisque pour nous faire sentir qu'il est le maître et qu'il gouverne; et si par hasard il se présente quelque chose sur quoi il s'opiniâtre, et qui soit assez importante pour que nous nous opiniâtrions aussi, ou pour la chose même, ou pour l'envie que nous avons qu'elle réussisse comme nous le désirons, c'est très-souvent alors dans le rare que cela arrive, une sortie sûre; mais, à la vérité, la sortie essuyée et l'affaire manquée, le roi, content d'avoir montré que nous ne pouvons rien et peiné de nous avoir fâchés, devient après souple et flexible, en sorte que c'est alors le temps où nous faisons tout ce que nous voulons. »

On le détermina, lui qui se piquait si principalement de gouverner lui-même, d'un chef-d'œuvre tout à la fois de religion et de politique, qui faisait triompher la véritable par la ruine de toute autre, et qui rendait le roi absolu en brisant toutes ses chaînes avec les huguenots, et en détruisant à jamais ces rebelles, toujours prêts à profiter de tout pour relever leur parti et donner la loi à ses rois.

La révocation de l'édit de Nantes sans le moindre prétexte et sans aucun besoin, et les diverses prescriptions plutôt que déclarations qui la suivirent, furent les fruits de ce complot affreux qui dépeupla un quart du royaume, qui ruina son commerce, qui l'affaiblit dans toutes ses parties, qui le mit si longtemps au pillage public et avoué des dragons, qui autorisa les tourments et les supplices dans lesquels ils firent réellement mourir tant d'innocents de tout sexe par milliers, qui ruina un peuple si nombreux, qui déchira un monde de familles, qui arma les parents contre les parents pour avoir leur bien et les laisser mourir de faim; qui fit passer nos manufactures aux étrangers, fit fleurir et regorger leurs États aux dépens du nôtre et leur fit bâtir de nouvelles villes, qui leur donna le spectacle d'un si prodigieux peuple proscrit, nu, fugitif, errant sans crime, cherchant asile loin de sa patrie.

Le roi recevait de tous les côtés des nouvelles et des détails de ces persécutions et de toutes ces conversions. C'était par milliers qu'on comptait ceux qui avaient abjuré et communié : deux mille dans un lieu, six mille dans un autre, tout à la fois, et dans un instant. Le roi s'applaudissait de sa puissance et de sa piété. Il se croyait au temps de la prédication des apôtres, et il s'en attribuait tout l'honneur. Les évêques lui écrivaient des panégyriques; les jésuites en faisaient retentir les chaires et les missions. Toute la France était remplie d'horreur et de confusion, et jamais tant de triomphes et de joie, jamais tant de profusion de louanges. Le monarque ne doutait pas de la sincérité de cette foule de conversions; les convertisseurs avaient grand soin de l'en persuader et de le béatifier par avance. Il avalait ce poison à longs traits. Il ne s'était jamais cru si grand devant les hommes, ni si avancé devant Dieu dans la réparation de ses péchés et du scandale de sa vie [4.57].

***

Une cabale en la faveur de quelqu'un : c'était la chose qu'il haïssait le plus, qu'il craignait davantage, et où il était le plus continuellement trompé [3.50].

Le roi se plaisait fort avec Mlle de Chausseraye parce qu'elle était fort amusante et divertissante quand il lui plaisait, qu'elle avait l'art de lui cacher son esprit et qu'elle faisait très-bien l'ingénue et la personne indifférente qui ne prenait part à rien, ni parti pour personne. Par cet artifice elle avait accoutumé le roi à ne se défier point d'elle, à se mettre à son aise, à lui parler de tout avec confiance, à goûter même ses conseils, car ils en étaient là ensemble, et il est incroyable combien elle a su par là servir et nuire à quantité de gens, sans que le roi s'aperçût qu'elle se souciât le moins du monde des personnes dont ils se parlaient.

Toute son application et tout son savoir-faire auprès du roi était de faire l'idiote, l'ignorante, l'indifférente à tout, et de lui procurer le bien-aise d'entière supériorité d'esprit sur elle; c'était uniquement par là qu'elle entretenait sa faveur et sa confiance, et qu'elle avait moyen de le conduire souvent où elle voulait; mais que pour y parvenir sans qu'il s'en aperçût, et sans se démentir de toute sa conduite avec lui, il fallait un temps, des tours, une délicatesse et un art qui lui réussit souvent à bien des choses, dont elle en abandonnait aussi d'autres, mais qui toutes lui faisaient suer sang et eau [5.17].

***

Le roi voulait qu'on regardât les charges surtout celles qui l'approchaient de plus près, comme le souverain bonheur [2.42].

Sous prétexte que tout service militaire est honorable, et qu'il est raisonnable d'apprendre à obéir avant que de commander, il assujettit tout, sans autre exception que des seuls princes du sang, à débuter par être cadets dans ses gardes du corps.

Si d'ennui, de dépit, ou par quelque dégoût on quittait le service, la disgrâce était certaine; c'était merveille si après des années redoublées de rebuts on parvenait à revenir sur l'eau.

Grands et petits, connus et obscurs, furent donc forcés d'entrer et de persévérer dans le service, d'y être un vil peuple en toute égalité, et dans la plus soumise dépendance du ministre de la guerre, et même de ses commis.

J'ai vu le Guerchois, intendant d'Alençon, me montrer, à la Ferté, un ordre de faire recherche des gentilshommes de sa généralité qui avaient des enfants en âge de servir et qui n'étaient pas dans le service, de les presser de les y mettre, de les menacer même, et de doubler et tripler à la capitation ceux qui n'obéiront pas.

Louvois inspira au roi cet ordre funeste du tableau, et ces promotions nombreuses par l'ancienneté, qui flatta cette superbe du roi de rendre toutes conditions simple peuple, mais qui fit aussi à la longue que toute émulation se perdît, parce que, dès qu'il fut établi qu'on ne montait plus qu'à son rang à moins d'événements presque uniques, auxquels encore il fallait que la faveur fût jointe, personne ne se soucia plus de se fatiguer et de s'instruire, également sûr de n'avancer point hors de son rang, et d'avancer aussi par sa date, sans une disgrâce qu'on se contentait à bon marché de ne pas encourir [4.53].

***

Son esprit, naturellement porté au petit, se plaisait en toutes sortes de détails. Il entrait sans cesse dans les derniers sur les troupes : habillements, armements, évolutions, exercices, discipline, en un mot, toutes sortes de bas détails [4.51].

Le roi faisait sa poupée de son régiment, entrait dans

tous les détails comme un simple colonel, et le distinguait en toutes manières [2.29].

Il ne s'en occupait pas moins sur ses bâtiments, sa maison civile, ses extraordinaires de bouche; il croyait toujours apprendre quelque chose à ceux qui en ces genres-là en savaient le plus, qui de leur part recevaient en novices des leçons qu'ils savaient par cœur il y avait longtemps. Ces pertes de temps, qui paraissaient au roi avec tout le mérite d'une application continuelle, étaient le triomphe de ses ministres, qui avec un peu d'art et d'expérience à le tourner, faisaient venir comme de lui ce qu'ils voulaient eux-mêmes et qui conduisaient le grand selon leurs vues et trop souvent selon leur intérêt, tandis qu'ils s'applaudissaient de le voir se noyer dans ces détails [4.51].

L'adresse de Mansart était d'engager le roi, par des riens en apparence, en des entreprises fortes ou longues, et de lui montrer des plans imparfaits, surtout pour ses jardins, qui tout seuls lui missent le doigt sur la lettre. Alors Mansart s'écriait qu'il n'aurait jamais trouvé ce que le roi proposait; il éclatait en admirations, protestait qu'auprès de lui il n'était qu'un écolier, et le faisait tomber de la sorte où il voulait, sans que le roi s'en doutât le moins du monde. Il connaissait le roi en perfection, et ne se méprenait point à se familiariser ou à se tenir sur la réserve. Comme il n'avait point de goût, ni le roi non plus, jamais il ne s'est rien exécuté de beau, ni même de commode, avec des dépenses immenses. Cette belle chapelle de Versailles, pour la main-d'œuvre et les ornements, qui a tant coûté de millions et d'années, si mal proportionnée, qui semble vouloir écraser le château, n'a été faite ainsi que par artifice. Mansart ne compta les proportions que des tribunes, parce que le roi ne devait presque jamais y aller en bas, et il fit exprès cet horrible exhaussement par-dessus le château, pour forcer par cette difformité à élever tout le château d'un étage; et sans la guerre qui arriva, cela se serait fait [2.61].

***

Louis XIV s'étudiait avec grand soin à être bien informé de ce qui se passait partout, dans les lieux publics, dans les maisons particulières, dans le commerce du monde, dans le secret des familles et des liaisons. Les espions et les rapporteurs étaient infinis. Il en avait de toutes espèces : plusieurs qui ignoraient que leurs délations allassent jusqu'à lui, d'autres qui le savaient, quelques-uns qui lui écrivaient directement en faisant rendre leurs lettres par les voies qu'il leur avait prescrites, et ces lettres-là n'étaient vues que de lui, et toujours avant toutes autres choses, quelques-autres enfin qui lui parlaient quelquefois secrètement dans ses cabinets, par les derrières. Ces voies inconnues rompirent le cou à une infinité de gens de tous états, sans qu'ils en aient jamais pu découvrir la cause, souvent très-injustement; et le roi, une fois prévenu, ne revenait jamais, ou si rarement que rien ne l'était davantage.

Le roi, plus avide de savoir tout ce qui se passait et plus curieux de rapports qu'on ne le pouvait croire, quoique on le crût beaucoup, avait autorisé Bontemps, puis Bloin, gouverneurs de Versailles, à prendre quantité de Suisses, qui, avec une livrée du roi, ne dépendaient que d'eux. Ces derniers étaient secrètement chargés de rôder, les soirs, les nuits et les matins, dans tous les degrés, les corridors, les passages, les privés, et quand il faisait beau, dans les cours et les jardins, de patrouiller, se cacher, s'embusquer, remarquer les gens, les suivre, les voir entrer et sortir des lieux où ils allaient, de savoir qui y était, d'écouter tout ce qu'ils pouvaient entendre, de n'oublier pas combien de temps les gens étaient restés où ils étaient entrés, et de rendre compte de leurs découvertes. Ce manège, dont d'autres subalternes et quelques valets se mêlaient aussi, se faisait assidûment à Versailles, à Marly, à Trianon, à Fontainebleau et dans tous les lieux où le roi était.

Ce fut à sa curiosité que les dangereuses fonctions du lieutenant de police furent redevables de leur établissement. Elles allèrent depuis toujours croissant. Ces officiers ont tous été sous lui plus craints, plus ménagés, aussi considérés que les ministres, jusque par les ministres mêmes, et il n'y avait personne en France, sans en excepter les princes du sang, qui n'eût intérêt de les ménager, et qui ne le fît. Outre les rapports sérieux qui lui revenaient par eux, il se divertissait d'en apprendre toutes les galanteries et toutes les sottises de Paris.

Mais la plus cruelle de toutes les voies par laquelle le roi fut instruit bien des années avant qu'on s'en fût aperçu, et par laquelle l'ignorance et l'imprudence de beaucoup de gens continua toujours encore de l'instruire, fut celle de l'ouverture des lettres.

On ne saurait comprendre la promptitude et la dextérité de cette exécution. Le roi voyait l'extrait de toutes les lettres où il y avait des articles que les chefs de la poste, puis le ministre qui la gouvernait, jugeaient devoir aller jusqu'à lui, et les lettres entières quand elles en valaient la peine par leur tissu, ou pour la considération de ceux qui étaient en commerce. Par là les gens principaux de la poste, maîtres et commis, furent en état de supposer tout ce qu'il leur plut et à qui il leur plut; et comme peu de chose perdait sans ressource, ils n'avaient pas besoin de forger ni de suivre une intrigue. Un mot de mépris sur le roi ou sur le gouvernement, une raillerie, en un mot, un article de lettre spécieux et détaché, noyait sans ressource, sans perquisition aucune, et ce moyen était continuellement entre leurs mains. Aussi à vrai et à faux est-il incroyable combien de gens de toutes les sortes en furent plus ou moins perdus. Le secret était impénétrable, et jamais rien ne coûta moins au roi que de se taire profondément et de dissimuler de même.

Ce dernier talent, il le poussa souvent jusqu'à la fausseté, mais avec cela jamais de mensonge, et il se piquait de tenir parole. Aussi ne la donnait-il presque jamais. Pour le secret d'autrui, il le gardait aussi religieusement que le sien. Il était même flatté de certaines confessions et de certaines confidences et même confiances; et il n'y avait maîtresse, ministre ni favori qui pût y donner atteinte, quand le secret les aurait même regardés.

On a su, entre beaucoup d'autres, l'aventure fameuse d'une femme de nom, lequel a toujours été pleinement ignoré et jusqu'au soupçon même, qui séparée de lieu depuis un an d'avec son mari, se trouvant grosse et sur le point de le voir arriver de l'armée, à bout enfin de tous moyens, fit demander en grâce au roi une audience secrète, dont qui que ce soit ne pût s'apercevoir, pour l'affaire du monde la plus importante. Elle l'obtint. Elle se confia au roi dans cet extrême besoin, et lui dit que c'était comme au plus honnête homme de son royaume. Le roi lui conseilla de profiter d'une si grande détresse pour vivre plus sagement à l'avenir, et lui promit de retenir sur-le-champ son mari sur la frontière, sous prétexte de son service, tant et si longtemps qu'il ne pût avoir aucun soupçon, et de ne le laisser revenir sous aucun prétexte.

Le roi n'en a fait l'histoire que bien des années après, et que lorsqu'il fut bien sûr que les gens que cela regardait ne se pouvaient plus démêler, comme en effet ils n'ont jamais pu l'être, pas même du soupçon le plus vague ni le plus incertain [4.54].

***

C'était un prince très-aisé à prévenir, qui donnait très-rarement lieu à l'éclaircir, qui revenait encore plus rarement, et jamais bien entièrement, et qui ne voyait, n'écoutait, ne raisonnait plus dès qu'on avait l'adresse de mettre son autorité le moins du monde en jeu, sur quoi que ce pût être, devant laquelle justice, raison, droits, évidence, tout disparaissait. C'est par cet endroit si dangereusement sensible, que ses ministres ont su manier avec tant d'art, qu'ils se sont rendus les maîtres despotiques, en lui faisant accroire tout ce qu'ils ont voulu [2.17].

La vérité n'approcha jamais de lui dans la clôture où il s'était emprisonné lui-même [2.25].

Un temps mal pris et la surprise, étaient les deux choses du monde qui le rebroussaient le plus [3.25].

D'audiences à en espérer dans son cabinet, rien n'était plus rare, même pour les affaires du roi dont on avait été chargé. Jamais, par exemple, à ceux qu'on envoyait ou qui revenaient d'emplois étrangers, jamais à pas un officier général, si on en excepte certains cas très-singuliers, et encore, mais très-rarement, quelqu'un de ceux qui étaient chargés de ces détails de troupes où le roi se plaisait tant;

de courtes aux généraux d'armées qui partaient, et en présence du secrétaire d'État de la guerre, de plus courtes à leur retour, quelquefois ni en partant, ni en revenant.

La vérité est pourtant que, quelque gâté que fût le roi sur sa grandeur et sur son autorité, qui avait étouffé toute autre considération en lui, il y avait à gagner dans ses audiences, quand on pouvait tant faire que de les obtenir. Là, quelque prévenu qu'il fût, quelque mécontentement qu'il crût avoir lieu de sentir, il écoutait avec patience, avec bonté, avec envie de s'éclaircir et de s'instruire; il n'interrompait que pour y parvenir. On y découvrait un esprit d'équité et de désir de connaître la vérité, et cela quoique en colère quelquefois, et cela jusqu'à la fin de sa vie. Là, tout se pouvait dire, pourvu que ce fût avec cet air de respect, de soumission, de dépendance, sans lequel on se serait encore plus perdu que devant, mais avec lequel aussi, en disant vrai, on interrompait le roi à son tour, on lui niait crûment des faits qu'il rapportait, on élevait le ton au-dessus du sien en lui parlant, et tout cela non-seulement sans qu'il le trouvât mauvais, mais se louant après de l'audience qu'il avait donnée, et de celui qui l'avait eue, se défaisant des préjugés qu'il avait pris, ou des faussetés qu'on lui avait imposées, et le marquant après par ses traitements. Aussi les ministres avaient-ils grand soin d'inspirer au roi l'éloignement d'en donner, à quoi ils réussirent comme dans tout le reste [4.51].

***

Jamais prince ne posséda l'art de régner à un si haut point. L'ancienne cour de la reine sa mère, qui excellait à le savoir tenir, lui avait imprimé une politesse distinguée, une gravité jusque dans l'air de galanterie, une dignité, une majesté partout qu'il sut maintenir toute sa vie [4.53].

Le roi, avec des sentiments fort opposés à ceux de sa jeunesse, conservait toujours un goût et un penchant pour les femmes aimables [2.67].

La beauté heureuse était sous Louis XIV la dot des dots [2.30].

Il n'aimait point à avoir des compliments à faire ni à se contraindre pour faire les honneurs de sa cour, quoique il s'en acquittât avec une grâce et une majesté qui le relevaient encore, cette galanterie majestueuse qui lui était si naturelle [3.21].

Le roi n'a jamais traité avec un ministre étranger; il savait d'avance quelle serait la matière de l'audience demandée, répondait courtement et sans jamais enfoncer, ni s'engager encore moins; si le ministre insistait, ce qu'il n'osait guère, il lui disait honnêtement qu'il ne pouvait s'expliquer davantage, en lui montrant Torcy, qui était toujours présent, comme celui qui savait ses intentions, et avec qui le ministre pouvait traiter. Il l'éconduisait ainsi, et si le ministre faisait la sourde oreille, il le quittait avec une légère inclination de tête, et se retirait dans un autre cabinet. Il fallait bien alors que le ministre étranger s'en allât, à qui Torcy en montrait civilement le chemin [4.46].

***

Le roi ne se plaisait que dans ses maisons et n'aimait point être ailleurs [3.48].

Le goût de la promenade et de la chasse, bien plus commodes à la campagne qu'à Paris; celui des bâtiments qui vint après, et peu à peu toujours croissant, ne lui en permettait pas l'amusement dans une ville où il n'aurait pu éviter d'y être continuellement en spectacle; enfin l'idée de se rendre plus vénérable en se dérobant aux yeux de la multitude, et à l'habitude d'en être vu tous les jours : toutes ces considérations fixèrent le roi à Saint-Germain bientôt après la mort de la reine sa mère.

L'amour de Mme de la Vallière, qui fut d'abord un mystère, donna lieu à de fréquentes promenades à Versailles, petit château de cartes alors, bâti par Louis XIII ennuyé, et sa suite encore plus, d'y avoir souvent couché dans un méchant cabaret à rouliers et dans un moulin à vent.

Ces petites parties de Louis XIV y firent naître peu à peu ces bâtiments immenses qu'il y a faits; et leur commodité pour une nombreuse cour, si différente des logements de Saint-Germain, y transporta tout à fait sa demeure.

Les fêtes fréquentes, les promenades particulières à Versailles, les voyages furent des moyens que le roi saisit pour distinguer et pour mortifier en nommant les personnes qui à chaque fois en devaient être, et pour tenir chacun assidu et attentif à lui plaire. Il sentait qu'il n'avait pas à beaucoup près assez de grâces à répandre pour faire un effet continuel. Il en substitua donc aux véritables d'idéales, par la jalousie, les petites préférences qui se trouvaient tous les jours, et pour ainsi dire à tous moments, par son art. Les espérances que ces petites préférences et ces distinctions faisaient naître, et la considération qui s'en tirait, personne ne fut plus ingénieux que lui à inventer sans cesse ces sortes de choses. Marly, dans la suite, lui fut en cela d'un plus grand usage, et Trianon où tout le monde, à la vérité, pouvait lui aller faire sa cour, mais où les dames avaient l'honneur de manger avec lui, et où à chaque repas elles étaient choisies; le bougeoir qu'il faisait tenir tous les soirs à son coucher par un courtisan qu'il voulait distinguer.

Les différentes adresses de cette nature qui se succédèrent les unes aux autres à mesure que le roi avança en âge, et que les fêtes changeaient ou diminuaient, et les attentions qu'il marquait pour avoir toujours une cour nombreuse, on ne finirait point à les expliquer.

Non-seulement il était sensible à la présence continuelle de ce qu'il y avait de distingué, mais il l'était aussi aux étages inférieurs. Il regardait à droite et à gauche à son lever, à son coucher, à ses repas, en passant dans les appartements, dans ses jardins de Versailles, où seulement les courtisans avaient la liberté de le suivre; il voyait et remarquait tout le monde, aucun ne lui échappait, jusqu'à ceux qui n'espéraient pas même être vus. Il distinguait très-bien en lui-même les absences de ceux qui étaient toujours à la cour, celles des passagers qui y venaient plus ou moins souvent; les causes générales ou particulières de ces absences, il les combinait, et ne perdait pas la plus légère occasion d'agir à leur égard en conséquence. C'était un démérite aux uns, et à tout ce qu'il y avait de distingué, de ne faire pas de la cour un séjour ordinaire, aux autres d'y venir rarement, et une disgrâce sûre pour qui n'y venait jamais, ou comme jamais. Quand il s'agissait de quelque chose pour eux : « Je ne le connais point, » répondait-il fièrement. Sur ceux qui se présentaient rarement : « C'est un homme que je ne vois jamais; » et ces arrêts-là étaient irrévocables [4.54].

Il se permettait rarement les malices, mais il y avait des gens pour lesquels il y succombait, et M. de Lauzun, qu'il avait toujours craint, et jamais aimé depuis son retour, en était un [1.63].

CHAPITRE VI

OU, TANDIS QUE LE ROI EST AU COMBLE DE LA PUISSANCE ET DE LA GLOIRE, NOUS SOMMES INTRODUITS A LA COUR

(*de 1691 à 1695*)

1691

Le duc de Lauzun.

Il a été un personnage si extraordinaire et si unique en tout genre, que c'est avec beaucoup de raison que La Bruyère a dit de lui dans ses Caractères qu'il n'était pas permis de rêver comme il a vécu.

Le duc de Lauzun était un petit homme blondasse, bien fait dans sa taille, de physionomie haute, pleine d'esprit, qui imposait, mais sans agrément dans le visage, plein d'ambition, de caprices, de fantaisies, jaloux de tout, voulant toujours passer le but, jamais content de rien, sans lettres, sans aucun ornement ni agrément dans l'esprit, naturellement chagrin, solitaire, sauvage; fort noble dans toutes ses façons, méchant et malin par nature, encore plus par jalousie et par ambition, toutefois bon ami quand il l'était, ce qui était rare, et bon parent, volontiers ennemi même des indifférents, et cruel aux défauts et à trouver et donner des ridicules; extrêmement brave et aussi dangereusement hardi; courtisan également insolent, moqueur, et bas jusqu'au valetage, et plein de recherches, d'industrie, d'intrigue, de bassesses pour arriver à ses fins, avec cela dangereux aux ministres, à la cour redouté de tous, et plein de traits cruels et pleins de sel qui n'épargnaient personne.

Il était extraordinaire en tout par nature, et se plaisait

encore à l'affecter jusque dans le plus intérieur de son domestique et de ses valets. Il contrefaisait le sourd et l'aveugle, pour mieux voir et entendre sans qu'on s'en défiât, et se divertissait à se moquer des sots, même des plus élevés, en leur tenant des langages qui n'avaient aucun sens. Ses manières étaient toutes mesurées, réservées, doucereuses, même respectueuses; et de ce ton bas et emmiellé il sortait des traits perçants et accablants par leur justesse, leur force ou leur ridicule, et cela en deux ou trois mots, quelquefois d'un air de naïveté ou de distraction, comme s'il n'y eût pas songé. Aussi était-il redouté sans exception de tout le monde, et avec force connaissance, il n'avait que peu ou point d'amis.

Il avait comme usurpé un droit de tout dire et de tout faire sans que qui que ce fût osât s'en fâcher.

J'ai regretté mille fois son incapacité radicale d'écrire ce qu'il avait vu et fait. C'eût été un trésor des plus curieuses anecdotes, mais il n'avait nulle suite ni application. J'ai souvent essayé de tirer de lui quelques bribes. Autre misère. Il commençait à raconter; dans le récit, il se trouvait d'abord des noms de gens qui avaient eu part à ce qu'il voulait raconter. Il quittait aussitôt l'objet principal du récit pour s'attacher à quelqu'une de ces personnes, et tôt après à une autre personne qui avait rapport à cette première, puis à une troisième, et à la manière des romans, il enfilait ainsi une douzaine d'histoires à la fois qui faisaient perdre terre, et se chassaient l'une l'autre, sans jamais en finir pas une, et avec cela le discours fort confus, de sorte qu'il n'était pas possible de rien apprendre de lui, ni d'en rien retenir. Du reste, sa conversation était toujours contrainte par l'humeur ou par la politique, et n'était plaisante que par sauts et par les traits malins qui en sortaient souvent [7.18].

Une vieille dispute de préséance dont on parlait encore

Aux fiançailles et mariage de M. Gaston avec Mlle de Montpensier, princes ni grands n'eurent point de rang, marchèrent entre eux en confusion, et se placèrent comme ils purent. Les dames ne furent pas d'avis de faire de même, et voulurent marcher en rang. C'était à Nantes, et le cardinal de Richelieu faisait la cérémonie. La duchesse de Rohan, qui suivait la duchesse d'Halluyn, voulut la précéder; l'autre s'en défendit; la contestation s'échauffa; des paroles, elles en vinrent aux poussades et aux égratignures : le scandale ne fut pas long, et sur-le-champ la dispute fut jugée, et décidée en faveur de Mme la duchesse d'Halluyn, comme l'ancienne de Mme de Rohan, qui subit le jugement [1.36].

Le maréchal d'Humières.

C'était un homme qui avait tous les talents de la cour et du grand monde et toutes les manières d'un fort grand seigneur; avec cela homme d'honneur, quoique fort liant avec les ministres et très-bon courtisan; il était magnifique en tout, bien avec le roi, qui le distinguait fort et était familier avec lui. On peut dire que sa présence ornait la cour et tous les lieux où il se trouvait. Il avait toujours sa maison pleine de tout ce qu'il y avait de plus grand et de meilleur. Les princes du sang n'en bougeaient, et il ne se contraignait en rien pour eux ni pour personne; mais avec un air de liberté, de politesse, de discernement, qui lui était naturel, et qui séparait toute idée d'orgueil d'avec la dignité et la liberté d'un homme qui ne veut ni se contraindre ni contraindre les autres. Il avait les plus plaisantes colères du monde, surtout en jouant, et avec cela le meilleur homme du monde, et que tout le monde aimait [1.12].

Mme de Saint-Vallery, dame d'honneur de la duchesse du Maine.

C'était une femme grande, belle, agréable, très-bien faite, de fort peu d'esprit, à qui la douceur et une vertu jamais démentie, et une piété solide tenait lieu de tout le reste, et la rendit aimable et respectée de toute la cour, où elle ne vint que malgré elle.

Aussi n'y demeura-t-elle que le moins qu'elle put. Elle s'aperçut qu'on avait envie de sa place, où tout lui déplaisait. Il n'en fallut pas davantage pour lui faire demander à se retirer, avec la douleur de toute la cour, que sa beauté, sa vertu, sa modestie, et le grand air de toute sa personne avait charmée [1.3].

Le marquis de Louvois meurt le 16 juillet

La soudaineté du mal et de la mort de Louvois fit tenir bien des discours, bien plus encore quand on sut par l'ouverture de son corps qu'il avait été empoisonné.

A l'arrivée d'un officier que le roi d'Angleterre envoya de Saint-Germain, qui vint trouver le roi et qui lui fit de sa part un compliment sur la perte qu'il venait de faire. « Monsieur, lui répondit le roi d'un air et d'un ton plus que dégagé, faites mes compliments et mes remerciements au roi et à la reine d'Angleterre, et dites-leur de ma part que mes affaires et les leurs n'en iront pas moins bien. »

Qui a fait le coup? — C'est ce qui est demeuré dans les plus épaisses ténèbres. Les amis de Louvois ont cru l'honorer en soupçonnant des puissances étrangères; mais elles auraient attendu bien tard à s'en défaire, si quelqu'une avait conçu ce détestable dessein. Ce qui est certain, c'est que le roi en était entièrement incapable, et qu'il n'est entré dans l'esprit de qui que ce soit de l'en soupçonner [4.52].

Le cardinal d'Estrées.

C'était l'homme du monde le mieux et le plus noblement fait de corps et d'âme, d'esprit et de visage, qu'on voyait avoir été beau en jeunesse, et qui était vénérable en vieillesse, l'air prévenant mais majestueux, de grande taille, des cheveux presque blancs, une physionomie qui montrait beaucoup d'esprit, et qui tenait parole, un esprit supérieur et un bel esprit, une érudition rare, vaste, profonde, exacte, nette, précise. C'était l'homme du monde de la meilleure compagnie, la plus instructive, la plus agréable, et dont la mémoire toujours présente n'avait jamais rien oublié ni confondu de tout ce qu'il avait su, vu et lu; toujours gai, égal, et sans la moindre humeur, mais souvent singulièrement distrait.

Tel ce grand dîner pour le prince de Toscane à Fontainebleau, qui fut le seul qu'il oublia de prier, pour qui seul la fête était faite.

Un mot de lui au roi dure encore. Il était à son dîner, toujours fort distingué du roi dès qu'il paraissait devant lui; le roi, lui adressant la parole, se plaignit de l'incommodité de n'avoir plus de dents. « Des dents, Sire, reprit le cardinal, eh! qui est-ce qui en a? » Le rare de cette réponse est qu'à son âge il les avait encore blanches et fort belles, et que sa bouche, fort grande mais agréable, était faite de façon qu'il les montrait beaucoup en parlant; aussi le roi se prit-il à rire de la réponse, et toute l'assistance, et lui-même, qui ne s'en embarrassa point du tout [1.33].

La princesse de Soubise.

Elle a passé sa vie dans le régime le plus austère pour conserver l'éclat et la fraîcheur de son teint : du veau et des poulets ou des poulardes rôtis ou bouillis, des salades, des fruits, quelques laitages, furent sa nourriture constante, qu'elle n'abandonna jamais, sans aucun autre mélange, avec de l'eau quelquefois rougie; et jamais elle ne fut troussée comme les autres femmes, de peur de s'échauffer les reins et de se rougir le nez.

Un bon tour de M. de Brissac, major des gardes du roi

C'était, de figure et d'effet, une manière de sanglier, qui faisait trembler les quatre compagnies des gardes et compter avec lui les capitaines, tous grands seigneurs et généraux d'armées qu'ils fussent. Le roi s'était servi de lui pour mettre ses gardes sur ce grand pied militaire où ils sont parvenus, et pour tous les détails intérieurs de dépense, de règle, de service et de discipline; et il s'était acquis toute la confiance du roi par son inexorable exactitude, par la netteté de ses mains, par son aptitude singulière en ce genre de service.

Il était rustre, brutal, d'ailleurs fort désagréable et gâté à l'excès par le roi, mais homme d'honneur et de vertu, de valeur et de probité, et estimé tel quoique haï de beaucoup de gens, et redouté de tout ce qui avait affaire à lui, même de toute la cour et des plus importants, tant il était dangereux. Il n'y avait que lui qui osât attaquer Fagon sur la médecine. Il lui donnait des bourrades devant le roi qui mettaient Fagon en véritable furie, et qui faisaient rire le roi et les assistants de tout leur cœur. Fagon, aussi avec bien de l'esprit, mais avec fougue, lui en lâchait de bonnes qui ne divertissaient pas moins, mais en tout temps Fagon ne le pouvait voir ni en ouïr parler de sang-froid. Un trait de ce major des gardes du corps donnera un petit crayon de la cour.

Il y avait une prière publique tous les soirs dans la chapelle à Versailles à la fin de la journée, qui était suivie d'un salut avec la bénédiction du saint sacrement tous les dimanches et les jeudis. L'hiver, le salut était à six heures; l'été à cinq, pour pouvoir aller promener après. Le roi n'y manquait point les dimanches et très-rarement les jeudis en hiver. A la fin de la prière, un garçon bleu en attente dans la tribune courait avertir le roi, qui arrivait toujours un moment avant le salut; mais qu'il dût venir ou non, jamais le salut ne l'attendait. Les officiers des gardes du corps postaient les gardes d'avance dans la tribune, d'où le roi l'entendait toujours. Les dames étaient soigneuses d'y garnir les travées des tribunes, et l'hiver de s'y faire remarquer par de petites bougies, qu'elles avaient pour lire dans leurs livres et qui donnaient à plein sur leur visage. La régularité était un mérite, et chacune, vieille et souvent jeune, tâchait de se l'acquérir auprès du roi et de Mme de Maintenon.

Brissac, fatigué d'y voir des femmes qui n'avaient pas l'air de se soucier beaucoup d'entendre le salut, donna le mot un jour aux officiers qui postaient; et pendant la prière il arrive dans la travée du roi, frappe dessus son bâton, et se met à crier d'un ton d'autorité : « Gardes du roi, retirez-vous, le roi ne vient point au salut. » A cet ordre tout obéit, les gardes s'en vont, et Brissac se colle derrière un pilier. Grand murmure dans les travées, qui étaient pleines; et un moment après chaque femme souffle sa bougie, et s'en va tant et si bien qu'il n'y demeura en tout que Mme de Dangeau et deux autres assez du commun.

C'était dans l'ancienne chapelle. Les officiers, qui étaient avertis, avaient arrêté les gardes dans l'escalier de Blois et dans les paliers, où ils étaient bien cachés, et quand Brissac eut donné tout loisir aux dames de s'éloigner et de ne pouvoir entendre le retour des gardes, il les fit reposter. Tout cela fut ménagé si juste que le roi arriva un moment après, et que le salut commença.

Le roi qui faisait toujours des yeux le tour des tribunes et qui les trouvait toujours pleines et pressées, fut dans la plus grande surprise du monde de n'y trouver en tout et pour tout que Mme de Dangeau et ces deux autres femmes. Il en parla, dès en sortant de sa travée, avec un grand étonnement. Brissac, qui marchait toujours près de lui, se mit à rire et lui conta le tour qu'il avait fait à ces bonnes dévotes de cour, dont il s'était lassé de voir le roi la dupe. Le roi en rit beaucoup, et encore plus le courtisan. On sut à peu près qui étaient celles qui avaient soufflé leurs bougies et pris leur parti sur ce que le roi ne viendrait point, et il y en eut de furieuses qui voulaient dévisager Brissac, qui ne le méritait pas mal par tous les propos qu'il tint sur elles [4.6].

Le comte de Caillères.

C'était un grand homme maigre, avec un grand nez, la tête en arrière, distrait, civil, respectueux, qui, à force d'avoir vécu parmi les étrangers, en avait pris toutes les manières, et avait acquis un extérieur désagréable, auquel les dames et les gens du bel air ne purent s'accoutumer, mais qui disparaissait dès qu'on l'entretenait de choses et non de bagatelles.

C'était en tout un très-bon homme, extrêmement sage et sensé, qui aimait l'État, et qui était fort instruit, fort modeste, parfaitement désintéressé, et qui ne craignait de déplaire au roi ni aux ministres pour dire la vérité, et ce qu'il pensait, et pourquoi, jusqu'au bout, et qui les faisait très-souvent revenir à son avis [1.25].

Les débuts en Autriche d'un ambassadeur du roi

A Vienne il arriva à Cheverny une aventure singulière : il devait avoir, un soir d'hiver, sa première audience de l'Empereur; il alla au palais; un chambellan l'y reçut, le conduisit deux ou trois pièces, ouvrit la dernière, l'y fit entrer, se retira de la porte même et la ferma. Entré là, il se trouve dans une pièce plus longue que large, mal meublée, avec une table tout au bout, sur laquelle, pour toute lumière dans la chambre, il y avait deux bougies jaunes, et un homme vêtu de noir, le dos appuyé contre la table.

Cheverny assez mal édifié du lieu, se croit dans une pièce destinée à attendre d'être introduit plus loin, et se met à regarder à droite, à gauche, et à se promener d'un bout à l'autre. Ce passe-temps dura près d'une demi-heure. A la fin, comme un des tours de sa promenade l'approchait assez près de cette table, et de cet homme noir qui y était appuyé, et qu'à son air et à son habit il prit pour un valet de chambre qui était là de garde, cet homme, qui jusqu'alors l'avait laissé en toute liberté sans remuer ni dire un mot, se prit à lui demander civilement ce qu'il faisait là. Cheverny lui répondit qu'il devait avoir audience de l'Empereur, qu'on l'avait fait entrer, et qu'il attendait là d'être introduit pour avoir l'honneur de lui faire la révérence. « C'est moi, lui répliqua cet homme, qui suis l'Empereur. »

Cheverny à ce mot pensa tomber à la renverse, et fut plusieurs moments à se remettre, à ce que je lui ai ouï conter. Il se jeta aux pardons, à l'obscurité, et à tout ce qu'il put trouver d'excuses. Je pense après que son compliment fut mal arrangé. Un autre que l'Empereur en eût ri, mais Léopold, incapable de perdre sa gravité, demeura dans le même sang-froid, qui acheva de démonter le pauvre Cheverny. Il contait bien, et cette histoire était excellente à entendre de lui [1.47].

La comtesse de Fiesque.

La comtesse de Fiesque a passé sa vie dans le plus frivole du grand monde. Elle n'avait presque rien, parce qu'elle avait tout fricassé ou laissé piller à ses gens d'affaires; tout au commencement de ces magnifiques glaces, alors fort rares et fort chères, elle en acheta un parfaitement beau miroir : « Hé! comtesse, lui dirent ses amis, où avez-vous pris cela? — J'avais, dit-elle, une méchante terre, et qui ne me rapportait que du blé, je l'ai vendue, et j'en ai eu ce miroir; est-ce que je n'ai pas fait merveilles? du blé ou ce beau miroir! » On disait d'elle qu'elle n'avait jamais eu que dix-huit ans [1.46].

François Quentin, dit La Vienne, premier valet de chambre du roi.

La Vienne, qui avait passé sa vie avec les plus grands seigneurs, n'avait jamais pu apprendre le moins du monde à vivre. C'était un gros homme noir, frais, de bonne mine, qui gardait encore sa moustache, rustre, très-volontiers brutal, pair et compagnon avec tout le monde, et ce qui est plaisant, parce qu'il n'avait d'impertinent que l'écorce, honnête homme, ni méchant ni malfaisant, même bon homme et serviable [1.31].

Imprudence d'un mousquetaire

J'avais lié une amitié intime avec le comte de Coetquen qui était dans la même compagnie que moi. Il savait infiniment et agréablement, et avait beaucoup d'esprit et de douceur, qui rendait son commerce très aimable. Avec cela assez particulier et encore plus paresseux, extrêmement riche par sa mère, qui était une fille de Saint-Malo.

Ce soir-là il nous devait donner à souper à plusieurs. J'allai de bonne heure à sa tente, où je le trouvai sur son lit, d'où je le chassai en folâtrant, et me couchai dessus en sa place, en présence de nous autres et de quelques officiers. Coetquen en badinant prit son fusil, qu'il comptait déchargé, et me couche en joue. Mais la surprise fut grande lorsqu'on entendit le coup partir. Heureusement pour moi, j'étais, en ce moment, couché tout à plat. Trois balles passèrent à trois doigts par-dessus ma tête, et comme le fusil était en joue un peu en montant, ces mêmes balles passèrent sur la tête, mais fort près, à nos deux gouverneurs, qui se promenaient derrière la tente.

Coetquen se trouva mal du malheur qu'il avait pensé causer; nous eûmes toutes les peines du monde à le remettre, et il n'en put bien revenir de plusieurs jours. Je rapporte ceci pour une leçon qui doit apprendre à ne jamais badiner avec les armes.

Le pauvre garçon, pour achever de suite ce qui le regarde, ne survécut pas longtemps. Il entra bientôt dans le régiment du roi, et sur le point de l'aller joindre au printemps suivant, il me vint conter qu'il s'était fait dire sa bonne aventure par une femme nommée la du Perchoir, qui en faisait secrètement métier à Paris, et qu'elle lui avait dit qu'il serait noyé et bientôt. Je le grondai d'une curiosité si dangereuse et si folle, et je me flattai de l'ignorance de ces sortes de personnes, et que celle-là en avait jugé de la sorte sur la physionomie effectivement triste et sinistre de mon ami, qui était très désagréablement laid.

Il partit peu de jours après, trouva un autre homme de ce métier à Amiens, qui lui fit la même prédiction; et, marchant avec le régiment du roi pour joindre l'armée, il voulut abreuver son cheval dans l'Escaut, et s'y noya, en présence de tout le régiment, sans avoir pu être secouru. J'y eus un extrême regret, et ce fut pour ses amis et pour sa famille une perte irréparable [1.16].

1692

Un mariage royal qui fera l'étonnement de la cour

Il y avait longtemps que Mme de Maintenon et le roi voulaient marier Mlle de Blois, seconde fille du roi et de Mme de Montespan, à M. le duc de Chartres. C'était le propre et l'unique neveu du roi, et fort au-dessus des princes du sang par son rang de petit-fils de France et par la cour que tenait Monsieur. Il y avait déjà quatre ans que le roi roulait ce mariage dans son esprit, et qu'il en avait pris les premières mesures. Elles étaient d'autant plus difficiles que Monsieur était infiniment attaché à tout ce qui était de sa grandeur, et que Madame était d'une nation qui abhorrait la bâtardise et les mésalliances, et d'un caractère à n'oser se promettre de lui faire jamais goûter ce mariage. Le roi se hâta de brusquer l'affaire. Madame en eut le vent. Elle parla à Monsieur son fils de l'indignité de ce mariage avec toute la force dont elle ne manquait pas, et elle en tira parole qu'il n'y consentirait point.

Une après-dînée, de fort bonne heure, que je passais dans la galerie haute, je vis sortir M. le duc de Chartres d'une porte de derrière de son appartement, l'air fort empêtré et triste, suivi d'un seul exempt des gardes de Monsieur; et comme je me trouvai là, je lui demandai où il allait ainsi si vite et à cette heure-là. Il me répondit d'un air brusque et chagrin qu'il allait chez le roi, qui l'avait envoyé quérir. Conjecturant quelque chose du mariage, et comme je jugeai bien que les scènes seraient fortes, la curiosité me rendit fort attentif et assidu.

M. de Chartres trouva le roi seul avec Monsieur dans son cabinet, où le jeune prince ne savait pas devoir trouver son père. Le roi fit des amitiés à M. de Chartres, lui dit qu'il voulait prendre soin de son établissement, que la guerre allumée de tous côtés lui ôtait des princesses qui auraient pu lui convenir; que de princesses du sang il n'y en avait point de son âge; qu'il ne lui pouvait mieux témoigner sa tendresse qu'en lui offrant sa fille, dont les deux sœurs avaient épousé deux princes du sang, que cela joindrait en lui la qualité de gendre à celle de neveu, mais que quelque passion qu'il eût de ce mariage, il ne le voulait point contraindre et lui laissait là-dessus toute liberté.

Ce propos, prononcé avec cette majesté effrayante si naturelle au roi, à un prince timide et dépourvu de réponse, le mit hors de mesure. Il crut se tirer d'un pas si glissant en se rejetant sur Monsieur et Madame, et répondit en balbutiant que le roi était le maître, mais que sa volonté dépendait de la leur. « Cela est bien à vous, répondit le roi, mais dès que vous y consentez, votre père et votre mère ne s'y opposeront pas »; et se tournant à Monsieur : « Est-il pas vrai, mon frère? » Monsieur consentit comme il avait déjà fait seul avec le roi, qui tout de suite dit qu'il n'était plus question que de Madame, et qui sur-le-champ l'envoya chercher; et cependant se mit à causer avec Monsieur, qui tous deux ne firent pas semblant de s'apercevoir du trouble et de l'abattement de M. de Chartres.

Madame arriva, à qui d'entrée le roi dit qu'il comptait bien qu'elle ne voudrait pas s'opposer à une affaire que Monsieur désirait, et que M. de Chartres y consentait; que c'était son mariage avec Mlle de Blois, qu'il avouait qu'il désirait avec passion, et ajouta courtement les mêmes choses qu'il venait de dire à M. le duc de Chartres, le tout d'un air imposant, mais comme hors de doute que Madame pût n'en être pas ravie, quoique plus que certain du contraire. Madame qui avait compté sur le refus dont Monsieur son fils lui avait donné la parole, qu'il lui avait même tenue autant qu'il avait pu par sa réponse si embarrassée et si conditionnelle, se trouva prise et muette. Elle lança deux regards furieux à Monsieur et à M. de Chartres, dit que, puisqu'ils le voulaient bien, elle n'avait rien à y dire, fit une courte révérence, et s'en alla chez elle. Monsieur son fils l'y suivit incontinent, auquel, sans donner le moment de lui dire comment la choses s'était passée, elle chanta pouille avec un torrent de larmes, et le chassa de chez elle.

Un peu après, Monsieur, sortant de chez le roi, entra chez elle, et excepté qu'elle ne l'en chassa pas comme son fils, elle ne le ménagea pas davantage; tellement qu'il sortit de chez elle très confus, sans avoir eu loisir de lui dire un seul mot. Toute cette scène était finie sur les quatre heures de l'après-dînée, et le soir il y avait appartement, ce qui arrivait l'hiver trois fois la semaine, les trois autres jours comédie, et le dimanche rien.

Ce qu'on appelait appartement était le concours de toute la cour, depuis sept heures du soir jusqu'à dix que le roi se mettait à table, dans le grand appartement. D'abord il y avait une musique; puis des tables par toutes les pièces toutes prêtes pour toutes sortes de jeux; un lansquenet où Monseigneur et Monsieur jouaient toujours; un billard : en un mot, liberté entière de faire des parties avec qui on voulait, et de demander des tables si elles se trouvaient toutes remplies; au-delà du billard il y avait une pièce destinée aux rafraîchissements; et tout parfaitement éclairé. Au commencement que cela fut établi, le roi y allait, et y jouait quelque temps; il y avait longtemps qu'il n'y allait plus, mais il voulait qu'on y fût assidu, et chacun s'empressait à lui plaire. Lui cependant passait les soirées chez Mme de Maintenon, à travailler avec différents ministres les uns après les autres.

Fort peu après la musique finie, le roi envoya chercher à l'appartement Monseigneur et Monsieur, qui jouaient déjà au lansquenet; Madame, qui à peine regardait une partie d'hombre auprès de laquelle elle s'était mise; M. de Chartres, qui jouait fort tristement aux échecs; et Mlle de Blois, qui à peine avait commencé à paraître dans le monde, qui ce soir-là était extraordinairement parée, et qui pourtant ne savait et ne se doutait même de rien, si bien que, naturellement fort timide et craignant horriblement le roi, elle se crut mandée pour essuyer quelque réprimande, et entra si tremblante que Mme de Maintenon la prit sur ses genoux, où elle la tint toujours, la pouvant à peine rassurer. A ce bruit de ces personnes royales mandées chez M^me^de Maintenon, et Mlle de Blois avec elles, le bruit du mariage éclata à l'appartement, en même temps que le roi le déclara dans ce particulier. Il ne dura que quelques moments, et les mêmes personnes revinrent à l'appartement, où cette déclaration fut rendue publique. J'arrivai dans ces premiers instants. Je trouvai le monde par pelotons, et un grand étonnement régnant sur tous les visages. J'en appris bientôt la cause, qui ne me surprit pas, par la rencontre que j'avais faite au commencement de l'après-dînée.

Madame se promenait dans la galerie avec Châteauthiers, sa favorite, et digne de l'être; elle marchait à grands pas, son mouchoir à la main, pleurant sans contrainte, parlant assez haut, gesticulant et représentant fort bien Cérès, après l'enlèvement de sa fille Proserpine, la cherchant en fureur et la redemandant à Jupiter. Chacun, par respect, lui laissait le champ libre, et ne faisait que passer pour entrer dans l'appartement. Monseigneur et Monsieur s'étaient remis au lansquenet. Le premier me parut tout à son ordinaire; mais rien de si honteux que le visage de Monsieur, ni de si déconcerté que toute sa personne; et ce premier état lui dura plus qu'un mois. Monsieur son fils paraissait désolé, et sa future dans un embarras et une tristesse extrêmes. Quelque jeune qu'elle fût, quelque prodigieux que fût son mariage, elle en voyait et en sentait toute la scène, et en appréhendait toutes les suites. La consternation parut générale, à un très petit nombre de gens près.

La politique rendit donc cet appartement languissant en apparence, mais en effet vif et curieux. Je le trouvai court dans sa durée ordinaire; il finit par le souper du roi, duquel je ne voulus rien perdre. Le roi y parut tout comme à son ordinaire. M. de Chartres était auprès de Madame, qui ne le regarda jamais, ni Monsieur. Elle avait les yeux pleins de larmes, qui tombaient de temps en temps, et qu'elle essuyait de même, regardant tout le monde comme si elle eût cherché à voir quelle mine chacun faisait. Monsieur son fils avait aussi les yeux bien rouges, et tous deux ne mangèrent presque rien. Je remarquai que le roi offrit à Madame presque de tous les plats qui étaient devant lui, et qu'elle les refusa tous d'un air de brusquerie qui jusqu'au bout ne rebuta point l'air d'attention et de politesse du roi pour elle.

Il fut encore fort remarqué qu'au sortir de table il fit à Madame une révérence très-marquée et basse, pendant laquelle elle fit une pirouette si juste, que le roi en se relevant ne trouva plus que son dos, et elle avancée d'un pas vers la porte.

Le lendemain, toute la cour fut chez Monsieur, chez Madame et chez M. le duc de Chartres, mais sans dire une parole : on se contentait de faire la révérence, et tout s'y passa en parfait silence. On alla ensuite attendre à l'ordinaire la levée du conseil dans la galerie et la messe du roi. Madame y vint. Monsieur son fils s'approcha d'elle comme il faisait tous les jours pour lui baiser la main. En ce moment Madame lui appliqua un soufflet si sonore qu'il fut entendu de quelques pas, et qui, en présence de toute la cour, couvrit de confusion ce pauvre prince, et combla les infinis spectateurs dont j'étais, d'un prodigieux étonnement. Ce même jour l'immense dot fut déclarée, et le jour suivant le roi alla rendre visite à Monsieur et à Madame, qui se passa fort tristement, et depuis on ne songea plus qu'aux préparations de la noce [1.16].

Finalement le mariage n'est célébré que l'avant-veille du carême

Le dimanche gras, il y eut grand bal chez le roi. J'allai ce matin-là chez Madame qui ne put se tenir de me dire d'un ton aigre et chagrin que j'étais apparemment bien aise des bals qu'on allait avoir et que cela était de mon âge, mais qu'elle, qui était vieille, voudrait déjà les voir bien loin.

Mgr le duc de Bourgogne y dansa pour la première fois et mena le branle avec Mademoiselle. Ce fut aussi la première fois que je dansai chez le roi, et je menai Mlle de Sourches, fille du grand prévôt, qui dansait très bien. Tout le monde y fut fort magnifique.

Le lundi gras, toute la royale noce et les époux superbement parés se rendirent un peu avant midi dans le cabinet du roi, et de là à la chapelle. Le cardinal de Bouillon, tout revêtu, y arriva en même temps de la sacristie, les maria et dit la messe. De la chapelle on alla tout de suite se mettre à table. Elle était en fer à cheval. Les princes et les princesses du sang y étaient placés à droite et à gauche, suivant leur rang, terminés par les deux bâtards du roi.

L'après-dînée, le roi et la reine d'Angleterre vinrent à Versailles avec leur cour. Il y eut grande musique et grand jeu, où le roi fut presque toujours, fort paré et fort aise, son cordon bleu par-dessus comme la veille. Le souper fut pareil au dîner, le roi d'Angleterre ayant la reine sa femme à sa droite et le roi à sa gauche.

Ensuite on mena les mariés dans l'appartement de la nouvelle duchesse de Chartres, à qui la reine d'Angleterre donna la chemise, et le roi d'Angleterre à M. de Chartres. La bénédiction du lit se fit par le cardinal de Bouillon, qui se fit attendre un quart d'heure.

Le mardi gras, grande toilette de Mme de Chartres, le roi et la reine d'Angleterre vinrent, et où le roi se trouva avec toute la cour; la messe du roi ensuite; puis le dîner comme la veille. L'après-dînée, le roi s'enferma, avec le roi et la reine d'Angleterre; et puis grand bal comme le précédent, chacun ayant le même habit et la même danseuse.

Le mercredi des cendres mit fin à toutes ces tristes réjouissances de commande [1.16].

Le marquis et la marquise de Montchevreuil.

Montchevreuil était sans esprit aucun et gueux comme un rat d'église. C'était un fort honnête homme, modeste, brave, mais des plus épais.

Sa femme était une grande créature maigre, jaune, qui riait niais, et montrait de longues vilaines dents, dévote à outrance, d'un maintien composé, et à qui il ne manquait que la baguette pour être une parfaite fée. Sans aucun esprit elle avait tellement captivé Mme de Maintenon qu'elle ne voyait que par ses yeux. Elle était la surveillante de toutes les femmes de la cour, et de son témoignage dépendaient les distinctions ou les dégoûts, et souvent par enchaînement les fortunes. Tout jusqu'aux ministres, jusqu'aux filles du roi tremblaient devant elle; on ne l'approchait que difficilement. Un sourire d'elle était une faveur qui se comptait pour beaucoup. Le roi avait pour elle une considération la plus marquée. Elle était de tous les voyages et toujours avec Mme de Maintenon [1.3].

Mademoiselle de Coetlogon et le comte de Cavoye

Cavoye était un des hommes de France le mieux fait et de la meilleure mine, et qui se mettait le mieux. Il en profita auprès des dames. C'était un temps où on se battait fort malgré les édits : Cavoye, brave et adroit, s'y acquit tant de réputation, que le nom de brave Cavoye lui en demeura.

Mlle de Coetlogon, une des filles de la reine Marie-Thérèse, s'éprit de Cavoye, et s'en éprit jusqu'à la folie. Elle était laide, sage, naïve, aimée et très-bonne créature. Personne ne s'avisa de trouver son amour étrange; et, ce qui est un prodige, tout le monde en eut pitié. Elle en faisait toutes les avances : Cavoye était cruel et quelquefois brutal; il en était importuné à mourir. Tant fut procédé, que le roi et même la reine le lui reprochèrent, et qu'ils exigèrent de lui qu'il serait plus humain.

Il fallut aller à l'armée. Voilà Coetlogon aux larmes, aux cris, et qui quitte toute parure tout du long de la campagne, et qui ne les reprend qu'au retour de Cavoye. Jamais on ne fit qu'en rire.

Vint l'hiver un combat où Cavoye servit de second, et fut mis à la Bastille : autres douleurs; chacun alla lui faire compliment. Elle quitta toute parure, et se vêtit le plus mal qu'elle put. Elle parla au roi pour Cavoye, et n'en pouvant obtenir la délivrance, elle le querella jusqu'aux injures; le roi riait de tout son cœur; elle en fut si outrée qu'elle lui présenta ses ongles, auxquels le roi comprit qu'il était plus sage de ne pas s'exposer. La jaunisse la prit, les vapeurs, les désespoirs; enfin tant fut procédé que le roi, et la reine exigèrent bien sérieusement de la duchesse de Richelieu de mener Coetlogon voir Cavoye à la Bastille, et cela fut répété deux ou trois fois. Il sortit enfin, et Coetlogon, ravie, se para tout de nouveau, mais ce fut avec peine qu'elle consentit à se raccommoder avec le roi.

La pitié et la mort de M. de Froulay, grand maréchal des logis, vinrent à son secours. Le roi envoya quérir Cavoye, qu'il avait déjà tenté inutilement sur ce mariage. A cette fois il lui dit qu'il le voulait, qu'à cette condition il prendrait soin de sa fortune, et que, pour lui tenir lieu de dot avec une fille qui n'avait rien, il lui ferait présent de la charge de grand maréchal des logis de sa maison. Cavoye renifla encore, mais il y fallut passer. Il a depuis bien vécu avec elle, et elle toujours dans la même adoration jusqu'à aujourd'hui; et c'est quelquefois une farce de voir les caresses qu'elle lui fait devant le monde et la gravité importunée avec laquelle il les reçoit [1. 19].

Le maréchal-duc de Navailles.

C'était un grand homme, maigre, poli, qui ne laissait pas d'avoir des dits et des naïvetés étranges, et qui était ignorant. Il fut un jour étrangement rabroué par Monsieur le prince, qui était fort en peine, en Flandres, du cours exact d'un ruisseau que ses cartes ne marquaient point, à qui, pour y suppléer, il alla chercher une mappemonde.

Une autre fois, étant allé voir M. Colbert à Sceaux, qui le promena partout, il ne loua jamais que la chicorée de son potager, et lorsqu'à l'occasion des huguenots on parlait de la difficulté de changer de religion, il assura que si Dieu lui avait fait la grâce de le faire naître Turc, il le serait demeuré [1.49].

Reddition de Namur en présence du roi

Le vingt-septième jour de tranchée ouverte, le prince de Barbançon, gouverneur de la place, battit la chamade, qui était le mardi 1er juillet, et certes il était temps pour les assiégeants, à bout de fatigues et de moyens par l'excès du mauvais temps, qui ne cessait point et qui avait rendu tout fondrière.

Il est certain que sans la présence du roi, dont la vigilance était l'âme du siège, et qui, sans l'exiger, faisait faire l'impossible, tant le désir de lui plaire et de se distinguer était extrême, on n'en serait jamais venu à bout.

Les fatigues de corps et d'esprit que le roi essuya en ce siège, lui causèrent la plus douloureuse goutte qu'il eût encore ressentie, mais qui de son lit ne l'empêcha pas de tenir ses conseils comme à Versailles, ainsi qu'il avait fait pendant tout le siège [1.1].

M. de Béchameil.

Il était bien fait et de bonne mine, et croyait avoir l'air du duc de Gramont.

Le comte de Gramont le voyant en personne aux Tuileries : « Voulez-vous parier, dit-il à sa compagnie, que je vais donner un coup de pied au cul de Béchameil, et qu'il m'en saura le meilleur gré du monde? » — En effet, il l'exécuta en plein. Béchameil bien étonné se retourna, et le comte de Gramont à lui faire de grandes excuses sur ce qu'il l'a pris pour son neveu. Béchameil fut charmé, et la compagnie encore davantage [2.11].

Pourquoi, du temps où elle était dame d'honneur de la reine mère, la duchesse de Navailles avait été exilée

C'était une femme d'esprit, et qui avait conservé beaucoup de monde malgré ses longs séjours en province.

La reine eut des filles d'honneur, et les filles d'honneur sont dans l'entière dépendance de la dame d'honneur. Le roi était jeune et galant : tant qu'il n'en voulut point à la chambre des filles, Mme de Navailles ne s'en mit pas en peine; mais elle avait l'œil ouvert sur ce qui la regardait : elle s'aperçut que le roi commençait à s'amuser, et bientôt après elle apprit qu'on avait secrètement percé une porte dans leur chambre, qui donnait sur un petit escalier par lequel le roi y montait la nuit, et que le jour cette porte était cachée par le dossier d'un lit. Elle tint sur cela conseil avec son mari : ils mirent la vertu et l'honneur d'un côté, la colère du roi, la disgrâce, le dépouillement, l'exil de l'autre; ils ne balancèrent pas. Mme de Navailles prit si bien son temps, pendant le jeu et le souper de la reine que la porte fut exactement murée, et qu'il n'y parut pas.

La nuit, le roi, pensant entrer par ce petit escalier, fut bien étonné de ne trouver plus de porte. Il tâte, il cherche, il ne comprend pas comment il s'est mépris, et découvre enfin qu'elle est devenue muraille. La colère le saisit; il ne doute point que ce ne soit un trait de Mme de Navailles, et qu'elle ne l'a pas fait sans la participation de son mari. Du dernier, il ne put l'éclaircir que par la connaissance qu'il avait d'eux; mais pour la porte, il s'en informa si bien qu'il sut positivement que c'était Mme de Navailles qui l'avait fait murer. Aussitôt il leur envoie demander la démission de toutes leurs charges, et ordre de s'en aller chez eux en Guyenne (c'était en juin 1664), et en va faire ses plaintes à la reine mère, dont il les savait fort protégés. La reine mère, qui avait un grand crédit sur le roi, l'employa tout entier pour parer ce coup : tout ce qu'elle put obtenir, ce fut de leur sauver le gouvernement de la Rochelle et du pays d'Aunis, et de les y faire envoyer; mais tout le reste sauta.

L'exil ne fut pas long; la reine mourut tout au commencement de 1666 et en mourant elle demanda au roi son fils le retour et le pardon de M. et de Mme de Navailles, qui ne put le refuser.

Quand Mme de Navailles venait à Versailles c'était toujours avec une considération marquée de toute la cour, tant la vertu se fait respecter, et le roi lui faisait toujours quelque honnêteté, mais froide.

Il n'y aurait qu'à la louer, s'il n'y avait pas mille contes plus étranges et plus plaisants les uns que les autres de son avarice, trop nombreux à rapporter. A l'hôtel de Navailles, faute de pavé on s'embourbait dans la cour, quoique Mme de Navailles fut fort comptée et visitée. Ses gens mouraient de faim, et ses filles aussi, dont l'aînée, qui se mêlait tant qu'elle pouvait de la dépense, grapillait dessus, pour se donner un morceau en cachette avec ses sœurs quand leur mère était couchée [1.49].

Le comte de Tonnerre, premier gentilhomme de chambre de Monsieur.

Il avait beaucoup d'esprit, mais c'était tout : il en partait souvent des traits extrêmement plaisants et salés, mais qui lui attiraient des aventures qu'il ne soutenait pas, et qui ne purent le corriger de ne se rien refuser; et il était parvenu enfin à cet état, qu'il eût été honteux d'avoir une querelle avec lui : aussi ne se contraignait-on point sur ce qu'on voulait lui répondre ou lui dire. Il était depuis longtemps fort mal dans sa petite cour par ses bons mots. Il lui avait échappé de dire qu'il ne savait ce qu'il faisait de demeurer en cette boutique, que Monsieur était la plus sotte femme du monde et Madame le plus sot homme qu'il eût jamais vu. L'un et l'autre le surent, et en furent très-offensés. Il n'en fut pourtant autre chose; mais le mélange des brocards sur chacun et du mépris extrême qu'il avait acquis, le chassèrent à la fin pour mener une vie fort pitoyable [1.13].

M. de Ségur et l'abbesse

Ségur, capitaine de gendarmerie, bon gentilhomme, fort galant homme, avait été beau en sa jeunesse, et parfaitement bien fait, comme on le voyait encore, doux, poli et galant. Il était mousquetaire noir, et cette compagnie avait toujours son quartier à Nemours pendant que la cour était à Fontainebleau. Ségur jouait très-bien du luth; il s'ennuyait à Nemours : il fit connaissance avec l'abbesse de la Joye, qui est tout contre, et la charma si bien par les oreilles et par les yeux qu'il lui fit un enfant.

Au neuvième mois de la grossesse, Madame fut bien en peine que devenir, et ses religieuses la croyaient fort malade. Pour son malheur, elle ne prit pas assez tôt ses mesures, ou se trompa de justesse de son calcul. Elle partit, dit-elle, pour les eaux, et comme les départs sont toujours difficiles, ce ne put être que tard, et n'alla coucher qu'à Fontainebleau dans un mauvais cabaret plein de monde, parce que la cour y était alors. Cette couchée lui fut perfide; le mal d'enfant la prit la nuit : elle accoucha. Tout ce qui était dans l'hôtellerie entendit ses cris : on accourut à son secours beaucoup plus qu'elle n'aurait voulu, chirurgien, sage-femme; en un mot, elle en but le calice en entier, et le matin ce fut la nouvelle.

Les gens du duc de Saint-Aignan la lui contèrent en l'habillant, et il en trouva l'aventure si plaisante qu'il en fit une gorge chaude au lever du roi, qui était fort gaillard en ce temps-là, et qui rit beaucoup de Madame l'abbesse et de son poupon que, pour se mieux cacher, elle était venue pondre en pleine hôtellerie au milieu de la cour, et ce qu'on ne savait pas, parce qu'on ignorait d'où elle était abbesse, à quatre lieues de son abbaye, ce qui fut bientôt mis au net.

Monsieur de Saint-Aignan, revenu chez lui, y trouva la mine de ses gens fort allongée : ils se faisaient signe les uns aux autres, personne ne disait mot; à la fin il s'en aperçut, et leur demanda à qui ils en avaient : l'embarras redoubla, et enfin M. de Saint-Aignan voulut savoir de quoi il s'agissait. Un valet de chambre se hasarda de lui dire que cette abbesse dont on lui avait fait un si bon conte était sa fille, et que depuis qu'il était allé chez le roi, elle avait envoyé chez lui au secours pour la tirer du lieu où elle était. Qui fut bien penaud? ce fut le duc, qui venait d'apprendre cette histoire au roi et à toute la cour, et qui après en avoir bien fait rire tout le monde en allait devenir lui-même le divertissement. Il soutint l'affaire comme il put, fit emporter l'abbesse et son bagage; et comme le scandale en était public, elle donna sa démission, et a vécu plus de quarante ans depuis cachée dans un autre couvent [1.62].

La marquise de Montgon.

C'était une femme laide, qui brillait d'esprit, de grâces, de gentillesse, plaisante et amusante au possible, méchante à l'avenant, et qui, sur l'exemple de sa mère, divertit Mme de Maintenon, et le roi dans les suites, aux dépens de chacun, avec beaucoup de sel et d'enjouement [1.22].

1693

A la bataille de Neerwinden

Le prince d'Orange, étonné que le feu continuel et si bien servi de son canon n'ébranlât point notre cavalerie, qui l'essuya six heures durant sans branler et tout entière sur plusieurs lignes, vint aux batteries en colère, accusant le peu de justesse de ses pointeurs, et s'écria : « Oh! l'insolente nation! » [1.6].

Le conseiller Pussort.

Il était frère de la mère de M. Colbert. Il n'avait jamais été marié, était fort riche et fort avare, chagrin, difficile, glorieux, avec une mine de chat fâché qui annonçait tout ce qu'il était, et dont l'austérité faisait peur et souvent beaucoup de mal, avec une malignité qui lui était naturelle : parmi tout cela, beaucoup de probité, une grande capacité, beaucoup de lumière, extrêmement laborieux, et toujours à la tête de toutes les grandes commissions du conseil et de toutes les affaires importantes du dedans du royaume. C'était un grand homme sec, d'aucune société, de dur et de difficile accès, un fagot d'épines, sans amusement et sans délassement aucun, qui voulait être maître partout, et qui l'était parce qu'il se faisait craindre et qui était dangereux et insolent [1.26].

Passion de M. du Bordage pour la marquise de Polignac

C'était une créature d'esprit et de boutades, qui ne se mettait en peine de rien que de se divertir, de ne se contraindre sur quoi que ce fût, et de suivre toutes ses fantaisies. Le Bordage, à qui la presse et la passion du jeu avaient fait quitter promptement le service, était de toutes ses parties, chez elle et partout où elle allait. Il en devint passionné, quoique fort accusé de n'avoir pas de quoi l'être.

Elle joua tant et si bien qu'elle se ruina sans ressource, et que ne pouvant plus vivre à Paris, elle s'en alla au Puy, dans les terres de son mari. La tristesse et l'ennui (quelques-uns l'ont accusée d'un peu d'aide) l'y firent tomber bientôt fort malade. Dès que le Bordage l'apprit, il y courut, et presque aussitôt après son arrivée il fut témoin de sa triste mort. Il en fut si outré de douleur qu'il avala tout ce qu'il fallut d'opium pour le tuer, se jeta dans sa voiture et ordonna qu'on le menât droit chez lui en Bretagne.

Il n'eut pas fait grand chemin que l'opium opéra. Ses valets, sur le soir, s'en aperçurent, qu'il était comme mort et tout près de passer. Leur surprise et quelque manège qu'ils avaient vu, leur fit deviner ce que ce pouvait être. Dans l'incertitude ils le secouèrent, et lui firent avaler du vinaigre tant qu'ils purent, puis tout ce qu'ils purent trouver de spiritueux, et avec beaucoup de peine et de temps le réchappèrent. Il le trouva si mauvais dès qu'il put être revenu à soi, qu'ils le veillèrent de bien près, de peur de récidive, et malgré lui le ramenèrent à Paris, où ils avertirent ses amis et des médecins.

Cette aventure fit grand bruit, et plut extrêmement aux dames. Il fut longtemps sans se pouvoir consoler, et les médecins sans le pouvoir guérir. Il languit ainsi plus d'une année, et reprit, après, son jeu et sa vie accoutumée. Le singulier est qu'à plus de soixante-dix ans il la mène encore, sans avoir été un moment incommodé depuis [2.57].

Le comte de Roucy.

C'était un grand homme fort bien fait, de bonne mine, mais qui ne promettait rien, et qui par cela même n'était pas trompeuse; l'air fort robuste, qui sentait son homme de guerre, et qui par sa figure et ses talents naturels était fort bien voulu des dames, qui avaient après le plaisir de s'en moquer. De commerce, on n'en pouvait guère avec lui. Tout occupé de la cour de Monseigneur, avec qui il était fort bien, et dont le choix n'était pas difficile, de le suivre à la chasse, de jouer le plus gros jeu à la cour et à Paris, il était plus sur les chemins qu'ailleurs.

C'est lui le premier qui a mis les valets sur le pied de la parure, de la familiarité, de l'insolence, des gros gains, en gâtant les siens, contagion qui, à son exemple, a de l'un à l'autre gâté une infinité de maisons. Lui et ses frères étaient les rois de la canaille. Ils étaient familiers avec elle, ils connaissaient les valets de tout le monde, ils savaient leurs gages, leurs profits, leurs jalousies, leurs débats, pourquoi chassés, pourquoi pris et sur quel pied; en plaçaient, les protégeaient, et par là sottement adorés du vulgaire et des marchands et artisans, qu'ils payaient en amitiés, en service et en compliments [5.7].

La comtesse de Roucy.

C'était une personne extrêmement laide, qui avait de l'esprit, fort glorieuse, pleine d'ambition, folle des moindres distinctions, engouée à l'excès de la cour, basse à proportion de la faveur et des besoins, qui cherchait à faire des affaires à toutes mains, aigre à merveilles jusqu'aux injures et fréquemment en querelle avec quelqu'un, toujours occupée de ses affaires, que son opiniâtreté, son humeur et sa malhabileté perdaient, et qui vivait noyée de biens, d'affaires et de créanciers, envieuse, haineuse, par conséquent peu aimée, et qui, pour couronner tout cela, ne manquait point de grand'messe à la paroisse et rarement à communier tous les huit jours [1.22].

1694

Il y eut cet hiver force bals, et plusieurs beaux, au Palais Royal, au premier desquels j'eus l'honneur de mener au branle Mme la princesse de Conti, fille du roi.

Le marquis de Villacerf.

Villacerf avait passé une longue vie toujours extrêmement bien avec le roi et si familier avec lui, qu'étant d'une de ses parties de paume autrefois, où il jouait fort bien, il arriva une dispute sur sa balle : il était contre le roi, qui dit qu'il n'y avait qu'à demander à la reine, qui les voyait jouer de la galerie : « Par...! Sire, répondit Villacerf, cela n'est pas mauvais; s'il ne tient qu'à faire juger nos femmes, je vais envoyer quérir la mienne. » Le roi et tout ce qui était là rirent beaucoup de la saillie.

C'était un homme brusque, mais franc, vrai, droit, serviable, et très-bon ami [1.46].

Comment le roi avait facilité
le remariage du comte d'Auvergne

Le comte d'Auvergne, qui n'était ni d'âge ni de figure à être amoureux, l'avait été toute sa vie, et l'était éperdument de Mlle de Wassenaer lorsque sa femme mourut. Il vint aussitôt après demander permission au roi de l'épouser et de l'amener en France. La grâce était singulière, pour ne rien dire de la bienséance, si fort blessée dans cette précipitation. Mlle de Wassenaer était Hollandaise, d'une maison ancienne, chose rare en ce pays-là, par conséquent calviniste. Il était donc contre tous les édits et déclarations du roi, depuis la révocation de l'édit de Nantes et l'expulsion des huguenots, d'en épouser une.

Le roi avait passé sa vie à être amoureux, Mme de Maintenon aussi : le comte d'Auvergne les toucha par la similitude, et leur dévotion par l'espérance de gagner une âme à Dieu, en procurant la conversion de cette fille, ce qui ne se pouvait que par ce mariage. Il obtint donc tout ce qu'il demanda, et s'en retourna au plus vite l'épouser et la ramener en France. Elle parut à Paris et à la cour mériter l'amour d'un plus jeune cavalier, et sa vertu, sa douceur et sa conduite charmèrent, encore plus que sa figure, et le public et la famille même du comte d'Auvergne, jusqu'à ses enfants avec qui elle accommoda leurs affaires, et mit la paix entre eux [1.43].

La comtesse de Furstemberg.

Elle avait été fort belle, et en avait encore à cinquante-deux ans de grands restes; mais grande et grosse, hommasse comme un Cent-Suisse habillé en femme, hardie, audacieuse, parlant haut et toujours avec autorité, polie pourtant et sachant vivre.

Elle était prodigue en toutes sortes de dépenses : des habits sans fin, plus beaux les uns que les autres, des dentelles, parfaites en confusion, et tant de garnitures et de linge qu'il ne se blanchissait qu'en Hollande; des parures, des pierreries, des joyaux de toutes sortes. C'était une femme qui n'aimait qu'elle, qui voulait tout, qui ne se refusait rien, non pas même, disait-on, des galanteries [1.51].

Une parole malheureuse de la comtesse de Roye

Lors de la révocation de l'édit de Nantes, le comte de Roye et sa femme se retirèrent en Danemarck, où, comme il était lieutenant général en France, il fut fait grand maréchal et commanda toutes les troupes. Il était là très-grandement établi, et lui et la comtesse de Roye sur un grand pied de considération.

Ces rois du Nord mangent ordinairement avec du monde, et le comte et la comtesse de Roye avaient très-souvent l'honneur d'être retenus à leur table avec leur fille, Mlle de Roye. Il arriva à un dîner que la comtesse de Roye, frappée de l'étrange figure de la reine de Danemarck, se tourna à sa fille, et lui demanda si elle ne trouvait pas que la reine ressemblait à Mme Panache comme deux gouttes d'eau. Quoiqu'elle l'eût dit en français, il arriva qu'elle n'avait pas parlé assez bas, et que la reine, qui l'entendit, lui demanda ce que c'était que cette Mme Panache.

La comtesse de Roye, dans sa surprise, lui répondit que c'était une dame de la cour de France qui était fort aimable. La reine, qui avait vu sa surprise, n'en fit pas semblant, mais, inquiète de la comparaison, elle écrivit à Mayercron, envoyé de Danemarck à Paris, et qui y était depuis quelques années, de lui mander ce que c'était que Mme Panache, sa figure, son âge, sa condition, et sur quel pied elle était à la cour de France, et que surtout elle voulait absolument n'être pas trompée et en être informée au juste.

Mayercron, à son tour, fut dans un grand étonnement. Il manda à la reine qu'il ne comprenait pas par où le nom de Mme Panache était allé jusqu'à elle, beaucoup moins la sérieuse curiosité qu'elle lui marquait d'être informée d'elle exactement; que Mme Panache était une petite et fort vieille créature, avec des lippes et des yeux éraillés à y faire mal à ceux qui la regardaient, une espèce de gueuse, qui s'était introduite à la cour sur le pied d'une manière de folle, qui était tantôt au souper du roi, tantôt au dîner de Monseigneur et de Mme la Dauphine, ou à celui de Monsieur à Versailles ou à Paris, où chacun se divertissait à la mettre en colère, et qui chantait pouille aux gens à ces dîners-là, pour faire rire, mais quelquefois fort sérieusement, et avec des injures qui embarrassaient et qui divertissaient encore plus ces princes et ces princesses, qui lui emplissaient ses poches de viandes et de ragoûts, dont la sauce découlait tout du long de ses jupes, et que les uns lui donnaient une pistole ou un écu, et les autres des chiquenaudes et des croquignoles, dont elle entrait en furie, parce qu'avec ses yeux pleins de chassie elle ne voyait pas au bout de son nez, ni qui l'avait frappée, et que c'était le passe-temps de la cour.

A cette réponse, la reine de Danemarck se sentit si piquée qu'elle ne put plus souffrir la comtesse de Roye, et qu'elle en demanda justice au roi son mari. Il trouva bien mauvais que des étrangers qu'il avait comblés des premières charges et des premiers honneurs de sa cour, avec de grosses pensions, se moquassent d'eux d'une manière si cruelle. Il se trouva des seigneurs du pays et des ministres jaloux de la fortune et du grand établissement dont le comte de Roye jouissait, tellement que la reine obtint que le roi le remercierait et lui ferait dire de se retirer. Il ne put conjurer l'orage : il vint avec sa famille à Hambourg, en attendant qu'il sût ce qu'il pourrait devenir; et à la révolution d'Angleterre, il y passa [1.27].

M. de Barbezieux, fils et successeur de Louvois.

C'était un homme d'une figure frappante, extrêmement agréable, fort mâle, avec un visage gracieux et aimable et une physionomie forte, beaucoup d'esprit, de pénétration, d'activité, de la justesse et une facilité incroyable au travail, sur laquelle il se reposait pour prendre ses plaisirs, et en faisait plus et mieux en deux heures qu'un autre en un jour.

Personne n'avait autant l'air du monde, les manières d'un grand seigneur, tel qu'il eût bien voulu l'être, les façons les plus polies et, quand il lui plaisait, les plus respectueuses, la galanterie la plus naturelle et la plus fine, et des grâces répandues partout. Aussi, quand il voulait plaire, il charmait, et, quand il obligeait, c'était au triple de qui que ce fût par les manières.

Nul homme ne rapportait mieux une affaire, ni ne possédait plus pleinement tous les détails, ni ne les maniait plus aisément que lui. Mais orgueilleux à l'excès, entreprenant, hardi, insolent, vindicatif au dernier point, facile à se blesser des moindres choses et très difficile à en revenir. Son humeur était terrible et fréquente : il la connaissait, il s'en plaignait; il ne la pouvait vaincre : naturellement brusque et dur, il devenait alors brutal et capable de toutes les insultes et de tous les emportements imaginables, qui lui ont ôté beaucoup d'amis.

Il avait accoutumé le roi à remettre son travail, quand il avait trop bu ou qu'il avait une partie qu'il ne voulait pas manquer, et lui mandait qu'il avait la fièvre. Le roi le souffrait, par l'utilité et la facilité de son travail, mais il ne l'aimait point.

Il désolait souvent par ses réponses qu'il faisait toujours haut à ses audiences où on lui parlait bas, et faisait attendre les principales personnes de la cour, hommes et femmes, tandis qu'il se jouait avec ses chiens dans son cabinet, ou avec quelque bas complaisant, et après s'être fait longtemps attendre, sortait souvent par les derrières [1.57].

Mariage du comte de Soissons

C'était un homme de peu de génie, fort adonné à ses plaisirs, panier percé, qui empruntait volontiers et ne rendait guère.

A vingt-cinq ans, amoureux fou de la fille bâtarde de la Cropte-Beauvais, il l'épousa au désespoir de toute sa parenté. Elle était belle comme les plus beaux jours, et vertueuse, brune, avec ces grands traits qu'on fait aux sultanes. Elle surprit à la cour par l'éclat de ses charmes [2.6].

M. de Harlay, premier président du parlement.

Harlay était un petit homme maigre, à visage en losange, le nez grand et aquilin, des yeux de vautour qui semblaient dévorer les objets et percer les murailles; un rabat et une perruque noire mêlée de blanc, une calotte, des manchettes plates; toujours en robe, mais étriquée, le dos courbé, tout son extérieur contraint, gêné, affecté, l'odeur hypocrite, le maintien faux et cynique, des révérences lentes et profondes, allant toujours rasant les murailles, avec un air toujours respectueux, mais à travers lequel pétillait l'audace et l'insolence, et des propos toujours composés, à travers lesquels sortaient toujours l'orgueil de toute espèce, et, tant qu'il osait, le mépris et la dérision.

Les sentences et les maximes étaient son langage ordinaire, même dans les propos communs; toujours laconique, jamais à son aise, ni personne avec lui; beaucoup d'esprit naturel, et fort étendu, beaucoup de pénétration, une grande connaissance du monde, surtout des gens avec qui il avait affaire, beaucoup de belles-lettres, profond dans la science du droit et, ce qui malheureusement est devenu si rare, du droit public; une grande lecture et une grande mémoire, et avec une lenteur dont il s'était fait une étude, une justesse, une promptitude, une vivacité de reparties surprenante et toujours présente.

C'est un dommage extrême que tant de qualités et de talents naturels et acquis se soient trouvés destitués de toute vertu, et n'aient été consacrés qu'au mal, à l'ambition, à l'avarice, au crime. Superbe, venimeux, malin, scélérat par nature, humble, bas, rampant devant ses besoins, faux et hypocrite en toutes ses actions, même les plus ordinaires et les plus communes, l'iniquité la plus consommée, la plus artificieuse, la plus suivie, suivant son intérêt, sa passion, et le vent surtout de la cour et de la fortune.

Une âme si perverse était bourrelée, non de remords, qu'il ne connut jamais, ou du moins qu'il n'a jamais laissé apercevoir qu'il en eût senti aucun, mais d'une humeur qui se pouvait dire enragée, qui ne le quittait point, et qui le rendait la terreur et presque toujours le fléau de tout ce qui avait affaire à lui [1.10].

Les veaux de Royaumont

M. le Grand les y faisait nourrir d'œufs avec leur coque et de lait. Il en donnait des quartiers au roi, et ils étaient excellents [2.9].

CHAPITRE VII

PERSONNAGES ET ÉCHOS DE LA COUR ET DE LA VILLE AU MOMENT OU SAINT-SIMON VIENT DE SE MARIER

(de 1695 à 1698)

1695

Une année qui commence mal :
le roi perd son meilleur général,
le maréchal de Luxembourg

Rien de plus juste que le coup d'œil de M. de Luxembourg, rien de plus brillant, de plus avisé, de plus prévoyant que lui devant les ennemis ou un jour de bataille, avec une audace, une flatterie, et en même temps un sang-froid qui lui laissait tout voir et tout prévoir au milieu du plus grand feu et du danger du succès le plus imminent; et c'était là où il était grand. Pour le reste, la paresse même. Peu de promenades sans grande nécessité, du jeu, de la conversation avec ses familiers, et tous les soirs un souper avec un très-petit nombre, presque toujours le même, et si on était voisin de quelque ville, on avait soin que le sexe y fût agréablement mêlé.

Alors il était inaccessible à tout, et s'il arrivait quelque chose de pressé, c'était à Puységur à y donner ordre. Telle était à l'armée la vie de ce grand général, et telle encore à Paris, où la cour et le grand monde occupaient ses journées, et les soirs ses plaisirs.

A soixante-sept ans il s'en croyait vingt-cinq, et vivait comme un homme qui n'en a pas davantage. Au défaut de bonnes fortunes, dont son âge et sa figure l'excluaient, il y suppléait par de l'argent.

A la fin l'âge, le tempérament, la conformation le trahirent : il tomba malade à Versailles d'une péripulmonie, dont Fagon eut tout d'abord très mauvaise opinion. Sa porte fut assiégée de tout ce qu'il y avait de plus grand; les princes du sang n'en bougeaient, et Monsieur y alla plusieurs fois. Condamné par Fagon, Caretti, Italien à secrets qui avaient souvent réussi, l'entreprit et le soulagea; mais ce fut l'espérance de quelques moments. Le roi y envoya quelquefois, par honneur plus que par sentiment. J'ai déjà fait remarquer qu'il ne l'aimait point.

Il mourut le matin du 4 janvier au premier jour de sa maladie, et fut regretté de beaucoup de gens quoique, comme particulier, estimé de personne et aimé de fort peu.

Je n'y allai ni n'y envoyai pas une seule fois, quoique je fusse à Versailles, et il faut avouer que je sentis ma délivrance d'un tel ennemi. On eut la malignité de me vouloir faire parler sur cette mort : je me contentai de répondre que je respectais trop le discernement du roi dans ses choix pour le remplacer, et avais trop bonne opinion de ses généraux et de ses troupes, pour m'affliger pour l'État d'une perte dont, en mon particulier, j'avais tant de raisonsde me consoler; avec cette réponse je vis tarir les questions [1.15].

La maréchale de Luxembourg.

Mme de Luxembourg ressemblait d'air, de visage et de maintien à ces grosses vilaines harengères qui sont dans un tonneau avec leurs chaufferettes sous elles.

Elle avait été fort maltraitée, fort méprisée, et avait passé sa vie dans une triste solitude à Ligny, où son mari lui donnait peu de ses nouvelles [1.63].

Le maréchal de Villeroy remplace Luxembourg à l'armée des Flandres

C'était un grand homme bien fait, avec un visage fort agréable, fort vigoureux, sain, qui sans s'incommoder faisait tout ce qu'il voulait de son corps. Quinze et seize heures à cheval ne lui étaient rien, les veilles pas davantage. Toute sa vie nourri et vivant dans le plus grand monde, il était magnifique en tout, fort noble dans toutes ses manières, grand et beau joueur sans se soucier du jeu, point méchant gratuitement, tout le langage et les façons d'un grand seigneur et d'un homme pétri de la cour; glorieux à l'excès par nature, bas aussi à l'excès pour peu qu'il en eût besoin, et à l'égard du roi et de Mme de Maintenon valet à tout faire.

C'était un homme fait exprès pour présider à un bal, pour être le juge d'un carrousel, et, s'il avait eu de la voix, pour chanter à l'Opéra les rôles de roi et de héros : fort propre encore à donner les modes, et à rien du tout au-delà. Nulle chose que des contes de cour, d'aventures, de galanteries ; nulle lecture, nulle instruction, ignorance crasse sur tout, plates plaisanteries, force vent et parfait vide [4.41].

Le maréchal de Villeroy était un vil courtisan et rien de plus [4.5].

Mlle de Bournonville.

Elle dansait à ravir. Jamais personne ne représenta mieux la déesse de la Jeunesse; elle en avait tous les agréments et toute la gaieté [2.30].

Saint-Simon épouse la fille aînée du maréchal de Lorges

Le mariage s'accomplit à l'hôtel de Lorges le 8 avril, que j'ai toujours regardé avec raison comme le plus heureux jour de ma vie.

Sur les sept heures du soir le contrat fut signé; on servit un grand repas à la famille la plus étroite de part et d'autre; et à minuit le curé de Saint-Roch dit la messe et nous maria dans la chapelle de la maison.

Nous couchâmes dans le grand appartement de l'hôtel

de Lorges. Le lendemain eut lieu un grand dîner, après lequel la mariée reçut sur son lit toute la France [1.15].

La comtesse de Blansac.

On ne pouvait avoir plus d'esprit, plus d'intrigue, plus de douceur, d'insinuation, de tour, et de grâces dans l'esprit, une plaisanterie plus fine et plus salée, ni être plus maîtresse de son langage pour le mesurer à ceux avec qui elle était.

C'était en même temps de tous les esprits le plus méchant, le plus noir, le plus dangereux, le plus artificieux, d'une fausseté parfaite, à qui les histoires entières coulaient de source, un air de vérité et de simplicité qui était prêt à persuader ceux même qui savaient, à n'en pouvoir douter, qu'il n'y avait pas un mot de vrai; avec tout cela une sirène enchanteresse, dont on ne pouvait se défendre qu'en la fuyant, quoiqu'on la connût parfaitement.

Sa conversation était charmante, et personne n'assenait si plaisamment ni si cruellement les ridicules, même où il n'y en avait point, et comme n'y touchant pas; au demeurant plus que très-galante tant que sa figure lui avait fait trouver avec qui, fort commode ensuite, et depuis se ruina pour les plus bas valets.

Malgré de tels vices, et dont la plupart étaient si destructifs de la société, c'était la fleur des pois à la cour et à la ville : sa chambre ne désemplissait pas de ce qui y était et de plus brillant et de la meilleure compagnie, ou par crainte ou par enchantement, et avait en outre des amis et des amies considérables; elle était fort recherchée des trois filles du roi; c'était à qui l'aurait [1.22].

Une méchanceté du duc de Gesvres

Le vieux Gesvres était le mari le plus cruel d'une femme de beaucoup d'esprit, de vertu et de biens, qui se sépara de lui, et le père le plus dénaturé d'enfants très-honnêtes gens qui fut jamais. Le marquis de Gesvres, son fils, il l'a traité, lui et sa femme, comme des nègres toute sa vie. Ses équipages étaient superbes en chevaux, en harnais, en voitures, en livrées, qui se renouvelaient sans cesse, et ses écuries pleines des plus rares chevaux de monture, sans en avoir jamais monté un depuis plus de trente ans; son domestique prodigieux; ses habits magnifiques et ridicules pour son âge. Quand on lui parlait de ses grands revenus, du mauvais état de ses affaires malgré sa richesse, du désordre de sa maison et de l'inutilité et de la folie de ses dépenses, il se mettait à rire et répondait qu'il ne les faisait que pour ruiner ses enfants. Il disait vrai, et il y réussit complètement.

Mais ce n'était pas seulement sa famille qu'il persécutait gratuitement. Il fit, cette même année, un tour au maréchal de Villeroy à le tuer. Tous deux étaient venus de secrétaires d'État, et tous deux avaient eu des pères qui avaient fait une grande et extraordinaire fortune. Un jour que le petit couvert était servi, et que le roi était encore chez Mme de Maintenon, les courtisans étaient autour de la table du roi à l'attendre, et M. de Gesvres pour le servir. Le maréchal de Villeroy arriva, avec ce bruit et ces airs qu'il avait pris de tous temps, et que sa faveur et ses emplois rendaient plus superbes. Je ne sais si cela impatienta ce vieux Gesvres plus qu'à l'ordinaire, mais dès qu'il le vit arriver, derrière un coin du fauteuil du roi, où il se mettait toujours : « Monsieur le maréchal, se prit-il à lui dire tout d'un coup, la table et le fauteuil entre-deux, il faut avouer que vous et moi sommes bien heureux. »

Le maréchal, étonné d'un propos que rien n'amenait en convint avec un air modeste, et secouant sa tête et sa perruque, voulut le rompre en parlant à quelqu'un; mais l'autre, qui n'avait pas si bien commencé pour rien, continue, l'apostrophe pour se faire écouter, admire la fortune du Villeroy qui épouse une Crequy, et de son père qui épouse une Luxembourg, et de là, des charges, des gouvernements, des dignités, des biens sans nombre; et les pères de ces gens-là des secrétaires d'État : « Arrêtons-nous là, Monsieur le Maréchal, s'écria-t-il, n'allons pas plus loin : car qui étaient leurs pères, à ces deux secrétaires d'État? de petits commis, et commis eux-mêmes; et de qui venaient-ils? le vôtre d'un vendeur de marée aux halles, et le mien d'un porteballe, et peut-être de pis. Messieurs, s'adressant à la compagnie tout de suite, est-ce que je n'ai pas raison de trouver notre fortune prodigieuse, à Monsieur le maréchal et à moi? N'est-il pas vrai donc, Monsieur le maréchal que nous sommes bien heureux? » Puis à regarder, à se pavaner et à rire.

Le maréchal eût voulu être mort, beaucoup mieux encore l'étrangler; mais que faire à un homme qui, pour vous dire une cruauté, s'en dit à lui-même le premier? Tout le monde se tut et baissa la vue; il y en a plus d'un qui ne fut pas fâché de regarder le maréchal du coin de l'œil, et de voir ses grandes manières si plaisamment humiliées. Le roi vint, et finit le spectacle et l'embarras, mais il ne fit que suspendre : ce fût la matière de la conversation de plusieurs jours, et le divertissement de la malignité et de l'envie, si ordinaire à la cour [1.48].

La marquise de Castries.

Mme de Castries était un quart de femme, une espèce de biscuit manqué, extrêmement petite, mais bien prise, et aurait passé dans un médiocre anneau; ni derrière, ni gorge, ni menton, fort laide, l'air toujours en peine et étonné; avec cela une physionomie qui éclatait d'esprit et qui tenait encore plus parole.

Elle savait tout : histoire, philosophie, mathématiques, langues vivantes; et jamais il ne paraissait qu'elle sût mieux que parler français; mais son parler avait une justesse, une énergie, une éloquence, une grâce jusque dans les choses les plus communes, avec ce tour unique qui n'est propre qu'aux Mortemarts : aimable, amusante, gaie, sérieuse, toute à tous, charmante quand elle voulait plaire, plaisante naturellement, avec la dernière finesse, sans la vouloir être, et assenant aussi les ridicules à ne les jamais oublier, glorieuse, choquée de mille choses, avec un ton plaintif qui emportait la pièce, cruellement méchante quand il lui plaisait, et fort bonne amie, polie, gracieuse, obligeante en général, sans aucune galanterie, mais délicate sur l'esprit, et amoureuse de l'esprit où elle le trouvait à son gré; avec cela un talent de raconter qui charmait, et quand elle voulait faire un roman sur-le-champ, une source de production, de variété et d'agrément qui étonnait [1.25].

Ce n'était qu'esprit et âme, sans presque de corps; le sien était petit et si mince qu'un souffle l'eût renversée [5.48].

Trois décès qui ne passèrent pas inaperçus

Pierre Mignard.

Si illustre par son pinceau. Il avait une fille unique parfaitement belle. C'était sur elle qu'il travaillait le plus volontiers.

Jean de La Fontaine.

Si connu par ses Fables et ses Contes, et toutefois si pesant en conversation.

Barbançon, premier maître d'hôtel de Monsieur.

Si goûté du monde par le sel de ses chansons et l'agrément et le naturel de son esprit [1.15].

Le marquis et la marquise de Châtillon

Châtillon avait épousé par amour Mlle de Piennes; c'était, sans contredit, le plus beau couple de la cour, et le mieux fait, et du plus grand air. Ils se brouillèrent et se séparèrent à ne se jamais revoir. Elle était sœur de la marquise de Villequier, aussi mariée par amour [1.13].

Perte de Namur

La ville de Namur capitula le 4 août et le château, après avoir pensé être emporté aux derniers assauts, capitula, pour sortir le 5 septembre.

Le maréchal de Boufflers partit dès que tout fut convenu, et fut reçu à Fontainebleau avec des applaudissements extraordinaires. Il fit faire Mesgrigny lieutenant général, et avancer en grade tout ce qui était avec lui dans Namur, ce qui lui fit beaucoup d'honneur.

Le prince d'Orange, quelque mesuré qu'il fût, ne put s'empêcher d'insulter à notre perte lorsqu'il apprit toutes les récompenses données au maréchal de Boufflers, à Guiscard et à tout ce qui avait défendu Namur : il dit que sa condition était bien malheureuse d'avoir toujours à envier le sort du roi, qui récompensait plus libéralement la perte d'une place que lui ne pouvait faire tant d'amis et dignes personnages qui lui en avaient fait la conquête [1.16].

Le marquis d'Heudicourt.

C'était un drôle de beaucoup d'esprit qui, par l'audace et le tranchant de sa langue, s'était rendu redoutable. Il n'avait point d'âme, grand ivrogne et débauché, point du tout poltron, et une figure hideuse de vilain satyre. Il se faisait justice là-dessus; mais hors d'état d'espérer de bonnes fortunes, il les facilitait volontiers, était sûr dans cet honnête commerce, et s'était acquis par là beaucoup d'amis de la fleur de la cour; et encore plus d'amies. Par contraste à sa méchanceté on ne l'appelait que « le petit bon »; et le petit bon était de toutes les intrigues, en menait quantité, et en était un répertoire. C'était parmi les dames à la cour à qui l'aurait, dont pas une n'eût osé se brouiller avec lui, à commencer par les plus hautes [3.38].

Il faisait les plus jolies chansons du monde, où il excellait à peindre les gens avec naïveté, et leurs ridicules avec le sel le plus fin. Le grand prévôt et sa famille, honnêtes gens d'ailleurs, en étaient farcis : Heudicourt s'avisa de faire une chanson sur eux, si naturelle et si ridiculement plaisante qu'on en riait aux larmes. Le maréchal de Boufflers, en quartier de capitaine des gardes, étant derrière le roi, à la messe, où le silence et la décence étaient extrêmes, vit parler et rire autour de lui; il voulut imposer. Quelqu'un lui dit la chanson à l'oreille; à l'instant, voilà cet homme si sage, si grave, si sérieux, si courtisan, qui s'épouffe de rire, et qui à force de vouloir se retenir, éclate. Le roi se tourne une fois, puis une seconde, le tout pour néant; les rires continuèrent aux larmes. Le roi, dans la plus grande surprise de voir le maréchal de Boufflers en cet état, et derrière lui, et à la messe, lui demanda en sortant de la chapelle, et assez sévèrement, à qui il en avait eu. Le maréchal à rire de nouveau, qui lui répondit comme il put que cela ne pouvait lui être conté que dans son cabinet. Dès qu'il y fut entré, le roi reprit la question.

Le maréchal lui dit la chanson. Voilà le roi plus pâmé que n'avait été le maréchal, et qui fut plus de quinze jours sans pouvoir s'empêcher de rire de toute sa force sitôt que le grand prévôt ou un de ses enfants lui tombaient sous les yeux. La chanson courut fort, et divertit extrêmement la cour et la ville. [2.33].

A force de boire, Heudicourt s'abrutit tout à fait [3.2].

Lauzun épouse la belle-sœur de Saint-Simon

M. de Lauzun la vit à mon mariage avec plusieurs autres filles à marier; elle avait quinze ans et lui plus de soixante-trois ans : c'était une étrange disproportion d'âge; mais sa vie jusqu'alors avait été un roman, il ne le croyait pas achevé, et il avait encore l'ambition et les espérances d'un jeune homme.

Plein de ces pensées, il fit parler à Mme la maréchale de Lorges, qui le connaissait trop de réputation et qui aimait trop sa fille pour entendre à un mariage qui ne pouvait la rendre heureuse. M. de Lauzun redoubla ses empressements, proposa d'épouser sans dot, fit parler sur ce pied-là à Mme de Frémont et à M. de Duras, chez lequel l'affaire fut écoutée, concertée et résolue, par cette grande raison de sans dot, au grand déplaisir de la mère, qui à la fin se rendit, par la difficulté de faire sa fille duchesse comme l'aînée, à qui elle voulait l'égaler. Phélypeaux, qui se croyait à portée de tout, la voulait aussi pour rien, à cause des alliances et des entours, et la peur qu'en eut ma belle-sœur la fit consentir avec joie à épouser le duc de Lauzun, qui avait un nom, un rang et des trésors. La distance des âges et l'inexpérience du sien lui fit regarder ce mariage comme la contrainte de deux ou trois ans, tout au plus, pour être après libre, riche et grande dame, sans quoi elle n'y eût jamais consenti, à ce qu'elle a bien des fois avoué depuis.

Cette affaire fut conduite et conclue dans le plus grand secret. Lorsque M. le maréchal de Lorges en parla au roi : « Vous êtes hardi, lui dit-il, de mettre Lauzun dans votre famille; je souhaite que vous ne vous en repentiez pas. De vos affaires vous êtes le maître; mais pour des miennes, je ne vous permets de faire ce mariage qu'à condition que vous ne lui en direz jamais le moindre mot. »

Le jour qu'il fut rendu public, M. le maréchal de Lorges m'envoya chercher de fort bonne heure, me le dit, et m'expliqua ses raisons : la principale était qu'il ne donnait rien, et que M. de Lauzun se contentait de quatre cent mille livres à la mort de M. Frémont, et faisait après lui des avantages prodigieux à sa femme. Nous portâmes le contrat à signer au roi, qui plaisanta M. de Lauzun et se mit fort à rire, et M. de Lauzun lui répondit qu'il était trop heureux de se marier, puisque c'était la première fois, depuis son retour, qu'il l'avait vu rire avec lui.

On pressa la noce tout de suite, en sorte que personne ne pu avoir d'habits. Le présent de M. de Lauzun fut d'étoffes, de pierreries et de galanteries, mais point d'argent. Il n'y eut que sept ou huit personnes en tout au mariage, qui se fit à l'hôtel de Lorges à minuit. M. de Lauzun voulut se déshabiller seul avec ses valets de chambre, et il n'entra dans celle de sa femme qu'après que tout le monde en fut sorti, elle couchée et ses rideaux fermés, et lui assuré de ne trouver personne sur son passage.

Il fit le lendemain trophée de ses prouesses. Ce mariage ne trouva que des censeurs; on ne comprenait ni le beau-père ni le gendre : les raisons de celui-ci ne se pouvaient imaginer; celle de sans dot n'était reçue de personne; et il n'y avait personne qui ne prévit une prochaine rupture, de l'humeur si connue de M. de Lauzun. En revenant à

Paris, nous trouvâmes au Cours presque toutes les filles de qualité à marier, et cette vue consola un peu Mme la maréchale de Lorges, ayant ses filles dans son carrosse, qu'elle venait d'établir en si peu de temps toutes deux.

Peu de jours après, le roi se promenant dans ses jardins à Versailles, dans son fauteuil à roues, il me demanda fort attentivement l'état et l'âge de la famille de M. le maréchal de Lorges, et avec un détail qui me surprit, l'occupation de ses enfants, la figure des filles, si elles étaient aimées, et si aucune ne penchait à être religieuse. Il se mit ensuite à plaisanter avec moi sur le mariage de M. de Lauzun, puis sur le mien; il me dit, malgré cette gravité qui ne le quittait jamais, qu'il avait su du maréchal que je m'en étais bien acquitté, mais qu'il croyait que la maréchale en savait encore mieux des nouvelles [1.15].

Rivaroles, lieutenant général.

C'était un Piémontais qui s'était attaché au service de la France, et qui y était estimé. Un coup de canon lui avait emporté une jambe il y avait fort longtemps; un autre lui emporta sa jambe de bois à Neerwinden, et le culbuta. On le releva sans mal; il se mit à rire : « Voilà de grands sots, dit-il, et un coup de canon perdu; ils ne savaient pas que j'en ai deux autres dans une valise. » Ce Rivaroles, qui était un grand homme fort bien fait, adroit et vigoureux, était, avec sa jambe de bois, un des meilleurs joueurs de paume, et y jouait souvent [2.20].

Les ennuis de M. de Monaco avec sa belle-fille

C'était un Italien glorieux, fantasque, avare, fort bon homme, mais qui n'était pas fait pour les affaires, avec cela gros comme un muid, et ne voyant pas jusqu'à la pointe de son ventre.

Il avait passé sa vie en chagrins domestiques, d'abord de la belle Mme de Monaco, sa femme, si amie de la première femme de Monsieur, et si mêlée dans ses galanteries, et elle-même si galante.

M. de Monaco, qui avait obtenu le rang de prince étranger par le mariage de son fils le duc de Valentinois avec la fille de Monsieur le Grand, trouva bientôt, et son fils plus encore, qu'ils l'avaient acheté bien cher. La duchesse de Valentinois était charmante, galante à l'avenant, et sans esprit ni conduite, avec une physionomie fort spirituelle; elle était gâtée par l'amitié de son père et de sa mère et par les hommages de toute la cour, dans une maison jour et nuit ouverte, où les grâces, qui étaient sa principale beauté, attiraient la plus brillante jeunesse.

Son mari, avec beaucoup d'esprit, ne se sentait pas le plus fort; sa taille et sa figure lui avaient acquis le nom de Goliath. Il souffrit longtemps les hauteurs et les mépris de sa femme et de sa famille; à la fin, lui et son père s'en lassèrent, et ils emmenèrent Mme de Valentinois à Monaco. Elle se désola, et ses parents aussi, comme si on l'eût menée aux Indes. On peut juger que le voyage et le séjour ne se passèrent pas gaiement. Toutefois elle promit merveilles, et au bout d'un couple d'années de pénitence, elle obtint son retour. Je ne sais qui fut son conseil, mais, sans changer de conduite, elle songea aux moyens de se garantir de retourner à Monaco, et pour cela fit un éclat épouvantable contre son beau-père, qu'elle accusa non-seulement de lui en avoir conté, mais de l'avoir voulu violer. Monsieur le Grand, Mme d'Armagnac, leurs enfants prirent son parti; et ce fut un vacarme le plus scandaleux, mais qui ne persuada personne.

M. de Monaco n'était plus jeune; il était fort honnête homme et avait toujours passé pour tel; d'ailleurs, il avait deux gros yeux d'aveugle, éteints, et qui en effet ne distinguaient rien à deux pieds d'eux, avec un gros ventre en pointe, qui faisait peur tant il avançait en saillie. L'éclat ne fut pas moins grand de sa part et de celle de son fils contre une si étrange calomnie, et la séparation devint plus forte que jamais.

Au bout de quelques années, ils s'avisèrent qu'ils n'avaient point d'enfants, et que Mme de Valentinois, nageant dans les plaisirs de la cour, sous l'abri de sa famille, jouissait seule de son crime et se moquait d'eux. Ils prirent donc leur parti : M. de Valentinois redemanda sa femme. D'abord on se moqua de lui chez elle; mais bientôt l'embarras succéda; les dévots s'en mêlèrent : l'archevêque de Paris parla à Mme d'Armagnac, et M. de Monaco protesta qu'il ne verrait jamais sa belle-fille, et qu'il lui défendait de se trouver en aucun lieu où il serait. Tout cela ensemble fut un coup de foudre; il fallut céder, et le 27 janvier, Mme d'Armagnac, accompagnée de la princesse d'Harcourt, mena sa fille à Paris chez le duc de Valentinois. Mme de Valentinois y soupa et y coucha, et qui pis fut, y demeura [1.26].

Ninon de l'Enclos.

Ninon, courtisane fameuse, connue sous le nom de Mlle de l'Enclos, fut un exemple nouveau du triomphe du vice conduit avec esprit, et réparé de quelque vertu.

Le bruit qu'elle fit, et plus encore le désordre qu'elle causa parmi la plus haute et la plus brillante jeunesse, força l'extrême indulgence que, non sans cause, la reine mère avait pour les personnes galantes et plus que galantes, de lui envoyer un ordre de se retirer dans un couvent. Un de ces exempts de Paris lui porta la lettre de cachet; elle la lut, et remarquant qu'il n'y avait point de couvent désigné en particulier : « Monsieur, dit-elle à l'exempt sans se déconcerter, puisque la reine a tant de bonté pour moi que me laisser le choix du couvent où elle veut que je me retire, je vous prie de lui dire que je choisis celui des grands Cordeliers de Paris », et lui rendit la lettre de cachet avec une belle révérence. L'exempt, stupéfait de cette effronterie sans pareille, n'eut pas un mot à répliquer, et la reine la trouva si plaisante qu'elle la laissa en repos.

Jamais Ninon n'avait qu'un amant à la fois, mais des adorateurs en foule, et quand elle se lassait du tenant, elle le lui disait franchement et en prenait un autre : le délaissé avait beau gémir et parler, c'était un arrêt; et cette créature avait usurpé un tel empire qu'il n'eût osé se prendre à celui qui le supplantait, trop heureux encore d'être admis sur le pied d'ami de la maison. Elle a quelquefois gardé à son tenant, quand il lui plaisait fort, fidélité entière pendant toute une campagne.

La Châtre, sur le point de partir, prétendit être de ces heureux distingués. Apparemment que Ninon ne lui promit pas bien nettement. Il fut assez sot, et il l'était beaucoup, et présomptueux à l'avenant, pour lui en demander un billet; elle le lui fit : il l'emporta et s'en vanta fort. Le billet fut mal tenu, et à chaque fois qu'elle y manquait « Oh! le bon billet, s'écriait-elle, qu'a là La Châtre ». Son fortuné à la fin lui demanda ce que cela voulait dire; elle le lui expliqua; il le conta, et accabla La Châtre d'un ridicule qui gagna jusqu'à l'armée où il était.

Ninon eut des amis illustres de toutes les sortes, et eut tant d'esprit qu'elle se les conserva tous, et qu'elle les tint unis entre eux, ou pour le moins sans le moindre bruit. Tout se passait chez elle avec un respect et une décence extérieure que les plus hautes princesses soutiennent rarement avec des faiblesses. Elle eut de la sorte pour amis tout ce qu'il y avait de plus trayé et de plus élevé à la cour, tellement qu'il devint à la mode d'être reçu chez elle, et qu'on avait raison de le désirer par les liaisons qui s'y formaient : jamais ni jeu, ni ris élevé, ni disputes, ni propos de religion ou de gouvernement; beaucoup d'esprit et fort orné, des nouvelles anciennes et modernes, des nouvelles de galanterie, et toutefois sans ouvrir la porte de la médisance; tout y était délicat, léger, mesuré, et formait les conversations, qu'elle sut soutenir par son esprit et par tout ce qu'elle savait des faits de tout âge, la considération, chose étrange, qu'elle s'était acquise, le nombre et la distinction de ses amis et de ses connaissances, quand les charmes cessèrent de lui attirer du monde, quand la bienséance et la mode lui défendit de plus mêler le corps avec l'esprit.

Elle savait toutes les intrigues de l'ancienne et de la nouvelle cour, sérieuses et autres; sa conversation était charmante; désintéressée, fidèle, secrète, sûre au dernier point; et, à la faiblesse près, on pouvait dire qu'elle était vertueuse et pleine de probité. Elle a souvent secouru ses amis d'argent et de crédit, est entrée pour eux dans des choses importantes et a gardé très-fidèlement des dépôts d'argent et des secrets considérables qui lui étaient confiés. Tout cela lui acquit de la réputation et une considération tout à fait singulière.

Elle avait été amie intime de Mme de Maintenon tout le temps que celle-ci demeura à Paris; Mme de Maintenon n'aimait pas qu'on lui parlât d'elle, mais elle n'osait la désavouer.

L'Enclos avait des reparties admirables; il y en a deux entre autres au dernier maréchal de Choiseul qui ne s'oublient point : l'une est une correction excellente, l'autre un tableau vif d'après nature. Choiseul, qui était de ses anciens amis, avait été galant, et bien fait. Il était mal avec M. de Louvois, et il déplorait sa fortune, lorsque le roi le mit, malgré le ministre, de la promotion de l'ordre de 1688. Il fut ravi de joie, et se regardait avec plus que de la complaisance paré de son cordon bleu. L'Enclos l'y surprit deux ou trois fois; à la fin, impatientée : « Monsieur le comte, lui dit-elle devant toute la compagnie, si je vous y prends encore, je vous nommerai vos camarades. » Il y en avait eu en effet plusieurs à faire pleurer!

Le bon maréchal était toutes les vertus mêmes, mais peu réjouissantes et avec peu d'esprit. Après une longue visite, l'Enclos bâille, le regarde, puis s'écrie : « Seigneur, que de vertus vous me faites haïr! » qui est un vers de je ne sais plus quelle pièce de théâtre. On peut juger de la risée et du scandale. Cette saillie pourtant ne les brouilla point [2.30].

Brouilleries entre les princesses filles du roi

A un dîner pendant lequel Monseigneur était à la chasse, et où sa table était tenue par Mme la princesse de Conti, le roi s'amusa à badiner avec Madame la Duchesse, et sortit de cette gravité qu'il ne quittait jamais, pour, à la surprise de la compagnie, jouer avec elle aux olives. Cela fit boire quelques coups à Madame la Duchesse; le roi fit semblant d'en boire un ou deux, cet amusement dura jusqu'au fruit et à la sortie de table. Le roi passant devant Mme la princesse de Conti pour aller chez Mme de Maintenon, choqué peut-être du sérieux qu'il lui remarqua, lui dit assez sèchement que sa gravité ne s'accommodait pas de leur ivrognerie. La princesse, piquée, laissa passer le roi, puis se tournant à Mme de Châtillon, dans ce moment de chaos où chacun se lavait la bouche, lui dit qu'elle aimait mieux être grave que sac à vin, entendant quelques repas un peu allongés que ses sœurs avaient faits depuis peu ensemble.

Ce mot fut entendu de Mme la duchesse de Chartres, qui répondit assez haut, de sa voix lente et tremblante, qu'elle aimait mieux être sac à vin que sac à guenilles : par où elle entendait Clermont et des officiers des gardes du corps, qui avait été, les uns chassés, les autres éloignés, à cause d'elle. Ce mot fut si cruel qu'il ne reçut point de repartie, et qu'il courut sur-le-champ par Marly, et de là par Paris et partout. Madame la Duchesse, qui, avec bien de la grâce et de l'esprit, a l'art des chansons salées, en fit d'étranges sur ce même ton. Mme la princesse de Conti, au désespoir, et qui n'avait pas les mêmes armes, ne sut que devenir.

La fin de cette année fut orageuse à Marly. Mme la duchesse de Chartres et Madame la Duchesse, plus ralliées par l'aversion de Mme la princesse de Conti, se mirent, au voyage suivant, à un repas rompu, après le coucher du roi, dans la chambre de Mme de Chartres au château. Monseigneur joua tard dans le salon. En se retirant chez lui, il monta chez ces princesses, et les trouva qui fumaient avec des pipes qu'elles avaient envoyé chercher au corps de garde suisse. Monseigneur, qui en vit les suites si cette odeur gagnait, leur fit quitter cet exercice; mais la fumée les avait trahies. Le roi leur fit le lendemain une rude correction, dont Mme la princesse de Conti triompha.

Cependant ces brouilleries se multiplièrent, et le roi, qui avait espéré qu'elles finiraient d'elles-mêmes, s'en ennuya et un soir à Versailles, qu'elles étaient dans son cabinet après son souper, il leur en parla très-fortement, et conclut par les assurer que, s'il en entendait parler davantage, elles avaient chacune des maisons de campagne où il les enverrait pour longtemps, et où il les trouverait fort bien. La menace eut son effet, et le calme et la bienséance revinrent, et suppléèrent à l'amitié [1.17].

La maréchale de Clérembault.

C'était une vieille très-singulière, et quand il lui plaisait de parler, d'excellente et de très-plaisante compagnie, pleine de traits et de sel qui coulait de source, sans faire semblant d'y toucher et sans aucune affectation. Hors de là, des journées entières sans dire une parole : étant jeune, elle avait pensé mourir de la poitrine, et avait eu la constance d'être une année entière sans proférer un mot; avec sa tranquillité, son indifférence, sa froideur naturelle, l'habitude lui en était restée.

On ne saurait avoir plus d'esprit qu'elle en avait, ni d'un tour plus singulier. Quoique venue fort tard à la cour, elle en était passionnée, et instruite à surprendre de tout ce qui s'y passait, dont, quand elle daignait en prendre la peine, les récits étaient charmants. Avare au dernier point, elle aimait le jeu passionnément. Elle mangeait peu, souvent sans boire, au plus un verre d'eau. Qui l'aurait crue, on eût fait son repas sans quitter les cartes. Toujours masquée, en carrosse, en chaise, à pied par les galeries : c'était une ancienne mode, qu'elle n'avait pu quitter, même dans le carrosse de Madame. [2.3].

Elle avait toujours un masque de velours noir. Sans avoir jamais été ni prétendu être belle ni jolie, elle avait encore le teint parfaitement beau, et elle prétendait que l'air lui causait des élevures. Elle était l'unique qui en portât, et quand on la rencontrait et qu'on la saluait, elle ne manquait jamais à l'ôter pour faire la révérence [7.13].

1696

Mort de la marquise de Sévigné

Mme de Sévigné, si aimable et de si excellente compagnie, mourut à Grignan, chez sa fille, qui était son idole et qui le méritait médiocrement. J'étais fort des amis du jeune marquis de Grignan, son petit-fils. Cette femme, par son aisance, ses grâces naturelles, la douceur de son esprit, en donnait par sa conversation à qui n'en avait pas; extrêmement bonne d'ailleurs, et savait extrêmement de toutes sortes de choses, sans vouloir jamais paraître savoir rien [1.19].

Mariage du marquis de Dangeau

Dangeau était un gentilhomme de Beauce, tout uni, et huguenot dans sa première jeunesse; toute sa famille l'était. C'était un grand homme fort bien fait, devenu gros avec l'âge, ayant toujours le visage agréable, mais qui promettait ce qu'il tenait, une fadeur à faire vomir.

Avec peu d'esprit, mais celui du grand monde et de savoir être toujours dans la bonne compagnie, il ne laissait pas de rimailler. Le roi s'amusait quelquefois alors à donner des bouts-rimés à remplir. Dangeau souhaitait ardemment un logement, qui étaient rares dans les premiers temps que le roi s'établit à Versailles.

Un jour qu'il était au jeu avec Mme de Montespan, Dangeau soupirait fadement en parlant de son désir d'un logement à quelqu'un, assez haut pour que le roi et Mme de Montespan le pussent entendre; ils l'entendirent effectivement et s'en divertirent, puis trouvèrent plaisant de mettre Dangeau sur le gril, en lui composant sur-le-champ les bouts-rimés les plus étranges qu'ils pussent imaginer; les donnèrent à Dangeau, et comptant bien qu'il ne pourrait jamais en venir à bout, lui promirent un logement s'il les remplissait sans sortir du jeu et avant qu'il finît. Ce fut le roi et Mme de Montespan qui en furent les dupes. Les Muses favorisèrent Dangeau; il conquit un logement, et en eut un sur-le-champ [5.21].

Mme la Dauphine avait une fille d'honneur d'un chapitre d'Allemagne, jolie comme le jour, et faite comme une nymphe, avec toutes les grâces de l'esprit et du corps. L'esprit était fort médiocre; mais fort juste, sage et sensé, et avec cela une vertu sans soupçon. Elle était fille d'un comte de Lovestein et d'une sœur du cardinal de Furstemberg.

Le cardinal qui aimait fort cette nièce, cherchait à la marier. Elle plaisait fort au roi et à Mme de Maintenon, qui se prenaient fort aux figures. Elle n'avait rien vaillant, comme toutes les Allemandes.

Dangeau, veuf depuis longtemps, se présente pour une si grande alliance pour lui et si agréable. Mlle de Lovestein, avec la hauteur de son pays, vit le tuf à travers tous les ornements qui le couvraient et dit qu'elle n'en voulait point. Le roi s'en mêla, et le cardinal son oncle la fit consentir. Dangeau se crut électeur palatin.

C'était le meilleur homme du monde, mais à qui la tête avait tourné d'être seigneur [1.22].

M. l'Avocat.

Un bon homme, mais fort ridicule, ce fut un M. l'Avocat, maître des requêtes, qui avait beaucoup de bien, qui allait partout, qui avait eu toute sa vie la folie du beau monde, et de ne rien faire qu'être amoureux des plus belles et des plus hautes huppées, qui riaient de ses soupirs et lui faisaient des tours horribles. C'était avec cela un grand homme, maigre, jaune comme un coing, et qui l'avait été toute sa vie, et qui, tout vieux qu'il était, voulait encore être galant [1.18].

1697

Les comédiens italiens se font expulser

Le roi chassa fort précipitamment toute la troupe des comédiens italiens et n'en voulut plus d'autre. Tant qu'ils n'avaient fait que se déborder en ordures sur leur théâtre, et quelquefois en impiétés, on n'avait fait qu'en rire; mais ils s'avisèrent de jouer une pièce qui s'appelait « la Fausse Prude », où Mme de Maintenon fut aisément reconnue. Tout le monde y courut; mais après trois ou quatre représentations, qu'ils donnèrent de suite, parce que le gain les y engagea, ils eurent ordre de fermer leur théâtre et de vider le royaume en un mois.

Cela fit grand bruit, et si ces comédiens y perdirent leur établissement par leur hardiesse et leur folie, celle qui les fit chasser n'y gagna pas, par la licence avec laquelle ce ridicule événement donna lieu d'un parler [1.27].

Louis de Pontchartrain, contrôleur général des finances qui deviendra secrétaire d'État de la Marine, puis chancelier.

C'était un très-petit homme, maigre, bien pris dans sa petite taille, avec une physionomie d'où sortaient sans cesse les étincelles de feu et d'esprit, et qui tenait encore beaucoup plus qu'elle ne promettait : jamais tant de promptitude à comprendre, tant de légèreté et d'agrément dans la conversation, tant de justesse et de promptitude dans les reparties, tant de facilité et de solidité dans le travail, tant d'expédition, tant de subite connaissance des hommes ni plus de tour à les prendre.

Avec ces qualités, une simplicité éclairée et une sage gaieté surnageaient à tout, et le rendaient charmant et en riens et en affaires [1.45].

Un calamiteux été

Cet été ne fut que pluies universelles et débordements partout, qui interrompaient le commerce. Paris et ses environs furent inondés. Cela durait depuis deux mois [1.29]

François de Clermont-Tonnerre, évêque de Langres.

C'était un vrai gentilhomme, et le meilleur homme du monde, que tout le monde aimait, répandu dans le plus grand monde et avec le plus distingué. On l'appelait volontiers le bon Langres. Il n'avait rien de mauvais, même pour les mœurs; mais il n'était pas fait pour être évêque.

Il jouait à toutes sortes de jeux, et le plus gros jeu du monde. M. de Vendôme, M. le Grand, et quelques autres de cette volée, lui attrapèrent gros deux ou trois fois au billard. Il ne dit mot, et s'en alla à Langres, où il se mit à étudier les adresses du billard, et s'enfermait bien pour cela, de peur qu'on le sût.

De retour à Paris, voilà ces Messieurs à le presser de jouer au billard, et lui à s'en défendre, comme un homme déjà battu et qui, depuis six mois de séjour à Langres, n'a vu que des chanoines et des curés. Quand il se fut bien fait importuner, il céda enfin. Il joua d'abord médiocrement, puis mieux, et fit grossir la partie : enfin il les gagna tout de suite, puis se moqua d'eux après avoir regagné beaucoup plus qu'il n'avait perdu.

Son père, mort en 1642, faisait souvent arrêter le carrosse de Louis XIII; il lui disait : « Sire, vous ne voulez pas qu'on crève, faites donc arrêter, s'il vous plaît »; et il descendait pour pisser. Le roi riait, et le considérait. Mon père, qui l'a vu arriver cent fois, me l'a conté [1.17].

Le grand spécialiste des hernies : le chirurgien Arnaud

Un jeune abbé fort débauché alla lui en montrer une qui l'incommodait fort dans ses plaisirs. Arnaud le fit étendre sur un lit de repos pour le visiter, puis lui dit que l'opération était si pressée qu'il n'y avait pas un moment à perdre, ni le temps de retourner chez lui. L'abbé, qui n'avait pas compté sur rien de si instant, voulut ne pas capituler; mais Arnaud tint ferme, et lui promit d'avoir grand soin de lui. Aussitôt il le fait saisir par ses garçons et avec l'opération de la hernie lui en fait une autre, qui n'est que trop commune en Italie aux petits garçons dont on espère de belles voix.

Voilà l'abbé aux beaux cris, aux fureurs, aux menaces. Arnaud, sans s'émouvoir, lui dit que s'il voulait mourir incessamment qu'il n'avait qu'à continuer ce vacarme, que s'il voulait guérir et vivre il fallait surtout se calmer et se tenir dans une grande tranquillité. Il guérit, et voulait tuer Arnaud, qui s'en gara bien, et le pauvre abbé en fut pour ses plaisirs [1.4].

La comtesse de Pontchartrain.

Mme de Pontchartrain était une grosse femme, très laide et d'une laideur ignoble et grossière.

Mais c'était une femme d'un grand sens, sage, solide, d'une conduite éclairée, égale, suivie, unie, qui n'eut rien de bourgeois que sa figure, libérale, galante en ses présents, et en l'art d'imaginer et d'exécuter des fêtes, noble et magnifique au dernier point, et avec cela, ménagère et d'un ordre admirable. Personne, et cela est surprenant, ne connaissait mieux la cour ni les gens qu'elle, et n'avait, comme son mari, plus de tour et de grâces dans l'esprit.

Jamais Mme de Saint-Simon et moi n'eûmes de meilleure amie [1.45].

Mort du marquis de Villars

Le vieux Villars mourut à Paris, en deux jours, à plus de quatre-vingts ans. J'aurais assez parlé de lui si je ne me souvenais à cette heure de l'origine de son nom d'Orondat qu'on lui donnait toujours, et qui ne lui déplaisait pas. La voici.

La comtesse de Fiesque avait amené de Normandie avec elle Mlle d'Outrelaise, et la logeait chez elle. C'était une fille de beaucoup d'esprit, qui se fit beaucoup d'amis, qui l'appelèrent la Divine, nom qu'elle communiqua depuis à Mme de Frontenac, avec qui elle alla demeurer et avec qui elle passa inséparablement sa vie, autre personne d'esprit et d'empire, et de toutes les bonnes compagnies de son temps. On ne les appelait que les Divines.

Pour en revenir donc à l'Orondat, Mme de Choisy, autre personne du grand monde, alla voir la comtesse de Fiesque, et y trouva grande compagnie. L'envie de pisser la prit; elle dit qu'elle allait monter en haut chez la Divine, qui était Mlle d'Outrelaise. Elle monte brusquement, y trouve Mlle de Bellefonds, jeune et extrêmement jolie, et voit un homme qui se sauve, et qu'elle ne put connaître.

La figure de cet homme parfaitement bien fait la frappa tant que, de retour à la compagnie et contant son aventure, elle dit que ce ne pouvait être qu'Orondat. La plupart de la compagnie savait que Villars était en haut, où il était allé voir Mlle de Bellefonds, dont il était fort amoureux et qu'il épousa fort peu après. Ils rirent fort de l'aventure et de l'Orondat. Maintenant qu'on s'est heureusement défait de la lecture des romans, il faut dire qu'Orondat est un personnage de Cyrus, célèbre pour sa taille et sa bonne mine, qui charmait toutes les héroïnes de ce roman, alors fort à la mode [1.34].

La duchesse de Lesdiguières-Gondi.

C'était de tous points une fée, qui avec de l'esprit ne voulait voir presque personne, moins encore donner à manger à aucun de ce peu qu'elle voyait; jamais à la cour, et presque jamais hors de chez elle. Sa maison, dont la porte était toujours ouverte, était aussi toujours fermée d'une grille qui laissait voir un vrai palais de fée, tel que les dépeignent les romans. Le dedans presque désert, mais de la dernière magnificence, y répondait par-là et par sa singularité, que ne démentait pas son train, sa livrée, la housse jaune de son carrosse, et ses deux grands Maures avec tout leur appareil [5.10].

Harlay de Champvallon, archevêque de Paris, la voyait tous les jours de sa vie ou chez elle ou à Conflans, dont il avait fait un jardin délicieux, et qu'il tenait si propre, qu'à mesure qu'ils s'y promenaient tous deux, des jardiniers les suivaient à distance pour effacer leurs pas avec des râteaux [1.18].

Le maréchal d'Albret et Mme de Maintenon

Le maréchal d'Albret avait chez lui, à Paris, la meilleure compagnie, et Mlles de Pons n'en bougeaient, qui n'avaient rien, et qu'il regardait comme ses nièces. Il fit épouser l'aînée à son frère; elle faisait peur par la longueur de sa personne. La cadette, belle comme le jour, plaisait extrêmement au maréchal et à bien d'autres.

Mme Scarron, belle, jeune, galante, veuve et dans la misère, fut introduite par ses amis à l'hôtel d'Albret, où elle plut infiniment au maréchal et à tous ses commensaux par ses grâces, son esprit, ses manières douces et respectueuses, et son attention à plaire à tout le monde et surtout à faire sa cour à tout ce qui tenait au maréchal.

M. et Mme de Montespan ne bougeaient de chez lui, et ce fut où elle connut Mme Scarron et qu'elle prit amitié pour elle. Devenue maîtresse du roi, le maréchal n'eut garde de se brouiller avec elle pour son cousin : en bon courtisan, il prit son parti et devint son meilleur ami et son conseil. C'est ce qui fit la fortune de Mme Scarron, qui fut mise gouvernante des enfants qu'elle eut du roi, dès leur naissance.

Mme Scarron devenue Mme de Maintenon, n'oublia jamais le berceau de sa fortune et ses anciens amis de l'hôtel d'Albret [1.22].

Caretti, célèbre guérisseur.

C'était un Italien, qui gagnait de l'argent en faisant l'empirique. Ses remèdes eurent quelques succès. Les médecins, jaloux à leur ordinaire, lui firent toutes sortes de querelles, puis de tours, pour le faire échouer, et s'avantagèrent tant qu'ils purent des mauvais succès qui lui arrivaient. Les meilleurs remèdes et les plus habiles échouent à bien des maladies, à plus forte raison ces sortes de gens qui donnent le même remède, tout au plus déguisé, à toutes sortes de maux, et qui, à tout hasard, entreprennent les plus désespérés, et des gens à l'agonie à qui les médecins ne peuvent plus rien faire, dans l'espérance que, si ces malades viennent à réchapper, on criera au miracle du remède, et qu'on courra après eux, et que, s'ils n'y réussissent pas, ils auront une excuse bien légitime par l'extrémité que ces malades ont attendue avant de les appeler.

Caretti vécut ainsi assez longtemps, et n'avait d'autre subsistance que son industrie. Il avait de l'esprit, du langage, de la conduite; il réussit assez pour se mettre en quelque réputation. Caderousse, alors fort du monde, et depuis longtemps désespéré de la poitrine, se mit entre ses mains, et guérit parfaitement. Cela le mit sur un grand pied, qui fut soutenu par d'autres fort belles cures.

La plus singulière fut celle de M. de la Feuillade, abandonné solennellement des médecins, qui le signèrent, et que Caretti ne voulut pas entreprendre sans cette formalité. Il se mourait d'avoir depuis quelque temps quitté une canule, qu'il portait depuis une grande blessure qu'il avait eue autrefois à travers du corps. Caretti le guérit parfaitement et en peu de temps. Il était fort cher pour ces sortes d'entreprises, et faisait consigner gros.

Enrichi et en honneur, en dépit des médecins, et avec des amis considérables, il se mit à faire l'homme de qualité. Cet empirique vécut longtemps grand seigneur [1.35].

La paix de Ryswick

La première nouvelle qu'on eut de sa signature fut par un aide de camp du maréchal de Boufflers qui arriva le dimanche 22 septembre.

Le lendemain matin il en arriva un autre du même maréchal, et à quatre heures après-midi du même lundi, un autre du premier ambassadeur plénipotentiaire d'Espagne.

Enfin le jeudi 26 septembre, Celi, fils d'Harlay, arriva à cinq heures du matin, après s'être amusé en chemin avec une fille qu'il trouva à son gré et du vin qui lui parut bon : ainsi il n'apprit rien de nouveau.

On peut juger que les Te Deum et les harangues de tous les Corps furent la suite de cette paix, dans lesquelles il fut bien répété que le roi avait bien voulu la donner à l'Europe [1.29].

***

L'année finit par la nomination des bénéfices. L'abbé de Mailly, aumônier du roi, et qui était fort de mes amis, eut l'archevêché d'Arles.

Arles lui plut fort par le voisinage de Rome : le cardinalat est une maladie bien commune et qui prend les gens de bonne heure [1.31].

CHAPITRE VIII

QUATRE ANNÉES DE PAIX QUI NE SERONT QU'UN « ENTRE-DEUX-GUERRES »

(*de 1698 à 1702*)

1698

A la faveur de la paix

Le roi résolut d'entreprendre trois grands ouvrages, qui auraient dû même être faits depuis longtemps : la chapelle de Versailles, l'église des Invalides, et l'autel de Notre-Dame de Paris. Ce dernier était un vœu de Louis XIII, fait lorsqu'il n'avait plus le temps de l'accomplir, et dont il avait chargé son successeur, qui avait été plus de cinquante ans sans y songer [1.41].

Le maréchal de Boufflers.

L'ordre, l'exactitude, la vigilance, c'était où il excellait. Sa valeur était nette, modeste, naturelle, franche, froide. Il voyait tout et donnait ordre à tout sous le plus grand feu comme s'il eût été dans sa chambre; égal dans le péril, dans l'action rien ne lui échauffait la tête, pas même les plus fâcheux contre-temps. Sa prévoyance s'étendait à tout, et dans l'exécution il n'oubliait rien.

Sa bonté et sa politesse, qui ne se démentait en aucun temps, lui gagnait tout le monde; son équité, sa droiture, son attention à se communiquer et à prendre conseil, sa patience à laisser débattre avec liberté, sa délicatesse à faire toujours honneur de leurs conseils, quand ils avaient réussi, à ceux qui les avaient donnés, et des actions à ceux qui les avaient faites, lui dévouèrent les cœurs.

Accessible à toute heure, prévenant pour tous, attentif à éviter, autant qu'il le pouvait, la fatigue aux autres et les périls inutiles, il fatiguait pour tous, se trouvait partout, et sans cesse voyait et disposait par lui-même.

C'était un homme pour qui le roi était un dieu, et qui, depuis qu'il l'approchait n'avait pu s'accoutumer à ne pas trembler en sa présence [2.69].

Le camp de Compiègne

Le roi, désormais en pleine paix, voulut étonner l'Europe par une montre de sa puissance, qu'elle croyait avoir épuisée par une guerre aussi générale et aussi longue; ce fut sous le prétexte de faire voir au duc de Bourgogne une image de la guerre, et de lui en donner les premières leçons, autant qu'un temps de paix le pouvait permettre, qu'il déclara un camp à Compiègne, qui serait commandé par le maréchal de Boufflers sous ce jeune prince [1.34].

Il n'était donc question que de Compiègne où soixante mille hommes venaient former un camp.

Le roi témoigna qu'il comptait que les troupes seraient belles, et que chacun s'y piquerait d'émulation; c'en fut assez pour exciter une telle émulation qu'on eut après tout lieu de s'en repentir. Non seulement il n'y eut rien de si parfaitement beau que toutes les troupes, et toutes à tel point qu'on ne sut à quels corps en donner le prix, mais leurs commandants ajoutèrent à la beauté majestueuse et guerrière des hommes, des armes, des chevaux, les parures et la magnificence de la cour.

Le maréchal de Boufflers étonna par sa dépense et par l'ordre surprenant d'une abondance et d'une recherche de goût, de magnificence et de politesse qui à toutes les heures de la nuit et du jour put apprendre au roi même ce que c'était que donner une fête vraiment magnifique et superbe : les tables sans nombre, et toujours neuves et à tous les moments servies à mesure que se présentaient officiers, courtisans ou spectateurs; des maisons de bois meublées comme les maisons de Paris les plus superbes et tout en neuf et fait exprès avec un goût et une galanterie singulière, et des tentes immenses, magnifiques, et dont le nombre pouvait seul former un camp; les cuisines, les sommelleries, les offices, tout cela formait un spectacle dont l'ordre, le silence, l'exactitude, la diligence et la parfaite propreté ravissait de suprise et d'admiration.

Le jeudi 28 août la cour partit pour Compiègne. Le quartier général était au village de Condun où le maréchal de Boufflers avait des maisons outre ses tentes.

Le roi s'amusa fort à voir et à faire voir les troupes aux dames, leur arrivée, leur campement, leurs distributions, en un mot tous les détails d'un camp. Il voulut montrer des images de tout ce qui se fait à la guerre; on fit donc le siège de Compiègne dans les formes, mais fort abrégées : lignes, tranchées, batteries, sapes, etc.

Le samedi 13 septembre fut destiné à l'assaut; le roi suivi de toutes les dames alla sur un rempart qui dominait toute la campagne avec force courtisans et tout ce qu'il y avait d'étrangers considérables. De là on découvrait toute la plaine et la disposition de toutes les troupes. C'était sur les cinq heures de l'après-midi, par le plus beau temps du monde et le plus à souhait.

Enfin, après des attaques de retranchements et des revues infinies, le roi partit de Compiègne le lundi 22 septembre. Extrêmement content de la beauté des troupes, il fit donner en partant six cents francs à chaque capitaine de cavalerie et de dragons, et trois cents francs à chaque capitaine d'infanterie; il en fit donner autant aux majors de tous les régiments. Il fit au maréchal de Boufflers un présent de cent mille francs.

Tout cela ensemble coûta beaucoup; mais pour chacun ce fut une goutte d'eau. Il n'y eut point de régiment qui n'en fut ruiné pour bien des années, corps et officiers; et pour le maréchal de Boufflers, je laisse à penser ce que ce fut que cent mille francs à la magnificence, incroyable à qui l'a vue, dont il épouvanta toute l'Europe par les relations des étrangers qui en furent les témoins et qui tous les jours n'en pouvaient croire leurs yeux [1.39].

Le maréchal de Tessé.

C'était un homme doux, liant, insinuant, avec plus de manège que d'esprit et de capacité, mais heureux en tout au dernier point, et avec une figure fort noble, et un langage de cour qu'il savait tourner et retourner [1.57].

C'était un Manceau, digne de son pays, fin, adroit, ingrat à merveille, fourbe et artificieux de même. Il avait le jargon des jeunes, assez celui de courtisan. L'esprit n'était pas son fort [2.9].

Le baron de Breteuil.

C'était un homme qui ne manquait pas d'esprit mais qui avait la rage de la cour, des ministres, des gens en place ou à la mode.

Il faisait volontiers le capable, quoique respectueux, et on se plaisait à le tourmenter. Un jour à dîner chez M. de Pontchartrain, où il y avait toujours grand monde, il se mit à parler et à décider fort hasardeusement. Mme de Pontchartrain le disputa, et pour fin lui dit qu'avec tout son savoir elle pariait qu'il ne savait pas qui avait fait le Pater. Voilà Breteuil à rire et à plaisanter. Mme de Pontchartrain à pousser sa pointe, et toujours à le défier et à le ramener au fait. Il se défendit toujours comme il put, et gagna ainsi la sortie de table.

Caumartin, qui vit son embarras, le suit en rentrant dans la chambre, et avec bonté lui souffle « Moïse ». Le baron, qui ne savait plus où il en était, se trouva bien fort, et au café remet le Pater sur le tapis, et triomphe. Mme de Pontchartrain alors n'eut plus de peine à le pousser à bout, et Breteuil, après beaucoup de reproches du doute qu'elle affectait, et de la honte qu'il avait d'être obligé à dire une chose si triviale, prononça magistralement que personne n'ignorait que c'était Moïse qui avait fait le Pater. L'éclat de rire fut universel. Le pauvre baron, confondu, ne trouvait plus la porte pour sortir. Chacun lui dit son mot sur sa rare insuffisance. Il en fut brouillé longtemps avec Caumartin, et ce Pater lui fut longtemps reproché [1.41].

Mort au Canada du comte de Frontenac

On eut nouvelle de la mort du comte de Frontenac à Québec, où il était, pour la seconde fois, gouverneur général, depuis près de dix ans. Il avait tellement gagné la confiance des sauvages, la première fois qu'il eut cet emploi, qu'on fut obligé de le prier d'y retourner. Il y fit toujours parfaitement bien, et ce fut une perte.

C'était un homme de beaucoup d'esprit, fort du monde, et parfaitement ruiné. Sa femme, avait été belle et galante, extrêmement du grand monde et du plus recherché. Elle et son amie Mlle d'Outrelaise étaient des personnes dont il fallait avoir l'approbation; on les appelait les Divines. Un si aimable homme et une femme si merveilleuse ne duraient pas aisément ensemble; ainsi, le mari n'eut pas de peine à se résoudre d'aller vivre et mourir à Québec, plutôt que mourir de faim ici, en mortel auprès d'une Divine [1.46].

Le Conseiller Lefèvre de Caumartin.

C'était un grand homme très-bien fait et de fort bonne mine ; on voyait bien encore qu'il avait été beau; il avait pris tous les grands airs et les manières du maréchal de Villeroy, et s'était fait par là un extérieur également ridicule et rebutant. Il avait l'écorce de hauteur d'un sot grand seigneur, il en avait aussi le langage, et le ton d'un courtisan qui se fait parade de l'être; ces façons lui aliénèrent beaucoup de gens.

Au fond honnête homme, fort instruit dans son métier de magistrature et dans celui de finance, avec beaucoup d'esprit, et d'un esprit accort, gai, agréable. Il savait infiniment d'histoire, de généalogie, d'anciens événements de la cour. Il n'avait jamais lu que la plume ou un crayon à la main; il avait infiniment lu, et n'avait jamais rien oublié de ce qu'il avait lu, jusqu'à en citer le livre et la page [1.26].

Mariage de M. de Mortagne

Mme de Quintin avait été fort jolie, parfaitement bien faite, fort du monde, veuve de bonne heure sans enfants et riche. En cet état et avec beaucoup d'esprit, elle voyait la meilleure compagnie de la cour, et comme elle avait l'esprit galant et impérieux, elle devint une manière de fée, qui dominait sur les soupirants sans se laisser toucher le bout du doigt qu'à bonnes enseignes, et de là sur tout ce qui venait chez elle, toutefois avec jugement, et se fit une cour, où on était en respect comme à la véritable, et aussi touché d'un regard et d'un mot qu'elle adressait. Elle avait un bon souper tous les soirs; les grandes dames la voyaient comme les grands seigneurs. Elle s'était mise sur le pied de ne sortir jamais de chez elle, et de se lever de sa chaise pour fort peu de gens; Monsieur y allait : elle était la reine de Saint-Cloud, où elle n'allait qu'en bateau, et encore par grâce, et n'y faisait que ce qu'il lui plaisait.

Le comte d'Auvergne fut longues années son esclave; M. de la Feuillade y venait deux fois la semaine souper de Versailles, et retournait au coucher du roi; et c'était une farce de la voir partager ses grâces entre lui et le comte d'Auvergne, qui rampait devant elle, malgré sa roguerie, et mourait à petit feu des airs et des préférences de l'autre.

Mortagne, qui depuis vingt ans en était amoureux, et qui s'était fait la justice de n'oser le montrer que par une assiduité pleine de respect, et surtout de silence, parmi une si brillante cour, espéra alors que le moment était venu de couronner sa patience; il osa soupirer tout haut et déclarer sa persévérance. Il était riche, et capitaine de gendarmerie; de l'honneur, de la valeur, de la politesse, avec un esprit doux et médiocre. La fée fut touchée d'un amour si respectueux, si fidèle et si constant. Elle était vieille et devenue infirme; elle couronna son amour et l'épousa. Il n'était rien moins que beau ni jeune, bien fait, mais un peu gras, engoncé et fort rouge. Pas un de ses valets ne l'avait vu sans perruque, ni s'habiller ou se déshabiller, d'où on jugeait qu'il avait sur lui quelque chose qu'il ne voulait pas montrer.

Ce mariage surprit tout le monde, qui trouva Mortagne encore plus fou qu'elle de l'avoir fait; cela leur diminua à tous deux l'estime et la considération du monde; ils s'en consolèrent par l'abondance et par filer ensemble le parfait amour [1.32].

La duchesse de Guiche.

Quoique elle eût quitté le rouge, sa figure était encore charmante.

Elle avait infiniment d'esprit, du souple, du complaisant, de l'amusant, du plaisant, du bouffon même, et dévote comme un ange. Quoique son mari n'eût rien d'aimable, même pour elle, elle en fut folle d'amour toute sa vie [2.23].

Le secrétaire d'État de la Guerre se sépare de sa femme

M. de Barbezieux finit l'année par un éclat dont il se serait pu passer. Il avait épousé Mlle d'Alègre. Il la traitait comme un enfant, et ne se contraignait pas de ses galanteries et de sa vie accoutumée. M. d'Elbœuf en fit l'amoureux à grand bruit, pour insulter Barbezieux. La jeune femme, piquée de la conduite de son mari à son égard, crut de mauvais conseils, et rendit son mari jaloux. Il s'abandonna à cette passion : tout lui grossit; il crut voir ce qu'il ne voyait point, et il lui arriva ce qui n'est jamais arrivé à personne, de se déclarer publiquement cocu, d'en vouloir donner des preuves, de ne le pouvoir, et de n'en être cru de qui que ce soit. On n'a jamais vu homme si enragé que celui-là de ne pouvoir passer pour cocu. Tout ce qui se trouva ne fut qu'imprudences, étourderies et folie d'une jeune innocente sottement conseillée, et ce fut tout.

Mme de Barbezieux était prisonnière chez son mari et malade. Le mari prétendait qu'elle la faisait, et voulait la mettre dans un couvent; ses parents la voulaient garder chez eux. Enfin, après un grand vacarme, et pour fort peu de chose, le roi décida que Mme de Barbezieux irait chez son père et sa mère jusqu'à entière guérison, après laquelle ils la mèneraient dans un couvent en Auvergne.

On plaignit fort les d'Alègre et leur fille encore plus [1.41].

La maréchale de Villeroy.

La maréchale était extrêmement petite, la gorge nulle, d'ailleurs d'une grosseur tellement démesurée qu'à peine pouvait-elle se remuer; ses bras étaient plus gros qu'une cuisse ordinaire, avec un petit poignet et une petite main mignonne au bout, la plus jolie du monde : le visage exactement comme un gros perroquet, et deux gros yeux sortants qui ne voyaient goutte; elle marchait aussi tout comme un perroquet. Avec une figure si peu imposante, jamais femme n'imposa tant; avec une grande hauteur, elle avait une grande politesse, noble, discernée, qui est devenue si rare et qui touche si fort. Personne aussi n'avait plus d'esprit, ni plus de sens et de justesse, avec un tour unique, et très-salé et plaisant quand elle voulait, mais toujours avec dignité. Elle était d'un excellent conseil, et la meilleure et la plus sûre amie du monde, et avec toute sa gloire, d'un commerce le plus aisé et le plus délicieux.

C'était la personne du monde qui se respectait le plus et qui se faisait le plus naturellement respecter par les autres. Le roi et Mme de Maintenon la craignaient, et jamais elle ne fit un pas pour s'en approcher, quoique passant sa vie à Versailles, où elle avait toujours chez elle une cour, indépendamment de son mari et en ses absences. Elle souffrait du ridicule de ses grands airs. Souvent il ôtait en particulier sa perruque chez elle; elle ne disait mot, mais elle ne s'y accoutumait point. C'était une femme du monde la plus sensible et d'une conversation qu'on ne pouvait quitter [2.70].

Quelque ami que je fusse de la maréchale de Villeroy, jamais je n'avais pu m'accommoder des airs audacieux de son mari, dont jusqu'aux caresses étaient insultantes. Il m'était quelquefois arrivé les matins, au sortir de la galerie, de dire que j'allais chercher de l'air pour respirer, parce que le maréchal, qui y faisait la roue, en avait fait aussi une machine pneumatique [2.45].

Accident du maréchal de Villeroy

Le maréchal de Villeroy, si galant encore à son âge, si paré, d'un si grand air, si adroit aux exercices, et qui se piquait tant d'être bien à cheval et d'y fatiguer plus que personne, courut si bien le cerf à Fontainebleau, sans nécessité, qu'il manifesta au monde deux grosses hernies, une de chaque côté, dont personne ne s'était jamais douté, tant il les avait soigneusement cachées. Un accident terrible le surprit à la chasse; on eut peine à le rapporter à bras. Il voulut dérober à la cour le spectacle de cette sorte de honte pour un homme si bien fait encore, et si fort homme à bonnes fortunes : il se fit emporter dès le lendemain sur un brancard à Villeroy, puis gagner la Seine, et à Paris en bateau. Maréchal, fameux chirurgien, lui fit la double opération avec un succès qui surprit les connaisseurs en cet art, et le rappela à la vie, qu'il fut sur le point de perdre plus d'une fois. Le roi parut s'y intéresser beaucoup. Il y gagna la guérison radicale de ses deux hernies [1.41].

1699

Un ambassadeur du Maroc

C'était un homme de bonne mine et de beaucoup d'esprit, à ce qu'on dit, que cet ambassadeur. Le roi fut flatté de cette démarche d'un barbare, et le reçut comme il est usité pour ces ambassadeurs non européens, turcs ou moscovites.

Torcy et Pontchartrain qui furent ses commissaires,

croyaient en être venus à bout, lorsqu'il prétendit qu'ils l'avaient engagé sans qu'il leur eût rien dit qui les y pût conduire. Il déclara qu'il ne ferait point la paix, et on fut longtemps à le ramener et à finir avec lui un traité [1.43].

Le chevalier de Coislin, frère du duc et du cardinal de ce nom.

C'était un très honnête homme de tout point, et brave, pauvre, et un homme fort extraordinaire, fort atrabilaire et fort incommode. On n'était pas toujours à l'abri de ses sorties qui mettaient ses frères au désespoir.

Un trait de lui le peindra tout d'un coup. Il était embarqué avec ses frères, et je ne sais plus quel quatrième, à un voyage du roi. Le duc était d'une politesse outrée, et tellement quelquefois qu'on en était désolé. Il complimentait donc sans fin les gens chez qui il se trouvait logé dans le voyage, et le chevalier ne sortait point d'impatience contre lui.

Il se trouva une bourgeoise d'esprit, de bon maintien et jolie, chez qui on les logea. Grandes civilités le soir, et le matin encore davantage. Monsieur d'Orléans, qui n'était pas lors cardinal, pressait son frère de partir; le chevalier tempêtait; le duc complimentait toujours. Le chevalier qui connaissait son frère et qui comptait que ce ne serait pas sitôt fait, voulut se dépiquer et se vengea bien. Quand ils eurent fait trois ou quatre lieues, le voilà à parler de la belle hôtesse et de tous les compliments, puis se prenant à rire, il dit à la carrossée que malgré toutes les civilités sans fin de son frère, il avait lieu de croire qu'elle n'aurait pas été longtemps fort contente de lui.

Voilà le duc en inquiétude, qui ne peut imaginer pourquoi, et qui questionne son frère : « Le voulez-vous savoir? lui dit brusquement le chevalier; c'est que, poussé à bout de vos compliments, je suis monté dans la chambre où vous avez couché, j'y ai poussé une grosse selle tout au beau milieu sur le plancher, et la belle hôtesse ne doute pas à l'heure qu'il est que ce présent ne lui ait été laissé par vous avec toutes vos belles politesses. » Voilà les deux autres à rire de bon cœur, et le duc en furie, qui veut prendre le cheval d'un de ses gens, et retourner à la couchée déceler le vilain, et se distiller en honte et en excuses. Il pleuvait fort, et ils eurent toutes les peines du monde à l'en empêcher, et bien plus encore à les raccommoder. Ils le contèrent le soir à leurs amis, et ce fut une des bonnes aventures du voyage. A qui les a connus, il n'y a peut-être rien de si plaisant [1.43].

Suites funestes d'un accident de la route

Mailly était extrêmement de mes amis; après dîner, nous retournâmes ensemble à Versailles. Mon carrosse rompit entre Sèvres et Chaville, à ne pouvoir être raccommodé de longtemps; nous prîmes le parti d'achever le voyage à pied, mais il lui prit une subite fantaisie de retourner à Paris, quoi que je pusse faire pour l'en détourner. Il prit par les bois de Meudon, pour n'être point vu et pour arriver dans le quartier des Incurables, où logeait une créature qu'il entretenait; moi, je gagnai Versailles, par Montreuil, pour n'être pas aussi rencontré.

Je ne sais si cette traite à pied lui aigrit l'humeur de la goutte qu'il avait quelquefois, mais dans la nuit, il fut pris auprès de sa demoiselle si vivement et si subitement par la gorge, qu'elle crut qu'il allait étouffer. Il ne dura que deux fois vingt-quatre heures, sans avoir pu être transporté; sa femme y était accourue. Mme de Maintenon, dès qu'elle la sut venue, alla elle-même à Paris la chercher, et la ramena dans son carrosse extrêmement affligée.

Il fut peu regretté à la cour, et même dans le monde, mais la perte fut grande pour sa maison [1.44].

Le roi, victime d'un vol étrange

On lui fit à la grande écurie, à Versailles, un vol bien hardi, la nuit du 3 au 4 juin.

Toutes les housses et les caparaçons furent emportés; il y en eut pour plus de cinquante mille écus.

Les mesures furent si bien prises que qui que ce soit ne s'en aperçut dans une maison si habitée, et que dans une nuit si courte tout fut emporté sans que jamais on ait pu en avoir de nouvelles.

M. le Grand entra en furie, et tous ses subalternes aussi. On dépêcha sur tous les chemins, on fouilla Paris et Versailles, et le tout inutilement [1.44].

Aubigny, évêque de Noyon.

C'était un grand et gros pied plat, lourd, bête, ignorant, esprit de travers, mais très homme de bien, de très saintes mœurs et vie, mais un butor; d'ailleurs pauvre, crasseux et huileux à merveilles [1.57].

Deux victimes du jeu

Reineville, lieutenant des gardes du corps, disparut tout d'un coup, sans avoir pu être trouvé nulle part, quelque soin qu'on prît à le chercher. C'était un homme d'esprit, qui avait un maintien de sagesse qui imposait. Il aimait le jeu; il avait perdu ce qu'il ne pouvait payer; il était homme d'honneur : il ne put soutenir son infortune. Douze ou quinze ans après, il fut reconnu par hasard dans les troupes de Bavière, où il était allé se jeter pour avoir du pain et vivre inconnu.

Permillac fit bien pis, car il se tua un matin dans son lit, d'un coup de pistolet dans la tête, pour avoir perdu tout ce qu'il n'avait pas ni ne pouvait avoir, ayant été gros et fidèle joueur toute sa vie. C'était un homme de beaucoup d'esprit, et jusque-là de sens. Il avait pris de l'amitié pour moi, et moi pour lui. Tout le monde le plaignit, et je le regrettai fort [1.43].

Le Nôtre.

Illustre pour avoir le premier donné les divers dessins de ces beaux jardins qui décorent la France, et qui ont tellement effacé la réputation de ceux d'Italie, Le Nôtre avait une probité, une exactitude et une droiture qui le faisait estimer et aimer de tout le monde. Jamais il ne sortit de son état ni ne se méconnut, et fut toujours parfaitement désintéressé. Il travaillait pour les particuliers comme pour le roi, et avec la même application, ne cherchait qu'à aider la nature, et à réduire le vrai beau aux moins de frais qu'il pouvait.

Il avait une naïveté et une vérité charmante. Le pape pria le roi de lui prêter pour quelques mois; en entrant dans la chambre du pape, au lieu de se mettre à genoux, il courut à lui : « Eh! bonjour, lui dit-il, mon Révérend Père, en lui sautant au col, et l'embrassant et le baisant des deux côtés; eh! que vous avez bon visage, et que je suis aise de vous voir et en si bonne santé! » Le pape, qui était Clément X, se mit à rire de tout son cœur; il fut ravi de cette bizarre entrée, et lui fit mille amitiés.

A son retour, le roi le mena dans ses jardins de Versailles, où il lui montra ce qu'il y avait fait depuis son absence. A la colonnade, il ne disait mot; le roi le pressa d'en dire son avis. « Eh bien! Sire, que voulez-vous que je vous dise? d'un maçon vous avez fait un jardinier (c'était Mansart), il vous a donné un plat de son métier. » Le roi se tut, et chacun sourit; et il était vrai que ce morceau d'architecture, qui n'était rien moins qu'une fontaine et qui la voulait être, était fort déplacé dans un jardin. Un mois avant sa mort, le roi, qui aimait à le voir et à le faire causer, le mena dans ses jardins, et à cause de son grand âge, le fit mettre dans une chaise que des porteurs roulaient à côté de la sienne, et Le Nôtre disait là : « Ah! mon pauvre père, si tu vivais et que tu pusses voir un pauvre jardinier comme moi, ton fils, se promener en chaise à côté du plus grand roi du monde, rien ne manquerait à ma joie » [1.51].

Une princesse allemande à Fontainebleau

Il vint à Fontainebleau, du fond de la Silésie, une fille de la maison de Wurtemberg, d'une arrière-branche de

Montbéliard Oels, et c'est cette principauté d'Oels qui est en Silésie. Elle avait perdu son père il y avait six mois, et elle venait recueillir la succession d'Ailly.

Cette bonne allemande qui avait entre cinquante et soixante ans, était dans un deuil à faire peur, et ne marchait que dans un carrosse drapé, comme en ont les veuves, et sans armes, et ses chevaux caparaçonnés et croisés de blanc jusqu'à terre, ses gens des manteaux longs et des crêpes traînants. On lui demanda de qui un si grand deuil : « Hélas! dit-elle en sanglotant ou faisant semblant, c'est de Monseigneur mon papa. » Cela parut si plaisant que chacun lui fit la même question pour donner lieu à la réponse; et voilà comme sont les Français.

Elle demeura deux jours à Fontainebleau et une quinzaine à Paris, puis s'en retourna comme elle était venue [1.46].

Le champagne de l'archevêque de Reims

Monsieur de Reims avait du vin de Champagne qu'on vanta fort. Le roi d'Angleterre, qui n'en buvait guère d'autres, en entendit parler, et en envoya demander à l'archevêque, qui lui en envoya six bouteilles. Quelque temps après, le roi d'Angleterre, qui l'en avait remercié, et qui avait trouvé ce vin fort bon, l'envoya prier de lui en envoyer encore. L'archevêque, plus avare encore de son vin que de son argent, lui manda tout net que son vin n'était point fou et ne courait point les rues, et ne lui en envoya point.

Quelque accoutumé qu'on fût aux brusqueries de l'archevêque, celle-ci parut si étrange qu'il en fut beaucoup parlé; mais il n'en fut autre chose [1.51].

Le duc de Brissac, l'autre beau-frère de Saint-Simon.

M. de Brissac savait beaucoup, et avait infiniment d'esprit et des plus agréables, avec une figure de plat apothicaire, grosset, basset, et fort enluminé.

C'était de ces hommes nés pour faire mépriser l'esprit, et pour être le fléau de leurs maisons. Une vie obscure, honteuse, de la dernière et de la plus vilaine débauche, à quoi il se ruina radicalement [1.42].

Mort de Racine

Presque en même temps, on perdit le célèbre Racine, si connu par ses belles pièces de théâtre. Personne n'avait plus de fonds d'esprit, ni plus agréablement tourné; rien du poëte dans son commerce, et tout de l'honnête homme, de l'homme modeste, et sur la fin, de l'homme de bien. Il avait les amis les plus illustres à la cour, aussi bien que parmi les gens de lettres : c'est à eux à qui je laisse d'en parler, mieux que je ne pourrais faire.

Il fit pour l'amusement du roi et de Mme de Maintenon, et pour exercer les demoiselles de Saint-Cyr, deux chefs-d'œuvre en pièces de théâtre, Esther et Athalie, d'autant plus difficiles qu'il n'y a point d'amour, et que ce sont des tragédies saintes, où la vérité de l'histoire est d'autant plus conservée que le respect dû à l'Écriture sainte n'y pourrait souffrir d'altération. Racine fut chargé de l'histoire du roi, conjointement avec Despréaux, son ami. Cet emploi, ces pièces dont je viens de parler, ses amis, lui acquirent des privances. Il arrivait même quelquefois que le roi n'avait point de ministres chez Mme de Maintenon, comme les vendredis, surtout quand le mauvais temps de l'hiver y rendait les séances fort longues : ils envoyaient chercher Racine pour les amuser. Malheureusement pour lui, il était sujet à des distractions fort grandes.

Il arriva qu'un soir qu'il était entre le roi et Mme de Maintenon, chez elle, la conversation tomba sur les théâtres de Paris. Après avoir épuisé l'opéra, on tomba sur la comédie. Le roi s'informa des pièces et des acteurs, et demanda à Racine pourquoi, à ce qu'il entendait dire, la comédie était si fort tombée de ce qu'il l'avait vue autrefois. Racine lui en donna plusieurs raisons, et conclut par celle qui, à son avis, y avait le plus de part, qui était que, faute d'acteurs et de bonnes pièces nouvelles, les comédiens en donnaient d'anciennes, et entre autres ces pièces de

Scarron, qui ne valaient rien et qui rebutaient tout le monde.

A ce mot, la pauvre veuve rougit, non pas de la réputation du cul-de-jatte attaquée, mais d'entendre prononcer son nom, et devant le successeur. Le roi s'embarrassa, le silence qui se fit tout d'un coup réveilla le malheureux Racine, qui sentit le puits dans lequel sa funeste distraction le venait de précipiter. Il demeura le plus confondu des trois, sans plus oser lever les yeux ni ouvrir la bouche. Ce silence ne laissa pas de durer plus que quelques moments, tant la surprise fut dure et profonde.

La fin fut que le roi renvoya Racine, disant qu'il allait travailler. Il sortit éperdu, et gagna comme il put la chambre de Cavoye : c'était son ami; il lui conta sa sottise. Elle fut telle, qu'il n'y avait point à la pouvoir raccommoder. Oncques depuis, le roi ni Mme de Maintenon ne parlèrent à Racine, ni même le regardèrent. Il en conçut un si profond chagrin, qu'il en tomba en langueur et ne vécut pas deux ans depuis. Il les mit à profit pour son salut.

Le duc de la Force, qui mourut dans ce même temps, ne fit pas tant de vide et de regrets, nonobstant sa naissance et sa dignité. C'était un très-bon et honnête homme, et rien de plus, qui à force d'exils, de prisons, d'enlèvements de ses enfants, et de tous les tourments dont on s'était pu aviser, s'était fait catholique. Le roi eut soin de le bien faire assister, pour qu'il mourût tel [1.44].

L'abbé de Vaubrun.

Il était tout à fait nain, en avait la laideur et la grosse tête, et il s'en fallait pour le moins un pied que ses courtes jambes tordues ne fussent égales; avec cela beaucoup d'esprit, et de la lecture, mais un esprit dangereux, tout orné à la tracasserie et à l'intrigue; il était accusé avec cela de l'avoir fort mauvais, d'être peu sûr, et de se livrer à tout pour être de quelque chose. Ennuyé de l'obscurité où il languissait, ce vilain et dangereux escargot se produisit à la cour, et chercha à s'y accrocher [1.51].

Avec ses jambes torses et une tête à faire peur, il ne laissait pas d'être fort audacieux avec les femmes, pour lesquelles il se croyait de grands talents. Il avait du savoir, beaucoup d'esprit, peu ou point de jugement, une grande hardiesse, la science du monde, où il voulait tout savoir, être de tout, se mêler de tout, frappant à toutes les portes, obséquieux, respectueux, bassement valet de tous gens en place et se fourrant chez tout ce qui figurait [3.44].

1700

Dès avant la Chandeleur jusqu'au carême, ce ne fut que bals et plaisirs à la cour. Le roi en donna à Versailles et à Marly, mascarades ingénieuses, entrées, espèces de fêtes qui amusèrent fort le roi, sous le prétexte de Mme la duchesse de Bourgogne. Il y eut des musiques et des comédies particulières chez Mme de Maintenon. Monseigneur donna aussi des bals, et les principales personnes se piquèrent d'en donner à Mme la duchesse de Bourgogne. Monsieur le Prince, dans son appartement, composé de peu de pièces et petites, trouva moyen de surprendre la cour par la fête du monde la plus galante, la mieux entendue et la mieux ordonnée : un bal paré, des masques, des entrées, des boutiques de tout pays, une collation dont la décoration fut charmante; le tout sans refuser personne de la cour, et sans foule ni embarras.

Il n'y avait soir qu'il n'y eût bal. Madame la chancelière en donna un à la chancellerie, qui fut la fête la plus galante et la plus magnifique qu'il fût possible. Le chancelier y reçut à la portière Monseigneur, les trois princes ses fils et Mme la duchesse de Bourgogne, sur les dix heures du soir, puis s'alla coucher au château. Il y eut des pièces différentes pour le bal paré, pour les masques, pour une collation superbe, pour des boutiques de tout pays. Chinois, Japonais, etc., qui vendaient des choses infinies et très-recherchées pour la beauté et la singularité, mais qui n'en recevaient point d'argent : c'étaient des présents à Mme la duchesse de Bourgogne et aux dames; une musique à sa louange, une comédie, des entrées : rien de si bien ordonné, de si superbe, de si parfaitement entendu; et la chancelière s'en démêla avec une politesse, une galanterie et une liberté, comme si elle n'eût rien à faire.

On s'y divertit extrêmement, et on en sortit après huit heures du matin. Mme de Saint-Simon qui suivit toujours Mme la duchesse de Bourgogne (et c'était grande faveur), et moi, fûmes les dernières trois semaines sans jamais voir le jour. On tenait rigueur à certains danseurs de ne sortir du bal qu'en même temps que Mme la duchesse de Bourgogne, et m'étant voulu sauver un matin à Marly, elle me consigna aux portes du salon; nous étions plusieurs de la sorte.

Je fus ravi de voir arriver les Cendres, et j'en demeurai un our ou deux étourdi, et Mme de Saint-Simon, à bout, ne put fournir le mardi gras [1.50].

La duchesse de Gesvres.

C'était une espèce de fée, grande et maigre, qui marchait comme ces grands oiseaux qu'on appelle les demoiselles de Numidie. Elle venait quelquefois à la cour, et, avec du singulier et un air de famine, elle avait beaucoup de vertu, d'esprit, et de la dignité. Elle était séparée d'un mari fléau de toute sa famille, et qui lui avait mangé des millions [2.8].

Vogue des loteries

Il fut proposé d'attirer la cupidité publique par des loteries; il s'en fit de plusieurs façons en quantité. Pour leur donner plus de crédit et de vogue, Mme la duchesse de Bourgogne en fit une de vingt mille pistoles; elle et ses dames et plusieurs autres de la cour firent les billets. Hommes et femmes, depuis Monseigneur jusqu'à M. le comte de Toulouse, les cachetèrent, et les diverses façons qu'on leur donna firent l'amusement du roi et de toutes ces personnes.

On y garda toutes les mesures les plus soupçonneuses

pour y conserver une parfaite fidélité. Elle fut tirée avec les mêmes précautions devant toutes les personnes royales et autres distinguées qui y furent admises. Le gros lot tomba à un garde du roi de la compagnie de Lorges; il était de quatre mille louis [1.51].

Louis XIV finit par accepter que son second petit-fils le duc d'Anjou devienne roi d'Espagne

Comme on ne parlait d'autre chose que du parti qu'il n'y avait à prendre, le roi se divertit un soir dans son cabinet à en demander leur avis aux princesses. Elles répondirent que c'était d'envoyer promptement M. le duc d'Anjou en Espagne, et que c'était le sentiment général, par tout ce qu'elles en entendaient dire à tout le monde. « Je suis sûr, leur répliqua le roi, que quelque parti que je prenne, beaucoup de gens me condamneront. »

Le mardi 16 novembre, le roi, au sortir de son lever, fit entrer l'ambassadeur d'Espagne dans son cabinet, où M. le duc d'Anjou s'était rendu par les derrières. Le roi, le lui montrant, lui dit qu'il le pouvait saluer comme son roi. Aussitôt il se jeta à genoux à la manière espagnole, et lui fit un assez long compliment en cette langue. Le roi lui dit qu'il ne l'entendait pas encore, et que c'était à lui à répondre pour son petit-fils.

Tout aussitôt après, le roi, fit, contre toute coutume, ouvrir les deux battants de la porte de son cabinet et commanda à tout le monde, qui était là presque en foule, d'entrer; puis, passant majestueusement les yeux sur la nombreuse compagnie : « Messieurs, leur dit-il en montrant le duc d'Anjou, voilà le roi d'Espagne. La naissance l'appelait à cette couronne, le feu roi aussi par son testament, toute la nation l'a souhaité et me l'a demandé instamment : c'était l'ordre du Ciel; je l'ai accordé avec plaisir »; et se tournant à son petit-fils : « Soyez bon Espagnol, c'est présentement votre premier devoir, mais souvenez-vous que vous êtes né Français, pour entretenir l'union entre les deux nations; c'est le moyen de les rendre heureuses et de conserver la paix de l'Europe. » Montrant après du doigt son petit-fils à l'ambassadeur : « S'il suit mes conseils, lui dit-il, vous serez grand seigneur, et bientôt il ne saurait mieux faire présentement que de suivre vos avis. »

Monseigneur parut hors de lui de joie; il répétait souvent que jamais homme ne s'était trouvé en état de dire comme lui : « Le roi mon père, et le roi mon fils. » S'il avait su la prophétie qui dès sa naissance avait dit de lui : « Fils de roi, père de roi, et jamais roi », et que tout le monde avait ouï répéter mille fois, je pense que, quelques vaines que soient ces prophéties, il ne s'en serait pas tant réjoui.

Admirons la Providence, qui se joue des pensées des hommes et dispose des États. Qu'auraient dit Ferdinand et Isabelle, Charles V et Philippe II, qui ont voulu envahir la France à tant de différentes reprises, qui ont été si accusés d'aspirer à la monarchie universelle, et Philippe IV même, avec toutes ses précautions au mariage du roi et à la paix des Pyrénées, de voir un fils de France devenir roi d'Espagne par le testament du dernier de leur sang en Espagne, et par le vœu universel de tous les Espagnols, sans dessein, sans intrigue, sans une amorce tirée de notre part, et à l'insu du roi, à son extrême surprise et de tous ses ministres, et qui n'eut que l'embarras de se déterminer et la peine d'accepter? Que de grandes et sages réflexions à faire, mais qui ne seraient pas en place dans ces Mémoires! [1.55].

Toussaint Rose, secrétaire du Cabinet du roi.

« Avoir la plume », c'est être faussaire public, et faire par charge ce qui coûterait la vie à tout autre : cet exercice consiste à imiter si exactement l'écriture du roi qu'elle ne se puisse distinguer de celle que la plume contrefait, et d'écrire en cette sorte toutes les lettres que le roi doit ou veut écrire de sa main, et toutefois n'en pas prendre la peine. Il y en a quantité aux souverains et à d'autres étrangers de haut parage; il y en a aux sujets, comme généraux d'armées ou autres gens principaux, par secret d'affaires ou par marque de bonté ou de distinction.

Il n'est pas possible de faire parler un grand roi avec plus de dignité que faisait Rose, ni plus convenablement à chacun, ni sur chaque matière, que les lettres qu'il écrivait ainsi, et que le roi signait toutes de sa main; et pour le caractère, il était si semblable à celui du roi qu'il ne s'y trouvait pas la moindre différence. Une infinité de choses importantes avaient passé par les mains de Rose, et il y en passait encore quelquefois : il était extrêmement fidèle et secret, et le roi s'y fiait entièrement.

Rose était un petit homme ni gras ni maigre, avec un assez beau visage, une physionomie fine, des yeux perçants et pétillants d'esprit, un petit manteau, une calotte de satin sur ses cheveux presque blancs, un petit rabat uni, presque d'abbé, et toujours son mouchoir entre son habit et sa veste : il disait qu'il était là plus près de son nez [1.56].

Une plaisante ruse du sieur de Charnacé

Le roi fit arrêter Charnacé en Anjou, où il était retiré chez lui et de là conduire à Montauban, fort accusé de beaucoup de méchantes choses, surtout de fausse monnaie. C'était un garçon d'esprit, qui avait été page du roi et officier dans ses gardes du corps, fort du monde, et puis retiré chez lui, où il avait souvent fait bien des fredaines; mais il avait toujours trouvé bonté et protection dans le roi. Il en fit une entre autres, pleine d'esprit, et dont on ne put que rire.

Il avait une très-longue et parfaitement belle avenue devant sa maison en Anjou, dans laquelle était placée une maison de paysan et son petit jardin, qui s'y était apparemment trouvée lorsqu'elle fut plantée, et que jamais Charnacé ni son père n'avaient pu réduire ce paysan à la leur vendre, quelque avantage qu'ils lui en eussent offert, et c'est une opiniâtreté dont quantité de petits propriétaires se piquent, pour faire enrager des gens à la convenance et quelquefois à la nécessité desquels ils sont.

Charnacé, ne sachant plus qu'y faire, avait laissé cela là depuis très-longtemps sans en plus parler. Enfin, fatigué de cette chaumine, qui lui bouchait tout l'agrément de son avenue, il imagina un tour de passe-passe. Le paysan qui y demeurait, et à qui elle appartenait, était tailleur de son métier quand il trouvait à l'exercer, et il était chez lui tout seul, sans femme ni enfants. Charnacé l'envoie chercher, lui dit qu'il est mandé à la cour pour un emploi de conséquence, qu'il est pressé de s'y rendre, mais qu'il lui faut une livrée. Ils font marché comptant; mais Charnacé stipule qu'il ne veut point se fier à ses délais, et que, moyennant quelque chose de plus, il ne veut point qu'il sorte de chez lui que sa livrée ne soit faite, et qu'il le couchera, le nourrira et la payera avant de le renvoyer. Le tailleur s'y accorde, et se met à travailler. Pendant qu'il y est occupé, Charnacé fait prendre avec la dernière exactitude le plan et les dimensions de sa maison et de son jardin, des pièces de l'intérieur, jusque de la position des ustensiles et du petit meuble, fait démonter la maison et emporter tout ce qui y était, remonte la maison telle qu'elle était au juste dedans et dehors, à quatre portées de mousquet, à côté de son avenue, replace tous les meubles et ustensiles dans la même position en laquelle on les avait trouvés, et rétablit le petit jardin de même, en même temps fait aplanir et nettoyer l'endroit de l'avenue où elle était, en sorte qu'il n'y parût pas.

Tout cela fut exécuté encore plus tôt que la livrée faite, et cependant le tailleur doucement gardé à vue de peur de quelque indiscrétion. Enfin, la besogne achevée de part et d'autre, Charnacé amuse son homme jusqu'à la nuit bien noire, le paye et le renvoie content. Le voilà qui enfile l'avenue; bientôt il la trouve longue; après il va aux arbres, et n'en trouve plus. Il s'aperçoit qu'il a passé le bout, et revient à tâtons chercher les arbres; il les suit à l'estime, puis croise, et ne trouve point sa maison. Il ne comprend point cette aventure. La nuit se passe dans cet exercice; le jour arrive, et devient bientôt assez clair pour aviser sa maison : il ne voit rien; il se frotte les yeux; il cherche d'autres objets, pour découvrir si c'est la faute de sa vue. Enfin il croit que le diable s'en mêle, et qu'il a emporté sa maison.

A force d'aller, de venir, et de porter sa vue de tous côtés, il aperçoit, à une assez grande distance de l'avenue, une maison qui ressemble à la sienne comme deux gouttes d'eau. Il ne peut croire que cela soit; mais la curiosité le fait aller où elle est, et où il n'a jamais vu de maison. Plus il approche, plus il reconnaît que c'est la sienne. Pour s'assurer mieux de ce qui lui tourne la tête, il présente sa clef, elle ouvre; il entre, il retrouve tout ce qu'il y avait laissé, et précisément dans la même place. Il est prêt à en pâmer, et il demeure convaincu que c'est un tour de sorcier.

La journée ne fut pas bien avancée, que la risée du château et du village l'instruisit de la vérité du sortilège, et le mit en furie. Il veut plaider, il veut demander justice à l'intendant, et partout on s'en moque. Le roi le sut, qui en rit aussi, et Charnacé eut son avenue libre. S'il n'avait jamais fait pis, il aurait conservé sa réputation et sa liberté [1.38].

1701

Remplacé par Chamillart, Barbezieux meurt de dépit

Barbezieux ne fut point piqué contre Chamillart qui en homme modeste et en bon ami fit tout ce qu'il put pour le consoler; mais outré de la chose, il se livra à la débauche plus que de coutume pour dissiper son chagrin.

Il avait bâti entre Versailles et Vaucresson, au bout du parc de Saint-Cloud, une maison en plein champ qu'on appela l'Estang, qui dans la plus triste situation du monde, mais à port de tout, lui avait coûté des millions. Il y allait souvent, et c'était là qu'il tâchait de noyer ses déplaisirs, avec ses amis, dans la bonne chère et les autres plaisirs secrets.

Mais le chagrin surnageait, qui, joint à des plaisirs au-dessus de ses forces dans lequelles il se fiait trop, lui donna le coup mortel. Il revint au bout de quatre jours de l'Estang à Versailles avec un grand mal de gorge et une fièvre ardente. La maladie parut dangereuse dès le premier moment; elle ne dura que cinq jours. Il mourut tout en vie avec fermeté; c'était la veille des Rois. Il avait trente-trois ans [1.57].

De quoi exercer les astronomes

Il y eut, le jour de la Chandeleur, un ouragan si furieux que personne ne se souvint de rien qui eût approché d'une telle violence, dont les désordres furent infinis par tout le royaume. Le haut de l'église de Saint-Louis dans l'île à Paris, tomba; beaucoup de gens qui y entendaient la messe furent tués ou blessés.

Cet ouragan a été l'époque du dérangement des saisons et de la fréquence des grands vents en toutes; le froid en tout temps, la pluie, etc., ont été bien plus ordinaires depuis, et ces mauvais temps n'ont fait qu'augmenter jusqu'à présent, en sorte qu'il y a longtemps qu'il n'y a plus du tout de printemps, peu d'automne, et pour l'été, quelques jours par-ci par-là : c'est de quoi exercer les astronomes [1.57].

Le marquis de Torcy, secrétaire d'État aux Affaires étrangères.

Sage, retenu, timide même, il ne disait que ce qu'il fallait dire, avec douceur et mesure, respect même, mais il le disait bien.

Il avait voyagé et fort utilement dans toutes les cours de l'Europe [3.56].

Débuts en Espagne du duc d'Anjou devenu Philippe V

Le roi d'Espagne arriva, le 19 février, à Madrid, ayant eu partout sur sa route une foule et des acclamations continuelles, et, dans les villes, des fêtes, des combats de taureaux, et quantité de dames et de noblesse des pays par où il passa.

Il y eut une telle presse à son arrivée à Madrid, qu'on y compta soixante personnes étouffées. Il trouva hors la ville et dans les rues une infinité de carrosses qui bordaient sa route, remplis de dames fort parées, et toute la cour et la noblesse qui remplissaient le Buen-Retiro, où il fut descendre et loger. La junte et beaucoup de grands le reçurent à la portière, où le cardinal Portocarrero se voulut jeter à ses pieds pour lui baiser la main; le roi ne le voulut pas permettre : il le releva et l'embrassa et le traita comme son père; le cardinal pleurait de joie, et ne cessa de tout le soir de le regarder. Les rues de son passage avaient été tapissées, et à la mode d'Espagne chargées de gradins remplis de beaux tableaux et d'une infinité d'argenterie, avec des arcs de triomphe magnifiques d'espace en espace. Il n'est pas possible d'une plus grande ni plus générale démonstration de joie.

Le roi était bien fait, dans la fleur de la première jeunesse, blond comme le feu roi Charles et la reine sa grand'mère, grave, silencieux, mesuré, retenu, tout fait pour être parmi les Espagnols; avec cela fort attentif à chacun, et connaissant déjà les distinctions des personnes, par l'instruction qu'il avait eu loisir de prendre d'Harcourt, le long du voyage. Il ôtait le chapeau ou le soulevait presque à tout le monde, jusque-là que les Espagnols s'en formalisèrent et en parlèrent au duc d'Harcourt, qui leur répondit que, pour toutes les choses essentielles, le roi se conformerait à tous les usages, mais que dans les autres il fallait lui laisser la civilité française.

On ne saurait croire combien ces bagatelles d'attention extérieure attachèrent les cœurs à ce prince [1.58].

Trois membres de la suite de Philippe V

Le marquis de Valouse suivit ce prince en Espagne, et y devint un des fréquents exemples qu'avec de la sagesse et de la conduite on fait fortune dans les cours sans avoir aucun esprit [6.46].

C'était un honnête homme, mais fort borné, qui mourait de peur de tout, qui était toujours bien avec qui gouvernait, aimé du roi, bien avec tout le monde et incapable de se vouloir mêler de la moindre chose [5.13].

Le duc del Infantado était un bon homme, mais un très pauvre homme, qui était bien connu pour tel et qui passait sa vie à fumer [1.58].

Le comte de Benavente, sommelier du corps, se prit d'une telle affection pour le roi qu'il pleurait souvent de tendresse en le regardant [1.59].

Mort de Bontemps, premier valet de chambre du roi

Bontemps, le premier des quatre premiers valets de chambre du roi, et gouverneur de Versailles et de Marly, dont il avait l'entière administration des maisons, des chasses et de quantité de sortes de dépenses, mourut aussi en ce temps-là. C'était de tous les valets intérieurs celui qui avait la plus ancienne et la plus entière confiance du roi pour toutes les choses intimes et personnelles. C'était un grand homme fort bien fait, qui était devenu fort gros et fort pesant, qui avait près de quatre-vingts ans, et qui périt en quatre jours, d'une apoplexie. C'était l'homme le plus profondément secret, le plus fidèle et le plus attaché au roi qu'il eût su trouver.

On peut dire de Bontemps et du roi en ce genre : tel maître, tel valet; car il était veuf, et avait chez lui à Versailles une Mlle de la Roche qui ne paraissait nulle part, et assez peu même chez lui, dont elle ne sortait point, et le gouvernait parfaitement sans presque le paraître. Personne ne doutait que ce ne fût sa Maintenon et qu'il ne l'eût épousée. Pourquoi ne le point déclarer? c'est ce qu'on n'a jamais su. Bontemps était rustre et brusque, avec cela respectueux et tout à fait à sa place, qui n'était jamais que chez lui ou chez le roi, où il entrait partout à toutes heures, et toujours par les derrières, et qui n'avait d'esprit que pour bien servir son maître, à quoi il était tout entier, sans jamais sortir de sa sphère.

Outre les fonctions si intimes de ses emplois, c'était par lui que passaient tous les ordres et les messages secrets, les audiences ignorées, qu'il introduisait chez le roi, les lettres cachées au roi et du roi, et tout ce qui était mystère. C'était bien de quoi gâter un homme qui était connu pour être depuis cinquante ans dans cette intimité, et qui avait la cour à ses pieds, à commencer par les enfants du roi et les ministres les plus accrédités, et à continuer par les plus grands seigneurs.

Jamais il ne sortit de son état. Il ne fit jamais mal à qui que ce soit, et se servit toujours de son crédit pour obliger. Grand nombre de gens, même de personnages, lui durent leur fortune, sur quoi il était d'une modestie à se brouiller avec eux, s'ils en avaient parlé jusqu'à lui-même. Il aimait, voulait et procurait les grâces pour le seul plaisir de bien faire, et il se peut dire de lui qu'il fut toute sa vie le père des pauvres, la ressource des affligés et des disgraciés qu'il connaissait le moins, et peut-être le meilleur des humains, avec des mains non-seulement parfaitement nettes, mais un désintéressement entier et une application extrême à tout ce qui était sous sa charge. Aussi, sa perte causa un deuil public et à la cour, et à Paris, et dans les provinces : chacun en fut affligé comme d'une perte particulière [1.56].

Le duc de la Feuillade.

Ses débauches de toutes les sortes, son extrême négligence pour le service, son très mauvais et très vilain régiment, son arrivée tous les ans très tard à l'armée, qu'il quittait avant personne, tout cela le tenait dans une manière de disgrâce très marquée.

Il était parfaitement bien fait, avait un air et les manières fort nobles, et une physionomie si spirituelle qu'elle réparait sa laideur et le jaune et les bourgeons dégoûtants de son visage. Elle tenait parole : il avait beaucoup d'esprit et de toutes sortes d'esprits. Il savait persuader son mérite à qui se contentait de superficie, et surtout avait le langage et le manège d'enchanter les femmes. Il se piquait fort de toutes ses qualités, fort avantageux, fort hardi, grand débiteur de maximes et de morales, et disputait volontiers pour faire parade d'esprit.

Son ambition était sans bornes, et comme il était sans suite pour rien comme il l'était pour tout, cette passion et celle du plaisir prenaient le dessus tour à tour.

Il recherchait fort la réputation et l'estime, et il avait l'art de courtiser utilement les personnes des deux sexes de l'aprobation desquelles il pouvait le plus espérer, et par cet applaudissement, qui en entraînait d'autres, de se faire compter dans le grand monde.

Il paraissait vouloir avoir des amis, et il en trompa longtemps. C'était un cœur corrompu à fond, une âme de boue, un impie de bel air et de profession; pour tout dire, le plus solidement malhonnête homme qui ait paru de longtemps [1.69].

A la mort de son père, Philippe de Chartres prend le nom de duc d'Orléans

Monsieur à le voir avait grand besoin d'être saigné; il en crevait de besoin, il l'avouait même, le roi l'en avait pressé plus d'une fois malgré leurs piques.

Tancrède, son premier chirurgien, était vieux, saignait mal et l'avait manqué; il ne voulait pas se faire saigner par lui, et pour ne point lui faire de peine, il eut la bonté de ne vouloir pas être saigné par un autre, et d'en mourir.

Le mercredi 8 juin Monsieur vint de Saint-Cloud dîner avec le roi à Marly. Le dîner se passa à l'ordinaire, et Monsieur y mangea extrêmement, comme il faisait à tous ses deux repas, sans parler du chocolat abondant du matin, et de tout ce qu'il avalait de fruits, de pâtisseries, de confitures et de toutes sortes de friandises toute la journée, dont les tables de ses çabinets et ses poches étaient toujours remplies.

Au sortir de table Monsieur, qui avait amené Mme la duchesse de Chartres de Saint-Cloud dîner avec le roi, partit pour retourner à Saint-Cloud avec elle.

Il soupa à son ordinaire avec les dames qui étaient à Saint-Cloud. Vers l'entremets, comme il versait d'un vin de liqueur à Mme de Bouillon, on s'aperçut qu'il balbutiait et qu'il montrait quelque chose de la main, et en un instant il tomba en apoplexie sur M. le duc de Chartres, qui le retint. On l'emporta dans le fond de son appartement, on le secoua, on le promena, on le saigna beaucoup, on lui donna force émétique, sans en tirer presqu'aucun signe de vie.

On peut juger quelle rumeur et quel désordre cette nuit à Marly, et quelle horreur à Saint-Cloud, ce palais des délices. Tout ce qui était à Marly courut comme il put à Saint-Cloud : on s'embarquait avec les plus tôt prêts; et chacun, hommes et femmes, se jetaient et s'entassaient dans les carrosses sans choix et sans façons.

Le roi arriva à Saint-Cloud avant trois heures du matin. Monsieur n'avait pas eu un moment de connaissance depuis qu'il s'était trouvé mal. Trois heures après, M. Fagon, à qui le roi avait ordonné de ne point quitter Monsieur qu'il ne fût mort ou mieux, ce qui ne pouvait arriver que par miracle, lui dit dès qu'il l'aperçut : « Eh bien! M. Fagon, mon frère est mort? — Oui, Sire, répondit-il, nul remède n'a pu agir. » Le roi pleura beaucoup. On le pressa de manger un morceau chez Mme de Maintenon, mais il voulut dîner à l'ordinaire avec les dames, et les larmes lui coulèrent souvent pendant le repas; qui fut court, après lequel il se renferma chez Mme de Maintenon.

Madame était cependant dans son cabinet, qui n'avait jamais eu ni grande affection ni grande estime pour Monsieur, mais qui sentait sa perte et sa chute, et qui s'écriait dans sa douleur de toute sa force : « Point de couvent! qu'on ne me parle point de couvent! je ne veux point de couvent. » La bonne princesse n'avait pas perdu le jugement : elle savait que, par son contrat de mariage, elle devait opter, devenant veuve, pour un couvent ou l'habitation du château de Montargis. Monsieur étant expiré, elle monta en carrosse avec ses dames, et s'en alla à Versailles, suivie de M. et Mme la duchesse de Chartres, et de toutes les personnes qui étaient à eux.

On a vu ci-dessus en deux mots quelle fut la douleur de Madame. Pour M. de Chartres, la sienne fut extrême : le père et le fils s'aimaient tendrement. Monsieur était doux, le meilleur homme du monde, qui n'avait jamais contraint ni retenu Monsieur son fils. Avec le cœur, l'esprit était aussi fort touché : outre la grande parure dont lui était un père frère du roi, il lui était une barrière derrière laquelle il se mettait à couvert du roi, sous la coupe duquel il retombait en plein. Sa grandeur, sa considération, l'aisance de sa maison et de sa vie en allaient dépendre sans milieu. L'assiduité, les bienséances, une certaine règle, et pis que tout cela pour lui, une conduite toute différente avec Madame sa femme, allaient devenir la mesure de tout ce qu'il pouvait attendre du roi.

La cour perdit gros en Monsieur : c'était lui qui y jetait les amusements, l'âme, les plaisirs; et quand il la quittait, tout y semblait sans vie et sans action.

Le roi fit beaucoup d'amitiés à Madame : ainsi il ne fut pas question un instant de couvent ni de Montargis et elle garda à Versailles l'appartement de Monsieur avec le sien; quant à M. le duc de Chartres, il fut, et le terme n'est pas trop fort, prodigieusement bien traité. Tout ce qu'avait Monsieur lui fut conservé en entier. En gardant ses régiments de cavalerie et d'infanterie, il eut aussi ceux qu'avait Monsieur; et il prit le nom de duc d'Orléans [1.61].

Le chevalier de la Rongère.

C'était un gentilhomme du pays du Maine, qui, avec un nom ridicule, était de fort bonne noblesse : il s'appelait Quatre-Barbes. C'était un fort honnête homme, très-court d'esprit, mais de taille et de visage à se louer sur le théâtre pour faire le personnage des héros et des dieux [2.17].

Villeroy est envoyé en Italie

Comme le roi sortit suivi du maréchal de Villeroy pour se mettre à table, on sut qu'il allait commander l'armée d'Italie. La surprise fut complète, et quoique ce choix fût peu approuvé, le génie courtisan se déborda en compliments et en louanges.

Il arriva auprès de M. de Duras avec cette pompe dans laquelle on le voyait baigné. Le maréchal de Duras, qui ne l'aimait point et ne l'estimait guère, et qui ne se contraignait pas même pour le roi, écouta un instant le bourdon des applaudissements, puis se tournant brusquement vers le maréchal de Villeroy et lui prenant le bras : « Monsieur le maréchal, lui dit-il tout haut, tout le monde vous fait des compliments d'aller en Italie, moi j'attends à votre retour pour vous faire les miens »; se met à rire et regarde la compagnie. Villeroy demeura confondu sans proférer un seul mot, et tout le monde sourit et baissa les yeux. Le roi ne sourcilla pas [1.62].

L'abbé d'Auvergne.

Ses mœurs étaient publiquement connues pour être celles des Grecs, et son esprit pour ne leur ressembler en aucune sorte; la bêtise décelait sa mauvaise conduite, son ignorance parfaite, sa dissipation, son ambition, et ne présentait pour la soutenir qu'une vanité basse, puante, continuelle, qui lui attirait le mépris autant que ses mœurs [1.50].

Villeroy et le duc de Savoie

Les grands airs de familiarité que le maréchal de Villeroy se donnait avec M. de Savoie lui attribuèrent un cruel dégoût, pour ne pas dire un affront.

M. de Savoie, étant au milieu de tous les généraux et de la fleur de l'armée, ouvrit sa tabatière en causant et allant prendre une pincée de tabac; le maréchal de Villeroy, qui se trouva auprès de lui, allonge la main et prend dans la tabatière sans mot dire. M. de Savoie rougit, et à l'instant renverse sa tabatière par terre, puis la donne à un de ses gens, à qui il dit de lui rapporter du tabac. Le maréchal ne sut que devenir, et but sa honte sans oser proférer une parole, M. de Savoie continuant toujours la conversation, qu'il n'interrompit même que par ce seul mot pour avoir d'autre tabac [1.63].

Le marquis de Vervins.

C'était un grand homme fort bien fait, d'un visage assez agréable, de l'esprit, quelque lecture, et fort le vol des femmes; particulier, extrêmement paresseux, et fort dans le grand monde.

Il quitta le service de bonne heure, il se confina dans une terre en Picardie, sans aucune cause de dégoût ni de déplaisir, sans besoin du côté de ses affaires; sans occasion de santé, qu'il eut toujours parfaite; et sans goût d'ouvriers, dont il n'employa aucun; encore moins entraîné par le plaisir de la chasse, où il n'alla jamais.

Il demeura chez lui plusieurs années, sans bouger de son lit, que le temps de le faire faire. Il y dînait et y soupait tout seul, y faisait le peu d'affaires qu'il avait, et y recevait le peu de gens qu'il ne pouvait éconduire, et depuis qu'il avait les yeux ouverts jusqu'à ce qu'il les fermât, y travaillait en tapisserie, et lisait quelquefois un peu [2.23].

Un curieux ménage : le marquis et la marquise d'O

Guilleragues, père de Mme O, n'était rien qu'un Gascon, gourmand, plaisant, de beaucoup d'esprit, d'excellente compagnie, qui avait des amis, et qui vivait à leurs dépens parce qu'il avait tout fricassé; et encore était-ce à qui l'aurait. Il avait été ami intime de Mme Scarron, qui ne l'oublia pas dans sa fortune, et qui lui procura l'ambassade de Constantinople pour se remplumer; mais il y trouva, comme ailleurs, moyen de tout manger. Il y mourut, et ne laissa que cette fille unique, qui avait de la beauté. Villers, lieutenant de vaisseau et fort bien fait, fut de ceux qui portèrent le successeur à Constantinople, et qui en ramenèrent la veuve et la fille du prédécesseur. Avant de partir de Turquie et chemin faisant, Villers fit l'amour à Mlle de Guilleragues et lui plut, et tant fut procédé que, sans bien de part ni d'autre, la mère consentit à leur mariage. Les vaisseaux relâchèrent quelques jours sur les bords de l'Asie Mineure, vers les ruines de Troie. Le lieu était trop romanesque pour y résister : ils mirent pied à terre et s'épousèrent. Arrivés avec les vaisseaux en Provence, Mme de Guilleragues amena sa fille et son gendre à Paris et à Versailles, et les présenta à Mme de Maintenon; ses aventures lui donnèrent compassion des leurs.

Villers se prétendit bientôt de la maison d'O, et en prit le nom et les armes. Rien n'était si intrigant que le mari et la femme, ni rien aussi de plus gueux.

D'O peu à peu avait changé de forme, et lui et sa femme tendaient à leur fortune par des voies entièrement opposées, mais entre eux parfaitement de concert.

Le mari était un grand homme, froid, sans autre esprit que du manège, et d'imposer aux sots par un silence dédaigneux, une mine et une contenance grave et austère, tout le maintien important, dévot de profession ouverte, assidu aux offices de la chapelle.

Mme d'O vivait d'une autre sorte. Elle avait beaucoup d'esprit, plaisante, complaisante, toute à tous et amusante; son esprit était tout tourné au romanesque et à la galanterie, tant pour elle que pour autrui. Sa table rassemblait du monde chez elle, et cette humeur y était commode à beaucoup de gens, mais avec choix et dont elle pouvait faire usage pour sa fortune.

Elle devint ainsi amie intime de vieilles et de jeunes par des intrigues et des vues de différentes espèces, et comme elle faisait mieux ses affaires de chez elle que de dehors, elle sortait peu mais toujours avec des vues. Cet alliage de dévotion et de retraite d'une part, de tout l'opposé de l'autre, mais avec jugement et prudence, était quelque chose de fort étrange dans ce couple si uni et si concerté. Mme d'O se donnait pour aimer le monde, le plaisir, la bonne chère; et pour le mari, on l'aurait si bien pris pour un pharisien, il en avait tant l'air, l'austérité, les manières, que j'étais toujours tenté de lui couper son habit en franges par derrière [1.22].

La comtesse de Grignan, fille de Mme de Sévigné.

Le comte de Grignan s'était ruiné à commander en Provence, dont il était seul lieutenant général. Ils marièrent donc leur fils à la fille d'un fermier général fort riche. Mme de Grignan, en la présentant au monde, en faisait ses excuses, et avec ses minauderies, en radoucissant ses petits yeux, disait qu'il fallait bien de temps en temps du fumier sur les meilleures terres.

Elle se savait un gré infini de ce bon mot, qu'avec raison chacun trouva impertinent [2.23].

Mort de Tourville

La France perdit le plus grand homme de mer, de l'aveu des Anglais et des Hollandais, qui eût été depuis un siècle, et en même temps le plus modeste : ce fut le maréchal de Tourville, qui n'avait pas encore soixante ans.

Tourville possédait en perfection toutes les parties de la marine, depuis celles du charpentier jusqu'à celles d'un excellent amiral. Son équité, sa douceur, son flegme, sa politesse, la netteté de ses ordres, les signaux et beaucoup d'autres détails particuliers très-utiles qu'il avait imaginés, son arrangement, sa justesse, sa prévoyance, une grande sagesse aiguisée de la plus naturelle et de la plus tranquille valeur, tout contribuait à faire désirer de servir sous lui et d'y apprendre.

Sa charge de vice-amiral fut donnée à Châteaurenaud, qui était lors en Amérique pour en ramener les galions [1.60].

Le marquis de Mancera.

Le marquis de Mancera, à quatre-vingt-six ans, avait l'esprit aussi sain et aussi net qu'à quarante ans, et la politesse et la galanterie d'un jeune homme.

Il y avait cinquante ans qu'il n'avait mangé de pain; sa nourriture était un verre d'eau à la glace en se levant, avec un peu de conserve de roses, et quelque temps après du chocolat; à dîner, trois onces de viande seule, et de l'eau rougie pour boisson; l'après-dînée, du chocolat; à souper, des cerises, ou d'autres fruits, ou une salade, et encore de l'eau rougie; et sans sentir mauvais ni être incommodé d'un si étonnant régime; et sa femme vivait à peu près de même à quatre vingts ans [1.59].

Rétablissement d'une taxe exceptionnelle

La capitation, dont l'invention est due à Basville, intendant de Languedoc, eut lieu pour la première fois à la fin de la dernière guerre. Pontchartrain y avait résisté tant qu'il avait pu, comme au plus pernicieux impôt par la facilité de l'augmenter à volonté d'un trait de plume, l'injustice inévitable de son imposition, à proportion des facultés de chacun toujours ignorées, et nécessairement livrée à la volonté des intendants des provinces, et l'appât de la rendre ordinaire, comme il est enfin arrivé malgré les édits et les déclarations remplies des plus fortes promesses de la faire cesser à la paix. Mais à la fin il eut la main forcée par la nécessité des dépenses, par les persécutions de Basville, et par les mouvements financiers. Celle-ci fut beaucoup plus forte que n'avait été la première, comme sont toujours les impôts, qui vont toujours en augmentant [1.60].

Rebourd et Guyet, intendants des Finances.

Rien de si ignorant, ni de si présomptueux et de si glorieux, que ces deux animaux. Le premier s'était sûrement moulé sur le marquis de Mascarille; il l'outrait encore : tout était en lui parfaitement ridicule.

L'autre, grave et collet monté, faisait grâce de prêter l'oreille, à condition pourtant qu'il ne comprenait rien de ce qu'on lui disait. Jamais un si sot homme que celui-ci, jamais un si impertinent que l'autre, jamais rien de plus indécrottable que tous les deux [2.20].

Annonce et préparatifs du mariage de Philippe V

Presque en même temps fut déclaré le mariage du roi d'Espagne avec la seconde fille de M. de Savoie, sœur cadette de Mme la duchesse de Bourgogne pour qui ce fut une grande joie, et un grand avantage à M. son père d'avoir pour gendres les deux premiers et plus puissants rois d'Europe [1.60].

Pour le choix de la camarera-major de la jeune reine on ne trouva rien de meilleur que la princesse des Ursins.

Elle était française, elle avait été en Espagne, elle avait passé la plus grande partie de sa vie à Rome et en Italie, elle était veuve sans enfants, elle était de la maison de la Trémoille; son mari était chef de la maison des Ursins, Grand d'Espagne [1.63].

La princesse des Ursins.

C'était une femme plutôt grande que petite, brune, avec des yeux bleus qui disaient sans cesse tout ce qui lui plaisait, avec une taille parfaite, une belle gorge, et un visage qui, sans beauté, était charmant, l'air extrêmement noble, quelque chose de majestueux en tout son maintien, et des grâces si naturelles et si continuelles en tout, jusque dans les choses les plus petites et les plus indifférentes, que je n'ai jamais vu personne en approcher, soit dans le corps, soit dans l'esprit, dont elle avait infiniment et de toutes les sortes; flatteuse, caressante, insinuante, mesurée, voulant plaire pour plaire, et avec des charmes dont il n'était pas possible de se défendre quand elle voulait gagner et séduire; avec cela un air qui, avec de la grandeur, attirait au lieu d'effaroucher, une conversation délicieuse, intarissable, et d'ailleurs fort amusante par tout ce qu'elle avait vu et connu de pays et de personnes, une voix et un parler extrêmement agréables, avec un air de douceur; elle avait aussi beaucoup lu, et elle était personne à beaucoup de réflexion; un grand choix des meilleures compagnies, un grand usage de les tenir et même une cour, une grande politesse, mais avec une grande distinction, et surtout une grande attention à ne s'avancer qu'avec dignité et discrétion; d'ailleurs la personne du monde la plus propre à l'intrigue, et qui y avait passé sa vie à Rome par son goût; beaucoup d'ambition, mais de ces ambitions vastes, fort au-dessus de son sexe, et de l'ambition ordinaire des hommes, et un désir pareil d'être et de gouverner.

C'était encore la personne du monde qui avait le plus de finesse dans l'esprit, sans que cela parût jamais, et de combinaisons dans la tête, et qui avait le plus de talent pour connaître son monde et savoir par où le prendre et le mener.

Dans le fond haute, fière, allant à ses fins sans trop s'embarrasser des moyens, mais tant qu'elle pouvait sous une écorce honnête; naturellement assez bonne et obligeante en général, mais qui ne voulait rien à demi, et que ses amis fussent à elle sans réserve; aussi était-elle ardente et excellente amie, et d'une amitié que les temps ni les absences n'affaiblissaient point, et conséquemment cruelle et implacable ennemie, et poursuivant sa haine jusqu'aux enfers; enfin, un tour unique dans sa grâce, son art et sa justesse et une éloquence simple et naturelle en tout ce qu'elle disait, qui gagnait, au lieu de rebuter, par son arrangement tellement qu'elle disait tout ce qu'elle voulait et comme elle le voulait dire, et jamais mot ni signe le plus léger de ce qu'elle ne voulait pas; fort secrète pour elle et fort sûre pour ses amis, avec une agréable gaieté, qui n'avait rien que de convenable, une extrême décence en tout l'extérieur, et jusque dans les intérieures mêmes qui en comportent le moins, avec une égalité d'humeur qui en tout temps et en toute affaire la laissait toujours maîtresse d'elle-même.

Une personne de ce caractère fut fort sensible à un choix qui lui ouvrait une carrière si fort à son gré.

Elle alla droit de Rome à Villefranche y attendre la jeune reine qui partit de Nice sur les galères d'Espagne pour Barcelone où le roi alla l'attendre.

A Madrid la princesse des Ursins sous prétexte de former la reine au sérieux et aux affaires, commença elle-même à s'y initier. Elle ne se donna pas moins de soins à la gagner et elle y réussit au-delà de ses espérances [1.63].

La confiance et l'affection de la reine pour sa camarera-major passa bientôt par elle au roi qui ne cherchait qu'à lui plaire. La reine retenait presque toujours le roi dans son appartement, souvent dans celui de la camarera-major qui y était contigu. Là tout se traitait en cachette des ministres de l'une et l'autre cour.

Cette voie de gouverner l'Espagne sans moyen de ministres, Mme de Maintenon l'embrassa avec avidité. De là cette union si intime entre ces deux si importantes femmes, de là cette autorité sans bornes de Mme des Ursins [2.14].

Telle était cette femme célèbre, qui a si longtemps et si publiquement gouverné la cour et toute la monarchie d'Espagne, et qui a fait tant de bruit dans le monde par son règne et par sa chute [1.63].

Une nouvelle coalition se dresse contre Louis XIV et déjà les combats ont commencé en Italie

En Flandres, on ne fit que se regarder, sans hostilité, qui fut une grande faute, sortie toujours de ce même principe de ne vouloir pas être l'agresseur, c'est-à-dire de laisser bien arranger, dresser et organiser ses ennemis, et attendre leur bon point, et aisément, et leur signal pour entrer en guerre, qu'on ne doutait plus qu'ils ne nous voulussent faire.

Si, au lieu de cette fausse et pernicieuse politique, l'armée du roi eût agi, elle aurait pénétré sur les Pays-Bas, où rien n'était prêt ni en état de résistance, eût fait crier miséricorde aux Hollandais au milieu de leur pays, les eût mis hors d'état de soutenir la guerre et déconcerté cette grande alliance, dont leur bourse fut l'âme et le soutien [1.63].

***

Ainsi finit cette année, et tout le bonheur du roi avec elle [2.1].

Il sembla que les flatteurs du roi prévissent alors que le terme des prospérités de son règne fût arrivé, et qu'ils n'auraient désormais à le louer que de sa constance [2.3].

CHAPITRE IX

OU, EN COMPAGNIE DES SEIGNEURS ET DES DAMES DE LA COUR, NOUS ABORDONS GAIEMENT LES TEMPS DIFFICILES

(*de 1702 à 1706*)

1702

L'année commença par des bals à Versailles; il y en eut quantité en masque. Mme du Maine en donna plusieurs dans sa chambre, toujours gardant son lit, parce qu'elle était grosse, ce qui faisait un spectacle assez singulier. Il y en eut aussi à Marly, mais la plupart de ceux-là sans mascarades. Mme la duchesse de Bourgogne s'amusa fort à tous.

Le roi vit en grand particulier, mais souvent, et toujours chez Mme de Maintenon, des pièces saintes, comme Absalon, Athalie, etc; Mme la duchesse de Bourgogne, M. le duc d'Orléans, le comte et la comtesse d'Ayen, le jeune comte de Noailles, Mlle de Melun, poussée par les Noailles, y faisaient les principaux personnages, en habits de comédiens fort magnifiques. Le vieux Baron, excellent acteur, les instruisait et jouait avec eux et quelques domestiques de M. de Noailles. Lui et son habile femme étaient les inventeurs et les promoteurs de ces plaisirs intérieurs. Il n'y avait de place que pour quarante spectateurs [2.1].

La princesse d'Harcourt.

C'était une grande et grosse créature, fort allante, couleur de soupe au lait, avec de grosses et vilaines lippes, et des cheveux de filasse, toujours sortants et traînants comme tout son habillement. C'était une furie blonde, et de plus une harpie : elle en avait l'avarice et l'avidité; elle en avait encore la gourmandise et la promptitude à s'en soulager, et mettait au désespoir ceux chez qui elle allait dîner; pour qui elle ne se faisait faute de ses commodités au sortir de table qu'assez souvent elle n'avait pas loisir de gagner, et salissait le chemin d'une effroyable traînée.

Elle allait à toutes les dévotions, et communiait incessamment, fort ordinairement après avoir joué jusqu'à quatre heures du matin.

Cette belle princesse était également crainte, haïe et méprisée [2.8].

La promotion de Praslin fait du bruit à la Cour

L'envie est une cruelle passion; Praslin, qui fut lieutenant général avant que d'avoir pu savoir qu'il était maréchal de camp, l'éprouva. Des plus grandes louanges on passa au regret de la récompense. De raisons on n'en pouvait dire; les femmes criaient en place de raisons; et la comtesse de Roucy, entre autres, qui en était furieuse, fut de meilleure foi, car l'ayant poussée à bout, elle me répondit, acculée et dans l'excès de sa colère, qu'enfin Praslin était lieutenant général et que son mari ne l'était pas, lequel mari était lors à la cour [2.3].

Le maréchal de Rosen.

Il était de Livonie.

C'était un grand homme sec qui sentait son reitre et qui aurait fait peur au coin d'un bois.

Il connaissait le roi et son faible, et celui de la nation, pour les étrangers : aussi reprochait-il à son fils qu'il parlait si bien français qu'il ne serait jamais qu'un sot [2.9].

Mort de Jean Bart

Le roi fit une perte en la mort du célèbre J. Bart, qui a si longtemps et si glorieusement fait parler de lui à la mer qu'il n'est pas besoin que je le fasse connaître [2.4].

La marquise de Saint-Herem.

Mme de Saint-Herem était la créature du monde la plus étrange dans sa figure et la plus singulière dans ses façons.

Elle se grilla une fois une cuisse au milieu de la rivière de Seine, auprès de Fontainebleau, où elle se baignait : elle trouva l'eau trop froide, elle voulut la chauffer, et pour cela elle en fit bouillir quantité au bord de l'eau, qu'elle fit verser tout auprès d'elle et au-dessus, tellement qu'elle en fut brûlée à en garder le lit, avant que cette eau pût être refroidie dans celle de la rivière.

Quand il tonnait, elle se fourrait à quatre pattes sous un lit de repos, puis faisait coucher tous ses gens dessus, l'un sur l'autre en pile, afin que si le tonnerre tombait, il eût fait son effet sur eux avant de pénétrer jusqu'à elle. Elle s'était ruinée elle et son mari, qui étaient riches, par imbécillité, et il n'est pas croyable ce qu'elle dépensait à se faire dire des évangiles sur la tête.

La meilleure aventure entre mille fut celle d'un fou qui, une après-dînée que tous ses gens dînaient, entra chez elle à la place Royale, et la trouvant seule dans la chambre, la serra de fort près. La bonne femme, hideuse à dix-huit ans, mais qui était veuve et en avait plus de quatre-vingts, se mit à crier tant qu'elle put. Ses gens à la fin l'entendirent, et la trouvèrent, ses cottes troussées, qui se débattait tant qu'elle pouvait entre les mains de cet enragé. Ils l'arrêtèrent et le mirent en justice, pour qui ce fut une bonne gorge chaude, et pour tout le monde, qui le sut et qui s'en divertit beaucoup. Le fou fut trouvé l'être, et il n'en fut autre chose que le ridicule d'avoir donné cette histoire au public [1.63].

Le maréchal d'Harcourt renonce à priser

Il prenait autant de tabac que le maréchal d'Huxelles, mais non pas si saïement que lui, dont l'habit et la cravate en étaient toujours couverts.

Le roi haïssait fort le tabac. Harcourt s'aperçut en lui parlant souvent que son tabac lui faisait peine; il quitta le tabac tout d'un coup; on attribua à cela les apoplexies qu'il eut dans la suite et qui lui causèrent une terrible fin de vie [2.9].

Le cardinal de Coislin.

C'était un assez petit homme, fort gros, qui ressemblait assez à un curé de village.

Lorsque Mme la duchesse de Bourgogne approcha du terme d'accoucher du prince qui fut le premier enfant qu'elle eut, le roi envoya un courrier au cardinal avec une injonction très-expresse de sa main de venir sur-le-champ, et de demeurer à la cour jusqu'après les couches, à quoi il fallut obéir. Le roi, outre l'amitié, avait pour lui un respect qui allait à la dévotion. Il eut celle que l'enfant qui naîtrait ne fût pas ondoyé d'une autre main que de la sienne; et le pauvre homme, qui était fort gras et grand sueur, ruisselait dans l'antichambre, en camail et en rochet, avec une telle abondance que le parquet en était mouillé tout autour de lui [2.33].

La princesse d'Harcourt se brouille avec sa belle-fille

Dans les commencements ce furent merveilles. Le pied glissa, la contrainte et les exhortations suivirent. L'esprit et la souplesse remirent tout au premier état; mais il arriva un malheur.

La belle-fille écrivit de Paris à sa belle-mère à Versailles, avec des tendresses et des soumissions infinies, et à une de

bas-officier l'adoraient pour sa familiarité avec eux, et la licence qu'il tolérait pour s'en gagner les cœurs, dont il se dédommageait par une hauteur sans mesure avec tout ce qui était levé en grade ou en naissance. Il traitait à peu près de même ce qu'il y avait de plus grand en Italie, qui avait si souvent affaire à lui. C'est ce qui fit la fortune du fameux Alberoni.

Le duc de Parme eut à traiter avec M. de Vendôme : il lui envoya l'évêque de Parme, qui se trouva bien surpris d'être reçu par M. de Vendôme sur sa chaise percée, et plus encore de le voir se lever au milieu de la conférence et se torcher le cul devant lui. Il en fut si indigné que, toutefois sans mot dire, il s'en retourna à Parme sans finir ce qui l'avait amené, et déclara à son maître qu'il n'y retournerait de sa vie après ce qui lui était arrivé. Alberoni était fils d'un jardinier. Il était bouffon, il plut à M. de Parme comme un bas valet dont on s'amuse; en s'en amusant, il lui trouva de l'esprit, et qu'il pouvait n'être pas incapable d'affaires. Il ne crut pas que la chaise percée de M. de Vendôme demandât un autre envoyé ; il le chargea d'aller continuer et finir ce que l'évêque de Parme avait laissé à achever.

Alberoni, qui n'avait point de morgue à garder, et qui savait très-bien quel était Vendôme, résolut de lui plaire à quelque prix que ce fût. Il traita donc avec M. de Vendôme sur sa chaise percée, égaya son affaire par des plaisanteries qui firent d'autant mieux rire le général qu'il l'avait préparé par force louanges et hommages. Vendôme en usa avec lui comme il avait fait avec l'évêque, il se torcha le cul devant lui. A cette vue, Alberoni s'écrie : O culo di angelo! et courut le baiser. Rien n'avança plus ses affaires que cette infâme bouffonnerie. Il prit à tâche de plaire aux principaux valets, de se familiariser avec tous. Il fit à M. de Vendôme, qui aimait les mets extraordinaires, des soupes au fromage et d'autres ragoûts étranges, qu'il trouva excellents. Ainsi il changea de maître; et bientôt après, il mit le nez dans les lettres de M. de Vendôme, y réussit à son gré, devint son principal secrétaire, et celui à qui il confiait tout ce qu'il avait de plus particulier et de plus secret [2.34].

La licence et la débauche, l'air familier avec les soldats et le menu officier faisaient aimer M. de Vendôme de la plupart de son armée; l'autre partie, rebutée de sa paresse, de sa hauteur, surtout de l'audace de ce qu'il avançait en tout genre, et retenue par la crainte de son crédit et de son autorité, laissait ses louanges poussées à l'excès sans contradiction aucune, ce qui en faisait un héros à grand marché; et le roi, qui se plaisait à tout ce qui en pouvait donner cette opinion, devenait sans cesse le premier instrument de la tromperie grossière dans laquelle il était plongé à cet égard [2.20].

1703

Chateaurenaud est promu maréchal

La promotion de ce vice-amiral fut fort applaudie; il y avait longtemps qu'il avait mérité le bâton.

C'était un petit homme goussaut, blondasse qui paraissait hébété, et qui ne trompait guère; on ne comprenait pas à le voir qu'il eût pu jamais être bon à rien [2.9].

Fort homme d'honneur, très-brave, très-bon homme, et très-grand et heureux homme de mer. Avec tout cela, il se peut dire qu'il n'avait pas le sens commun [5.21].

Le marquis de Gesvres.

Le marquis de Gesvres causant un jour dans les cabinets du roi, et admirant en connaisseur les excellents tableaux qui y étaient, entre autres plusieurs crucifiements de Notre-Seigneur, de plusieurs grands maîtres, trouva que le même en avait fait beaucoup, et tous ceux qui étaient là. On se moqua de lui, et on lui nomma les peintres différents, qui se reconnaissaient à leur manière. « Point du tout, s'écria le marquis, ce peintre s'appelait INRI ; voyez-vous pas non nom sur tous ces tableaux? » On peut imaginer ce qui suivit une si lourde bêtise, et ce que put devenir un si profond ignorant [1.41].

Mariage de Mlle du Casse

Pontchartrain fit le mariage d'un de ses beaux-frères, capitaine de vaisseau, et lors à la mer, avec la fille unique de du Casse, qu'on croyait riche de douze cent mille livres.

Du Casse était de Bayonne, où son frère et son père vendaient des jambons. Il gagna du bien et beaucoup de connaissances au métier de flibustier, et mérita d'être fait officier sur les vaisseaux du roi, où bientôt après il devint capitaine. C'était un homme d'une grande valeur, de beaucoup de tête et de sang-froid et de grandes entreprises, et fort aimé dans la marine, par la libéralité avec laquelle il faisait part de tout, et la modestie qui le tenait en sa place [2.17].

Vauban, maréchal de France.

Vauban s'appelait le Prestre, petit gentilhomme de Bourgogne tout au plus, mais peut-être le plus honnête homme et le plus vertueux de son siècle, et avec la plus grande réputation du plus savant homme dans l'art des sièges et de la fortification, le plus simple, le plus vrai et le plus modeste.

C'était un homme de médiocre taille, assez trapu, qui avait fort l'air de guerre, mais en même temps un extérieur rustre et grossier, pour ne pas dire brutal et féroce.

Il n'était rien moins; jamais homme plus doux, plus compatissant, plus obligeant, plus respectueux, sans nulle politesse, et le plus ménager de la vie des hommes, avec une valeur qui prenait tout sur soi et donnait tout aux autres.

Il est inconcevable qu'avec tant de droiture et de franchise, incapable de se prêter à rien de faux ni de mauvais, il ait pu gagner au point qu'il fit l'amitié et la confiance de Louvois et du roi [2.9].

Mésaventure des conseillers d'État Fieubet et Courtin

Fieubet menait Courtin à Saint-Germain au conseil, et on volait fort dans ces temps-là; ils furent arrêtés et fouillés, et Fieubet y perdit gros, qu'il avait dans ses poches.

Comme les voleurs les eurent laissés, et que Fieubet se plaignait de son infortune, Courtin s'applaudit d'avoir sa montre et cinquante pistoles, qu'il avait fait à temps glisser dans sa brayette. A l'instant voilà Fieubet qui se jette par la portière, à crier après les voleurs et à les rappeler, si bien qu'ils vinrent voir ce qu'il voulait. « Messieurs, leur dit-il, vous me paraissez d'honnêtes gens dans le besoin, il n'est pas raisonnable que vous soyez les dupes de Monsieur que voilà, qui vous a escamoté cinquante pistoles et sa montre »; et se tournant à Courtin : « Monsieur, lui dit-il en riant, vous me l'avez dit; croyez-moi, donnez-les de bonne grâce et sans fouiller. » L'étonnement et l'indignation de Courtin furent tels qu'il se les laissa prendre sans dire une seule parole; mais les voleurs retirés, il voulut étrangler Fieubet, qui était plus fort que lui, et qui riait à gorge déployée.

Il en fit le conte à tout le monde à Saint-Germain; leurs amis communs eurent toutes les peines du monde à les raccommoder [2.17].

La duchesse de Ventadour.

Mme de Ventadour avait été charmante; elle conserva toujours un grand air et un air de beauté, et parfaitement bien faite. Nul esprit, de la bonté, mais gouvernée toute sa vie, et faite pour l'être. D'ailleurs esclave de la cour par ses aventures et ses besoins domestiques, et quand elle en fut à l'abri, par habitude et par rage de place et d'être.

Il y avait plus de trente ans que le maréchal de Villeroy et la duchesse de Ventadour se faisaient fort publiquement l'amour, sans toutefois s'en contraindre de part et d'autre pour ce qu'ils trouvaient à leur gré, et sans que cette liberté réciproque altérât le moins du moins leur commerce, sur lequel la plus intime amitié et confiance s'était entée [4.41].

Mariage du duc de Gesvres

Le vieux duc de Gesvres, à quatre-vingts ans, se remaria à Mlle de la Chesnelaye, belle et bien faite, et riche, que l'ambition d'un tabouret de duchesse fit consentir.

Il voulut faire le gaillard au souper de la noce, il en fut puni et la jeune mariée encore plus : il fit partout dans le lit, tellement qu'il fallut passer une partie de la nuit à les torcher et à changer de tout [2.9].

Le maréchal de Tallart s'empare de Landau

Landau se défendait vigoureusement. Tout était en mouvement pour son secours; le prince de Hesse y menait vingt-trois bataillons et trente escadrons.

Sur cette nouvelle, Tallart choisit quarante-quatre escadrons et vingt bataillons dans son armée et mande à Pracontal de le joindre le lendemain de bonne heure avec sa cavalerie seulement, si son infanterie ne pouvait arriver à la pointe du jour. Ils trouvèrent le prince de Hesse, dont l'armée n'était pas tout à fait encore en bataille. On ne tarda pas à se charger : la cavalerie de leur droite mena assez mal celle de notre gauche, mais celle de la leur ne tint pas; leur infanterie fit bonne contenance après sa première décharge, mais elle ne put résister à celle de Tallart, qui la chargea la baïonnette au bout du fusil avec tant de vigueur, que quantité de soldats ennemis furent tués dans les rangs et qu'ils ne purent résister.

On leur prit tout leur canon, presque tous leurs drapeaux et quantité d'étendards. La Baume, fils du maréchal, arriva le 20 novembre, sur les cinq heures, à Versailles, avec cette grande nouvelle, que le roi manda aussitôt à Monseigneur, qui était à Paris à l'Opéra. Ce prince fit cesser les acteurs pour l'apprendre aux spectateurs.

Landau reçut une capitulation honorable. Le prince de Hesse devait être joint le lendemain par six mille hommes, à qui on avait donné des chariots pour arriver plus diligemment [2.16].

Le cardinal Bonzi.

C'était un petit homme trapu qui avait eu un très beau visage, à qui l'âge en avait laissé de grands restes, avec les plus beaux yeux noirs, les plus parlants, les plus perçants, les plus lumineux, et le plus agréable regard, le plus noble et le plus spirituel que j'aie jamais vu à personne [2.12].

1704

Saint-Simon perd à la guerre son ami le duc de Montfort

Il avait cinq ans de plus que moi; beaucoup d'esprit, un savoir agréable, des grâces naturelles qui réparaient une figure un peu courte et entassée et un visage que les blessures avaient balafré.

Ma liaison intime avec le duc de Chevreuse, son frère, avait formé la mienne avec lui. Une certaine ressemblance de goûts, d'inclinations, d'aversions, de vues et de manières de penser et d'être, l'avait resserrée jusqu'à la plus grande intimité, en sorte que pour le sérieux nous n'avions rien de caché l'un pour l'autre.

Sa perte fut pour moi de la dernière amertume et tous les jours de ma vie je l'ai sentie depuis tant d'années [2.22].

Le marquis de Puysieux, ambassadeur en Suisse.

C'était un petit homme fort gros et entassé, plein d'esprit, de traits et d'agrément, tout à fait joyeux, doux, poli et respectueux, et le meilleur homme du monde. Il savait beaucoup, avec goût et avec une grande modestie; il était d'excellente compagnie, et un répertoire de mille faits curieux; tout le monde l'aimait.

Puysieux, arrivant de Suisse, fut fort bien traité du roi, dans l'audience qu'il en eut. Comme il avait beaucoup d'esprit et de connaissance du roi, et comme le roi lui témoignait de l'amitié et de la satisfaction de sa gestion en Suisse, il lui demanda s'il était bien vrai qu'il fût content de lui, si ce n'était point discours, et s'il y pouvait compter. Sur ce que le roi l'en assura, il prit un air gaillard et assuré, et lui répondit que pour lui il n'était pas de même, et qu'il n'était pas content de Sa Majesté. « Eh! pourquoi donc, Puysieux? lui dit le roi. — Pourquoi, Sire? parce qu'étant le plus honnête homme de votre royaume, vous ne laissez pourtant pas de me manquer de parole depuis plus de cinquante ans. — Comment, Puysieux, reprit le roi, et comment cela? — Comment cela, Sire? dit Puysieux, vous avez bonne mémoire et vous ne l'aurez pas oublié. Votre Majesté ne se souvient-elle pas qu'ayant l'honneur de jouer avec vous à colin-maillard, chez ma grand'mère, vous me mîtes votre cordon bleu sur le dos pour vous mieux cacher au colin-maillard, et que lorsqu'après le jeu je vous le rendis, vous me promîtes de m'en donner un quand vous seriez le maître : il y a pourtant longtemps que vous l'êtes, et bien assurément, et toutefois ce cordon bleu est encore à venir. » Le roi s'en souvint parfaitement, se mit à rire, et lui dit qu'il avait raison, qu'il lui voulait tenir parole. En effet, le jour même il en indiqua un pour le chapitre, et dit que c'était pour Puysieux.

Ce fait n'est pas important, mais il est plaisant; il est tout à fait singulier avec un prince aussi sérieux et aussi imposant que Louis XIV; et ce sont de ces petites anecdotes de cour qui ont leur curiosité [2.24].

Bon mot d'un vieux courtisan

Le père du maréchal de Villeroy, grand routier de cour, disait plaisamment qu'il fallait tenir le pot de chambre aux ministres tant qu'ils étaient en puissance, et le leur renverser sur la tête sitôt qu'on s'apercevait que le pied commençait à leur glisser [2.20].

Le marquis de Richelieu.

Le marquis de Richelieu était un homme obscur, ruiné, débauché, qui avait été longtemps hors du royaume pour avoir enlevé des Filles Sainte-Marie de Chaillot une fille du duc Mazarin, qui s'est depuis rendue fameuse par les désordres et les courses de sa vie errante, belle comme le jour. C'était un homme enterré dans la crapule et la plus vile compagnie, quoique avec beaucoup d'esprit, et qu'on ne voyait ni ne rencontrait jamais nulle part [2.24].

Les Anglais font main basse sur Gibraltar

Gibraltar, cette fameuse place qui commande à l'important détroit de ce nom, avait pour toute garnison une quarantaine de gueux. Le prince de Darmstadt, qui était bien averti, profita d'une faute si capitale. Y aller et s'en emparer ne fut que la même chose, et la grandeur de cette perte ne fut sentie qu'après qu'elle fut faite [2.22].

L'abbé Testu.

Il était grand, maigre et blond, et à quatre-vingts ans, il se faisait verser peu à peu une aiguière d'eau à la glace sur sa tête polie, sans qu'il en tombât une goutte à terre [2.37].

Une victoire sans lendemain du comte de Toulouse en Méditerranée

Le comte de Toulouse voulait rencontrer la flotte de Rooke et la combattre. Il la rencontra auprès de Malaga, et, le 24 septembre, il la combattit depuis dix heures du matin jusqu'à huit heures du soir. Les flottes, pour le nombre des vaisseaux, étaient à peu près égales. On n'avait vu de longtemps à la mer de combat plus furieux ni plus opiniâtre. Ils eurent toujours le vent sur notre flotte. La nuit favorisa leur retraite. Vilette, lieutenant général, qui avait l'avant-garde, défit celle des ennemis. Tout l'avantage fut du côté du comte de Toulouse, dont le vaisseau se battit longtemps contre celui de Rooke, et le démâta, qui put se vanter d'avoir remporté la victoire, et qui, profitant du changement du vent, poursuivit Rooke tout le 25, qui se retirait vers les côtes de Barbarie.

Ils perdirent six mille hommes, le vice-amiral hollandais, sauté, quelques-uns coulés bas, et plusieurs démâtés. Notre flotte ne perdit ni bâtiment, ni mât, mais la victoire coûta cher en gens distingués par leurs grades, et plus encore par leur mérite, outre quinze cents soldats ou matelots tués ou blessés [2.22].

La marquise de Florensac.

La marquise de Florensac, la plus belle femme qui fût peut-être en France, fit bien des passions, et fut accusée de n'être pas toujours cruelle. Son mari le plus sot homme de France ne s'en aperçut point et l'aimait passionnément [2.28].

Elle mourut à trente-cinq ans.

L'étiquette à la cour

Le roi étant à Fontainebleau, il s'y fâcha de ce que les dames négligeaient de s'habiller pour la comédie, et se passaient d'y aller ou s'y mettaient à l'écart, pour n'être pas obligées à s'habiller : quatre mots qu'il en dit, et le compte qu'il se fit rendre de l'exécution de ses ordres, y rendit toutes les femmes de la cour très-assidues en grand habit [2.23].

Jérôme de Pontchartrain, successeur de son père à la Marine et, de plus, chargé de la police de Paris.

Pontchartrain, secrétaire d'État de la marine, en était le fléau, comme de tous ceux qui étaient sous sa cruelle dépendance.

Sa taille était ordinaire, son visage long, mafflé, fort lippu, dégoûtant, gâté de petite vérole, qui lui avait crevé un œil. Celui de verre dont il l'avait remplacé était toujours pleurant, et lui donnait une physionomie fausse, rude, refrognée, qui faisait peur. Il avait de l'esprit, mais parfaitement de travers, et avec quelques lettres et quelque teinture d'histoire, appliqué, sachant bien sa marine, assez travailleur, et le voulait paraître beaucoup plus qu'il ne l'était. Son naturel pervers, que rien n'avait pu adoucir ni redresser le moins du monde, perçait partout : il aimait le mal pour le mal, et prenait un plaisir singulier à en faire. Si quelquefois il faisait du bien, c'était une vanterie qui en faisait perdre tout le mérite.

Son commerce était insupportable, par l'autorité brutale qu'il y usurpait et par ses infatigables questions; il se croyait tout dû, et il exigeait tout, avec toute l'insolence d'un maître dur; il s'établissait le gouverneur de la conduite de chacun, et il en exigeait compte : malheur à qui l'y avait accoutumé par besoin, par lâcheté; c'était une chaîne qui ne se pouvait rompre qu'en rompant avec lui. Outre qu'il était méchant, il était malin encore, et persécuteur jusqu'aux enfers quand il en voulait aux gens. Ses propos étaient éternellement divisés en trois points, et sans cesse il demandait, en s'applaudissant, s'il se faisait bien entendre; avec qui que ce fût, maître de la conversation, interrompant, questionnant, prenant la parole et le ton, avec des ris forcés à tous moments qui donnaient envie de pleurer; curieux de savoir le dedans et le dessous de toutes les familles et des intrigues, envieux et jaloux de tout. Il disait aux gens les choses les plus désagréables avec volupté, et réprimandait durement, en maître d'école, sous prétexte d'amitié et en forme d'avis [3.56].

Pontchartrain était d'une curiosité insupportable, grand fureteur et inquisiteur, sur ses meilleurs amis comme sur les autres [3.33].

Son délice était de tendre des panneaux, et la joie de son cœur de rendre de mauvais offices; il triomphait de refuser et de faire mystère des choses mêmes les plus futiles, surtout d'être hérissé de difficultés sur les choses qui en souffraient le moins. L'importance lui tournait la tête; son ver rongeur était de n'être point ministre; d'ailleurs incapable de société, d'amusement, de conversation ordinaire; toujours plein de ses fonctions, de ses occupations, et le tyran de sa famille et de ses familiers. Sa première femme, si parfaite en tout, en mourut à la fin à force de vertu; la seconde l'a vengée [3.56].

1705

Un ennui de l'évêque de Metz

L'année commença par un cruel fracas sur l'évêque de Metz. Jamais aventure si éclatante ni plus ridicule.

Un enfant de chœur, fils d'un chevau-léger de la garde, sortit fuyant et pleurant de l'appartement de Monsieur de Metz, où il était seul pendant que ses domestiques dînaient, et s'alla plaindre à sa mère d'avoir été fouetté cruellement par Monsieur de Metz. De ce fouet fort indiscret et, s'il fut vrai, fort peu du métier d'un évêque, des gens charitables voulurent faire entendre pis, et le chapitre de la cathédrale à s'émouvoir et à instrumenter. Le chevau-léger accourut en poste à Versailles, où il se jeta aux pieds du roi avec un placet, demandant justice et réparation.

Ce vacarme, épouvantable d'abord, s'en alla bientôt en fumée [2.30].

Toujours et encore des bals masqués

On avait fait plusieurs masques de cire de personnes de la cour, au naturel, qui les portaient sous d'autres masques, en sorte qu'en se démasquant on y était trompé, en prenant le second masque pour le visage, et c'en était un véritable tout différent dessous : on s'amusa fort à cette badinerie [2.24].

La duchesse d'Aiguillon.

C'était une des plus extraordinaires personnes du monde, avec beaucoup d'esprit. Elle fit un mélange de vanité et d'humilité, de grand monde et de retraite, qui dura presque toute sa vie; elle se mit si mal dans ses affaires qu'elle cessa d'avoir un carrosse et des chevaux. Elle aurait pu, quand elle voulait sortir, se faire mener par quelqu'un ou se faire porter en chaise; point du tout : elle allait dans ces chaises à roue qu'on loue, qu'un homme traîne et qu'un petit garçon pousse par derrière, qu'elle prenait au coin de la rue [2.24].

Le lieutenant-colonel Magalotti.

C'était un homme délicieux et magnifique, aimé et considéré, et qui avait été toute sa vie dans les meilleures compagnies des armées où il avait servi, dans sa vieillesse le plus beau visage du monde, et le plus vermeil, avec des yeux italiens et vifs, et les plus beaux cheveux blancs du monde [2.26].

Une coûteuse erreur : le port de Rochefort

Colbert de Terron, intendant de marine à la Rochelle, ayant voulu acheter Rochefort, et le seigneur s'étant opiniâtré à ne le point vouloir vendre, de dépit y voulut être plus maître que lui. Il persuada à la cour, où son nom alors l'appuyait fort, que c'était le lieu du monde le meilleur pour en faire un excellent port et le plus propre aux constructions des navires.

On le crut, on y dépensa des millions. Du Terron, par ce moyen, devint le maître et le tyran du lieu et du seigneur qui n'avait pas voulu le lui vendre. Mais quand tout fut fait, il se trouva une telle distance de ce lieu à la mer, un coude entre autres si fâcheux, et la Charente si basse, que les fort gros vaisseaux ne pouvaient y aller de la mer, ni de Rochefort à la mer, et que les autres n'y pouvaient aller qu'avec leur lest et désarmés, encore avec deux vents différents pour en faire le trajet.

Il n'eût pas été difficile de voir ce défaut, qui sautait aux yeux, avant de s'engager en une telle dépense; mais si le sort des choses publiques est presque toujours d'être gouverné par des intérêts particuliers, il se peut dire et trop continuellement vérifier qu'il est très-singulièrement attaché à la France [2.28].

Mademoiselle de Montjeu.

Jaune, noire, laide en perfection, de l'esprit comme un diable, du tempérament comme vingt, dont elle usa bien dans la suite, et riche [2.27].

Mort d'un petit prince

On perdit Mgr le duc de Bretagne, d'une manière très-prompte. Mgr le duc de Bourgogne et Mme la duchesse de Bourgogne surtout en furent extrêmement affligés. Le roi marqua beaucoup de religion et de résignation.

Il n'y eut point de cérémonie, sinon que le corps du petit prince fut porté dans un carrosse du roi, environné de gardes et de pages avec des flambeaux. Dans ce même carrosse étaient le cardinal de Coislin, à la première place parce qu'il portait le cœur sur un carreau sur ses genoux, Monsieur le Duc, comme prince du sang, à côté de lui, M. de Tresmes, comme duc, au-devant, avec Mme de Ventadour comme gouvernante, une sous-gouvernante et un aumônier du roi étaient aux portières. De Saint-Denis, ils rapportèrent le cœur au Val-de-Grâce.

Paris et le public furent fort touchés de cette perte [2.26].

L'abbé de Vendôme.

Il avait tous les vices de son frère. Sur la débauche il avait de plus que lui d'être au poil et à la plume, et d'avoir l'avantage de ne s'être jamais couché le soir, depuis trente ans, que porté dans son lit ivre mort, coutume à laquelle il fut fidèle le reste de sa vie. Menteur, escroc, fripon, voleur, malhonnête homme jusque dans la moelle des os, qu'il avait perdue de vérole. Il avait beaucoup d'esprit, et une figure parfaite en sa jeunesse, avec un visage autrefois singulièrement beau : en tout, la plus vile, la plus misérable, et en même temps la plus dangereuse créature qu'il fût possible [2.24].

Le comte de Toulouse à Toulon

Le comte de Toulouse et le maréchal de Cœuvres allèrent à Toulon, comptant monter une flotte. Tantôt un retardement, tantôt une difficulté, tantôt un manquement de quelque chose; bref, tous deux demeurèrent au port, et la flotte ennemie maîtresse de la mer.

L'amiral, pour charmer son ennui, alla visiter Antibes et se promener par les ports du pays, et revint à Fontainebleau, où le maréchal de Cœuvres, aussi peu content que lui, ne tarda pas à le suivre [2.30].

Mademoiselle de Beauffremont.

Mlle de Beauffremont, laide, gueuse, joueuse, avait beaucoup d'esprit. L'enfer n'était pas plus méchant ni plus noir que cette créature [2.23].

Un bon mot du duc de Roquelaure

Il lui échappa en nombreuse compagnie à la naissance de sa fille aînée : « Mademoiselle, dit-il soyez la bienvenue, je ne vous attendais pas sitôt. » En effet, elle ne s'était pas fait attendre.

C'était un plaisant de profession qui, avec force bas comique, en disait quelquefois d'assez bonnes, et jusque sur soi-même, comme on le voit [2.30].

Le maréchal d'Estrées.

C'était un fort honnête homme qui vécut dans une grande magnificence et fort désordonné. Ce qu'il amassa de livres rares et anciens, d'étoffes, de porcelaines, de diamants, de bijoux, de curiosités précieuses de toutes sortes, ne se peut nombrer, sans en avoir jamais su user.

Il allait toujours brocantant. [2.9].

Devenue toute puissante à Madrid,
Mme des Ursins se fait inviter à Versailles

On n'a jamais vu prendre un si grand vol : on ne s'y accoutumait pas, et à qui l'a vu et connu le roi et sa cour, on en est surpris encore quand on y pense après tant d'années.

Jamais elle ne paraissait que le roi ne se montrât tout occupé d'elle, de l'entretenir, de lui faire remarquer les choses, de rechercher son goût et son approbation, avec un air de galanterie, même de flatterie, qui ne faiblit point. Les fréquents particuliers qu'elle avait avec lui chez Mme de Maintenon, et qui duraient des heures et quelquefois le double, ceux qu'elle avait les matins fort souvent avec Mme de Maintenon seule, la rendirent la divinité de la cour.

Aux bals Mme des Ursins se mettait auprès du Grand Chambellan et avec sa lorgnette regardait un chacun. A tout moment le roi se tournait pour lui parler. Mme la duchesse de Bourgogne aussi n'était occupée que de Mme des Ursins, et on voyait qu'elle cherchait à lui plaire. Ce qui parut extrêmement singulier, ce fut de voir celle-ci paraître dans le salon avec un petit épagneul sous le bras, comme si elle eût été chez elle; on ne revenait point d'étonnement d'une familiarité que Mme la duchesse de Bourgogne n'eût osé hasarder, encore moins à ces bals de voir le roi caresser le petit chien et à plusieurs reprises.

Le roi s'était peu à peu laissé aller à la résolution de ne lui rien refuser.

Mme de Maintenon commençait à avoir impatience de s'en trouver débarrassée. On commença donc à la presser. Elle partit enfin à la mi-juillet [2.28].

Le lieutenant général d'Usson.

C'était un petit homme, fait comme un potiron, mais plein d'esprit, de valeur, et de talent pour la guerre [2.29].

En Italie victoire surprise de Vendôme sur le prince Eugène

Il se passa, le 16 août, une affaire où l'opiniâtreté de Vendôme pensa tout perdre.

Il était auprès de Cassano, d'où le combat prit le nom. Le prince Eugène crut le lieu propre à l'attaquer; il marcha à lui sans que Vendôme en voulût jamais croire les avis très-réitérés qu'il en eut, disant toujours qu'il n'oserait seulement y penser. L'attaque ne tarda pas de la part du prince Eugène; elle fut vive et heureuse contre les gens mal préparés et à peine disposés. Vendôme, avec tout son mépris et son audace, crut si bien l'affaire sans ressource, qu'il poussa à une cassine fort éloignée, pour considérer de là comment et par où il pourrait faire sa retraite avec le débris de son armée.

Vendôme mangeait un morceau à cette cassine, et il faut avouer que ce moment à prendre pour manger fut singulièrement étrange, lorsque Chemerault, lieutenant-général des meilleurs, inquiet au dernier point de le voir si longtemps disparu du combat, le découvrit mangeant dans la cassine, y courut, et lui apprit que la brigade de la vieille marine avait fait des prodiges sous le Guerchois, qui la commandait, lequel, par des efforts redoublés, avait rétabli le combat. Vendôme eut peine à l'en croire, demanda pourtant son cheval, poussa avec Chemerault au lieu du combat, et l'acheva glorieusement. Le champ de bataille lui demeura, et le prince Eugène se retira avec son armée à Treviglio.

Vendôme, à son ordinaire, manda ses triomphes avec tout ce qui les pouvait rendre tels. Cet exploit retentit à la cour et à la ville comme un avantage le plus complet, le plus décisif, le plus dû à la prudence, à la vigilance, à la valeur et à la capacité de Vendôme. On se garda de parler de cassine, et en Italie d'en faire mention. On ne sut ce fait que par le retour des officiers généraux et particuliers, de ceux qui eurent permission de faire un tour à Paris ou chez eux. Les uns le contèrent, les autres l'écrivirent à leurs amis de leur province, et tous ne se pouvaient lasser d'admirer que leur général pût avoir recueilli tant d'applaudissement de ce qui, en tout genre, lui méritait tant de blâme [2.29].

La princesse de Montauban.

C'était une bossue, tout de travers, fort laide, pleine de blanc, de rouge et de filets bleus pour marquer les veines, de mouches, de parures et d'affiquets qu'elle a conservés jusqu'à plus de quatre-vingts ans qu'elle est morte. Rien de si effronté, de si débordé, de si avare, de si étrangement méchant que cette espèce de monstre, avec beaucoup d'esprit et du plus mauvais, et toutefois de l'agrément quand elle voulait plaire [2.23].

*Mort de l'empereur Léopold Ier*

Ce qui est bien étrange, c'est que sentant sa fin approcher, après avoir mis ordre à toutes choses, il demanda sa musique, qui avait toujours fait son unique plaisir. Il l'entendit plusieurs heures, et mourut en l'entendant [2.27].

Le marquis de Thury, frère du marquis de Beuvron.

On le voyait assez souvent à la cour; c'était un homme fort appliqué à ses affaires; ni lui ni son frère n'avaient guère servi. Il était resté un vieux conte d'eux, du temps qu'ils étaient à l'armée : ils se promenaient à la tête du camp; il tomba une pluie assez douce après une longue sécheresse : « Mon frère, s'écria l'un, que de foins! — Mon frère, que d'avoine! » répondit l'autre. On le leur a souvent reproché [2.27].

Le recrutement, cette cruelle nécessité

Les pertes d'hommes en Allemagne et en Italie, plus grandes par les hôpitaux que par les actions, firent prendre le parti d'une levée de vingt-cinq mille hommes de milice, laquelle fut une grande ruine et une grande désolation dans les provinces.

On berçait le roi de l'ardeur des peuples à y entrer; on lui en montrait quelques échantillons de deux, de quatre, de cinq à Marly, en allant à la messe, gens bien trayés, et on lui faisait des contes de leur joie et de leur empressement. J'ai entendu cela plusieurs fois, et le roi les rendre après en s'applaudissant, tandis que moi, par mes terres et par tout ce qui s'en disait, je savais le désespoir que causait cette milice, jusque-là que quantité se mutilaient eux-mêmes pour s'en exempter. Ils criaient et pleuraient qu'on les menait périr; et il était vrai qu'on les envoyait presque tous en Italie, dont il n'en était jamais revenu un seul.

Personne ne l'ignorait à la cour : on baissait les yeux en écoutant ces mensonges et la crédulité du roi, et après on s'en disait tout bas ce qu'on pensait d'une flatterie si ruineuse [2.30].

Monsieur de Rupelmonde.

Jamais je ne vis homme si triste que ce Rupelmonde, ni qui ressemblât plus à un garçon apothicaire.

Je me souviens qu'un soir que nous étions à Marly, où était Mme de Rupelmonde, un suisse du salon entra quelques pas, et cria fort haut : « Mme de Ripilmand, allez coucher; votre mari est au lit, qui envoie vous demander. » L'éclat de rire fut universel. Le mari, en effet, avait envoyé chercher sa femme, et le valet, comme un sot, avait dit au suisse la commission, au lieu de demander à parler à Mme de Rupelmonde et la faire appeler à la porte du salon. Elle ne voulait point quitter le jeu, moitié honteuse, moitié effrontée; mais Mme la duchesse de Bourgogne la fit sortir.

Le mari fut tué bientôt après [2.26].

Venu à Paris en vue de se remarier avec une française, le duc de Mantoue, repoussé par celle qu'il désirait, se résigne à épouser Mademoiselle d'Elbœuf.

Il fut convenu que le mariage ne se ferait pas en France et que, le contrat signé entre les parties, elles s'en iraient, chacune de leur côté, le célébrer à Mantoue.

M. de Mantoue voulut aller prendre congé du roi à Marly, et lui demanda permission de le saluer encore en passant à Fontainebleau, s'en allant à cheval avec sa suite en Italie.

Mme et Mlle d'Elbœuf, avec Mme de Pompadour sœur de Mme d'Elbœuf, passèrent à Fontainebleau, suivant leur proie jusqu'où leur chemin fourchait pour aller, lui par terre, elles par mer, de peur que le marieur ne changeât d'avis et leur fît un affront. En chemin, la frayeur leur redoubla. Arrivées à Nevers, dans une hôtellerie, elles jugèrent qu'il ne fallait pas se commettre plus avant sans de plus efficaces sûretés. Elles y séjournaient un jour; ce même jour, elles y reçurent la visite de M. de Mantoue.

Mme de Pompadour, qui tant qu'elle avait pu, avec son art et ses minauderies, s'était insinuée auprès de lui dans le dessein d'en tirer tout ce qu'elle pourrait, lui proposa de ne différer pas à se rendre heureux par la célébration de son mariage; il s'en défendit tant qu'il put. Pendant cette indécente dispute, elles envoyèrent demander permission à l'évêque; il se mourait. Le grand vicaire, à qui on s'adressa, la refusa : il dit qu'il n'était pas informé de la volonté du roi, qu'un mariage ainsi célébré ne le serait pas avec la dignité requise entre de telles personnes, que de plus il se trouverait dépouillé des formalités indispensablement nécessaires pour le mettre à couvert de toute contestation d'invalidité. Une si judicieuse réponse fâcha fort les dames, sans leur faire changer de dessein. Elles pressèrent M. de Mantoue, lui représentèrent que ce mariage n'était pas de ceux où il y avait des oppositions à craindre, le rassurèrent sur ce que, se faisant ainsi dans l'hôtellerie d'une ville de province, le respect du roi se trouvait suffisamment gardé, le piquèrent sur son état de souverain, qui l'affranchissait des lois et des règles ordinaires, enfin le poussèrent tant, qu'à force de l'importuner elles l'y firent consentir.

Ils avaient dîné. Aussitôt le consentement arraché, elles firent monter l'aumônier de son équipage, qui les maria dans le moment. Dès que cela fut fait, tout ce qui était dans la chambre sortit, pour laisser les mariés en liberté de consommer le mariage, quoi que pût dire et faire M. de Mantoue pour les retenir, lequel voulait absolument éviter ce tête-à-tête. Mme de Pompadour se tint en dehors, sur le degré, à écouter près de la porte; elle n'entendit qu'une conversation fort modeste et fort embarrassée, sans que les mariés s'approchassent l'un de l'autre. Elle demeura quelque temps de la sorte, mais jugeant enfin qu'il ne s'en pouvait espérer rien de mieux, et qu'à tout événement ce tête-à-tête serait susceptible de toutes les interprétations qu'on lui voudrait donner, elle céda enfin aux cris que de temps en temps le duc de Mantoue faisait pour rappeler la compagnie, et qui demandait ce que voulait dire de s'en aller tous et de les laisser ainsi seuls tous deux. Mme de

Pompadour appela sa sœur; elles rentrèrent; aussitôt le duc prit congé d'elles, et quoiqu'il ne fût pas de bonne heure, monta à cheval, et ne les revit qu'en Italie, encore qu'ils fissent même route jusqu'à Lyon. La nouvelle de cette étrange célébration de mariage ne tarda guère à se répandre, avec tout le ridicule dont elle était tissue.

Mme d'Elbœuf et sa fille allèrent s'embarquer à Toulon sur deux galères du roi. Ces galères eurent rudement la chasse par des corsaires d'Afrique; ce fut grand dommage qu'elles ne fussent prises pour achever le roman. Débarquées enfin à sauveté, M. de Vaudemont les joignit. Il persuada à M. de Mantoue de réhabiliter son mariage par une célébration nouvelle, qui rétablit tout le défectueux de celle de Nevers. Ce prince l'avait lui-même trouvée si contraire aux défenses précises que le roi leur avait faites de se marier en France, qu'il l'avait fait assurer par son envoyé qu'il n'en était rien, et que ce n'étaient que des bruits faux que ceux qui couraient de son mariage fait à Nevers; cette raison le détermina donc à suivre le conseil de Vaudemont. L'évêque de Tortone les maria dans Tortone publiquement, en présence de la duchesse d'Elbœuf et du prince et de la princesse de Vaudemont.

Ce beau mariage, tant poursuivi par les Lorrains, tant fui par M. de Mantoue, fait avec tant d'indécence, et refait après pour la sûreté de l'état de Mlle d'Elbœuf, n'eut pas des suites heureuses. Soit dépit de s'être laissé acculer à épouser malgré lui, soit caprice ou jalousie, il renferma tout aussitôt sa femme avec tant de sévérité, qu'elle n'eut permission de voir qui que ce fût, excepté sa mère, encore pas plus d'une heure par jour, et jamais seule, pendant les quatre ou cinq mois qu'elle demeura avec eux. Ses femmes n'entraient chez elle que pour l'habiller et la déshabiller précisément. Il fit murer ses fenêtres fort haut, et la fit garder à vue par de vieilles Italiennes. Ce fut donc une cruelle prison.

Six mois après, Mme d'Elbœuf, outrée de dépit, mais trop glorieuse pour le montrer, revint remplie, à ce qu'elle affectait, des grandeurs de son gendre et de sa fille, ravie pourtant au fond d'être défaite d'une charge devenue si pesante. Elle déguisa les malheurs de sa fille, jusqu'à s'offenser qu'on fît et qu'on crût ce qui en était et ce qui en revenait par toutes les lettres de nos armées. Mais à la fin, le temps et la force de la vérité les lui fit avouer.

Je me suis peut-être trop étendu sur cette affaire; il m'a paru qu'elle le méritait par sa singularité, et plus encore pour montrer par des faits de cette sorte quelle fut la cour du roi. [2.22].

Un aparté prudent

Nous étions à Marly. Le soir, à la musique, la comtesse de Mailly se vint mettre auprès de moi un peu après qu'elle fut commencée. Nos deux sièges se trouvèrent un peu écartés des autres.

Nous ne prolongeâmes point notre conversation, pour qu'on ne remarquât point que nous parlassions de quelque chose d'intéressant [2.33].

Le prince de Donzi.

M. de Donzi, fils du feu duc de Nevers, prit en se mariant le nom de prince de Vergagne, que le public, qui aime à se jouer sur les mots, et qui n'approuvait pas sa vie, appela le prince de Vergogne [3.4].

Mort du maréchal de Duras

M. de Duras n'aima jamais rien que son frère, et assez Mme de Saint-Simon, avec quoi j'avais trouvé grâce devant lui. De ses enfants il ne faisait aucun compte. Rien ne l'affecta jamais, ni ne prit un moment sur sa liberté d'esprit et sur sa gaieté naturelle; il le dit un jour au roi, et il ajouta qu'il le défiait, avec toute sa puissance, de lui donner jamais de chagrin qui durât plus d'un quart d'heure.

Sa propreté était extrême et poussée même fort loin. A quatre-vingts ans il dressait encore des chevaux que personne n'avait montés; c'était aussi le plus bel homme de cheval et le meilleur qui fût en France. Lorsque les enfants de France commencèrent à apprendre sérieusement à y monter, le roi pria M. de Duras de vouloir bien les voir monter et présider à leur manège; il y fut quelque temps, et à la grande écurie et à des promenades avec eux, puis dit au roi qu'il n'irait plus, que c'était peine perdue, que ses petits-fils n'auraient jamais ni grâce ni adresse à cheval, qu'il pouvait s'en détacher, quoi que les écuyers lui pussent dire dans la suite, et qu'ils ne seraient jamais à cheval que des paires de pincettes : il tint parole, et eux aussi.

On ne finirait pas à rapporter ses traits. Le roi se plaisait avec lui. Il fut attaqué de l'hydropisie, dont il mourut. Il disputa quelque temps; enfin, il fallut céder, et lui-même comprit très-bien qu'il n'en reviendrait pas. Il prit congé du roi dans son cabinet qui le combla d'amitiés, et qui s'attendrit jusqu'aux larmes [2.23].

La marquise de Caylus.

Jamais un visage si spirituel, si touchant, si parlant, jamais une fraîcheur pareille, jamais tant de grâces ni plus d'esprit, jamais tant de gaieté et d'amusement, jamais de créature plus séduisante.

Mme de Maintenon l'aimait à ne se pouvoir passer d'elle, au point de fermer les yeux sur une conduite qui, n'étant pas devenue meilleure dans le fond, avait encore des saillies trop publiques. Son mari, blasé, hébété depuis plusieurs années de vin et d'eau-de-vie, était tenu à servir, hiver et été, sur la frontière, pour qu'il n'approchât ni de sa femme, ni de la cour. Lui aussi ne demandait pas mieux, pourvu qu'il fût toujours ivre.

Elle aimait le jeu sans avoir de quoi le soutenir, encore mieux la table, où elle était charmante; elle excellait dans l'art de contrefaire, et surpassait les plus fameuses actrices à jouer des comédies; elle s'y surpassa à celles d'Esther et d'Athalie devant le roi. Il ne la goûta pourtant jamais, et fut toujours réservé, même sévère, avec elle; cela surprenait et affligeait Mme de Maintenon [2.24].

Saint-Simon compare la situation du royaume en 1705 avec ce qu'elle était trente ans plus tôt

Tout était florissant dans l'État, tout y était riche. Colbert avait mis les finances, la marine, le commerce, les manufactures, les lettres même, au plus haut point; et ce siècle, semblable à celui d'Auguste, produisait à l'envi des hommes illustres en tout genre, jusqu'à ceux mêmes qui ne sont bons que pour les plaisirs [4.51].

L'orgueil de Louis XIV que Louvois sut si bien manier, épuisa le royaume par des guerres et par des fortifications innombrables.

C'était Louvois, l'auteur et l'âme de toutes ces guerres, parce qu'il en avait le département, et parce que, jaloux de Colbert, il le voulait perdre en épuisant les finances, et le mettant à bout. C'est ce qu'opérèrent ces places et ces troupes sans nombre qui accablèrent d'abord les ennemis, mais qui leur apprirent enfin à voir des armées aussi nombreuses que les nôtres, et que l'Allemagne et le nord étaient inépuisables d'hommes, tandis que la France s'en dépeupla.

Ce fut la même jalousie qui écrasa la marine dans un royaume flanqué des deux mers, parce qu'elle était florissante sous Colbert et son fils, et qui empêcha l'exécution du sage projet d'un port à la Hogue, pour s'assurer d'une retraite dans la Manche, faute énorme qui bien des années après coûta à la France, au même lieu de la Hogue, la perte d'une nombreuse flotte qu'elle avait enfin remise en mer avec tant de dépense, qui anéantit la marine, et ne lui laissa pas le temps de rétablir son commerce qui est la source des richesses et pour ainsi dire l'âme d'un État dans une si heureuse position entre les deux mers [4.52].

Il faudrait à la France trente ans de paix et du plus sage gouvernement pour remonter sa marine au point que Colbert et Seignelay l'avaient laissée [5.68].

CHAPITRE X

OU NOUS VOYONS LES ARMÉES DU ROI MALHEUREUSES, LE PEUPLE DANS LA MISÈRE ET LA COUR ANGOISSÉE

(*de 1706 à 1710*)

1706

Je ne sais pas si les malheurs de l'année qui vient de finir, et les grandes choses qu'on méditait pour celle-ci, persuadèrent au roi les plaisirs de l'hiver comme une politique qui donnerait courage à son royaume, et qui montrerait à ses ennemis le peu d'inquiétude que lui donnaient leurs prospérités. Quoi qu'il en soit, on fut surpris de lui voir déclarer, dès les premiers jours de cette année, qu'il y aurait des bals à Marly tous les voyages, et dès le premier de l'année jusqu'au carême, d'en nommer les hommes et les femmes pour y danser.

Le roi y fit danser des gens qui en avaient de beaucoup dépassé l'âge, comme le duc de Villeroy, M. de Monaco, et plusieurs autres. Pour le comte de Brionne et le chevalier de Sully, leur danse était si parfaite qu'il n'y avait point d'âge pour eux [2.32].

Gabriel de Roquette, évêque d'Autun.

Tout sucre et tout miel, lié aux femmes importantes, et entrant dans toutes les intrigues; toutefois grand béat, c'est sur lui que Molière prit son Tartuffe, et personne ne s'y méprit. L'archevêque de Reims passant à Autun avec la cour, et admirant son magnifique buffet : « Vous voyez là, lui dit l'évêque, le bien des pauvres. — Il me semble, lui répondit brutalement l'archevêque, que vous auriez pu leur en épargner la façon. »

Il emboursait accortement ces sortes de bourrades, il n'en sourcillait pas, il n'en était que plus obséquieux envers ceux qui les lui avaient données [2.45].

A son retour d'Italie
Vendôme reçoit un accueil triomphal

Vendôme arriva droit à Marly, où nous étions, le 12 février. Ce fut une rumeur épouvantable : les galopins, les porteurs de chaise, tous les valets de la cour quittèrent tout pour environner sa chaise de poste. A peine monté dans sa chambre, tout y courut. Les princes du sang, si piqués de sa préférence sur eux à servir, et de bien d'autres choses, y arrivèrent tous les premiers. Le roi l'entretint chez Mme de Maintenon plus de deux heures.

On briguait à lui donner des fêtes, on briguait d'y être invité avec lui. Jamais triomphe n'égala le sien; chaque pas qu'il faisait lui en procurait un nouveau.

Tout montrait que de propos délibéré on avait résolu d'élever Vendôme au rang des héros. Pour moi, je demeurai spectateur et n'allai point adorer l'idole. [2.34].

Le comte de Mézières.

Mézières était un homme d'une figure effroyable : bossu devant et derrière à l'excès, la tête dans la poitrine au-dessous de ses épaules, faisant peine à voir respirer; avec cela un visage jaune qui ressemblait à une grenouille comme deux gouttes d'eau. Il avait de l'esprit, encore plus de manège, une opinion de lui jusqu'à se regarder au miroir avec complaisance et à se croire fait pour la galanterie [2.46].

Deux établissements anglais détruits aux Caraïbes

Chavagnac, avec quatre vaisseaux du roi, ravagea cependans toute l'île de Saint-Christophe en Amérique, dont les

Anglais étaient les maîtres, y ruina tout, en emmena huit cents nègres, puis avec Iberville, qui le joignit au rendez-vous qu'il lui avait donné, prit aux Anglais toute la petite île de Nièves, en détruisit les forts, les habitations, les sucreries, firent le dégât partout, emmenèrent les principaux habitants pour otages, prirent trente vaisseaux marchands, dont quelques-uns percés pour trente-six pièces de canon, emmenèrent sept mille nègres, et firent un grand butin. Le gouverneur et le major de l'île furent tués. Il n'en coûta à nos deux capitaines que quelques soldats et un enseigne de vaisseau. Ils n'avaient pour cette expédition que douze cents soldats et treize cents flibustiers [2.35].

Le marquis d'Antin, fils de Mme de Montespan.

Beau comme le jour étant jeune, d'Antin en conserva de grands restes jusqu'à la fin de sa vie, mais une beauté mâle et une physionomie d'esprit. Personne n'avait plus d'agréments, de mémoire, de lumière, de connaissance des hommes et de chacun, d'art et de ménagement pour savoir les prendre, plaire, s'insinuer, et parler toutes sortes de langages; beaucoup de connaissances et des talents sans nombre, qui le rendaient propre à tout, avec quelque lecture; un corps robuste, et qui sans peine fournissait à tout, répondait au génie, et quoique peu à peu devenu fort gros, il ne lui refusait ni veilles ni fatigues. Brutal par tempérament, doux, poli par jugement, accueillant, empressé à plaire, jamais il ne lui arrivait de dire mal de personne. Il sacrifia tout à l'ambition et aux richesses, quoique prodigue, et fut le plus habile et le plus raffiné courtisan de son temps, comme le plus incompréhensiblement assidu. Application sans relâche, fatigues incroyables pour se trouver partout à la fois, assiduité prodigieuse en tous lieux différents, soins sans nombre, vues en tout, et cent à la fois, adresses, souplesses, flatteries sans mesure, attention continuelle et à laquelle rien n'échappait, bassesses infinies, rien ne lui coûta, rien ne le rebuta vingt ans durant, sans aucun autre succès que la familiarité qu'usurpait sa gasconne impudence, avec des gens que tout lui persuadait avec raison qu'il fallait violer quand on était à portée de le pouvoir.

Sa table, ses équipages, toute sa dépense était prodigieuse, et la fut dans tous les temps. Son jeu furieux le fit subsister longtemps : il y était prompt, exact en comptes, bon payeur, sans incidents, les jouait tous fort bien, heureux à ceux de hasard, et avec tout cela, fort accusé d'aider la fortune [2.51].

Avant la campagne des Flandres

Le roi n'avait rien tant recommandé au maréchal de Villeroy que de ne rien oublier pour ouvrir la campagne par une bataille. Il commençait à sentir le poids de la guerre; il avait dès lors envie de la terminer, mais il voulait donner la paix, et non la recevoir. Il espérait tout de ses généraux et de ses troupes : les succès d'Italie et du Rhin semblaient lui répondre de ceux de ses autres entreprises; il aimait assez Villeroy pour vouloir qu'il cueillît des lauriers. Il partit à la mi-avril pour retourner en Flandres, et depuis son départ jusqu'à l'assemblée de son armée, le roi le pressa sans cesse d'exécuter ce qu'il lui avait si expressément ordonné.

Le génie court et superbe de Villeroy se piqua de ces ordres si réitérés. Il se figura que le roi doutait de son courage, puisqu'il jugeait nécessaire de l'aiguillonner si fort; il résolut de tout hasarder pour le satisfaire, et lui montrer qu'il ne méritait pas de si durs soupçons [2.36].

Le comte de Vaillac.

C'était un des bons officiers généraux que le roi eût pour la cavalerie, et qui aurait été loin, si le vin, la crapule et l'obscurité qui en sont les suites, n'eût rendu ses talents et ses services inutiles. Il tenait beaucoup de vin, enivrait sa compagnie et s'enivrait après. Des coquins le marièrent ivre mort, en garnison, à une gueuse, sans qu'il sût rien de ce qu'il faisait.

On a donné pour véritable qu'ayant été fort régalé par

les magistrats de Bâle, à titre de grand buveur, et les ayant tous vaincus à boire, il leur proposa, étant monté à cheval pour s'en aller, de boire le vin de l'étrier, qu'ils firent apporter des bouteilles et lui présentèrent un verre, qu'il leur dit que ce n'était pas ainsi qu'il buvait le vin de l'étrier, et que jetant sa botte il l'avait fait remplir et l'avait vidée; mais c'est un conte fait à plaisir qu'on a brodé au point de dire que ces magistrats l'avaient fait peindre en cette attitude dans leur hôtel de ville [2.52].

Pour une belle

Deux hommes querelleurs, eurent une violente prise au bal au Palais-Royal. M. le duc d'Orléans, qui survint au bruit, leur imposa et les accommoda sur-le-champ. Ils ne demandaient pas mieux l'un et l'autre. C'était le chevalier de Bouillon et d'Entragues. Tous deux prétendaient épouser Mme de Barbezieux. L'éclat de cette affaire fit entrer la prétendue dans un couvent [2.34].

Le duc de Noailles.

Le serpent qui tenta Ève, qui renversa Adam par elle, et qui perdit le genre humain, est l'original dont le duc de Noailles est la copie la plus exacte, la plus fidèle, la plus parfaite, autant qu'un homme peut approcher des qualités du chef de tous les anges précipités du ciel.

La plus vaste et la plus insatiable ambition, l'orgueil le plus suprême, l'opinion de soi la plus confiante, et le mépris de tout ce qui n'est pas soi, le plus complet; la soif des richesses, la parade de tout savoir, la passion d'entrer dans tout, surtout de tout gouverner; l'envie la plus générale et la plus brûlante, la plus poignante; la rapine hardie jusqu'à effrayer, de faire sien tout le bon, l'utile, l'illustrant d'autrui; une vie ténébreuse, enfermée, ennemie de la lumière, tout occupée de projets et de recherches des moyens d'arriver à ses fins, tous bons, pour exécrables, pour horribles qu'ils puissent être, pourvu qu'ils le fassent arriver à ce qu'il se propose; une profondeur sans fond : c'est le dedans de M. de Noailles.

Le dehors, pour le corps : des pieds, des mains, une corpulence de paysan; le visage tout dissemblable : toute sa phisionomie est esprit, affluence de pensées, finesse et fausseté, pas sans grâces; une éloquence naturelle, une élocution facile, une expression telle qu'il la veut; un homme toujours maître de soi, qui sait parler toute une journée et avec agrément sans jamais rien dire, qui en conversation est tout à celui à qui il veut plaire; égale facilité à louer et à blâmer le même homme ou la même chose, suivant la personne qui lui parle; grand flatteur, avec un air de conviction et de vérité; toujours à la mode, dévot, débauché, mesuré, impie tour à tour, selon qu'il convient; mais ce qui ne varie point, simple, détaché, ne se souciant que de faire le bien, amoureux de l'État, et citoyen comme on l'était à Sparte; le front serein, l'air tranquille, la conversation aisée et gaie, lorsqu'il est le plus agité et le plus occupé; aimable, complaisant, entrant avec vous quand il médite de vous accabler des inventions les plus infernales, et quelque long délai qui arrive entre l'arrangement de ses machines et leur effet, il ne lui coûte pas la plus légère contrainte de vivre avec vous en liaison, en commerce continuel d'affaires et de choses de concert, enfin en apparences les plus entières de l'amitié la plus vraie et de la confiance la plus sûre; infiniment d'esprit et toutes sortes de ressources dans l'esprit, mais toutes pour le mal, pour ses désirs, pour les plus profondes horreurs et les noirceurs les plus longuement excogitées, et pourpensées de toutes ses réflexions pour leur succès. Voilà le démon, voici l'homme [4.42].

Sa taille assez grande, mais épaisse, sa démarche lourde et forte, son vêtement uni, ou tout au plus d'officier, voudraient montrer la simplicité la plus naturelle; il la soutient par une apparence de sans façon de camarade. Doux quand il lui plaît, gracieux, affable, jamais importuné quand même il l'est de plus; gaillard amusant, aisé, accueillant, propre à toute conversation, sachant de tout, mais on rencontre le tuf pour peu qu'on approfondisse, et alors vous le voyez maître passé en galimatias de propos délibéré.

En même temps, avec tout son esprit, ses talents, ses connaissances, l'homme le plus radicalement incapable de travail et d'affaires.

En affaires, il saisit un projet, il le suit huit jours, quelquefois jusqu'à quinze ou vingt; tout y cède, tout y est employé, tout autre chose languit dans l'abandon, il ne respire que pour ce projet : un autre naît et se grossit dans sa tête, fait disparaître le premier, en prend la place avec la même ardeur, est éteint par un troisième, et toujours ainsi. C'est un homme de grippe, de fantaisie, d'impétuosité successive, qui n'a aucune suite dans l'esprit que pour les trames, les brigues, les pièges, les mines qu'il creuse et qu'il fait jouer sous les pieds. On le verra incapable de faire un mémoire raisonné sur quoi que ce soit, et incapable d'écrire une lettre d'affaires.

A force de raisonner, de parler, de dicter, de reprendre, de corriger, de raturer, de changer, de refondre, tout s'évapore, il ne demeure rien; les jours et les mois s'écoulent, la tête tourne aux secrétaires, il ne sort rien, mais rien, quoi que ce soit. De dépit, quand c'est chose qu'il faut pourtant qui existe et montrer, il se résout enfin de la faire faire par un inconnu qu'il a déniché et qu'il a mis sous clef dans un grenier, à qui souvent encore il fait faire et défaire dix fois, et avec la plus tranquille effronterie produit cet ouvrage comme sien [3.62].

La campagne des Flandres s'achève par une déroute

Le roi n'apprit le désastre de Ramillies que le mercredi 26 mai, à son réveil. J'étais à Versailles; jamais on ne vit un tel trouble ni une pareille consternation. Ce qui y mit le comble fut que, ne sachant rien qu'en gros, on fut six jours sans courrier; la poste même fut arrêtée. Les jours semblaient des années, dans l'ignorance du détail et des suites d'une si malheureuse bataille, et dans l'inquiétude de chacun pour ses proches et pour ses amis. Le roi fut réduit à demander des nouvelles aux uns et aux autres, sans que personne lui en pût apprendre [2.36].

La duchesse de Nemours.

Mme de Nemours, avec une figure fort singulière, une façon de se mettre en tourière qui ne l'était pas moins, de gros yeux qui ne voyaient goutte, et un tic qui lui faisait toujours aller une épaule, avec des cheveux blancs qui lui traînaient partout, avait l'air du monde le plus imposant. Aussi était-elle altière au dernier point, et avait infiniment d'esprit.

Mme de Nemours parlant au roi dans une fenêtre de son cabinet, avec ses yeux qui ne voyaient guère, ne laissa pas d'apercevoir Matignon, qui passait dans la cour. Aussitôt elle se mit à cracher cinq ou six fois tout de suite, puis dit au roi qu'elle lui en demandait pardon, mais qu'elle ne pouvait voir un Matignon sans cracher de la sorte. Elle était extraordinairement riche, et vivait dans une grande splendeur et avec beaucoup de dignité; mais ses procès lui avaient tellement aigri l'esprit qu'elle ne pouvait pardonner; elle ne finissait point là-dessus; et quand quelquefois on lui demandait si elle disait le Pater, elle répondit qu'oui, mais qu'elle y passait l'article du pardon des ennemis sans le dire. On peut juger que la dévotion ne l'incommodait pas [2.52].

Au lendemain d'un autre grave échec militaire :
celui du duc d'Orléans à Turin

Le public équitable, la cour même, malgré ses jalousies décernèrent des lauriers à sa défaite, et l'élevèrent d'autant plus que la fortune l'avait voulu abaisser. Ce fait est aussi mémorable que singulier, et je ne crois pas qu'il y ait d'exemple de tant et de si unanimes louanges dans un malheur aussi complet.

On n'y perdit pas plus de quinze cents hommes, mais beaucoup de blessés et de prisonniers.

L'abbé de Grancey, premier aumônier de M. le duc d'Orléans, médiocre prêtre, mais fort brave et bon homme, fut tué à deux pas derrière lui, sur quoi le comte de Roucy disait que ce pauvre abbé mourrait de joie s'il pouvait savoir qu'il a été tué [2.41].

M. de Lanjamet.

C'était de ces insectes de cour qu'on est toujours surpris d'y voir et d'y trouver partout, et dont le peu de conséquence fait toute la consistance.

C'était un fort petit homme, vieillot, avec un grand nez de perroquet, étrangement élevé et recourbé, qui lui tenait tout le visage, qui parlait, s'intriguait, décidait, et se fourrait partout où il trouvait des maisons ouvertes [2.62].

Mort d'un diététicien

Du Chesne, fort bon médecin, charitable et homme de bien et d'honneur, mort à Versailles à quatre-vingt-onze ans, conserva jusqu'au bout une santé parfaite et sa tête entière, soupant tous les soirs avec une salade et ne buvant que du vin de Champagne. Il conseillait ce régime [2.46].

Le vicomte de Montbron.

C'était un petit homme de mine chétive, d'esprit médiocre, mais tout tourné à faire, grand vanteur, parleur impitoyable, toutefois point malhonnête homme, assez bon officier et brave.

Montbron conserva toute sa vie ses cheveux verts, avec une grande calotte, qui figurait fort mal avec son cordon bleu pardessus. Il s'avisa d'être médecin et chimiste; il mit un remède à la mode, qui tua la plupart de ceux qui en usèrent, tous par des cancers; il lui en vint à la main, dont il mourut aussi [2.57]

1707

Un ministre aux abois

Chamillart, accablé du double travail de la guerre et des finances, n'avait pas le temps de manger ni de dormir. Ce ministre avait plus d'une fois représenté son impuissance à suffire à deux emplois qui, dans des temps heureux, auraient même fort occupé deux hommes tous entiers. A la fin la machine succomba : il lui prit des vapeurs, des éblouissements, des tournements de tête; tout s'y portait; il ne digérait plus; il maigrit à vue d'œil.

Il écrivit au roi une lettre pathétique, pour être déchargé : il ne lui dissimula rien de la triste situation de ses affaires et de l'impossibilité où leur difficulté le mettait d'y remédier, faute de temps et de santé; il finissait que ce serait bien mal répondre à ses bontés et à sa confiance s'il ne lui disait franchement que tout allait périr s'il n'y apportait remède.

Il écrivait toujours au roi à mi-marge, et le roi apostillait à côté, de sa main, et lui renvoyait ainsi ses lettres. Chamillart me montra celle-là après qu'elle lui fut revenue; j'y vis avec grande surprise cette fin de la courte apostille de la main du roi : Hé bien! nous périrons ensemble.

Chamillart en fut également comblé et désolé; mais cela ne lui rendit pas les forces [2.46].

Le comte de Marsan.

C'était un extrêmement petit homme trapu, qui n'avait que de la valeur, du monde, beaucoup de politesse et du jargon des femmes, aux dépens desquelles il vécut tant qu'il put.

Jamais fadeur ne fut pareille à celle de M. de Marsan, avec toutes ses manières d'un vieux galant auprès des dames et ses bassesses avec les gens qu'il ménageait. Il n'avait pas honte d'appeler Mme de la Feuillade ma grosse toute belle, qui était une très-bonne femme, mais beaucoup plus Maritorne que celle de don Quichotte. Elle-même en était embarrassée, et la compagnie en riait.

Enfin un homme si bas et si avide, qui toute sa vie avait vécu des dépouilles de l'Église, des femmes, de la veuve et de l'orphelin, surtout du sang du peuple, mourut enragé de malefaim, par une paralysie sur le gosier, qui, lui laissant la tête dans toute sa liberté et toutes les parties du corps parfaitement saines, l'empêcha d'avaler. Il fut plus de deux mois dans ce tourment, jusqu'à ce qu'enfin une seule goutte d'eau ne put plus passer, sans que cela l'empêcha de parler. Il faisait manger devant lui ses gens, et sentait tout ce qu'on leur donnait avec une faim désespérée, et mourut en cet état, qui frappa tout le monde, si fort instruit des rapines dont il avait toute sa vie vécu [2.70].

Mariage du comte d'Évreux

Le comte d'Évreux, troisième fils de M. de Bouillon, avait trouvé dans les grâces du roi et dans la bourse de ses amis, de quoi se revêtir de la charge de colonel général de la cavalerie, du comte d'Auvergne, son oncle; mais il n'avait ni de quoi les payer ni de quoi y vivre, et M. de Bouillon n'était pas en état ou en volonté de lui en donner. Il se résolut donc à sauter le bâton de la mésalliance, et de faire princesse par la grâce du roi la fille de Crozat, qui de bas commis, puis de petit financier, enfin de caissier du clergé, s'était mis aux aventures de la mer et des banques, et passait avec raison pour un des plus riches hommes de Paris.

Crozat fit chez lui une superbe noce, et logea et nourrit les mariés. Mme de Bouillon appelait cette belle-fille son petit lingot d'or [2.47].

Campistron.

Campistron était de ces poètes crottés qui meurent de faim et qui font tout pour vivre [2.66].

Exploits du chevalier de Forbin

Forbin se signala à la mer cette année : avec des vaisseaux plus faibles que les quatre anglais de soixante-dix pièces de canon, qui convoyaient une flotte de dix-huit vaisseaux chargés de munitions de guerre et de bouche, qu'il trouva sur les côtes d'Angleterre comme il sortait de Dunkerque, il prit deux vaisseaux de guerre, qu'il amena à Dunkerque avec les dix-huit vaisseaux marchands, après quatre heures de combat, et mit le feu à un des deux autres vaisseaux de guerre. Trois mois après il prit, à l'embouchure de la Dwine, dix-sept vaisseaux marchands hollandais richement chargés pour la Moscovie. Il en prit ou coula à fond plus de cinquante pendant cette campagne.

Depuis il prit encore trois gros vaisseaux de guerre anglais qu'il amena à Brest, coula à fond un autre de cent pièces de canon, de cinq qu'ils étaient à convoyer une flotte marchande en Portugal, sur laquelle il lâcha nos armateurs, qui y firent bien leurs affaires [2.53].

M. de Boysseul.

C'était un gentilhomme grand et gros, fort bien fait en son temps, excellent homme de cheval, qui, fort brutal, gros joueur et fort emporté, faisait des sorties et jurait dans le salon de Marly comme il eût pu faire dans un tripot.

On le craignait, et il disait aux femmes tout ce qu'il lui venait en fantaisie [3.3].

Le duc d'Orléans, Fontpertuis et le roi

Le duc d'Orléans qui ne voulait pas demeurer sur sa mauvaise bouche d'Italie, désira d'aller en Espagne. Il fit donc ses préparatifs. Le roi lui demanda qui il menait en Espagne; M. le duc d'Orléans lui nomma parmi eux Fontpertuis. A ce nom, voilà le roi qui prend un air austère : « Comment, mon neveu, lui dit le roi, Fontpertuis, le fils de cette janséniste, de cette folle qui a couru

M. Arnauld partout! je ne veux point de cet homme-là avec vous. — Ma foi, Sire, lui répondit M. le duc d'Orléans, je ne sais pas ce qu'a fait la mère, mais pour le fils, il n'a garde d'être janséniste, et je vous en réponds : car il ne croit pas en Dieu. — Est-il possible, mon neveu? répliqua le roi en se radoucissant. — Rien de plus certain, Sire, reprit M. d'Orléans; je puis vous en assurer. — Puisque cela est, dit le roi, il n'y a point de mal, vous pouvez le mener. »

Cette scène, car on ne peut lui donner d'autre nom, se passa le matin; et l'après-dînée même, M. le duc d'Orléans me la rendit pâmant de rire, mot pour mot telle que je l'écris. Le conte courut la cour et puis la ville; le merveilleux fut que le roi n'en fut point fâché. C'était un témoignage de la bonne doctrine qui, pour ne lui pas déplaire, éloignait de plus en plus du jansénisme. La plupart en rirent de tout leur cœur; il s'en trouva de plus sages qui en eurent plus d'envie de pleurer que de rire, en considérant jusqu'à quel excès d'aveuglement le roi était conduit [2.47].

Fontpertuis était un grand drôle bien fait, ami de débauche de M. de Donzi, depuis duc de Nevers, grand joueur de paume [2.57].

Le marquis de Pompadour.

Pompadour avec un esprit orné de beaucoup de lecture, l'avait de travers et sans justesse, et toute sa vie avait fait autant de sottises que de pas.

C'était un homme bien fait, qui avait même de beaux traits, mais dont la physionomie, le maintien et toute la figure serrait le cœur de tristesse ; elle était toute faite pour être crieur d'enterrement. Cet extérieur ne trompait pas; rien de si ennuyeux ni de si affligeant que tout le reste.

Il devint amoureux de la troisième fille de M. et de Mme de Navailles, qui ne voulurent point de lui. Sa persévérance, le désir de la fille, qui y répondait, les instances de ses deux sœurs, vainquirent enfin la résistance. La première nuit des noces ne fut pas modeste : ils passèrent au lit trois jours et trois nuits, et cela se réitéra souvent dans la suite.

Pompadour abandonna la guerre, et puis la cour, fit le plongeon au grand monde, et s'enterra dans une entière obscurité.

La femme, qui avait été belle, avait toujours été désagréable. Jamais, elle n'avait ouvert les yeux qu'à moitié. C'était une précieuse de quartier, avec un esprit guindé [2.62].

Mme de Montespan meurt aux eaux de Bourbon à soixante-six ans

Rien n'est pareil à la douleur que Mme la duchesse d'Orléans, Mme la duchesse et le comte de Toulouse en témoignèrent. La douleur de Mme la duchesse fut étonnante, elle qui s'était piquée toute sa vie de n'aimer rien, et à qui l'amour même, ou ce que l'on croyait tel, n'avait jamais pu donner de regrets.

Mme de Maintenon, délivrée d'une ancienne maîtresse dont elle avait pris la place et qu'elle avait chassée de la cour semblait devoir se trouver affranchie; il en fut autrement : les remords de tout ce qu'elle lui avait dû, et de la façon dont elle l'avait payée, l'accablèrent tout à coup à cette nouvelle, les larmes la gagnèrent, que, faute de meilleur asile, elle fut cacher à sa chaise percée; Mme la duchesse de Bourgogne qui l'y poursuivit, en demeura sans parole d'étonnement. Elle ne fut pas moins surprise de la parfaite insensibilité du roi après un amour si passionné de tant d'années; elle ne put se contenir de le lui témoigner : il lui répondit tranquillement que depuis qu'il l'avait congédiée, il avait compté ne la revoir jamais, qu'ainsi elle était dès lors morte pour lui [2.51].

Le chevalier d'Aubeterre.

Le chevalier d'Aubeterre avait quatre-vingt-douze ans, ce dont il abusait pour dire toutes sortes d'ordures et d'impertinences. Il était le plus ancien lieutenant général de France [2.46].

M. de Belesbat.

C'était une manière d'éléphant pour la figure, une espèce de bœuf pour l'esprit [3.8].

La duchesse de Chatillon.

Le roi l'avait fait prier de ne venir point à la cour quand Mme la duchesse de Bourgogne aurait des soupçons de grossesse ni quand elle serait grosse : elle avait acquis, en contre-faisant une religieuse du couvent où elle avait été avant de venir chez sa tante, un tic rare et peu perceptible jusqu'à quelque temps après son mariage, et qui depuis s'était augmenté à un point qu'à toutes minutes son visage se démontait à effrayer, sans qu'elle-même s'en aperçût le plus souvent, par la continuelle habitude [2.64].

Une fiscalité aberrante

La nécessité des affaires avait fait embrasser toutes sortes de moyens pour avoir de l'argent. On établit un impôt sur les baptêmes et sur les mariages. Cet édit fut extrêmement onéreux et odieux [2.46].

Un livre du maréchal de Vauban sur la réforme financière

Ce livre avait un grand défaut : il donnait à la vérité au roi plus qu'il ne tirait par les voies jusqu'alors pratiquées; il sauvait aussi les peuples de ruine et de vexations, et les enrichissait en leur laissant tout ce qui n'entrait point dans les coffres du roi, à peu de choses près; mais il ruinait une armée de financiers, de commis, d'employés de toute espèce; il les réduisait à chercher à vivre à leurs dépens; et non plus à ceux du public, et il sapait par les fondements ces fortunes immenses qu'on voit naître en si peu de temps. C'était déjà de quoi échouer.

Mais le crime fut qu'avec cette nouvelle pratique tombait l'autorité du contrôleur général, sa faveur, sa fortune, sa toute-puissance, et par proportion celles des intendants des finances, des intendants de provinces, de leurs secrétaires, de leurs commis, de leurs protégés, qui ne pouvaient plus faire valoir leur capacité et leur industrie, leurs lumières et leur crédit, et qui de plus tombaient du même coup dans l'impuissance de faire du bien ou du mal à personne. Il n'est donc pas surprenant que tant de gens si puissants en tout genre, à qui ce livre arrachait tout des mains, ne conspirassent contre un système si utile à l'État, si heureux pour le roi, si avantageux aux peuples du royaume, mais si ruineux pour eux : en un mot, il n'y eut que les impuissants et les désintéressés pour Vauban, je veux dire l'Église et la noblesse; car pour les peuples, qui y gagnaient tout, ils ignorèrent qu'ils avaient touché à leur salut, que les bons bourgeois seuls déplorèrent.

Ce ne fut donc pas merveilles si le roi, prévenu et investi de la sorte, reçut très-mal le maréchal de Vauban lorsqu'il lui présenta son livre, qui lui était adressé dans tout le contenu de l'ouvrage. On peut juger si les ministres à qui il le présenta lui firent un meilleur accueil. De ce moment, ses services, sa capacité militaire, unique en son genre, ses vertus, l'affection que le roi y avait mise, tout disparut à l'instant à ses yeux : il ne vit plus en lui qu'un insensé pour l'amour du public, et qu'un criminel qui attentait à l'autorité de ses ministres, par conséquent à la sienne; il s'en expliqua de la sorte sans ménagement.

Le malheureux maréchal, porté dans tous les cœurs français, ne put survivre aux bonnes grâces de son maître, pour qui il avait tout fait, et mourut peu de mois après, consumé de douleur et d'une affliction que rien ne put adoucir.

Quelque temps après, au lieu de se contenter de la dîme pour tout impôt, suivant le système du maréchal de Vauban, on l'imposa sur tous les biens de tout genre en sus de tous les autres impôts; on l'a renouvelé en toute occasion de guerre, et même en paix, le roi l'a toujours retenu sur tous les appointements, les gages et les pensions. Voilà comment il se faut garder en France des plus saintes et des plus utiles intentions, et comment on tarit toute source de bien. Qui aurait dit au maréchal de Vauban que tous ses travaux pour le soulagement de tout ce qui habite la France auraient uniquement servi et abouti à un nouvel impôt, de surcroît plus dur, plus permanent et plus cher que tous les autres? C'est une terrible leçon pour arrêter les meilleures propositions en fait d'impôts et de finances [2.46].

Raz de marée et inondations

L'année finit par une tempête terrible sur les côtes d'Hollande, qui fit périr beaucoup de vaisseaux au Texel, et submergea beaucoup de pays et de villages.

La France eut aussi sa part du fléau des eaux : la Loire se déborda d'une manière jusqu'alors inouïe, rompit les levées, inonda et ensabla beaucoup de pays, entraîna des villages, noya beaucoup de monde et une infinité de bétail, et fit pour plus de huit millions de dommages.

1708

A Marly le roi vient d'apprendre qu'en s'y rendant la duchesse de Bourgogne a fait une fausse couche

Voilà M. de la Rochefoucauld à s'exclamer, M. de Bouillon, le duc de Tresmes et le maréchal de Boufflers à répéter à basse note, puis M. de la Rochefoucauld à se récrier plus fort que c'était le plus grand malheur du monde, et que, s'étant déjà blessée d'autres fois, elle n'aurait peut-être plus d'enfants. « Eh! quand cela serait, interrompit le roi tout d'un coup avec colère, qui jusque là n'avait dit mot, qu'est-ce que cela me ferait? Est-ce qu'elle n'a pas déjà un fils? et quand il mourrait, est-ce que le duc de Berry n'est pas en âge de se marier et d'en avoir? et que m'importe qui me succède des uns ou des autres! Ne sont-ce pas également mes petits-fils? » Et tout de suite avec impétuosité : « Dieu merci, elle est blessée, puisqu'elle avait à l'être, et je ne serai plus contrarié dans mes voyages et dans tout ce que j'ai envie de faire par les représentations des médecins et les raisonnements des matrones. J'irai et viendrai à ma fantaisie, et on me laissera en repos. »

Un silence à entendre une fourmi marcher succéda à cette espèce de sortie; on baissait les yeux, à peine osait-on respirer; chacun demeura stupéfait; jusqu'aux gens des bâtiments et aux jardiniers demeurèrent immobiles. Ce silence dura plus d'un quart d'heure.

Le roi le rompit, appuyé sur la balustrade, pour parler d'une carpe. Personne ne répondit. Il adressa après la parole sur ces carpes à des gens des bâtiments, qui ne soutinrent pas la conversation à l'ordinaire; il ne fut question que de carpes avec eux. Tout fut languissant, et le roi s'en alla quelque temps après.

Dès que nous osâmes nous regarder hors de sa vue, nos yeux se rencontrant se dirent tout : tout ce qui se trouva là de gens furent pour ce moment les confidents des uns et des autres. On admira, on s'étonna, on s'affligea, on haussa les épaules.

J'examinais, moi, tous les personnages, des yeux et des oreilles, et je me sus gré d'avoir jugé depuis longtemps que le roi n'aimait et ne comptait que lui, et était à soi-même sa fin dernière [2.59].

Un diplomate de carrière : M. de Crécy.

C'était un petit homme accort, doux, poli, respectueux, adroit, qui avait passé sa vie dans les emplois étrangers, et qui en avait pris toutes les manières, jusqu'au langage. Il avait beaucoup d'insinuation, l'art de redire cent fois la même chose, toujours en différentes façons, et une patience qui, à force de ne se rebuter point, réussissait très-souvent [3.21].

Un mot salé du duc d'Orléans en Espagne

M. le duc d'Orléans s'était arrêté à Madrid plus longtemps qu'il n'avait cru : rien de prêt d'aucune sorte, indigence de tout, négligence encore plus grande; il fallut chercher des moyens d'y suppléer, et cela n'était pas facile : c'est ce qui allongea son séjour. Un soir qu'après avoir travaillé tout le jour, comme il ne faisait autre chose depuis son arrivée, il se mit à table avec plusieurs seigneurs espagnols et des français de sa suite, tout occupé de son dépit, qui tombait sur Mme des Ursins, qui gouvernait tout et qui n'avait pas songé à la moindre des choses concernant la campagne, le souper s'égaya et un peu trop; M. le duc d'Orléans, un peu en pointe de vin et toujours plein de son dépit, prit un verre, et regardant la compagnie (je fais excuse d'être si littéral, mais le mot ne peut se masquer) : « Messieurs, leur dit-il, je vous porte la santé du con capitaine et du con lieutenant. » Le propos saisit l'imagination des conviés; personne pourtant, ni le prince lui-même, n'osa faire de commentaire; mais le rire gagna chacun, et fut plus fort que la politique : on fit raison de la santé, sans toutefois répéter les mots, et le scandale fut étrange.

Une demi-heure après au plus, Mme des Ursins en fut avertie. Elle sentit bien qu'elle était le lieutenant et Mme de Maintenon le capitaine. La voilà transportée de colère, qui mande le fait en propres termes à Mme de Maintenon laquelle de son côté entra en furie. Inde irae. Jamais elles ne l'ont pardonné à M. le duc d'Orléans. De ce moment elles jurèrent la perte de ce prince. Il se peut dire qu'il la frisa de bien près. Il est des choses qui ne se peuvent raccommoder, et il faut convenir que ce terrible mot était supérieurement de ce genre. Aussi M. le duc d'Orléans n'y songea-t-il pas, et alla toujours son chemin à l'ordinaire. Je ne sais même s'il a pu s'en repentir, quelque lieu qu'il en ait eu toute sa vie, tant il le trouvait plaisant; et il m'a depuis impatienté plus d'une fois en m'en parlant, riant de tout son cœur. J'en sentais tout le poids et toutes les cruelles suites; et toutefois, ce qui m'en piquait le plus, tout en le lui reprochant, je ne pouvais m'empêcher d'en rire aussi, tant ce grand et funeste ridicule de gouvernement deçà et delà des Pyrénées était, en deux mots, clairement assené et plaisamment exprimé [2.64].

M. de Béthune.

M. de Béthune était riche, mais noyé dans une mer de procès, qu'on l'accusait d'aimer beaucoup, et à la poursuite desquels il occupait toute sa vie [2.71].

Inquiétude à la cour

Quelque maître qu'il fût de ses paroles et de son visage, le roi sentait profondément l'impuissance où il tombait de jour en jour de résister à ses ennemis. On remarqua beaucoup à Fontainebleau que la ville de Paris y étant venue le haranguer à l'occasion du serment de Bignon, nouveau prévôt des marchands, comme Lille venait d'être investi, il répondit non-seulement avec bonté, mais qu'il se servit du terme de reconnaissance pour sa bonne ville, et qu'en le prononçant son visage s'altéra, deux choses qui de tout son règne ne lui étaient point échappées.

D'un autre côté, il avait quelquefois des distractions de fermeté qui édifiaient moins qu'elles ne surprenaient. Lors de la jonction du duc de Berwick avec la grande armée, il remarqua un soir, chez Mme de Maintenon, beaucoup de tristesse et d'inquiétude en Mme la duchesse de Bourgogne. Il s'en étonna et lui en demanda la cause. Il chercha à la rassurer par le repos et la satisfaction qu'il se sentait de la jonction de ses armées. « Et les princes, vos petits-fils? reprit-elle vivement. — J'en suis en peine, lui répondit-il, mais j'espère que tout ira bien. — Et moi, répliqua-t-elle, c'est de cela aussi que je suis triste et en peine. »

Le roi, lors de ce frémissement de la cour que j'ai raconté sur l'attente à tous moments d'une bataille, désolait la cour par ses sorties de tous les jours de Versailles pour la chasse ou pour la promenade, parce qu'on ne pouvait savoir qu'après son retour les nouvelles qui arrivaient pendant qu'il était dehors : soit que ce fût une habitude qu'il ne voulût pas montrer dépendante de son inquiétude, soit qu'il n'en eût pas assez pour que ces amusements lui cédassent [2.69].

Le duc de la Trémoille.

C'était un fort grand homme, le plus noblement et le mieux fait de la cour, et qui, avec un fort vilain visage, sentait le mieux son grand seigneur; il avait tant d'honneur, de droiture, de politesse et de dignité, que cela lui tint lieu d'esprit, lui fit garder une conduite toujours honnête et digne, et lui acquit partout de la considération, même du roi [3.10].

Capitulation de Lille

Lille succombait. Les ennemis y avaient fait le 20 et le 21 trois brèches nouvelles, et achevé une galerie qui allait jusqu'au pied d'une des brèches. La poudre et les munitions manquaient, les vivres diminués jusqu'à une extrême incommodité, et presque plus de viande. Tant d'insurmontables nécessités résolurent enfin le maréchal de Boufflers, de l'avis de toute sa brave garnison, de battre la chamade. Cette capitulation fut signée le 23 octobre.

Coetquen fut chargé de la porter à Mgr le duc de Bourgogne à son camp déjà sous Tournay; il le trouva jouant au volant, et sachant déjà la triste nouvelle. La vérité est que la partie n'en fut pas interrompue, et que tandis qu'elle s'acheva, Coetquen alla voir qui lui plut. Cette réception fut étrangement blâmée, et scandalisa fort l'armée avec raison [2.70].

Le marquis de Saumery.

Il avait été estropié d'un genou en un des combats de M. de Turenne.

Jamais homme ne fit tant de chemin tous les jours par tout le château de Versailles et ne montait tant d'escaliers; jamais homme aussi ne tira si grand parti d'une vieille blessure. A la fin, il se crut un personnage; il fit le grand dos et l'important, et ne s'aperçut jamais qu'il n'était qu'un impertinent [3.10].

Ce n'était ni un esprit ni un sot, mais un drôle à qui toute voie fut bonne, et qui fureta partout. Il disait le bonjour à l'oreille, parlait entre ses doigts, et montait cent escaliers par jour [4.25].

1709

L'hiver avait été terrible, et tel que de mémoire d'homme on ne se souvenait d'aucun qui en eût approché. Une gelée, qui dura près de deux mois de la même force, avait dès ses premiers jours rendu les rivières solides jusqu'à leur embouchure, et les bords de la mer capables de porter des charrettes qui y voituraient les plus grands fardeaux. Un faux dégel fondit les neiges qui avaient couvert la terre pendant ce temps-là; il fut suivi d'un subit renouvellement de gelée aussi forte que la précédente, trois autres semaines durant.

Cette seconde gelée perdit tout. Les arbres fruitiers périrent; il ne resta plus ni noyers, ni oliviers, ni pommiers, ni vignes, à si peu près que ce n'est pas la peine d'en parler. Les autres arbres moururent en très-grand nombre; les jardins périrent, et tous les grains dans la terre. On ne peut comprendre la désolation de cette ruine générale. Chacun resserra son vieux grain; le pain enchérit à proportion du désespoir de la récolte. Les plus avisés ressemèrent des orges dans les terres où il y avait eu du blé, et furent imités de la plupart. Ils furent les plus heureux, et ce fut le salut; mais la police s'avisa de le défendre, et s'en repentit trop tard. Il se publia divers édits sur les blés; on fit des recherches des amas; on envoya des commissaires par les provinces trois mois après les avoir annoncés, et toute cette conduite acheva de porter au comble l'indigence et la cherté, dans le temps qu'il était évident par les supputations qu'il y avait pour deux années entières de blés en France, pour la nourrir tout entière, indépendamment d'aucune moisson.

Personne ne pouvait plus payer, parce que personne ne l'était soi-même; les gens de la campagne, à bout d'exactions et de non-valeurs, étaient devenus insolvables. Le commerce tari ne rendait plus rien, la bonne foi et la confiance abolies. Ainsi le roi n'avait plus de ressource que la terreur et l'usage de sa puissance sans bornes, qui, toute illimitée qu'elle fût, manquait aussi, faute d'avoir sur quoi prendre et s'exercer. Plus de circulation, plus de voies de la rétablir. Le roi ne payait plus même ses troupes, sans qu'on pût imaginer ce que devenaient tant de millions qui entraient dans ses coffres [3.6].

Le duc de Coislin.

Il était notoirement impuissant, et pour cela même se ruinait avec une comédienne, qui le gouverna jusqu'à sa mort [2.6].

A Paris, graffiti et désordres

Il y avait eu divers désordres dans les marchés de Paris, ce qui fit retenir plus de compagnies des régiments des gardes françaises et suisses qu'à l'ordinaire. Argenson, lieutenant de police, courut même fortune à Saint-Roch, où il était accouru sur une grande émeute de la populace, fort grossie et fort insolente, à l'occasion d'un pauvre qui était tombé et avait été foulé aux pieds. M. de la Rochefoucauld reçut un billet anonyme atroce contre le roi, qui marquait en termes exprès qu'il se trouvait encore des Ravaillacs. Le roi en fut fort peiné pendant quelques jours, mais, réflexions faites, il comprit que des gens qui menacent et qui avertissent ont moins dessein de se commettre à un crime que d'en donner l'inquiétude.

Ce qui piqua le roi davantage fut l'inondation des placards les plus hardis et les plus sans mesure contre sa personne, sa conduite et son gouvernement, qui longtemps durant furent trouvés affichés aux portes de Paris, aux églises, aux places publiques, surtout à ses statues, qui furent insultées de nuit en diverses façons, dont les marques se trouvaient les matins et les inscriptions arrachées. Il y eut aussi une multitude de vers et de chansons, où rien ne fut épargné [3.11].

La duchesse de Crequy.

La duchesse de Crequy, si connue par sa beauté, par sa vertu, par la fameuse affaire des Corses de la garde du Pape, qui tirèrent sur elle et sur M. de Crequy, ambassadeur à Rome, et pour avoir été dame d'honneur de la reine, était une femme d'une grande douceur.

On disait d'elle que son mari la montait à la cour tous les matins, comme une horloge [3.18].

Cabale contre un ministre

Il s'éleva au milieu de la cour je ne sais quelle voix confuse, qui publiait qu'il fallait que l'État ou Chamillart périssent, que déjà son ignorance avait mis le royaume à deux doigts de sa perte, que c'était miracle que ce n'en fût déjà fait. Les uns ne rougissaient pas des injures, les autres louaient ses intentions, et parlaient avec modération des défauts que beaucoup de gens lui reprochaient aigrement; tous convenaient de sa droiture, mais un successeur quel qu'il fût ne leur paraissait pas moins nécessaire. Il y en avait qui, croyant ou voulant persuader qu'ils portaient l'amitié jusqu'où elle pouvait aller, protestaient de n'oublier jamais les services qu'ils avaient reçus de lui, mais qui avouaient avec délicatesse qu'ils préféraient l'État à leur avantage particulier. Sur la fin, on ne comprenait pas ni comment il avait pu être choisi, ni comment il était demeuré en place.

Les choses les plus indifférentes lui étaient tournées à crime ou à ridicule. On eût dit qu'indépendamment de toute autre raison, c'était une victime que le roi ne pouvait plus refuser à l'aversion publique. Force gens s'en expliquaient tout nettement ainsi, et pas un qui pût énoncer une seule accusation particulière. On ne voulait plus se souvenir des deux incroyables réparations des armées, l'une après Hochstedt en trois semaines, l'autre en quinze jours seulement après Ramillies, qui tenaient du prodige, et qui néanmoins avaient deux fois sauvé l'État, pour ne parler que de deux faits si importants et si publics; il n'en restait plus la moindre trace, une fatale éponge avait passé dessus; et si quelqu'un encore osait les alléguer, faute de réponse on tournait le dos [3.12].

Une ignorance de magistrat de beaucoup de choses de la cour et du monde, qu'aucun des siens ne suppléait, et un air excessif de naïveté, avec une démarche dandinante, lui avaient fait grand tort [3.13].

La duchesse de Foix.

Mme de Foix était la plus jolie bossue qu'on pût voir, grande, dansant en perfection, et ayant tant de grâces qu'on n'eût pas voulu qu'elle n'eût point été bossue [3.28].

Comment M. de Chamillart était devenu ministre

C'était un grand homme, qui marchait en dandinant et dont la physionomie ouverte ne disait mot que de la douceur et de la bonté, et tenait parfaitement parole.

Il aimait le jeu et jouait bien tous les jeux, mais sa fortune fut d'exceller au billard. Le roi, qui s'amusait fort de ce jeu, dont le goût lui dura fort longtemps, y faisait presque tous les soirs d'hiver des parties avec M. de Vendôme et M. le Grand, et tantôt le maréchal de Villeroy, tantôt le duc de Gramont. Ils surent que Chamillart jouait fort bien; ils voulurent en essayer à Paris. Ils en furent si contents qu'ils en parlèrent au roi, et le vantèrent tant qu'il dit à M. le Grand de l'amener la première fois qu'il irait à Paris. Il vint donc, et le roi trouva qu'on ne lui en avait rien dit de trop. M. de Vendôme et M. le Grand l'avaient pris en amitié et en protection encore plus que les deux autres, et firent en sorte qu'il fut admis une fois pour toutes dans la partie du roi, où il était le plus fort de tous.

Il s'y comporta si modestement et si bien, qu'il plut au roi et au courtisan, dont il se trouva protégé à l'envi, au lieu d'en être moqué, comme il arrive à un nouveau venu inconnu et de la ville. Le roi le goûta de plus en plus, et il en parla tant à Mme de Maintenon qu'elle le voulut voir. Il s'en tira si bien avec elle que, peut-être pour flatter le goût du roi, elle lui dit de la venir voir quelquefois, et à la fin elle le goûta autant pour le moins que le roi.

Malgré ces voyages continuels à Versailles, où il ne couchait point, il fut assidu les matins au Palais, et continua d'y rapporter. Cela lui acquit l'affection de ses confrères, qui lui surent gré de faire son métier comme l'un d'eux et de vivre avec eux à l'ordinaire, sans donner dans l'impertinence qui suit souvent les distinctions en beaucoup de gens, et cela lui fit un mérite à la cour et auprès du roi. Peu à peu il se fit des amis, et le roi voulut qu'il fût maître des requêtes, pour être plus libre et plus en état d'être avancé. Alors il lui donna un logement au château, chose fort extraordinaire pour un homme comme lui, et même unique. C'était en 1686; trois ans après il fut nommé intendant de Rouen. Il pria le roi avec qui déjà il était très-librement, de vouloir bien ne le pas éloigner de lui; mais le roi lui dit que c'était pour cela même qu'il l'envoyait à Rouen, qui est si proche, et il lui permit de venir de temps en temps passer six semaines à Versailles. Il le mena à Marly, et le mit de son jeu au brelan et à d'autres; il prit des croupiers parce que le jeu était gros; il y fut heureux.

Au bout de trois ans d'intendance, où il ne se méconnut pas plus qu'il avait fait au Parlement, il vaqua une charge d'intendant des finances, que le roi lui donna de son mouvement, en 1689, où il demeura dix ans, et toujours sur le même pied avec le roi, quoique le billard ne fût plus à la mode. Il cultiva si bien Mme de Maintenon, depuis qu'il fut devenu sédentaire à Paris et à la cour, qu'elle le choisit pour administrer les revenus et toutes les affaires temporelles de Saint-Cyr, ce qui lui donna un rapport continuel avec elle. Il se fit beaucoup d'amis à la cour.

Fait contrôleur général, il vécut dans cet emploi avec une douceur, une patience, une affabilité qui y était inconnue, et qui lui gagna tout ce qui avait affaire à lui. Il ne se rebutait point des propositions les plus ineptes ni des demandes les plus absurdes et les plus réitérées; son tempérament y contribuait, par un flegme qui ne se démentait jamais, mais qui n'avait rien de rebutant; sa manière de refuser persuadait du déplaisir qu'il en ressentait, et celle d'accorder ajoutait à la grâce. Il était en effet extrêmement porté à obliger et à servir, et fâché et éloigné de faire la moindre peine.

Sa femme était vertueuse et fort polie; mais elle ne savait que jouer, sans aimer le jeu, mais faute de savoir faire autre chose ni que dire, après avoir demandé à chacun comme il se portait [1.46].

Elle passait ses matinées entre son tapissier et sa couturière, son après-dînée au jeu, incapable de tout soin de ménage, de dépense, de bien et d'économie [3.13].

La cour ne put la former, et à dire vrai, c'était la meilleure et la plus sotte femme du monde, et la plus inutile à son mari.

Hors son fils, alors enfant, Chamillart fut malheureux en famille, malheur grand pour chacun, mais extrême pour un ministre, qui n'a le temps de rien, et qui a un besoin principal, pour se soutenir, d'avoir autour de soi un groupe qui rassemble et concilie le monde, qui soit instruit à tout moment des intrigues de ce qui se passe, et de l'histoire du jour, qui sache raisonner et combiner, et qui soit capable de le mettre en deux mots au fait de tout tous les jours.

Il avait deux frères, plus sots encore que sa femme, et le second y joignit la suprême impertinence à la sublime bêtise. L'un était évêque de Dol, qu'il fit évêque de Senlis, à qui il ne manquait qu'un béguin et des manches pendantes : bon homme et bon prêtre d'ailleurs, qu'il fallait envoyer à Mende ou à quelque évêché comme cela, riche et au bout du royaume. L'autre, qui était dans la marine, il le passa à terre et le maria à la fille de Guyet, bien faite, sage et raisonnable, mais dont le père, qui fut intendant des finances, était un sot et un impertinent pommé, et sa femme un esprit aigre, qui se croyait une merveille. Ce gendre, dont la cervelle de plus était mal timbrée, vécut fort mal avec eux.

Rebours, cousin germain de Chamillart et de sa femme, travailla sous lui d'abord, puis devint intendant des finances. C'était, je pense, le véritable original du marquis de Mascarille, et fort impertinent au fond. L'abbé de la Proustière, aussi leur cousin germain, suppléait, pour le ménage, les affaires et l'arrangement domestique, à l'incapacité de Mme Chamillart : c'était le meilleur homme et le plus en sa place, et le plus respectueux du monde, mais grand bavard, et savait fort rarement ce qu'il disait ni même ce qu'il voulait dire.

Avec un tel entourage, il fallait toute l'amitié du roi et de Mme de Maintenon pour soutenir Chamillart, dont les talents ne suppléaient pas aux appuis domestiques [1.46].

Le marquis de Nancré.

C'était un drôle de beaucoup d'esprit, de manège et de monde, aimable dans le commerce et dans la société, mais dangereux fripon, pour ne pas dire scélérat, qui aimait à se mêler de tout, dont l'intrigue était la vie, et qui, n'ayant ni âme ni sentiments, que simulés, voulait cheminer, être compté, à quoi tous moyens lui étaient bons [3.25].

Un vent de patriotisme souffle sur la cour

On avait jugé à propos de ranimer le zèle de tous les ordres du royaume en leur faisant part des énormes volontés des ennemis, par une lettre imprimée du roi aux gouverneurs des provinces. Le succès en fut tel qu'on l'avait espéré : ce ne fut qu'un cri d'indignation et de vengeance, ce ne furent que propos de donner tout son bien pour soutenir la guerre, et d'extrémités semblables pour signaler son zèle.

La duchesse de Gramont proposa à son mari d'aller offrir au roi sa vaisselle d'argent, dans l'espérance que cet exemple serait suivi, et qu'elle aurait le gré de l'invention et la récompense d'avoir procuré un secours si prompt, si net et si considérable. Malheureusement pour elle le duc de Gramont en parla au maréchal de Boufflers, son gendre, comme il allait exécuter ce conseil : le maréchal trouva cela admirable, s'en engoua, alla sur les pas de son beau-père offrir la sienne, dont il avait en grande quantité et admirable, et en fit tant de bruit pour y exhorter tout le monde qu'il passa pour l'inventeur, et qu'il ne fut pas seulement mention de la vieille Gramont, ni même du duc de Gramont, qui en furent les dupes, et elle enragée.

Ce bruit de la vaisselle fit un grand tintamarre à la cour : chacun n'osait ne pas offrir la sienne; chacun y avait grand regret. Les uns la gardaient pour une dernière ressource, dont il les fâchait fort de se priver; d'autres craignaient la malpropreté de l'étain et de la terre; les plus esclaves s'affligeaient d'une imitation ingrate dont tout le gré serait pour l'inventeur. Le lendemain, le roi en parla au conseil des finances, et témoigna pencher fort à recevoir la vaisselle de tout le monde.

On indiqua deux voies à faire le bon citoyen : Launay, orfèvre du roi, et la Monnaie. Ceux qui donnèrent leur vaisselle à pur et à plein l'envoyèrent à Launay, qui tenait un registre des noms et du nombre de marcs qu'il recevait. Le roi voyait exactement cette liste, au moins les premiers jours, et promettait à ceux-là, verbalement et en général, de leur rendre le poids qu'il recevait d'eux quand ses affaires le lui permettraient, ce que pas un d'eux ne crut ni n'espéra. Ceux qui voulurent le prix de la leur l'envoyèrent à la Monnaie. On l'y pesait en y arrivant; on écrivait les noms, les marcs et la date, suivant laquelle on y payait chacun à mesure qu'il y avait de l'argent. Plusieurs n'en furent point fâchés pour vendre leur vaisselle sans honte, et s'en aider dans l'extrême rareté de l'argent. Mais la perte et le dommage furent inestimables de toutes ces admirables moulures, gravures, ciselures, de ces reliefs et tant de divers ornements achevés, dont le luxe avait chargé la vaisselle de tous les gens riches et de tous ceux du bel air.

J'avoue que je fis l'arrière-garde. Quand je me vis presque le seul de ma sorte mangeant dans de l'argent, j'en envoyai pour un millier de pistoles à la Monnaie, et je fis serrer le reste.

Pour M. de Lauzun, qui en avait quantité, et toute admirable, son dépit fut extrême, et l'emporta sur le courtisan. Le duc de Villeroy lui demanda s'il l'avait envoyée; j'étais avec lui, le duc de la Rocheguyon et quelques autres : « Non encore, répondit-il d'un ton bas et tout doux; je ne sais à qui m'adresser pour me faire la grâce de la prendre, et puis, que sais-je s'il ne faut pas que tout cela passe sous le cotillon de la duchesse de Gramont? » Nous en pensâmes tous mourir de rire; et lui, de faire la pirouette et nous quitter.

Tout ce qu'il y eut de grand ou de considérable se mit en huit jours en faïence, en épuisèrent les boutiques, tandis que tout le médiocre continua à se servir de son argenterie.

Cependant les donneurs de vaisselle n'espérèrent pas longtemps d'avoir plu : au bout de trois mois, le roi sentit la honte et la faiblesse de cette belle ressource, et avoua qu'il se repentait d'y avoir consenti. Ainsi allaient alors les choses, et pour la cour et pour l'État.

Les inondations de la Loire qui survinrent en même temps, qui renversèrent les levées et qui firent les plus plus grands désordres, ne remirent pas de bonne humeur la cour ni les particuliers, par les dommages qu'ils causèrent et les pertes, qui furent très-grandes, qui ruinèrent bien du monde et qui désolèrent le commerce intérieur [3.11].

La maréchale de la Meilleraye.

On parlait devant la maréchale de la Meilleraye de la mort du chevalier de Savoie, mort fort jeune, fort brusquement, fort débauché et on moralisait là-dessus. Elle écouta quelques temps, puis, avec un air de conviction et d'assurance : « Pour moi, dit-elle, je suis persuadée qu'à un homme de cette naissance-là, Dieu y regarde à deux fois à le damner. » On éclata de rire, mais on ne la fit pas revenir de son opinion. Sa vanité fut cruellement punie.

Après la mort du maréchal, amourachée, devant ou après, de Saint-Ruth, qu'elle avait vu page de son mari, elle l'épousa. Saint-Ruth était un très simple gentilhomme, fort pauvre, grand et bien fait, et que tout le monde a connu, extrêmement laid : je ne sais s'il l'était devenu depuis son mariage. C'était un fort brave homme, et qui acquit de la capacité à la guerre. Il était aussi fort brutal, et quand la maréchale de la Meilleraye lui échauffait les oreilles, il jouait du bâton et la rouait de coups [3.30].

Un incident de la circulation à Paris

A la seconde porte du Palais-Royal, M. et Mme de Montbazon, étaient seuls ensemble dans leur carrosse à deux chevaux, que celui de Mme de Mantoue voulut faire reculer.

Sur la résistance, Mme d'Elbeuf, qui était avec sa fille, envoya un gentilhomme dire à M. de Montbazon que c'était Mme de Mantoue qui le priait de reculer. M. de Montbazon répondit que, s'il était seul, il le ferait avec grand plaisir, mais qu'il était avec Mme de Montbazon, et qu'il ne savait pas que Mme de Mantoue eût aucun droit sur elle. Un moment après, le même gentilhomme revint lui dire que Mme de Mantoue ne cédait qu'à l'électrice de Bavière, qui était lors à Paris, et qu'il vît donc ce qu'il voulait faire.

M. de Montbazon répondit sagement que c'était à sa maîtresse à voir si elle voulait livrer combat, parce qu'il n'était pas résolu à reculer, qu'il avait beaucoup de respect pour Mmes d'Elbeuf et de Mantoue, mais nulle disposition à leur céder aucun rang. Là-dessus, chamaillis entre les cochers et quelques injures; Mme d'Elbeuf la tête à la portière, criant qu'on fît reculer, et M. de Montbazon qu'il allait mettre pied à terre et donner cent coups à quiconque oserait approcher. Enfin, à la faveur de la largeur de la route, et aux dépens des petites boutiques le long des murs, les deux carrosses passèrent en se frôlant, et finirent la ridicule aventure [3.18].

M. Boudin, médecin et alchimiste.

Il était boudin de figure comme de nom, fils d'un apothicaire du roi dont personne n'avait jamais fait cas. Il étudia en médecine, fut laborieux, curieux, savant. S'il fût demeuré dans l'application et le sérieux, c'eût été un bel et bon esprit; il l'avait d'ailleurs extrêmement orné de littérature et d'histoire, et en avait infiniment, d'un tour naturel, plein d'agrément, de vivacité, de réparties, et si naïvement plaisant que personne n'était plus continuellement divertissant, sans jamais vouloir l'être. Il fut doyen de la Faculté de Paris, médecin du roi, et enfin premier médecin de Monseigneur, avec lequel il était au mieux. Un homme de si bonne compagnie réussit bientôt dans une cour où il ne pouvait faire envie à personne. C'était à qui l'aurait, hommes et femmes du plus haut parage et de la meilleure compagnie, et ne l'avait pas qui voulait, vieux à dîner, jeunes dans leurs parties; libertin et débauché à l'excès, gourmand à faire plaisir à table, et tout cela avec une vérité et un sel qui ravissait. De cette façon Boudin fut bientôt gâté. D'ailleurs c'était un compagnon hardi, audacieux, qui se refusait peu de choses, et qui n'en ménageait aucune quand il n'en craignait point les retours ou quand il était poussé, et devenu fort familier, et de là fort tôt très-impertinent.

Quoique Boudin aimât son métier, il s'y rouilla tout à fait, parce qu'il ne prenait plus la peine de voir les malades; mais sa curiosité pour toutes sortes de remèdes et de secrets ne l'abandonna point. Il était sur cela de la meilleure foi du monde, et tombait sur la Faculté, qui n'en veut point, et qui laisse mourir les gens dans ses règles. Il aimait la chimie, il y était savant et aussi bon artiste; mais il alla plus loin, il se mit dans la tête que la pierre philosophale n'était pas impossible à trouver, et avec toute sa science et son esprit il y fut cent fois dupé. Il lui en coûta beaucoup d'argent, et quoique il l'aimât beaucoup, rien ne lui coûtait pour cela, et il quittait les parties et les meilleures compagnies pour ses alambics et pour les fripons qui l'escroquaient. Mille fois attrapé, mille autres il s'y laissait reprendre. Il s'en moquait lui-même, et de ses frayeurs, car il avait peur de tout et en faisait les contes les plus comiques [3.44].

Disette et tumultes

La cherté de toutes choses, et du pain sur toutes, avait causé de fréquentes émotions dans toutes les différentes parties du royaume. Paris s'en était souvent senti, et quoique on eût fait demeurer près d'une moitié plus que l'ordinaire du régiment des gardes, pour la garde des marchés et des lieux suspects, cette précaution n'avait pas empêché force désordres, en plusieurs desquels Argenson courut risque de la vie.

Monseigneur venant et retournant de l'Opéra, avait été plus d'une fois assailli par la populace et par des femmes en grand nombre, criant du pain! jusque-là qu'il en avait eu peur au milieu de ses gardes, qui ne les osaient dissiper de peur de pis. Il s'en était tiré en faisant jeter de l'argent et promettant merveilles; mais comme elles ne suivirent pas, il n'osait plus venir à Paris.

Le roi en entendit lui-même d'assez fortes, de ses fenêtres, du peuple de Versailles qui criait dans les rues. Les discours étaient hardis et fréquents, et les plaintes vives et fort peu mesurées contre le gouvernement, et même contre sa personne, par les rues et par les places, jusqu'à s'exhorter les uns les autres à n'être plus si endurants, et qu'il ne leur pouvait arriver pis que ce qu'ils souffraient, et de mourir de faim.

Pour amuser ce peuple, on employa les fainéants et les pauvres à raser une assez grosse butte de terre qui était demeurée sur le boulevard, entre les portes Saint-Denis et Saint-Martin; et on distribuait par ordre de mauvais pain aux travailleurs pour tout salaire, et en petite quantité à chacun.

Il arriva que le mardi matin, 20 août, le pain manqua. Une femme entre autres cria fort haut, ce qui en excita d'autres. Les archers préposés à cette distribution menacèrent la femme : elle n'en cria que plus fort; les archers la saisirent et la mirent indiscrètement à un carcan voisin. En un moment tout l'atelir accourut, arracha le carcan, courut les rues, pilla les boulangers et les pâtissiers. De main en main les boutiques se fermèrent. Le désordre grossit et gagna les rues de proche en proche sans faire mal à personne, mais criant du pain! et en prenant partout.

Le maréchal de Boufflers, qui ne pensait à rien moins, était allé ce matin-là chez Bérenger, son notaire, dans ce voisinage-là. Surpris de l'effroi qu'il y trouva, et en apprenant la cause, il voulut aller lui-même tâcher de l'apaiser, malgré tout ce que le duc de Gramont, qu'il trouva chez le même notaire, put lui dire pour l'en détourner, et qui, l'y voyant résolu, alla avec lui. A cent pas de chez ce notaire, ils rencontrèrent le maréchal d'Huxelles dans son carrosse, qu'ils arrêtèrent pour lui demander des nouvelles, parce qu'il venait du côté de l'émotion. Il leur dit que ce n'était plus rien, les voulut empêcher de passer outre, et pour lui, gagna pays, en homme qui n'aimait pas le bruit et à se fourrer parmi ce désordre. Le maréchal et son beau-père continuèrent d'aller, trouvant à mesure qu'ils avançaient une grande épouvante, et qu'on leur criait des fenêtres de retourner et qu'ils se feraient assommer.

Arrivés au haut de la rue Saint-Denis, la foule et le tumulte firent juger au maréchal de Boufflers qu'il était temps de mettre pied à terre. Il s'avança ainsi à pied avec le duc de Gramont, parmi ce peuple infini et furieux, à qui le maréchal demanda ce que c'était, pourquoi tout ce bruit, promettant du pain, et leur parlant de son mieux avec douceur et fermeté, leur remontrant que ce n'était pas là comme il en fallait demander. Il fut écouté; il y eut des cris à plusieurs reprises de Vive M. le maréchal de Boufflers, qui s'avançait toujours parmi la foule et lui parlait de son mieux. Il marcha ainsi avec le duc de Gramont le long de la rue aux Ours et dans les rues voisines, jusqu'au plus fort de cette espèce de sédition. Le peuple le pria de représenter au roi sa misère et de lui obtenir du pain. Il le promit, et sur sa parole, tout s'apaisa et se dissipa, avec des remerciements et de nouvelles acclamations de Vive M. le maréchal de Boufflers! Ce fut un véritable service.

Argenson y marchait avec des détachements des régiments des gardes françaises et suisses, et sans le maréchal il y aurait eu du sang répandu, qui aurait peut-être porté les choses fort loin; on faisait même déjà monter à cheval les mousquetaires.

A peine le maréchal était-il rentré chez lui, à la place Royale, avec son beau-père, qu'il fut averti que la sédition était encore bien plus grande au faubourg Saint-Antoine. Il y courut aussitôt avec le duc de Gramont, et l'apaisa comme il avait fait l'autre. Il revint après chez lui manger un morceau, et s'en alla à Versailles. Il ne voulut que sa chaise de poste, un laquais derrière, et personne avec lui à cheval jusqu'au Cours, affectant de traverser tout Paris de la sorte. A peine fut-il sorti de la place Royale, que le peuple des rues et les gens des boutiques se mirent à crier qu'il eût pitié d'eux, qu'il leur fît donner du pain; et toujours Vive M. le maréchal de Boufflers! il fut conduit ainsi jusqu'au quai du Louvre.

En arrivant à Versailles, il alla droit chez Mme de Maintenon, où il la trouva avec le roi, tous deux bien en peine. Il rendit compte de ce qui l'amenait et reçut de grands remerciements. Le roi lui offrit le commandement de Paris, troupes, bourgeoisie, police, etc., et le pressa de l'accepter; mais le généreux maréchal préféra à cet honneur le rétablissement des choses dans leur ordre naturel.

Aussitôt après on pourvut bien soigneusement au pain; Paris fut rempli de patrouilles, peut-être un peu trop, mais qui réussirent si bien qu'on n'entendit pas depuis le moindre bruit [3.18].

Le duc de Bouillon.

Il avait auprès du roi le mérite de cinquante années de domesticité et de familiarité, celui de la plus basse flatterie et d'une grande assiduité; et par-dessus ceux-là, si puissants auprès du roi, il en avait un autre qui les faisait encore plus valoir, c'est qu'il avait fort peu d'esprit [3.40].

Une situation désespérante

Cependant tout périssait peu à peu, ou plutôt à vue d'œil : le royaume entièrement épuisé, les troupes point payées, et rebutées d'être toujours mal conduites, par conséquent toujours malheureuses; les finances sans ressources, nulle confiance dans la capacité des généraux ni des ministres; aucun choix que par goût et par intrigue; rien de puni, rien d'examiné ni de pesé; impuissance égale de soutenir la guerre et de parvenir à la paix; tout en silence, en souffrance : qui que ce soit qui osât porter la main à cette arche chancelante et prête à tomber.

Je voyais manifestement l'impossibilité d'un gouvernement sage et heureux tant que le système présent durerait [3.5].

L'angoisse redouble

Tournay était investi. Avec cela notre armée de Flandres manquait de tout, et on en était à la cour, à Paris et partout aux prières de quarante heures [3.15].

Il ne fallait pas moins que le coup du Ciel le plus inattendu pour sauver la France [4.35].

La bataille indécise de Malplaquet

On était si malheureusement accoutumé aux déroutes et à leurs funestes suites, qu'une bataille, perdue comme celle-ci le fut, sembla une demi-victoire [3.20].

CHAPITRE XI

OU, MALGRÉ LA MORT DE SON FILS, L'ÉPUISEMENT DE SON ROYAUME ET LA GUERRE QUI SE PROLONGE, LOUIS XIV VEILLE A CE QUE RIEN NE SOIT CHANGÉ A LA « MÉCANIQUE » DE LA COUR

(*1710-1711*)

1710

Le roi ne donna point cette année les étrennes que sa famille recevait de lui tous les ans; et les quarante mille pistoles qu'il prenait pour les siennes, il les fit distribuer pour les besoins des frontières de Flandres, ce qui n'était pas encore arrivé [3.26].

Le chevalier de Bouillon.

Il était d'une débauche démesurée et d'une audace pareille, qui ne se contraignait sur rien, qui disait du roi que c'était un vieux gentilhomme de campagne dans son château, qui n'avait plus qu'une dent, et qu'il la gardait contre lui.

Il avait été mis en prison plus d'une fois, et n'en était pas plus sage [3.40].

Les partis à la cour

Trois partis partageaient la cour, qui en embrassaient les principaux personnages, desquels fort peu paraissaient à découvert, et dont quelques-uns avaient encore leurs recoins et leurs réserves particulières.

Le très-petit nombre n'avait en vue que le bien de l'État, dont la situation chancelante était donnée par tous comme leur seul objet, tandis que la plupart n'en avaient point d'autre que soi-même, chacun suivant ce qu'il se proposait de considération, d'autorité, et en éloignement, de puissance; d'autres, de places et de fortunes à embler, d'autres, plus cachés ou moins considérables, tenaient à quelqu'une des trois, et formaient un sous-ordre qui donnait quelquefois le branle aux affaires, et qui entretenait cependant la guerre civile des langues [3.14].

Le comte de Fiesque.

C'était un homme de fort bonne compagnie, d'esprit et orné, un fort honnête homme, qui avait été galant, avec une belle voix, qui chantait bien, et qui faisait rarement des vers, mais aisément, jolis et d'un tour fort naturel. Il fit une chanson sur Bechameil et son entrée en sa terre de Nointel si plaisante, si ridicule, si fort dans le caractère de Bechameil, qu'on s'en est toujours souvenu. Le roi, qui le sut, la lui fit chanter un jour à une chasse, et en pensa mourir de rire. Il était singulier, brusque, particulier.

C'était un homme né fort libre, ennemi de toutes sortes de contraintes, et qui fit toujours peu de cas du bien et de la fortune. Il fut toujours considéré et recherché par la meilleure compagnie [2.71].

Naissance d'un second arrière-petit-fils de Louis XIV

Le samedi 15 février, le roi fut réveillé à sept heures, qui était une heure plus tôt qu'à l'ordinaire, parce que Mme la duchesse de Bourgogne se trouvait mal pour accoucher. Il s'habilla diligemment pour se rendre auprès d'elle. Elle ne le fit pas attendre longtemps : à huit heures trois minutes et trois secondes elle mit au monde un duc d'Anjou, qui est le roi Louis XV aujourd'hui régnant, ce qui causa une grande joie [3.27].

La marquise de Heudicourt.

Mme de Heudicourt, qui mettait les gens en pièces, en sérieux ou en ridicule, avait toujours quelque « mais » accablant quand elle entendait dire du bien de quelqu'un devant le roi ou Mme de Maintenon [3.38].

Le duc de Chevreuse.

C'était un homme froid, tranquille, qui se possédait, puissant en dialectique, dont il abusait presque toujours, qui s'y confiait, qui espérait toujours et qui ne se rebutait jamais, qui de plus, lorsqu'il s'était bien persuadé une chose, écoutait tout ce qu'on lui opposait avec le dernier mépris effectif, quoique voilé de toute la douceur et la politesse possible.

On disait quelquefois de lui qu'il était malade de raisonnement [3.61].

M. de Chevreuse, avec tout le savoir, toutes les lumières, toute la candeur que peut avoir un homme, était sujet à raisonner de travers. Son esprit, toujours géomètre, l'égarait par règle, dès qu'il partait d'un principe faux; et comme il avait une facilité extrême et beaucoup de grâce naturelle à s'exprimer, il éblouissait et emportait, lors même qu'il s'égarait le plus, après s'être ébloui lui-même, et persuadé qu'il avait raison [4.3].

On était perdu si on ne l'arrêtait dès le commencement, parce qu'aussitôt qu'on lui avait passé deux ou trois propositions qui paraissaient simples, et qu'il faisait résulter l'une de l'autre, il menait son homme battant jusqu'au bout, lequel en sentait le faux qui éblouissait, et qui pourtant n'y trouvait point de jointure à y opposer un mot.

M. de Chevreuse s'empoisonnait d'eau de chicorée pendant tout un repas, pour avoir le plaisir de boire à la fin une rasade de vin avec du sucre et de la muscade. La cour ignorait qu'il eût une table également délicate et abondante. Il n'y arrivait jamais que vers l'entremets. Il se hâtait d'y manger quelque pourpoint de lapin, quelque grillade, enfin ce qui avait le moins de suc, et au fruit quelques sucreries qu'il croyait bonnes à l'estomac, avec un morceau de pain pesé dont on avait ôté la mie. Il voulait manger en sorte qu'il pût travailler en sortant de table avec la même facilité qu'avant de s'y mettre; et en effet il rentrait bientôt après dans son cabinet. Le soir, peu avant minuit, il mangeait quelque œuf ou quelque poisson à l'eau ou à l'huile, même les jours gras. Il faisait tout tard et assez lentement. Il ne connaissait pour son usage particulier ni les heures ni les temps, et il lui arrivait souvent là-dessus des aventures qui faisaient notre divertissement.

Une aventure le mettait dans un embarras véritable, mais plaisant à voir, toutes les fois qu'on la lui remettait. Sur les dix heures du matin on lui annonça un M. Sconin, qui avait été son intendant. Il lui fit dire de faire un tour de jardin, et de revenir dans une demi-heure. Il continua ce qu'il faisait, et oublia parfaitement son homme. Sur les sept heures du soir, on le lui annonce encore : « Dans un moment », répond-il sans s'émouvoir. Un quart d'heure après, il appelle, et le fait entrer. « Ah! mon pauvre Sconin, lui dit-il, je vous fais bien des excuses de vous avoir fait perdre votre journée. — Point du tout, Monseigneur, lui répond Sconin; comme j'ai l'honneur de vous connaître il y a bien des années, j'ai compris ce matin que la demiheure pourrait être longue, j'ai été à Paris, j'y ai fait, avant et après dîner, quelques affaires que j'avais, et j'en arrive. » [4.5].

Mariage du vieux marquis de Polignac

La comtesse de Mailly maria sa dernière fille à Polignac, qui aurait pu être son grand-père. Elle était fort belle, et ne tarda pas à montrer que Polignac n'était pas heureux en mariage, ni sa mère en éducation [3.9].

Le maréchal de Noailles, père du duc de Noailles.

C'était un homme d'une grosseur prodigieuse et entassée. Aussi était-il grand mangeur, et faisait chez lui grande et délicate chère.

Jamais homme plus renfermé, plus particulier, plus mystérieux, ni plus profondément occupé de la cour; point d'homme si bas pour tous les gens en place; point d'homme si haut, dès qu'il le pouvait, et avec cela fort brutal.

Il plaisait au roi par son extrême servitude et par un esprit fort au-dessous du sien [2.70].

Mort de Monsieur le Duc

Il avait depuis quelque temps un mal de tête continuel, souvent violent. Le lundi gras, passant sur le pont Royal, revenant de l'hôtel de Coislin, il se trouva si mal qu'il tira son cordon et fit monter son laquais auprès de lui, duquel il voulut savoir s'il n'avait point la bouche tournée, et il ne l'avait pas. En chemin il perdit la parole et même la connaissance; il balbutia pourtant quelque chose pour la dernière fois, lorsque son laquais et un frotteur qui se trouva là le tirèrent du carrosse.

On le jeta au lit; médecins et prêtres, mandés en diligence, firent inutilement leurs fonctions : il ne donna nul autre signe de vie que d'horribles grimaces, et mourut de la sorte sur les quatre heures du matin du mardi gras.

De service ni d'oraison funèbre, il n'y en eut point : personne ne se soucia assez de Monsieur le Duc pour s'importuner de l'un, et la matière de l'autre eût été fort difficile [3.28].

Le maréchal de Joyeuse.

Il ressemblait tout à fait à un roi des Huns. Il avait de l'esprit, de la noblesse, de la hauteur et une grande

valeur; excellent officier général, surtout de cavalerie.
Ce maréchal de Joyeuse était une manière de brigand, qui pillait tant qu'il pouvait, pour le manger avec magnificence [3.38].

La marquise de la Vieuville.

C'était une demoiselle de Picardie qui s'appelait la Chaussée d'Eu. Elle était belle, pauvre, sans esprit, mais sage. M. de la Vieuville s'amouracha d'elle et l'épousa.
Son art était une application continuelle à plaire à tout le monde, une flatterie sans mesure, et un talent de s'insinuer auprès de tous ceux dont elle croyait pouvoir tirer parti.
Son mari était une manière de pécore lourde et ennuyeuse à l'excès, qui ne voyait personne à la cour, et à qui personne ne parlait [3.37].

L'abbé de Maulevrier.

Cet abbé de Maulevrier était un grand homme décharné, d'une pâleur de mort qu'on va porter en terre.
Il était doux, poli, flatteur, respectueux, obséquieux, obligeant; il voulait être bien avec tout le monde, et il avait des amis considérables des deux sexes. Mais avec tout son miel, tout son désir de s'insinuer, de se mêler, d'être instruit de tout, d'avoir la confiance de grands et de petits, c'était un homme à qui il ne fallait pas marcher sur le pied, pétulant et dangereux, qui ne pardonnait point [3.41].

Avant de partir pour l'Espagne Vendôme se marie

Mlle d'Enghien avait trente-trois ans; elle était extrêmement laide; sa vie s'était passée au fond de l'hôtel de Condé, dans la plus cruelle gêne, ce qui lui avait fait désirer, pour en sortir, quelque mariage que ce fût.
S'il fallait de l'ambition pour se résoudre à épouser

Mlle d'Enghien, il fallait un grand courage pour épouser M. de Vendôme, presque sans nez, et manqué deux fois par les plus experts. Mais tout leur fut bon à l'un et à l'autre, à elle pour avoir du bien et de la liberté, à l'autre par la vanité de se montrer encore assez grand, dans l'état de santé et de disgrâce où il était, pour épouser une princesse du sang [3.30].

L'abbé de Grandpré.

C'était une manière d'imbécile et qui en avait aussi tout le maintien, mais qui ne laissait pas de sentir sa naissance, et d'aller partout. Son corps n'était pas comme son esprit; les dames autrefois lui avaient donné le nom d'abbé Quatorze, qui lui était demeuré, et ce prodige avait passé en telle notoriété que sa singularité excuse la honte de le rapporter [3.28].

La comtesse de Cheverny.

Elle avait un visage dégoûtant, dont le roi, qui se prenait fort aux figures, ne se pouvait accommoder. Elle et son mari avaient essuyé le scorbut en Danemark, dont peu de gens du pays et beaucoup moins d'étrangers échappent. Ils y avaient laissé l'un et l'autre presque toutes leurs dents, et eussent peut-être mieux fait de n'en rapporter aucune. Ce défaut, avec un teint fort couperosé, faisait quelque chose de fort désagréable dans une femme qui n'était plus jeune, et qui avait pourtant une physionomie d'esprit [3.37].

Monseigneur consent enfin au mariage de son second fils, le duc de Berry, avec la fille aînée du duc d'Orléans

Toute la cour fondit chez Madame, et de là chez Monseigneur et chez M. le duc de Berry, chacun avide de se faire voir, et plus encore de pénétrer les visages. J'aurais acheté cher une cache derrière la tapisserie [3.35].

Le maréchal de Catinat.

Il rappelait le souvenir de ces grands hommes qui, après les triomphes les mieux mérités, retournaient tranquillement à leur charrue, toujours amoureux de leur patrie, et peu sensibles à l'ingratitude de Rome, qu'ils avaient si bien servie. Ses habits, ses équipages, ses meubles, sa maison, tout était de la dernière simplicité; son air l'était aussi, et tout son maintien. Il était grand, brun, maigre, un air pensif et assez lent, assez bas, de beaux yeux et fort spirituels.

Il déplorait les fautes signalées qu'il voyait se succéder sans cesse, l'extinction de toute émulation, le luxe, le vide, l'ignorance, la confusion des états, l'inquisition mise à la place de la police; il voyait tous les signes de destruction, et il disait qu'il n'y avait qu'un comble très-dangereux de désordre qui pût enfin rappeler l'ordre dans ce royaume [3.63].

C'était un homme qui n'avait d'appui et d'industrie que sa capacité, et dont la vertu et la simplicité étaient entièrement éloignées de toute intrigue et de tout manège pour se soutenir; peu agréable dans le commandement parce qu'il était sec, sévère, laconique, qu'il était exact sur la discipline, qu'il se communiquait peu, et que, désintéressé pour lui, il tenait la main au bon ordre sans craindre personne; d'ailleurs ni filles, ni vin, ni jeu, et partant, fort difficile à prendre [1.62].

Saint-Simon désabusé

Une triste expérience, mais continuelle, sur la plupart des événements principaux, m'avait depuis longtemps convaincu que le solide, l'essentiel, le grand avait changé de place avec la bagatelle, le futile, la commodité momentanée, que les plus importants effets étaient depuis longtemps toujours sortis de cette dernière source [3.32].

Ce n'était plus guère la coutume de rien faire sans une

récompense qui devançât l'entreprise, et qui mît en sûreté le succès personnel de celui qui en était chargé : usage nouveau, pernicieux à l'État et au roi [3.38].

M. de Tressan, évêque de Vannes.

Tressan était un drôle de beaucoup d'esprit, tout tourné à l'intrigue et à la fortune.

Le goût italien, et fort à découvert, l'avait banni de la société des honnêtes gens [3.63].

Un jeune marié à la Bastille

Le duc de Fronsac épousa la fille unique du feu marquis de Noailles. Ce petit duc de Fronsac, qui n'avait guère alors que seize ans, était la plus jolie créature de corps et d'esprit qu'on pût voir. Son père l'avait présenté déjà à la cour, où tout le monde lui fit merveilles, jusqu'au roi. Il y sut répondre avec tant de grâce, et se démêler avec tant d'esprit, de finesse, de liberté, de politesse, qu'il devint bientôt la coqueluche de la cour.

Son père lui laissa la bride sur le cou. Sa figure enchanta les dames; celle de sa femme, qui n'avait pourtant rien de désagréable, ne le charma pas : livré au monde avec tout ce qu'il fallait pour plaire et ne rien valoir, il fit force sottises, qui firent faire, moins de trois mois après son mariage, celle à son père de le faire mettre à la Bastille. Ce fut un lieu avec lequel il fit si bonne connaissance qu'on l'y verra plus d'une fois [3.46].

Le cardinal de Bouillon.

Le cardinal de Bouillon était un homme fort maigre, brun, de grandeur ordinaire, de taille aisée et bien prise. Son visage n'aurait eu rien de marqué s'il avait eu les yeux comme un autre; mais, outre qu'ils étaient fort près du nez, ils le regardaient tous deux à la fois jusqu'à faire croire qu'ils s'y voulaient joindre. Cette loucherie, qui était continuelle, faisait peur, et lui donnait une physionomie hideuse.

Il portait des habits gris, doublés de rouge, avec des boutons d'or d'orfèvrerie à pointes d'assez beaux diamants; jamais vêtu comme un autre, et toujours d'invention, pour se donner une distinction. Il avait de l'esprit mais confus, savait peu, fort l'air et les manières du grand monde, ouvert, accueillant, poli d'ordinaire, mais tout cela était mêlé de tant d'air de supériorité qu'on était blessé même de ses politesses.

On n'était pas moins importuné de son infatigable attention au rang qu'il prétendait jusqu'à la minutie, à primer dans la conversation, à la ramener toujours à soi ou aux siens avec la plus dégoûtante vanité. Les besoins le rendaient souple jusqu'au plus bas valetage. Il n'avait d'amis que pour les dominer et se les sacrifier. Il croyait reculer quand il n'avançait pas.

Son luxe fut continuel et prodigieux en tout; son faste le plus recherché, et le plus industrieux pour rétablir et jouir de toute la grandeur qu'il imaginait. Ses mœurs étaient infâmes, il ne s'en cachait pas.

On peut dire de lui qu'il ne put être surpassé en orgueil que par Lucifer, auquel il sacrifia tout comme à sa seule divinité [4.37].

L'ultime formalité du mariage du duc de Berry

Au sortir de table, le roi alla à l'appartement des mariés. Toute la cour, hommes et femmes, l'attendait en haie dans la galerie, et l'y suivit avec tout ce qui avait été du souper.

Le cardinal de Janson fit la bénédiction du lit. Le coucher ne fut pas long. Le roi donna la chemise à M. le duc de Berry. M. de Bouillon avait prétendu la présenter comme grand chambellan; M. de Beauvillier, comme gouverneur, eut la décision du roi pour lui, et la présenta. J'y tenais le bougeoir, et je fus surpris que M. de Bouillon ne s'en allât pas et vît donner cette chemise. Mme la duchesse de Bourgogne la donna à la mariée, présentée par Mme de Saint-

Simon, à qui le roi fit les honnêtetés les plus distinguées. Les mariés couchés, M. de Beauvillier et Mme de Saint-Simon tirèrent le rideau chacun de leur côté, non sans rire un peu d'une telle fonction ensemble [3.37].

Le président de Mesmes.

C'était un grand et gros homme, de figure colossale, trop marqué de petite vérole, mais dont toute la figure, jusqu'au visage, avait beaucoup de grâces, comme ses manières, et avec l'âge quelque chose de majestueux. Toute son étude fut celle du grand monde, à qui il plut, et fut mêlé dans les meilleures compagnies de la cour et dans les plus gaillardes. Il fut extrêmement débauché, tellement que son père le prit en telle aversion qu'il osait à peine paraître devant lui. Il ne lui épargnait pas les coups de bâton, et lui jetait quelquefois des assiettes à la tête, ayant bonne compagnie à sa table, qui se mettait entre-deux et tâchait de les raccommoder souvent; mais le fils était incorrigible, et ne songeait qu'à se divertir et à dépenser.

Devenu président à mortier par la mort de son père, il ne changea guère de vie, mais il se persuada qu'il était un seigneur, et vécut à la grande. Beaucoup d'esprit, grande présence d'esprit, élocution facile, naturelle, agréable; pénétration, reparties promptes et justes; hardiesse jusqu'à l'effronterie; ni âme, ni honneur, ni pudeur; petit-maître en mœurs, en religion, en pratique; habile à donner le change, à tromper, à s'en moquer, à tendre des pièges, à se jouer de paroles et d'amis ou à leur être fidèle, selon qu'il convenait à ses intérêts; d'ailleurs d'excellente compagnie, charmant convive, un goût exquis en meubles, en bijoux, en fêtes, en festins, et en tout ce qu'aime le monde, grand brocanteur, et panier percé sans s'embarrasser jamais de ses profusions, avec les mains toujours ouvertes, mais pour le gros, et l'imagination fertile à s'en procurer; poli, affable, accueillant avec distinction, et suprêmement glorieux, quoique avec un air de respect pour la véritable seigneurie, et les plus bas ménagements pour les ministres et pour tout ce qui tenait à la cour.

Rien n'a mieux dépeint son principal ridicule qu'un de ce grand nombre de noëls qu'on avisa de faire une année pour caractériser beaucoup de gens de la cour et de la ville, qu'on introduisait à la crèche les uns après les autres. Je ne me souviens plus du couplet, sinon qu'il débutait : Je suis M. de Mesmes, et qu'il finissait : qui viens prier le poupon à souper en carême [3.63].

Un écart de langage du maréchal de Villars

Il arriva au maréchal de Villars une aventure fort ridicule, qui fit grand bruit à l'armée et à la cour.

Sa blessure, ou les airs qu'il en prenait, lui faisait souvent tenir la jambe sur le cou de son cheval, à peu près comme les dames. Il lui échappa un jour, dans l'ennui où il se trouvait dans son armée, qu'il était bien las de monter à cheval comme ces putes de la suite de Mme la duchesse de Bourgogne, qui, par parenthèses, étaient toutes les jeunes dames de la cour et les filles de Madame la Duchesse.

Un tel propos, tenu en pleine promenade par un général d'armée peu aimé, courut bientôt d'un bout à l'autre du camp, et ne tarda guère à voler à la cour et à Paris. Les dames cavalières s'offensèrent, les autres prirent parti pour elles; Mme la duchesse de Bourgogne ne put leur refuser de s'en montrer irritées et de s'en plaindre.

Villars en fut tôt averti, et fort en peine d'un surcroît d'ennemis si redoutable. Il se mit dans la tête de découvrir qui l'avait décelé; il fit si bien qu'il sut à n'en pas douter que c'était Heudicourt qui l'avait mandé; et il en fut d'autant plus piqué que, chose fort étrange, il lui avait souvent, non pas prêté, mais donné de l'argent, dont il était toujours fort dépourvu par sa mauvaise conduite et l'avarice de son père, qui mangeait tout avec des créatures [3.38].

M. de Cominges.

C'était un homme d'une grosseur énorme, de beaucoup d'esprit, d'assez de lettres, d'honneur et de valeur.

Les courtisans, pendant les campagnes du roi, appelèrent par plaisanterie les bombes et les mortiers du plus gros calibre des Cominges, et si bien que ce nom leur est demeuré dans l'artillerie.

Cominges trouvait cette plaisanterie très mauvaise, et ne s'y accoutuma jamais [4.1].

Le cardinal de Bouillon passe à l'ennemi

Il paya ses nouveaux hôtes, le prince Eugène et le duc de Marlborough, par les discours qui leur furent les plus agréables sur la misère de la France, que ses fréquents voyages par les provinces avaient montrée à ses yeux, sur son impuissance à soutenir la guerre, les fautes qui s'y étaient faites, le mauvais gouvernement, les mécontentements de tout le monde, l'épuisement extrême et le désespoir des peuples; enfin il ne les entretint que de ce qui les pouvait flatter, et n'oublia rien de tout ce que peut la perfidie et l'ingratitude [3.39].

La princesse de Furstemberg.

Elle avait été extrêmement jolie, faite à peindre, et quoique boiteuse, dont elle ne se cachait point, elle avait été une des meilleures danseuses de son temps. C'était la meilleure et la plus aimable femme du monde, et d'une naïveté très-plaisante.

Elle était amie intime de la duchesse de Foix, et logeait et couchait à Versailles avec elle. Un soir que Mme de Foix s'était amusée fort tard à jouer chez M. le Grand, elle trouva la princesse de Furstemberg couchée, qui d'une voix lamentable lui dit qu'elle se mourait, et que c'était tout de bon. Mme de Foix s'approche, lui demande ce qu'elle a; l'autre dit qu'elle ne sait, mais que depuis deux heures qu'elle est au lit, les artères lui battent, la tête lui fend, et qu'elle a une sueur à tout percer, qu'enfin elle se trouve très-mal et que le cœur lui manque. Voilà Mme de Foix bien en peine, et qui de plus, n'ayant point d'autre lit, va par l'autre ruelle pour se coucher au petit bord. En se fourrant doucement pour ne pas incommoder son amie, elle se heurta contre du bois fort chaud : elle s'écrie; une femme de chambre accourt avec une bougie : elles trouvent un moine dont on avait chauffé le lit, que la Furstemberg n'avait point senti, et qui par sa chaleur l'avait mise dans l'état où elle était. Mme de Foix se moqua bien d'elle, et toute la cour le lendemain [3.59].

Le comte de Brionne.

Il était le premier danseur de son temps, quoique médiocrement grand et assez gros.

C'était un assez honnête homme, mais si court et si plat que rien n'était au-dessous; sa famille n'en faisait aucun cas [4.1].

Embarras de Desmarets, successeur de Chamillart aux finances

L'impossibilité d'obtenir la paix, et l'épuisement où était le royaume, jetèrent le roi dans les plus cruelles angoisses, et Desmarets dans le plus funeste embarras. Les papiers de toutes les espèces dont le commerce se trouvait inondé, et qui tous avaient plus ou moins perdu crédit, faisaient un chaos dont on n'apercevait point le remède : billets d'État, billets de monnaie, billets des receveurs généraux, billets sur les tailles, billets d'ustensile, étaient la ruine des particuliers, que le roi forçait de prendre en payement de lui, qui perdaient moitié, deux tiers et plus, et avec le roi comme avec les autres. La capitation doublée et triplée à volonté arbitraire des intendants des provinces, les marchandises et les denrées de toute espèce imposées en droits au quadruple de leur valeur, taxes d'aisés et autres de toute nature et sur toutes sortes de choses, tout cela écrasait nobles et roturiers, seigneurs et gens d'Église, sans que ce qu'il en revenait au roi pût suffire, qui tirait le sang de tous ses sujets sans distinction, qui en exprimait jusqu'au pus, et qui enrichissait une armée infinie de traitants et d'employés à ces divers genres d'impôts, entre les mains de qui en demeurait la plus grande et la plus claire partie.

Desmarets, en qui enfin le roi avait été forcé de mettre toute sa confiance pour les finances, imagina d'établir, en sus de tant d'impôts, cette dîme royale sur tous les biens de chaque communauté et de chaque particulier du royaume, que le maréchal de Vauban avait autrefois proposée, comme une taxe unique, simple, qui suffirait à tout, qui entrerait tout entière dans les coffres du roi, au moyen de laquelle tout autre impôt serait aboli, même la taille et jusqu'à son nom.

Il fallait d'abord tirer de chacun une confession de bonne foi, nette et précise, de son bien, de ses dettes actives et passives, de la nature de tout cela. Il en fallait exiger des preuves certaines, et trouver les moyens de n'y être pas trompé. Sur ces points roulèrent toutes les difficultés. On compta pour rien la désolation de l'impôt même dans une multitude d'hommes de tous les états si prodigieuse, et leur désespoir d'être forcés à révéler eux-mêmes le secret de leurs familles, la turpitude d'un si grand nombre, le manque de bien suppléé par la réputation et le crédit, dont la cessation allait jeter dans une ruine inévitable, la discussion des facultés de chacun.

Desmarets proposa au roi cette affaire, dont il sut bien faire sa cour; mais le roi, quelque accoutumé qu'il fût aux impôts les plus énormes, ne laissa pas de s'épouvanter de celui-ci. Depuis longtemps il n'entendait parler que des plus extrêmes misères; ce surcroît l'inquiéta jusqu'à l'attrister d'une manière si sensible, que ses valets intérieurs s'en aperçurent dans les cabinets plusieurs jours de suite, et assez pour en être si en peine que Maréchal, qui m'a conté toute cette curieuse anecdote, se hasarda de lui parler de cette tristesse qu'il remarquait, et qui était telle depuis plusieurs jours qu'il craignait pour sa santé. Le roi lui avoua qu'il sentait des peines infinies, et se jeta vaguement sur la situation des affaires. Huit ou dix jours après, le roi reprit son calme accoutumé. Il appela Maréchal, et seul avec lui, il lui dit que maintenant qu'il se sentait au large, il voulait bien lui dire ce qui l'avait si vivement peiné, et ce qui avait mis fin à ses peines.

Alors il lui conta que l'extrême besoin de ses affaires l'avait forcé à de furieux impôts; que l'état où elles se trouvaient réduites le mettait dans la nécessité de les augmenter très-considérablement; qu'outre la compassion, les scrupules de prendre ainsi les biens de tout le monde l'avaient fort tourmenté; qu'à la fin il s'en était ouvert au P. Tellier, qui lui avait demandé quelques jours à y penser, et qu'il était revenu avec une consultation des plus habiles docteurs de Sorbonne, qui décidait nettement que tous les biens de ses sujets étaient à lui en propre, et que, quand il les prenait, il ne prenait que ce qui lui appartenait; qu'il avouait que cette décision l'avait mis fort au large, ôté tous ses scrupules, et lui avait rendu le calme et la tranquillité qu'il avait perdue. Maréchal fut si étonné, si éperdu d'entendre ce récit, qu'il ne put proférer un seul mot [3.43].

Le marquis de Refuge.

C'était le plus savant homme de l'Europe en toutes sortes de généalogies, et de tous les pays, depuis les têtes couronnées jusqu'aux simples particuliers, avec une mémoire qui ne se méprenait jamais sur les noms, les degrés ni les branches, sur aucune date, sur les alliances, ni sur ce que chacun était devenu. Il se peut dire que sa mémoire épouvantait.

Il était honorable, mais sobre et fort distrait. Ses valets quelquefois en abusaient, et lui portaient tout de suite des sept ou huit verres de vin qu'il ne demandait point et qu'il avalait sans y penser. Il se grisait de la sorte; et quand cela était passé, il ne comprenait pas comment cela lui était arrivé [4.2].

Après les taxes conjoncturelles, la dévaluation

Le dixième établi, on fit une taxe sur les usuriers, qui avaient gagné gros à trafiquer les papiers du roi, c'est-à-dire à profiter du besoin de ceux à qui le roi les donnait en payement. On appelait ces gens-là agioteurs; et leur manège, suivant la presse où étaient les porteurs de billets, de donner par exemple trois ou quatre cents francs, et souvent encore la plupart en denrées, pour un billet de mille francs, ce manège, dis-je, s'appelait agio. On prétendit tirer une trentaine de millions de cette taxe : bien des gens y gagnèrent gros; je ne sais si le roi y fut le mieux traité.

Bientôt après on refondit la monnaie, ce qui fit un grand profit au roi et un extrême tort aux particuliers et au commerce. On a dans tous les temps regardé comme un très-grand malheur, et comme quelque chose de plus, de toucher aux blés et aux monnaies [3.44].

Madame de Grancey.

Elle avait été belle, et à son âge elle se la croyait encore, moyennant force rouge et blanc et les parures de la jeunesse [3.61].

Le comte de Sézanne.

C'était un grand bellâtre, fort prévenu de son mérite et de sa capacité. Il eut une langueur de plusieurs années qui le consuma, où la médecine ne connut rien. Il était persuadé, et on le crut aussi, que sa galanterie en Italie avec des maîtresses que le duc de Mantoue entretenait publiquement mais dont il était fort jaloux, lui avait fait donner un poison lent [4.27].

1711

Le Grand Dauphin, atteint depuis cinq jours de la variole, semble maintenant hors de danger.

Les harengères de Paris, amies fidèles de Monseigneur, qui s'étaient déjà signalées à une forte indigestion qui fut prise pour apoplexie, donnèrent ici le second tome de leur zèle. Ce même matin, elles arrivèrent en plusieurs carrosses de louage à Meudon. Monseigneur les voulut voir : elle se jetèrent au pied de son lit, qu'elles baisèrent plusieurs fois; et ravies d'apprendre de si bonnes nouvelles, elles s'écrièrent dans leur joie qu'elles allaient réjouir tout Paris, et faire chanter le Te Deum. Monseigneur, qui n'était pas insensible à ces marques d'amour du peuple, leur dit qu'il n'était pas encore temps; et après les avoir remerciées, il ordonna qu'on leur fît voir sa maison, qu'on les traitât à dîner, et qu'on les renvoyât avec de l'argent.

Il y avait peu que j'étais dans mon cabinet, qu'on m'annonça Mme la duchesse d'Orléans, qui venait causer en attendant l'heure du souper. J'allai la recevoir dans l'appartement de Mme de Saint-Simon, qui était sortie, et qui revint bientôt après se mettre en tiers avec nous. La princesse et moi étions, comme on dit, gros de nous voir et de nous entretenir dans cette conjoncture, sur laquelle elle et moi nous pensions si pareillement. Pour en parler franchement et en avouer la honte, elle et moi nous lamentâmes ensemble de voir Monseigneur échapper, à son âge et à sa graisse, d'un mal si dangereux. Elle réfléchissait tristement qu'après une dépuration de cette sorte il ne restait plus la moindre pauvre petite espérance aux apoplexies; que celle des indigestions était ruinée sans ressource depuis la peur que Monseigneur en avait prise et l'empire qu'il avait donné sur sa santé aux médecins; et nous conclûmes plus que langoureusement qu'il fallait désormais compter que ce prince vivrait et régnerait longtemps. De là des raisonnements sans fin sur les funestes accompagnements de son règne, sur la vanité des apparences les mieux fondées d'une vie qui promettait si peu, et qui trouvait son salut et sa durée au sein du péril et de la mort. En un mot, nous nous lâchâmes, non sans quelque scrupule qui interrompait de fois à autre cette rare conversation, mais qu'avec un tour languissamment plaisant elle ramenait toujours à son point. Mme de Saint-Simon, tout dévotement, enrayait tant qu'elle pouvait ces propos étranges; mais l'enrayure cassait, et entretenait ainsi un combat très-singulier entre la liberté des sentiments, humainement pour nous très-raisonnables, mais qui ne laissait pas de nous faire sentir qui n'étaient pas selon la religion.

Deux heures s'écoulèrent de la sorte entre nous trois, qui nous parurent courtes, mais que l'heure du souper termina. Mme la duchesse d'Orléans s'en alla chez Madame sa fille, et nous passâmes dans ma chambre, où bonne compagnie s'était cependant assemblée, qui soupa avec nous.

Tandis qu'on était si tranquille à Versailles, et même à Meudon, tout y changeait de face. Le roi avait vu Monseigneur plusieurs fois dans la journée, qui était sensible à ces marques d'amitié et de considération. Dans la visite de l'après-dînée, avant le conseil des dépêches, le roi fut si frappé de l'enflure extraordinaire du visage et de la tête, qu'il abrégea, et qu'il laissa échapper quelques larmes en sortant de la chambre. On le rassura tant qu'on put. Cependant Monseigneur avait déjà méconnu Mme la princesse de Conti, et Boudin en avait été alarmé.

Il se trouva plus mal vers quatre heures après-midi. Fagon et les autres entassèrent remèdes sur remèdes, sans en attendre l'effet. Le curé, qui tous les soirs avant de se retirer chez lui allait savoir des nouvelles, trouva, contre l'ordinaire, toutes les portes ouvertes et les valets éperdus. Il entra dans la chambre, où voyant de quoi il n'était que trop tardivement question, il courut au lit, prit la main de Monseigneur, lui parla de Dieu; et le voyant plein de connaissance, mais presque hors d'état de parler, il en tira ce qu'il put pour une confession.

Cependant le roi sortait de table, et pensa tomber à la renverse lorsque Fagon, se présentant à lui, lui cria tout troublé que tout était perdu. On peut juger quelle horreur saisit tout le monde en ce passage si subit d'une sécurité entière à la plus désespérée extrémité.

Le roi, à peine à lui-même, prit à l'instant le chemin de l'appartement de Monseigneur, et réprima très-sèchement l'indiscret empressement de quelques courtisans à le retenir, disant qu'il voulait voir encore son fils, et s'il n'y avait plus de remède. Comme il était près d'entrer dans la chambre, Mme la princesse de Conti, qui avait eu le temps d'accourir chez Monseigneur dans ce court intervalle de la sortie de table, se présenta pour l'empêcher d'entrer; elle le repoussa même des mains, et lui dit qu'il ne fallait plus désormais penser qu'à lui-même. Alors le roi, presque en faiblesse d'un renversement si subit et si entier, se laissa aller sur un canapé qui se trouva à l'entrée de la porte du cabinet par lequel il était entré, qui donnait dans la chambre. Il demandait des nouvelles à tout ce qui en sortait, sans que presque personne osât lui répondre. Mme de Maintenon, accourue auprès du roi, et assise sur le même canapé, tâchait de pleurer. Elle essayait d'emmener le roi, dont les carrosses étaient déjà prêts dans la cour, mais il n'y eut pas moyen de l'y faire résoudre que Monseigneur ne fût expiré.

Cette agonie sans connaissance dura près d'une heure depuis que le roi fut dans le cabinet. Mme la duchesse et Mme la princesse de Conti se partageaient entre les soins du mourant et ceux du roi, près duquel elles revenaient souvent, tandis que la Faculté confondue, les valets éperdus, le courtisan bourdonnant, se poussaient les uns les autres, et cheminaient sans cesse sans presque changer de lieu. Enfin le moment fatal arriva. Fagon sortit, qui le laissa entendre.

Le roi, fort affligé, et très-peiné du défaut de confession, maltraita un peu ce premier médecin, puis sortit, emmené par Mme de Maintenon et par les deux princesses. Une foule d'officiers de Monseigneur se jetèrent à genoux tout du long de la cour, des deux côtés, sur le passage du roi, lui criant avec des hurlements étranges d'avoir compassion d'eux, qui avaient tout perdu et qui mourraient de faim.

Tandis que Meudon était rempli d'horreur, tout était tranquille à Versailles, sans en avoir le moindre soupçon. Nous avions soupé; la compagnie, quelque temps après, s'était retirée, et je causais avec Mme de Saint-Simon, qui achevait de se déshabiller pour se mettre au lit, lorsqu'un ancien valet de chambre, à qui elle avait donné une charge de garçon de la chambre de Mme la duchesse de Berry, et qui y servait à table, entra tout effarouché. Il nous dit qu'il fallait qu'il y eût de mauvaises nouvelles de Meudon; que Mgr le duc de Bourgogne venait d'envoyer parler à l'oreille de M. le duc de Berry, à qui les yeux avaient rougi à l'instant; qu'aussitôt il était sorti de table, et que, sur un second message fort prompt, la table où la compagnie était restée s'était levée avec précipitation, et que tout le monde était passé dans le cabinet.

Un changement si subit rendit ma surprise extrême. Je courus chez Mme la duchesse de Berry aussitôt; il n'y avait plus personne : ils étaient tous allés chez Mme la duchesse de Bourgogne; j'y poussai tout de suite.

J'y trouvai tout Versailles rassemblé ou y arrivant; toutes les dames en déshabillé, la plupart prêtes à se mettre au lit; toutes les portes ouvertes, et tout en trouble. J'appris que Monseigneur avait reçu l'extrême-onction, qu'il était sans connaissance et hors de toute espérance, et que le roi avait mandé à Mme la duchesse de Bourgogne qu'il s'en allait à Marly, et de le venir attendre dans l'avenue entre les deux écuries, pour le voir en passant.

Le spectacle attira toute l'attention que j'y pus donner parmi les divers mouvements de mon âme et ce qui tout à la fois se présenta à mon esprit.

Mon premier mouvement fut de m'informer à plus d'une fois, de ne croire qu'à peine au spectacle et aux paroles, ensuite de craindre trop peu de cause pour tant d'alarme, enfin de retour sur moi-même, par la considération de la misère commune à tous les hommes, et que moi-même je me trouverais un jour aux portes de la mort. La joie néanmoins perçait à travers les réflexions momentanées de religion et d'humanité par lesquelles j'essayais de me rappeler : ma délivrance particulière me semblait si grande et si inespérée qu'il me semblait, avec une évidence encore plus parfaite que la vérité, que l'État gagnait tout en une telle perte. Parmi ces pensées, je sentais malgré moi un reste de crainte que le malade en réchappât, et j'en avais une extrême honte.

Madame, rhabillée en grand habit, arriva hurlante, ne sachant bonnement pourquoi ni l'un ni l'autre, les inonda tous de ses larmes en les embrassant, fit retentir le château d'un renouvellement de cris, et fournit un spectacle bizarre d'une princesse qui se remet en cérémonie, en pleine nuit, pour venir pleurer et crier parmi une foule de femmes en déshabillé de nuit, presque en mascarades. Il faut avouer que, pour qui est bien au fait de la carte intime d'une cour, les premiers spectacles d'événements rares de cette nature, si intéressante à tant de divers égards, sont d'une satisfaction extrême : chaque visage vous rappelle les soins, les intrigues, les sueurs employées à l'avancement des fortunes, à la formation, à la force des cabales, les adresses à se maintenir et à en écarter d'autres, les moyens de toute espèce mis en œuvre pour cela, les liaisons plus ou moins avancées, les éloignements, les froideurs les haines, les mauvais offices, les manèges, les avances, les ménagements, les petitesses, les bassesses de chacun, le déconcertement des uns au milieu de leur chemin, au milieu ou au comble de leurs espérances, la stupeur de ceux qui jouissaient en plein, la satisfaction extrême et inespérée de ceux-là, et j'en étais des plus avant, la rage qu'en conçoivent les autres, leur embarras et leur dépit à le cacher. La promptitude des yeux à voler partout en sondant les âmes, à la faveur de ce premier trouble de surprise et de dérangement subit, la combinaison de tout ce qu'on y remarque, l'étonnement de ne pas trouver ce qu'on avait cru de quelques-uns, faute de cœur ou d'assez d'esprit en eux, et plus en d'autres qu'on avait pensé, tout cet amas d'objets vifs et de choses si importantes forme un plaisir à qui le sait prendre qui, tout peu solide qu'il devient, est un des plus grands dont on puisse jouir dans une cour.

Mme de Saint-Simon et moi, au sortir de chez M. et Mme la duchesse de Berry, nous fûmes encore deux heures ensemble. La raison plutôt que le besoin nous fit coucher, mais avec si peu de sommeil qu'à sept heures du matin j'étais debout; mais, il faut l'avouer, de telles insomnies sont douces, et de tels réveils savoureux.

L'horreur régnait à Meudon. Dès que le roi en fut parti, tout ce qu'il y avait de gens de la cour le suivirent, et s'entassèrent dans ce qui se trouva de carrosses, et dans ce qu'il en vint aussitôt après. En un instant Meudon se trouva vide.

Pour le roi, jamais homme si tendre aux larmes, si difficile à s'affliger, ni si promptement rétabli en sa situation parfaitement naturelle. Il devait être bien touché de la perte d'un fils qui, à cinquante ans, n'en avait jamais eu dix à son égard. Fatigué d'une si triste nuit, il demeura fort tard au lit [3.48].

Le duc de Mazarin.

C'était un assez grand et gros homme, de bonne mine. La piété, toujours si utile et si propre à faire valoir les bons talents, empoisonna tous ceux qu'il tenait de la nature et de la fortune, par le travers de son esprit. Il devint ridicule au monde, insupportable au roi par les visions qu'il fut lui raconter qu'il avait sur la vie qu'il menait avec ses maîtresses. Il se retira dans ses terres, où il devint la proie des moines et des béats qui profitèrent de ses faiblesses et puisèrent dans ses millions. Il mutila les plus belles statues, barbouilla les plus rares tableaux.

Le sort marquait selon lui la volonté de Dieu. Le feu prit au château de Mazarin où il était. Chacun accourut pour l'éteindre, lui à chasser ces coquins qui attentaient à s'opposer au bon plaisir de Dieu.

Sa joie était qu'on lui fit des procès, parce qu'en perdant il cessait de posséder un bien qui ne lui appartenait pas; s'il gagnait, il conservait ce qui lui avait été demandé en sûreté de conscience. Il désolait les officiers de ses terres par les détails où il entrait, et les absurdités qu'il leur voulait faire faire. Il défendit dans toutes aux filles et femmes de traire les vaches, pour éloigner d'elles les mauvaises pensées que cela pouvait leur donner. On ne finirait point sur toutes ses folies. Il voulut faire arracher les dents de devant à ses filles parce qu'elles étaient belles, de peur qu'elles y prissent trop de complaisance.

Il ne faisait qu'aller de terres en terres; et il promena pendant quelques années le corps de Mme Mazarin, qu'il avait fait apporter d'Angleterre, partout où il allait [4.5].

Madame Bouchu, femme du conseiller d'État.

Mme Bouchu cachait un cancer depuis longtemps, dont une seule femme de chambre avait la confidence. Avec le même secret elle mit ordre à ses affaires, soupa en compagnie, se fit abattre le sein le lendemain de grand matin, et ne le laissa apprendre à sa famille ni à personne que quelques heures après l'opération : elle guérit parfaitement.

Après tant de courage et de sagesse, on la vit quelques années après, épouser le duc de Châtillon, cul-de-jatte, pour la rage d'être duchesse, et longtemps après mourir d'une fluxion de poitrine, pour avoir voulu aller jouir de son tabouret à Versailles par le grand froid [4.1].

Le prince Ragotzi, ancien chef hongrois réfugié en France.

Ragotzi était d'une très-haute taille, sans rien de trop, bien fournie sans être gros, très-proportionné et fort bien fait, l'air fort, robuste et très-noble jusqu'à être imposant sans rien de rude; le visage assez agréable, et toute la physionomie tartare.

C'était un très-bon homme, et fort aimable, et commode pour le commerce, mais après l'avoir vu de près on demeurait dans l'étonnement qu'il eût été chef d'un grand parti, et qu'il eût fait tant de bruit dans le monde [4.6].

Mort de la duchesse de Villeroy-Le Tellier

C'était une personne de fort peu d'esprit, mais de sens, de vues, de conduite, haute, courageuse, franche et vraie, fort altière, fort inégale, fort pleine d'humeur, même volontiers brutale [2.67].

Elle avait des amis et des amies; elle en méritait. Elle était bonne, vive et sûre amie, et les glaces ne lui coûtaient rien à rompre.

Son visage très-singulier était vilain d'en bas, surtout pour le rire, était charmant de tout le haut. Sérieuse et parée, grande comme elle était, quoique avec les hanches et les épaules trop hautes, personne n'avait si grand air et ne parait tant les fêtes et les bals, où il n'était aucune beauté qu'elle n'effaçât.

Quelques mois avant sa mort, et toujours dans une santé parfaite, elle disait à Mme de Saint-Simon qu'elle était trop heureuse, que de quelque côté qu'elle se tournât, son bonheur était parfait, que cela lui faisait une peur extrême, et que sûrement un état si fort à souhait ne pouvait durer, qu'il lui arriverait quelque catastrophe impossible à prévoir, ou qu'elle mourrait bientôt. Le dernier arriva [3.51].

Le duc de Foix.

C'était un fort petit homme, de fort petite mine, qui s'était fait aimer partout par l'agrément et la douceur de sa société. Il ne s'était jamais soucié que de s'amuser et de se divertir. Il avait trouvé la duchesse de Foix de même humeur, et on disait d'eux avec raison qu'ils n'avaient jamais eu que dix-huit ans [4.17].

L'héritage de Monseigneur

On fit un inventaire, une prisée de tous les effets mobiliers, et trois lots : les plus beaux meubles et les cristaux furent pour le roi d'Espagne, et les diamants pour M. le duc de Berry avec un meuble; tous les bijoux et les moindres meubles se vendirent à l'encan pour payer les dettes.

Les principaux bijoux, et qui étaient en assez grand nombre, se vendirent avec une indécence qui n'a peut-être point eu d'exemple : ce fut pendant la dernière moitié du voyage de Marly l'amusement des après-dînées. Toute la cour, princes et princesses du sang, hommes et femmes, y entraient à portes ouvertes, chacun achetait à l'enchère; on examinait les pièces, on riait, on causait : en un mot, un franc inventaire, un vrai encan.

Cette vente causa quelques petites riottes entre la Dauphine et M. le duc de Berry, par l'envie des mêmes pièces.

Elles furent même poussées assez loin sur du tabac, dont il y avait en grande quantité et d'excellent, parce que Monseigneur en prenait beaucoup [3.57].

M. de Saintrailles.

C'était un homme d'honneur et de valeur, le meilleur joueur de trictrac de son temps, et qui possédait aussi tous les autres jeux, sans en faire métier. Il avait l'air important, le propos moral et sentencieux.

Il n'avait qu'une nièce fort jolie et sage. Le marquis de Lanques en devint si amoureux qu'il la voulut épouser. Il était capitaine, fut blessé pendant la campagne, revint mourant à Paris, se fit porter à Saint-Sulpice, où il l'épousa, et mourut deux jours après [4.15].

La réception au Parlement du duc de Chaulnes

Tout étant prêt pour la réception du nouveau duc de Chaulnes, le Parlement s'assembla à l'heure accoutumée, et les princes du sang et les autres pairs y prirent leurs places. M. de Chaulnes, qui devait se tenir à la porte de la grand'chambre, en-dedans, pour les voir arriver et les saluer, comme c'est l'ordre, n'était point arrivé. On causait en place les uns avec les autres, et à la fin on s'impatientait. Au bout d'une heure on soupçonna quelque accident, et pour ne pas passer toute la matinée de la sorte, on voulut enfin en être éclairci. Le premier président envoya un huissier s'en informer à l'hôtel de Luynes. Il trouva le duc de Chaulnes à qui on faisait la barbe, qui dit qu'il s'allait dépêcher, et qui ne parut nullement embarrassé de l'auguste séance qui l'attendait depuis si longtemps. On peut juger du succès du rapport de l'huissier. La parure du candidat fut encore fort longue; enfin il arriva d'un air riant et tranquille. Tout était rapporté; il n'eut qu'à prêter serment et à prendre place.

La coutume est que le premier président fait un compliment au pair d'érection nouvelle aussitôt qu'il est assis en place. Voilà donc le premier président qui ôte son bonnet, se tourne vers la place où était le nouveau pair, lui dit deux mots, se couvre, continue, et se découvre et s'incline en finissant. Aussitôt M. de Chaulnes ôte son chapeau, y glisse un papier qu'il tenait en sa main, et l'y déploie, et se met à vouloir y lire. Le pair son voisin le pousse, et l'avertit de mettre son chapeau; de Chaulnes le regarde, et sur l'avis redoublé se couvre, et manifeste son papier en entier. Cela le déconcerte; toutefois il se met à vouloir lire. Il répète : « Monsieur »; il ânonne : bref il se démonte au point qu'il ne peut lire et qu'il demeure absolument court. La Compagnie ne peut s'empêcher de rire. Il la regarde tout autour; il prend enfin son parti, il ôte son chapeau sans mot dire, s'incline au premier président comme pour finir ce qu'il n'avait pas commencé, regarde après encore la Compagnie, et se met à rire aussi avec elle.

Voilà quelle fut la réception du duc de Chaulnes, qui n'a jamais été oubliée, parce qu'elle n'eut jamais sa pareille. Il fut le premier après à en rire avec tout le monde [3.61].

La comtesse de Miossens.

C'était une femme très-maigre, d'une taille qui effrayait par sa hauteur extraordinaire, avec des yeux vifs, un visage allumé, de longues dents blanches qui paraissaient fort· elle ressemblait à une sorcière [4.17].

Mort du duc Alphonse de Lesdiguières

C'était un homme doux, modeste, gai et qui n'avait pas plus d'esprit qu'il en fallait pour plaire et réussir à notre cour; fort honnête homme et fort magnifique. Il vivait très-bien avec sa femme [2.15].

Il mourut à Paris à quatre-vingt-cinq ans, sans enfants. C'était un courtisan imbécile. Sa femme eut la sottise de le pleurer; on se moqua bien d'elle : « Que voulez-vous? dit-elle, je le respectais comme mon père, et je l'aimais comme mon fils. » On s'en moqua encore davantage; elle n'osa plus pleurer [3.59].

Le duc de la Rochefoucauld, fils de l'auteur des « Maximes ».

Un homme entre deux tailles, maigre avec de gros os, un air niais quoique rude, des manières embarrassées, une chevelure de filasse, et rien qui sortît de là. Le duc de la Rochefoucauld était le seul confident des amours du roi, et le seul qui, le manteau sur le nez comme lui, le suivait à distance lorsqu'il allait à ses premiers rendez-vous.

Il était noble, bon, libéral, magnifique; il était obligeant et touché du malheur; d'ailleurs sans aucun esprit, sans discernement, glorieux au dernier point, rude et rustre en toutes ses manières, très-volontiers brutal, désagréable en toutes ses façons, embarrassé comme un homme qui ne sait pas recevoir une visite, ni entrer ou sortir d'une chambre; surtout désespéré si une femme lui parlait en le rencontrant. Avec ce défaut il avait celui d'envier tout, il trouvait tout le monde bien traité, hors lui [4.16].

Si M. de la Rochefoucauld passa sa vie dans la faveur la plus déclarée, il faut dire aussi qu'elle lui coûta cher s'il avait quelque sentiment de liberté : jamais valet ne le fut de personne avec tant d'assiduité et de bassesse, il faut lâcher le mot, avec tant d'esclavage; le lever et le coucher, les deux autres changements d'habits tous les jours, les chasses et les promenades du roi de tous les jours, il n'en manquait jamais; quelquefois dix ans de suite sans découcher d'où était le roi, et sur le pied de demander congé, non pas pour découcher, car en plus de quarante ans il n'a jamais couché vingt fois à Paris, mais pour aller dîner hors de la cour et ne pas être à la promenade; jamais malade, et sur la fin, rarement et courtement, la goutte.

On aurait cru qu'il devait être heureux, et jamais homme ne le fut moins. Tout le choquait; il se fâchait des choses les plus fortuites et les plus indifférentes, et il était si accoutumé à réussir, que tout ce qu'il obtenait pour soi ou pour autrui lui semblait toujours peu de chose. En même temps, jamais homme si envieux : les grâces les moins à la portée de gens en qui il s'intéressât, et les moins proportionnées à lui, le chagrinaient essentiellement. Il était né piqué de tout [3.10].

Mort du maréchal de Boufflers

Le service si rare, et qui fut si heureux, qu'il rendit à la bataille de Malplaquet, lui avait tourné la tête jusqu'à oser demander l'épée de connétable, et sur le refus, la charge de colonel général de l'infanterie, supprimée aussi, et encore plus dangereuse. De celle-là, le refus encore plus sec l'outra; il oublia ses récompenses, il ne vit que les refus, en contraste de tout ce qui fut prodigué au maréchal de Villars pour prix de la même bataille, et d'une campagne où tous les genres de mérites étaient de son côté, et de celui de Villars tous les démérites possibles : cela le désespéra.

Le roi se dégoûta de lui comme d'un ambitieux qui était insatiable, et ne s'en contraignait pas. Boufflers aimait le roi comme on aime un maître; il le craignait, l'admirait, l'adorait presque comme un dieu. Il sentit que l'impression était faite, et bientôt après qu'elle était sans remède. Il en tomba dans un déplaisir cuisant, amer et sombre, qui lui fit compter toute sa fortune pour rien, et qui peu à peu le jeta dans des infirmités où les médecins ne purent rien comprendre. Quatre ou cinq jours de maladie le conduisirent aux portes de la mort. Un empirique lui donna un remède qui le mit presque hors de danger par la sueur. Le lendemain matin, la Faculté, bien étonnée de le trouver en si bon état, lui persuada une médecine qui le tua dans la journée et qui ne fit pas honneur à ceux qui la lui donnèrent.

Il fut universellement regretté, et ses louanges retentirent dans toutes les bouches, quoique sa considération fût tout à fait tombée. Le roi en parla bien, mais peu, et se sentit extrêmement soulagé [3.60].

Le marquis de Montpéroux.

Montpéroux lieutenant général de la cavalerie dormait partout, et debout, et en mangeant. C'était un brave homme, assez officier, sans aucun esprit [4.17].

Le comte de Toulouse est opéré de la pierre

Le samedi 7 novembre au matin, le comte de Toulouse fut taillé fort heureusement par Maréchal. La pierre était fort grosse et pointue, et l'opération fut parfaite; elle ne fut suivie d'aucun accident, et la guérison fut entière. Il ne lui en resta aucune suite, et il courut depuis le cerf comme auparavant [3.61].

M. de Fénelon, archevêque de Cambrai, ancien précepteur du duc de Bourgogne.

Ce prélat était un grand homme maigre, bien fait, pâle, avec un grand nez, des yeux dont le feu et l'esprit sortaient comme un torrent, et une physionomie telle que je n'en ai point vu qui y ressemblât, et qui ne se pouvait oublier, quand on ne l'aurait vu qu'une fois. Elle rassemblait tout, et les contraires ne s'y combattaient pas. Elle avait de la gravité et de la galanterie, du sérieux et de la gaieté; elle sentait également le docteur, l'évêque et le grand seigneur; ce qui y surnageait, ainsi que dans toute sa personne, c'était la finesse, l'esprit, les grâces, la décence, et surtout la noblesse. Il fallait effort pour cesser de le regarder.

Tous ses portraits sont parlants, sans toutefois avoir pu attraper la justesse de l'harmonie qui frappait dans l'original, et la délicatesse de chaque caractère que ce visage rassemblait. Ses manières y répondaient dans la même proportion, avec une aisance qui en donnait aux autres, et cet air et ce bon goût qu'on ne tient que de l'usage de la meilleure compagnie et du grand monde, qui se trouvait répandu de soi-même dans toutes ses conversations; avec cela une éloquence naturelle, douce, fleurie; une politesse insinuante, mais noble et proportionnée; une élocution facile, nette, agréable; un air de clarté et de netteté pour se faire entendre dans les matières les plus embarrassées et les plus dures; avec cela un homme qui ne voulait jamais avoir plus d'esprit que ceux à qui il parlait, qui se mettait à la portée de chacun sans le faire jamais sentir, qui les mettait à l'aise et qui semblait enchanter, de façon qu'on ne pouvait le quitter, ni s'en défendre, ni ne pas chercher à le retrouver.

Jamais homme n'a eu plus que lui la passion de plaire, et au valet autant qu'au maître; jamais homme ne l'a portée plus loin, avec une application plus suivie, plus constante, plus universelle; jamais homme n'y a plus entièrement réussi. Cambray est un lieu de grand abord et de grand passage; rien d'égal à la politesse, au discernement, à l'agrément avec lequel il recevait tout le monde. Le nombre de gens qu'il avait accueillis, la quantité de ceux qu'il avait logés chez lui passants par Cambray, les soins qu'il avait pris des malades et des blessés qu'en diverses occasions on avait portés dans sa ville, lui avaient acquis le cœur des troupes. Aussi est-il incroyable jusqu'à quel point il devint l'idole des gens de guerre, et combien son nom retentit jusqu'au milieu de la cour.

Ses aumônes, ses visites épiscopales réitérées plusieurs fois l'année, et qui lui firent connaître par lui-même à fond toutes les parties de son diocèse, la sagesse et la douceur de son gouvernement, ses prédications fréquentes dans la ville et dans les villages, la facilité de son accès, son humanité avec les petits, sa politesse avec les autres, ses grâces naturelles qui rehaussaient le prix de tout ce qu'il disait et faisait, le firent adorer de son peuple; et les prêtres dont il se déclarait le père et le frère, et qu'il traitait tous ainsi, le portaient tous dans leurs cœurs.

Parmi tant d'art et d'ardeur de plaire, et si générale, rien de bas, de commun, d'affecté, de déplacé, toujours en convenance à l'égard de chacun, un même esprit, inspiré par le sien, en tous ceux qui travaillaient sous lui dans ce grand diocèse; jamais de scandale ni rien de violent contre personne; tout en lui et chez lui dans la plus grande décence.

Ses matinées se passaient en affaires du diocèse. Comme il avait le génie élevé et pénétrant, qu'il y résidait toujours, qu'il ne se passait point de jour qu'il ne réglât ce qui se présentait, c'était chaque jour une occupation courte et légère. Il recevait après qui le voulait voir, puis allait dire la messe, et il y était prompt; c'était toujours dans sa chapelle, hors les jours qu'il officiait, ou que quelque raison particulière l'engageait à l'aller dire ailleurs. Revenu chez lui, il dînait avec la compagnie, toujours nombreuse, mangeait peu et peu solidement, mais demeurait longtemps à table pour les autres, et les charmait par l'aisance, la variété, le naturel, la gaieté de sa conversation, sans jamais descendre à rien qui ne fût digne et d'un évêque et d'un grand seigneur; sortant de table il demeurait peu avec la compagnie. Il l'avait accoutumée à vivre chez lui sans contrainte, et à n'en pas prendre pour elle. Il entrait dans son cabinet et y travaillait quelques heures, qu'il prolongeait s'il faisait mauvais temps et qu'il n'eût rien à faire hors de chez lui.

Au sortir de son cabinet il fallait faire des visites ou se promener à pied hors de la ville. Il aimait fort cet exercice, et l'allongeait volontiers; et, s'il n'y avait personne de ceux qu'il logeait, ou quelque personne distinguée, il prenait quelque grand vicaire et quelque autre ecclésiastique, et s'entretenait avec eux du diocèse, de matières de piété ou de savoir; souvent il y mêlait des parenthèses agréables. Les soirs, il les passait avec ce qui logeait chez lui, soupait avec les principaux de ces passages d'armées quand il en arrivait, et alors sa table était servie comme le matin. Il mangeait encore moins qu'à dîner, et se couchait toujours avant minuit. Quoique sa table fût magnifique et délicate, et que tout chez lui répondit à l'état d'un grand seigneur, il n'y avait rien néanmoins qui ne sentît l'odeur de l'épiscopat et de la règle la plus exacte, parmi la plus honnête et la plus douce liberté. Lui-même était un exemple toujours présent, mais auquel on ne pouvait atteindre; partout un vrai prélat, partout aussi un grand seigneur, partout encore l'auteur de Télémaque. A tout prendre, c'était un bel esprit et un grand homme [4.35].

La duchesse de Bourgogne, devenue Dauphine, se fait rappeler à l'ordre

Mme la Dauphine reçut un avis de Mme de Maintenon qui mérita sans doute quelque surprise, d'autant plus que ce fut dès sa seconde visite, c'est-à-dire dès le lendemain de la mort de Monseigneur, qu'elle fut voir le roi à son réveil, et le soir encore chez Mme de Maintenon : ce fut de se parer avec quelque soin, parce que la négligence de son ajustement déplaisait au roi. La princesse ne croyait pas devoir songer à des ajustements alors; et quand elle en aurait eu la pensée, elle aurait cru avec grande raison commettre une grande faute contre la bienséance, et qui lui aurait été d'autant moins pardonnée qu'elle gagnait trop en toutes façons à ce qui venait d'arriver pour n'être pas en garde là-dessus contre elle-même.

Le lendemain donc elle prit plus de soin d'elle; mais cela n'ayant pas encore suffi, elle porta le jour suivant de quoi s'ajuster en cachette chez Mme de Maintenon, où elle le quitta de même avant d'en revenir à Versailles, pour, sans choquer le goût du roi, ne pas blesser le goût du monde, qui aurait été difficilement persuadé qu'il n'entrait que de la complaisance dans une recherche de soi-même si à contre-temps. On peut juger de là, et par les occupations et les amusements ordinaires, qui reprirent tout aussitôt leurs places dans les journées du roi sans qu'il parût en lui aucune contrainte, que si sa douleur avait été amère, elle avait aussi le sort de celles dont la violence fait augurer qu'elles ne seront pas de durée [3.50].

La vie à la Cour

Il faut expliquer en deux mots la mécanique de l'après-souper de tous les jours.

Le roi, sortant de table, s'arrêtait moins d'un demi-quart d'heure, le dos appuyé contre le balustre de sa chambre. Il trouvait là en cercle toutes les dames qui avaient été à son souper, et qui l'y venaient attendre un peu avant qu'il sortît de table, excepté les dames assises, qui ne sortaient qu'après lui, et qui, à la suite des princes et princesses qui avaient soupé avec lui, venaient une à une faire une révérence, et achevaient de former le cercle debout, où les autres dames avaient laissé un grand vide pour elles, et tous les hommes derrière.

Le roi s'amusait à remarquer les habits, les contenances et la grâce des révérences, disait quelque mot aux princes et aux princesses qui avaient soupé avec lui, et qui fermaient le cercle auprès de lui des deux côtés, puis faisait la révérence aux dames à droite et à gauche, qu'il faisait encore une fois ou deux en s'en allant, avec une grâce et une majesté non pareille [3.28].

CHAPITRE XII

OU L'ON NOUS PRÉSENTE LES TROIS PETITS-FILS DU ROI ET LEURS ÉPOUSES

Louis, duc de Bourgogne, devenu Dauphin à la mort de son père :

Fils aîné de Monseigneur, marié à Marie-Adélaïde de Savoie dont il eut trois fils :
— le premier mort en bas âge,
— le second, Louis, duc de Bretagne, mort à cinq ans,
— le troisième, Louis, duc d'Anjou, le futur Louis XV.

Il était plutôt petit que grand, le visage long et brun, le haut parfait, avec les plus beaux yeux du monde, un regard vif, touchant, frappant, admirable, assez ordinairement doux, toujours perçant, et une physionomie agréable, haute, fine, spirituelle jusqu'à inspirer de l'esprit; le bas du visage assez pointu, et le nez long, élevé, mais point beau, n'allait pas si bien; des cheveux châtains si crêpus et en telle quantité qu'ils bouffaient à l'excès; les lèvres et la bouche agréables quand il ne parlait point, mais quoique ses dents ne fussent pas vilaines, le râtelier supérieur s'avançait trop, et emboîtait presque celui de dessous, ce qui, en parlant et en riant, faisait un effet désagréable. Il avait les plus belles jambes et les plus beaux pieds qu'après le roi j'aie jamais vus à personne [3.64].

M. le duc de Bourgogne était né avec un naturel à faire trembler. Il était fougueux jusqu'à vouloir briser ses pendules lorsqu'elles sonnaient l'heure qui l'appelait à ce qu'il ne voulait pas, et jusqu'à s'emporter de la plus étrange manière contre la pluie quand elle s'opposait à ce qu'il voulait faire. La résistance le mettait en fureur : c'est ce dont j'ai été souvent témoin dans sa première jeunesse. D'ailleurs un goût ardent le portait à tout ce qui est défendu au corps et à l'esprit [3.32].

Passionné pour toute espèce de volupté, et des femmes, et ce qui est rare à la fois, avec un autre penchant tout aussi fort, il n'aimait pas moins le vin, la bonne chère, la chasse avec fureur, la musique avec une sorte de ravissement, et le jeu encore, où il ne pouvait supporter d'être vaincu; enfin livré à toutes les passions et transporté de tous les plaisirs; souvent farouche, naturellement porté à la cruauté; barbare en railleries et à produire les ridicules avec une justesse qui assommait. De la hauteur des cieux il ne regardait les hommes que comme des atomes avec qui il n'avait aucune ressemblance quels qu'ils fussent. A peine Messieurs ses frères lui paraissaient-ils intermédiaires entre lui et le genre humain, quoique on eût toujours affecté de les élever tous trois ensemble dans une égalité parfaite. L'esprit, la pénétration brillaient en lui de toutes parts : jusque dans ses furies ses réponses étonnaient; ses raisonnements tendaient toujours au juste et au profond, même dans ses emportements; il se jouait des connaissances les plus abstraites. L'étendue et la vivacité de son esprit étaient prodigieuses, et l'empêchaient de s'appliquer à une seule chose à la fois, jusqu'à l'en rendre incapable. Mais Dieu, qui est le maître des cœurs, et dont le divin esprit souffle où il veut, fit de ce prince un ouvrage de sa droite, et, entre dix-huit et vingt ans il accomplit son œuvre. De cet abîme sortit un prince affable, doux, humain, modéré, patient, modeste, pénitent, et, autant et quelquefois au-delà de ce que son état pouvait comporter, humble et austère pour soi [3.64].

Il connaissait le roi parfaitement, il le respectait, et sur la fin il l'aimait en fils, et lui faisait une cour attentive de sujet, mais qui sentait quel il était. Il cultivait Mme de Maintenon avec les égards que leur situation demandait. Tant que Monseigneur vécut, il lui rendait tout ce qu'il devait avec soin. Il admirait, autant pour le moins que tout le monde, que Monseigneur qui n'avait jamais pu s'accoutumer à Mme de Maintenon, ne la voyait que par bienséance, et le moins encore qu'il pouvait, avait toutefois aussi en Mlle de Choin sa Maintenon autant que le roi avait la sienne.

Il aimait les princes ses frères avec tendresse, et son épouse avec la plus grande passion [3.65].

La duchesse de Bourgogne, Dauphine : *Marie-Adélaïde, fille du duc de Savoie*

Régulièrement laide, les joues pendantes, le front trop avancé, un nez qui ne disait rien, de grosses lèvres mordantes, des cheveux et des sourcils châtain brun, fort bien plantés, des yeux les plus parlants et les plus beaux du monde, peu de dents et toutes pourries, dont elle parlait et se moquait la première, le plus beau teint et la plus belle peau, peu de gorge, mais admirable, le cou long, avec un soupçon de goitre qui ne lui seyait point mal, un port de tête galant, gracieux, majestueux, et le regard de même, le sourire le plus expressif, une taille longue, ronde, menue, aisée, parfaitement coupée, une marche de déesse sur les nuées; elle plaisait au dernier point : les grâces naissaient d'elles-mêmes de tous ses pas, de toutes ses manières, et de ses discours les plus communs. Un air simple et naturel, toujours, naïf assez souvent, mais assaisonné d'esprit, charmait, avec cette aisance qui était en elle, jusqu'à la communiquer à tout ce qui l'approchait.

Jamais femme ne parut se soucier moins de sa figure, ni y prendre moins de précaution et de soin : sa toilette était faite en un moment; le peu même qu'elle durait n'était que pour la cour; elle ne se souciait de parure que pour les bals et les fêtes, et ce qu'elle en prenait en tout autre temps, et le moins encore qu'il lui était possible, n'était que par complaisance pour le roi [3.64].

Le roi et Mme de Maintenon firent leur poupée de la princesse, dont l'esprit flatteur, insinuant, attentif leur plut infiniment, et qui peu à peu usurpa avec eux une liberté que n'avaient jamais osé tenter pas un des enfants du roi, et qui les charma. Il parut que M. de Savoie était bien informé à fond de notre cour, et qu'il avait bien instruit sa fille; mais ce qui fut vraiment étonnant, c'est combien elle en sut profiter et avec quelle grâce elle sut tout faire. Rien n'est pareil aux cajoleries dont elle sut bientôt ensorceler Mme de Maintenon [1.24].

En public, sérieuse, mesurée, respectueuse avec le roi, et en timide bienséance avec Mme de Maintenon, qu'elle n'appelait jamais que ma tante, pour confondre joliment le rang et l'amitié; en particulier, causante, sautante, voltigeante autour d'eux, tantôt perchée sur le bras du fauteuil de l'un ou de l'autre, tantôt se jouant sur leurs genoux, elle leur sautait au cou, les embrassait, les baisait, les caressait, les chiffonnait, leur tirait le dessous de menton, les tourmentait, fouillait leurs tables, leurs papiers, leurs lettres, les décachetait, les lisait quelquefois malgré eux, selon qu'elle les voyait en humeur d'en rire, et parlant quelquefois dessus; si libre, qu'entendant un soir le roi et Mme de Maintenon parler avec affection de la cour d'Angleterre dans les commencements qu'on espéra la paix par la reine Anne : « Ma tante, se mit-elle à dire, il faut convenir qu'en Angleterre les reines gouvernent mieux que les rois, et savez-vous bien pourquoi, ma tante? » et toujours courant et gambadant, « c'est que sous les rois ce sont les femmes qui gouvernent, et ce sont les hommes sous les reines ». L'admirable est qu'ils en rirent tous deux, et qu'ils trouvaient qu'elle avait raison.

Elle voulait plaire même aux personnes les plus inutiles et les plus médiocres sans qu'elle parût le rechercher. On était tenté de la croire toute et uniquement à celles avec qui elle se trouvait. Sa gaieté, jeune, vive, active, animait tout, et sa légèreté de nymphe la portait partout, comme un tourbillon qui remplit plusieurs lieux à la fois, et qui y donne le mouvement et la vie. Elle ornait tous les spectacles, était l'âme des fêtes, des plaisirs, des bals, et y ravissait pour les grâces, la justesse et la perfection de sa danse.

Elle ne laissait pas de voir et de sentir ce que c'était que Mme de Maintenon et Mlle Choin. Un soir qu'allant se mettre au lit où Mgr le duc de Bourgogne l'attendait et qu'elle causait sur sa chaise percée avec Mmes de Nogaret et du Chatelet, qui me le contèrent le lendemain, et c'était là où elle s'ouvrait le plus volontiers, elle leur parla avec admiration de la fortune de ces deux fées, puis ajouta en riant : « Je voudrais mourir avant M. le duc de Bourgogne, mais voir pourtant ici ce qui s'y passerait; je suis sûre qu'il épouserait une sœur grise ou une tourière des Filles de Sainte-Marie » [3.64].

*
* *

Il se présente ici une anecdote très-sage à taire, très-curieuse à écrire à qui a vu les choses d'aussi près que j'ai fait; ce qui me détermine au second parti, c'est que le fait en gros n'a pas été ignoré, et que les trônes de tous les siècles et de toutes les nations fourmillent d'aventures pareilles. Faut-il donc le dire? nous avions une princesse charmante, qui, par ses grâces, ses soins et des façons uniques en elle, s'était emparée du cœur et des volontés du roi, de Mme de Maintenon et de Mgr le duc de Bourgogne. Elle était l'âme de la cour, elle en était adorée; tous, grands et petits, s'empressaient à lui plaire; tout manquait à chacun en son absence, tout était rempli par sa présence; son extrême faveur la faisait infiniment compter, et ses manières lui attachaient tous les cœurs. Dans cette situation brillante, le sien ne fut pas insensible.

Nangis, que nous voyons aujourd'hui un fort plat maréchal de France, était alors la fleur des pois : un visage gracieux sans rien de rare, bien fait sans rien de merveilleux, élevé dans l'intrigue et dans la galanterie. Produit tout jeune dans le grand monde, il n'avait d'esprit que celui de plaire aux dames, de parler leurs langages, et de s'assurer les plus désirables par une discrétion qui n'était plus de son siècle : personne que lui n'était alors plus à la mode. Il avait eu un régiment tout enfant; il avait montré une valeur brillante à la guerre, que les dames avaient fort relevée. Il était fort bien traité.

Le prince, passionnément amoureux de son épouse,

n'était pas fait comme Nangis; mais la princesse répondait si parfaitement à ses empressements, qu'il est mort sans soupçonner jamais qu'elle eût des regards pour un autre que lui. Il en tomba pourtant sur Nangis, et bientôt ils redoublèrent. Nangis ne fut pas ingrat, mais il craignit la foudre, et son cœur était pris.

Mme de la Vrillière, qui, sans beauté, était jolie comme les amours et en avait toutes les grâces, en avait fait la conquête. Elle était fille de Mme de Mailly, dame d'atour de Mme la duchesse de Bourgogne; elle était de tout dans sa cour; la jalousie l'éclaira bientôt. Bien loin de céder à la princesse, elle se piqua d'honneur de conserver sa conquête, de la lui disputer, de l'emporter. Cette lutte mit Nangis dans d'étranges embarras : il craignait les furies de sa maîtresse, qui se montrait à lui plus capable d'éclater qu'elle ne l'était en effet. Outre son amour pour elle, il craignait tout d'un emportement, et croyait déjà sa fortune perdue. D'autre part, sa réserve ne le perdait pas moins auprès d'une princesse qui pouvait tant, qui pourrait tout un jour, et qui n'était pas pour céder, non pas même pour souffrir une rivale. Cette perplexité, à qui était au fait, donnait des scènes continuelles. J'étais ami intime de plusieurs dames du palais qui voyaient tout et ne me cachaient rien; j'étais donc instruit exactement et pleinement d'une journée à l'autre. Outre que rien ne me divertissait davantage, les suites pouvaient être grandes, et il était important pour l'ambition d'être bien informé. Enfin toute la cour assidue et éclairée s'aperçut de ce qui avait été caché d'abord avec tant de soin. Mais, soit crainte, soit amour de cette princesse, qu'on adorait, cette même cour se tut, vit tout, se parla entre elle, et garda le secret qui ne lui était pas même confié.

Soit que Nangis, trop fidèle à son premier amour, eût besoin de quelque grain de jalousie, soit que la chose se fît naturellement, il arriva un concurrent. Maulevrier, qui avait épousé une fille du maréchal de Tessé, n'avait point un visage agréable; sa figure était d'ailleurs très commune; il n'était point sur le pied de la galanterie. Il avait de l'esprit, et un esprit fertile en intrigues sourdes, une ambition démesurée, et rien qui la pût retenir, laquelle allait jusqu'à la folie. Sa femme était jolie, avec fort peu d'esprit, tracassière, et sous un extérieur de vierge, méchante au dernier point. Maulevrier écuma des premiers ce qui se passait à l'égard de Nangis; il se fit donner des privances chez Mme la duchesse de Bourgogne par son beau-père; il s'y rendit assidu : enfin, excité par l'exemple, il osa soupirer. Lassé de n'être point entendu, il hasarda d'écrire; on prétendit que Mme Cantin, amie intime de Tessé, trompée par le gendre, crut recevoir de sa main des billets du beau-père, et que les regardant comme sans conséquence, elle les rendait. Maulevrier, sous le nom de son beau-père, recevait, crut-on, les réponses aux billets par la même main qui les avait remis. Je n'ajouterai pas ce qu'on crut au-delà. Quoi qu'il en soit, on s'aperçut de celui-ci comme de l'autre, et on s'en aperçut avec le même silence. Nangis, réveillé par cette concurrence, jeta Mme de la Vrillière dans d'étranges douleurs, et dans une humeur dont elle ne fut point maîtresse.

Ce tocsin se fit entendre à Maulevrier. De quoi ne s'avise pas un homme que l'amour ou l'ambition possède à l'excès? Il fit le malade de la poitrine, se mit au lait, fit semblant d'avoir perdu la voix, et sut être assez maître de soi pour qu'il ne lui échappât pas un mot à voix intelligible pendant plus d'un an, et par là ne fit point la campagne, et demeura à la cour. Le fait était que, se mettant ainsi dans la nécessité de ne parler jamais à personne qu'à l'oreille, il se donnait la liberté de parler de même à Mme la duchesse de Bourgogne devant toute la cour, sans indécence et sans soupçon que ce fût en secret. De cette sorte, il lui disait tout ce qu'il voulait tous les jours, et il prenait son temps de manière qu'il n'était point entendu. Ce même manège dura plus d'un an, souvent en reproches, mais les reproches réussissent rarement en amour; la mauvaise humeur de Mme de la Vrillière le tourmentait : il croyait Nangis heureux, et il voulait qu'il ne le fût pas. Enfin, la jalousie et la rage le transportèrent au point de hasarder une extrémité de folie.

Il alla à la tribune sur la fin de la messe de Mme la

duchesse de Bourgogne. En sortant, il lui donna la main, et prit un jour qu'il savait que Dangeau, chevalier d'honneur, était absent. Les écuyers, soumis au premier écuyer son beau-père, s'étaient accoutumés à lui céder cet honneur, à cause de sa voix éteinte, pour le laisser parler en chemin, et se retiraient par respect pour ne pas entendre. Les dames suivaient toujours de loin, tellement qu'en pleins appartements et au milieu de tout le monde, il avait, depuis la chapelle jusqu'à l'appartement de Mme la duchesse de Bourgogne, la commodité du tête à tête, qu'il s'était donné plusieurs fois. Ce jour-là, il chanta pouille sur Nangis à la princesse, l'appela par toutes sortes de noms, la menaça de tout faire savoir au roi, à Mme de Maintenon, au prince son mari, lui serra les doigts à les lui écraser, en furieux, et la conduisit de la sorte jusque chez elle. En arrivant, tremblante et prête à s'évanouir, elle entra tout de suite dans sa garde-robe, et y appela Mme de Nogaret, qu'elle appelait sa petite bonne, et à qui elle allait volontiers au conseil quand elle ne savait plus où elle en était. Là elle lui raconta ce qui venait de lui arriver, et lui dit qu'elle ne savait comme elle n'était pas rentrée sous les parquets, comment elle n'en était pas morte, comment elle avait pu arriver jusque chez elle; jamais elle ne fut si éperdue. Mme de Nogaret conseilla à la princesse de filer doux avec un fou si dangereux et si fort hors de tout sens et de toute mesure, et toutefois d'éviter sur toutes choses de se commettre avec lui. Le pis fut qu'au partir de là, il menaça, dit force choses sur Nangis, comme un homme qui en était vivement offensé, qui était résolu d'en tirer raison et de l'attaquer partout. Quoique il n'en dit pas la cause, elle était claire. On peut juger de la frayeur qu'en conçut la princesse, de la peur et des propos de Mme de la Vrillière, et de ce que devint Nangis. Il prit le parti de l'éviter avec le plus grand soin qu'il put, de paraître peu, et de se taire.

Mme la duchesse de Bourgogne vivait dans des transes mortelles, et cela dura plus de six semaines de la sorte, sans que pourtant elle en ait eu autre chose que l'extrême peur. Je n'ai point su ce qui arriva, ni qui avertit Tessé, mais il le fut et fit un trait d'habile homme. Il persuada son gendre de le suivre en Espagne, où il lui fit voir les cieux ouverts pour lui. Il parla à Fagon, qui du fond de sa chambre et du cabinet du roi voyait tout et savait tout. C'était un homme d'infiniment d'esprit, et avec cela un bon et honnête homme : il entendit à demi-mot, et fut d'avis qu'après tous les remèdes que Maulevrier avait tentés pour son extinction de voix et sa poitrine, il n'y avait plus pour lui que l'air des pays chauds; que l'hiver où on allait entrer le tuerait infailliblement en France, et lui serait salutaire dans un pays où cette saison est une des plus belles et des plus tempérées de l'année ce fut donc sur le pied de remède, et comme l'on va aux eaux, que Maulevrier alla en Espagne [2.23].

Maulevrier, de retour d'Espagne, fit un dernier voyage à Versailles, et de là s'en alla à Paris. Là déchiré de mille sortes de rages d'amour, de jalousie, d'ambition, sa tête se troubla.

Quoique veillé avec un extrême soin par sa femme et par ses domestiques, il fit si bien que, le vendredi saint de cette année, il se déroba un moment d'eux tous sur les huit heures du matin, entra dans un passage derrière son appartement, ouvrit la fenêtre, se jeta dans la cour, et s'y écrasa la tête contre le pavé.

Mme la duchesse de Bourgogne en apprit la nouvelle le même jour, à ténèbres, avec le roi et toute la cour. En public elle ne témoigna pas s'en soucier; en particulier elle donna quelques cours aux larmes. Ces larmes pouvaient être de pitié, mais ne furent pas si charitablement interprétées.

Cependant, cette tristesse profonde, et ces yeux si souvent rouges, commencèrent à inquiéter Mgr le duc de Bourgogne. Peu s'en fallut qu'il n'aperçût plus qu'il n'était besoin; mais l'amour est crédule : il prit aisément aux raisons qui lui en furent données; la princesse comprit la nécessité de se montrer plus gaie. Le duc de Beauvillier souffrait cruellement pour Mgr le duc de Bourgogne, et il tremblait sans cesse de le voir tomber dans l'horrible désespoir d'apprendre ce qui à la fin se sait presque toujours [2.35].

Philippe, duc d'Anjou, puis, roi d'Espagne sous le nom de Philippe V :

Second fils de Monseigneur, marié à Marie-Louise de Savoie, sœur de la Dauphine.

C'était un prince fait exprès pour se laisser enfermer et gouverner [2.14].

Il n'était pas né avec des lumières supérieures, ni avec ce que l'on appelle l'imagination.

Il était froid, silencieux, triste, sobre, touché d'aucun plaisir que de la chasse, craignant le monde, se craignant soi-même, de bon sens néanmoins et droit, et comprenant assez bien les choses.

Extrêmement glorieux il ne pouvait souffrir de résistance dans aucune de ses entreprises. Cependant il était bon, facile à servir. L'amour de la France lui sortait de partout [6.48].

Paresseux d'esprit, accoutumé à s'abandonner à la conduite d'un autre, ne songeant jamais à une autre femme qu'à la sienne.

Jour et nuit, travail, audiences, amusements, dévotions, la reine et lui ne se quittaient jamais, pas même un instant [6.41].

Le roi et la reine n'eurent jamais qu'un seul et même appartement et qu'un lit. Fièvres, maladie telle qu'elle pût être de part ou d'autre, couches enfin, jamais une seule nuit de séparation.

Sur les neuf heures du matin le rideau était tiré par l'azafata, suivie d'un seul valet portant un couvert et une écuelle qui était pleine d'un chaudeau. C'est une mixtion légère de bouillon, de lait, de vin qui domine, d'un ou deux jaunes d'œufs, de sucre, de cannelle et d'un peu de girofle. Cela est onctueux, mais fort chaud, et un restaurant singulièrement bon à réparer la nuit passée, et à préparer la prochaine.

Leurs Majestés Catholiques n'avaient jamais partout que la même garde-robe, et leurs chaises percées étaient à côté l'une de l'autre dans toutes leurs maisons [6.48].

Charles, duc de Berry :

Troisième fils de Monseigneur, marié à Marie-Louise Élisabeth d'Orléans.

M. le duc de Berry était de la hauteur ordinaire de la plupart des hommes, assez gros, et de partout, d'un beau blond, un visage frais assez beau, et qui marquait une brillante santé. Il était fait pour la société et pour les plaisirs, qu'il aimait tous; le meilleur homme, le plus doux, le plus compatissant, le plus accessible, sans gloire et sans vanité, mais non sans dignité, ni sans se sentir. Il avait un esprit médiocre, sans aucunes vues et sans imagination, mais un très-bon sens, et le sens droit, capable d'écouter, d'entendre, et de prendre toujours le bon parti entre plusieurs spécieux. Il aimait la vérité, la justice, la raison; tout ce qui était contraire à la religion le peinait à l'excès, il n'était pas sans fermeté, et haïssait la contrainte. Dans sa jeunesse, il se moquait des précepteurs et des maîtres, souvent des punitions; il ne sut jamais guère que lire et écrire, et n'apprit jamais rien depuis qu'il fut délivré de la nécessité d'apprendre. Ces choses avaient engagé à appesantir l'éducation; mais cela lui émoussa l'esprit, lui abattit le courage, et le rendit d'une timidité si outrée qu'il en devint inapte à la plupart des choses, jusqu'aux bienséances de son état, jusqu'à ne savoir que dire aux gens avec qui il n'était pas accoutumé, et n'oser ni répondre ni faire une honnêteté dans la crainte de mal dire, enfin jusqu'à s'être persuadé qu'il n'était qu'un sot et une bête propre à rien. Il le sentait, et il en était outré. Cette excessive défiance de lui-même lui nuisait infiniment. Il s'en prenait à son éducation, dont il disait fort bien la raison, mais elle ne lui avait pas laissé de tendresse pour ceux qui y avaient eu part.

Pour le roi, il le craignait à un tel point qu'il n'en osait presque approcher, et si interdit dès que le roi regardait d'un œil sérieux, ou lui parlait d'autre chose que de jeu et de chasse, qu'à peine l'entendait-il, et que les pensées lui tarissaient. On peut juger qu'une telle frayeur ne va guère de compagnie avec une grande amitié.

Il avait commencé avec Mme la duchesse de Berry comme font presque tous ceux qu'on marie fort jeunes et tout neufs. Il en était devenu extrêmement amoureux, ce qui, joint à sa douceur et à sa complaisance naturelle, fit aussi l'effet ordinaire, qui fut de la gâter parfaitement. Il ne fut pas longtemps sans s'en apercevoir; mais l'amour fut plus fort que lui. Il trouva une femme haute, altière, emportée, incapable de retour, qui le méprisait, et qui le lui laissait sentir, parce qu'elle avait infiniment plus d'esprit que lui, et qu'elle était de plus suprêmement fausse et parfaitement déterminée. Elle se piquait même de se moquer de la religion, de railler avec dédain M. le duc de Berry parce qu'il en avait, et toutes ces choses lui devinrent insupportables. Tout ce qu'elle fit pour le brouiller avec M. et Mme la duchesse de Bourgogne, acheva de l'outrer. Ses galanteries furent si promptes, si rapides, si peu mesurées, qu'il ne put se les cacher. Ses particuliers journaliers et sans fin avec M. le duc d'Orléans, et où tout languissait pour le moins quand il y était en tiers, le mettaient hors des gonds. Il y eut entre eux des scènes violentes et redoublées. La dernière, qui se passa à Rambouillet, attira un coup de pied dans le cul à Mme la duchesse de Berry, et la menace de l'enfermer dans un couvent pour le reste de sa vie [4.19].

Une séance mémorable au Parlement : la réception du duc de Berry

La séance devait commencer par un compliment du premier président de Mesmes à M. le duc de Berry, qui devait lui répondre. Il en fut fort en peine. Mme de Saint-Simon à qui il s'en ouvrit, trouva moyen par un subalterne d'avoir le discours du premier président, et le donna à M. le duc de Berry pour y régler sa réponse. Cet ouvrage lui sembla trop fort : il l'avoua à Mme de Saint-Simon, et qu'il ne savait comment faire. Elle lui proposa de m'en charger, et il fut ravi de l'expédient. Je fis donc une réponse d'une page et demie de papier à lettre commun et d'écriture ordinaire. M. le duc de Berry la trouva fort bien, mais trop longue pour l'apprendre; je l'abrégeai; il la voulut encore plus courte, tellement qu'elle n'avait au plus que les trois quarts d'une page. Le voilà donc à l'apprendre par cœur; il en vint à bout, et l'en récita dans son cabinet à Mme de Saint-Simon qui l'encouragea du mieux qu'elle put.

Le mercredi 15 mars, je me rendis à six heures du matin chez M. le duc de Berry en habit de parlement, et peu après M. le duc d'Orléans y vint aussi en même équipage avec une grande suite. Vers six heures et demie, ces deux princes montèrent dans le carrosse de M. le duc de Berry; le duc de Saint-Aignan et moi nous mîmes au-devant. Il était aussi en habit de parlement, et il était premier gentilhomme de la chambre de M. le duc de Berry; à la portière, de son côté, son capitaine des gardes avec le bâton; à l'autre, le premier gentilhomme de la chambre de M. le duc de Berry avec leurs officiers autour de son carrosse. Il fut fort silencieux en chemin. J'étais vis-à-vis de lui, et il me parut fort occupé de tout ce qu'il allait trouver et dire. M. le duc d'Orléans, au contraire, fut fort gai, et fit des contes de sa jeunesse, et de ses courses nocturnes à pied dans Paris, qui lui en avaient appris les rues, auxquels M. le duc de Berry ne prit aucune part. On arriva assez légèrement à la porte de la Conférence, c'est-à-dire, aujourd'hui qu'elle est abattue, au bout de la terrasse et du quai du jardin des Tuileries.

On trouva là les trompettes et les timballes des gardes de M. le duc de Berry qui firent grand bruit tout le reste de la marche, qui ne fut plus qu'au pas jusqu'au Palais.

La foule du peuple, depuis la Sainte-Chapelle jusqu'à la grand'chambre, était telle, qu'une épingle ne serait pas tombée à terre, et des gens grimpés de tous les côtés où ils purent. La séance était entière lorsque M. le duc de Berry y arriva, c'est-à-dire les princes du sang et légitimés, tous les autres pairs, tout le Parlement.

M. le duc de Berry en place, on eut assez de peine à faire faire silence. Sitôt qu'on put s'entendre, le premier président fit son compliment à M. le duc de Berry. Lorsqu'il fut achevé, ce fut à ce prince à répondre. Il ôta à demi son chapeau, le remit tout de suite, regarda le premier président, et dit : « Monsieur », après un moment de pause, il répéta : « Monsieur »; il se tourna à M. le duc d'Orléans, plus rouges tous deux que le feu, puis au premier président, et finalement demeura court sans qu'autre chose que « Monsieur » lui pût sortir de la bouche. J'étais vis-à-vis du quatrième président à mortier, et je voyais en plein le désarroi de ce prince; j'en suais, mais il n'y avait plus de remède. Il se tourna encore à M. le duc d'Orléans, qui baissait la tête. Tous deux étaient perdus. Enfin le premier président, voyant qu'il n'y avait plus de ressource, finit cette cruelle scène en ôtant son bonnet à M. le duc de Berry, et s'inclinant fort bas comme si la réponse était finie, et tout de suite dit aux gens du roi de parler. On peut juger quel fut l'embarras de tout ce qui était là de la cour, et la surprise de toute la magistrature. Les gens du roi exposèrent donc de quoi il s'agissait, et en firent après une longue pièce d'éloquence.

Les choses les plus sérieuses, quelquefois même les plus tristes, sont assez souvent mêlées d'aventures plaisantes, dont le contraste surprend le rire des plus graves.

La scène qui m'y amusa n'eut rien de menaçant. M. de Metz s'y trouva placé dos à mes genoux sur ce banc redoublé dans la largeur en long des hauts sièges, au bas de la banquette qui règne au bas du banc fixe ordinaire qui est adossé à la muraille, sur lequel j'étais. Bientôt après qu'on eut commencé, voilà M. de Metz à s'impatienter, à gloser sur l'inutilité de ce qui se débitait, à demander si ces gens-là avaient résolu de nous faire coucher au Palais, à frétiller et finalement à dire qu'il crevait d'envie de pisser. Il était plaisant, même avec un naturel comique qui perçait jusque dans les choses les plus sérieuses. Je lui proposai de pisser devant lui, sur les oreilles des conseillers qui se trouvaient au-dessous de lui aux bas sièges. Il secouait la tête, parlait tout haut, apostrophait l'avocat général entre ses dents, et se trémoussait de manière que les ducs de Tresmes et de Charost, entre qui il était, lui disaient à tous moments de se tenir, comme ils auraient fait à un enfant, et que nous mourions de rire. Il voulait sortir tout de bon, il voyait la chose impossible, il jurait qu'on ne le rattraperait jamais à pareille fête; quelquefois il protestait qu'il allait se soulager aux dépens de qui et de qui il appartiendrait; enfin il nous divertit toute la séance. Je ne vis jamais homme si aise que lui quand elle finit.

Les deux princes partirent bientôt après. Ils mirent pied à terre à Versailles, dans la cour des Princes.

La princesse de Montauban, avec sa flatterie ordinaire, et sans savoir un mot de ce qui s'était passé, se mit à crier, dès qu'elle aperçut M. le duc de Berry, qu'elle était charmée de la grâce et de la digne éloquence avec laquelle il avait parlé au Parlement, et paraphrasa ce thème de toutes les louanges dont il était susceptible. M. le duc de Berry rougit de dépit, sans dire une parole, elle de redoubler, d'admirer sa modestie, qui le faisait rougir et ne point répondre. Délivré d'elle, il s'en alla chez lui où il s'enferma dans son cabinet.

Il s'y jeta dans un fauteuil, s'écria qu'il était déshonoré, et le voilà aux hauts cris et à pleurer à chaudes larmes. Il raconta à Mme de Saint-Simon, à travers les sanglots, comment il était demeuré court au Parlement sans pouvoir proférer une parole; à appuyer sur l'affront que cela lui faisait devant une telle assistance, qui se saurait partout, et qui le ferait passer pour un sot et pour un imbécile; puis tomba sur les compliments qu'il avait reçus de Mme de Montauban, qui, dit-il, s'était moquée de lui et l'avait insulté; et qui savait bien sûrement ce qui lui était arrivé; et de là à l'appeler par toutes sortes de noms dans la dernière fureur contre elle. Mme de Saint-Simon n'oublia rien pour l'adoucir et sur son aventure et sur celle de Mme de Montauban, en l'assurant qu'elle ne pouvait pas savoir ce qui s'était passé au Parlement, dont personne encore n'était informé à Versailles, et que la flatterie lui avait fait dire tout ce qu'elle ne faisait que se figurer. Rien ne prit : les plaintes et le silence se succédèrent toujours parmi les larmes. Puis tout à coup, se prenant au duc de Beauvillier et au roi, et accusant son éducation : « Ils n'ont songé, s'écria-t-il, qu'à m'abêtir et à étouffer tout ce que je pouvais être. J'étais cadet, je tenais tête à mon frère, ils ont eu peur des suites, ils m'ont anéanti; on ne m'a rien appris qu'à jouer et à chasser, et ils ont réussi à faire de moi un sot et une bête, incapable de tout, et qui ne sera jamais propre à rien, et qui serai le mépris et la risée du monde. » Mme de Saint-Simon en mourait de compassion, et n'oublia rien pour lui remettre l'esprit. Personne n'a osé depuis parler, non-seulement à lui, mais devant lui de cette séance du Parlement, ni de rien de tout ce voyage à Paris [4.8].

La duchesse de Berry :

Marie-Louise Élisabeth; fille du duc d'Orléans et petite-fille du roi.

Cette princesse était grande, belle, bien faite, avec toutefois assez peu de grâce, et quelque chose dans les yeux qui faisait craindre ce qu'elle a tenu. Elle n'avait pas moins que père et mère le don de la parole, d'une facilité qui coulait de source, comme en eux, pour dire tout ce qu'elle voulait et comme elle le voulait dire, avec une netteté, une précision, une justesse, un choix de termes et une singularité de tour qui surprenait toujours. Timide d'un côté en bagatelles, hardie d'un autre jusqu'à effrayer, haute jusqu'à la folie, basse aussi jusqu'à la dernière indécence, il se peut dire qu'à l'avarice près, elle était un modèle de tous les vices, qui étaient d'autant plus dangereux qu'on ne pouvait pas avoir plus d'art ni plus d'esprit.

Je n'ai pas accoutumé de charger les tableaux que je suis obligé de présenter pour l'intelligence des choses, et on s'apercevra aisément combien je suis étroitement réservé sur les dames, et sur toute galanterie qui n'a pas une relation indispensable à ce qui doit s'appeler important. Je le serais ici plus que sur qui que ce soit, par amour-propre, quand ce ne serait pas par respect du sexe et dignité de la personne. La part si considérable que j'ai eue au mariage de Mme la duchesse de Berry, et la place que Mme de Saint-Simon, quoique bien malgré elle et malgré moi, a occupée et conservée auprès d'elle jusqu'à la mort de cette princesse, seraient pour moi de trop fortes raisons de silence, si ce silence ne jetait pas des ténèbres sur toute la suite de ce qui fait l'histoire de ce temps, dont l'obscurité couvrirait la vérité. C'est donc à la vérité que je sacrifie ce qu'il en va coûter à l'amour-propre, et avec la même vérité aussi que je dirai que si j'avais connu ou seulement soupçonné dans cette princesse une partie dont le tout ne tarda guère à se développer après son mariage, et toujours de plus en plus depuis, jamais elle n'eût été duchesse de Berry [4.41].

Née avec un esprit supérieur, et, quand elle le voulait, également agréable et aimable, et une figure qui imposait et qui arrêtait les yeux avec plaisir, mais que sur la fin le trop d'embonpoint gâta un peu, elle parlait avec une grâce singulière, une éloquence naturelle qui lui était particulière, et qui coulait avec aisance et de source, enfin avec une justesse d'expressions qui surprenait et charmait [6.18].

Elle se piquait d'une fausseté parfaite, et de savoir merveilleusement tromper, en quoi elle excellait même sans aucune occasion.

Elle fit ce qu'elle put pour ôter toute religion à M. le duc de Berry, qui en avait un véritable fonds et une grande droiture. Elle le persécutait sur le maigre et sur le jeûne, qu'il n'aimait point, mais qu'il observait exactement. Elle ne faisait guère de repas libres, et ils étaient fréquents, qu'elle ne s'enivrât à perdre connaissance, et à rendre partout ce qu'elle avait pris [4.41].

Il lui était insupportable, disait-elle, d'avoir obligation à quelqu'un [6.18].

M. le duc de Berry, droit et vrai, mais qui était fort amoureux, et dont l'esprit et le bien dire n'approchait pas de celui de Mme la duchesse de Berry, se laissait aller souvent contre ce qu'il pensait et voulait, et s'il osait la contredire, il en essuyait les plus terribles scènes. M. le duc d'Orléans, qui presque toujours la désapprouvait, ne tenait pas plus que lui devant elle, et s'il pensait vouloir lui faire entendre raison, les injures ne lui coûtaient rien : elle le traitait comme un nègre, tellement qu'il ne songeait après qu'à l'apaiser et à en obtenir son pardon, qu'elle lui faisait bien acheter [3.58].

*
* *

Après maintes passades, la duchesse de Berry s'était tout de bon éprise de Rion, fils d'une sœur de Mme de Biron, qui n'avait ni figure ni esprit. C'était un gros garçon court, joufflu, pâle, qui avec force bourgeons ne ressemblait pas mal à un abcès. Il avait de belles dents, et n'avait pas imaginé causer une passion qui en moins de rien devint effrénée, et qui dura toujours, sans néanmoins empêcher les passades et les goûts de traverse.

Il sentit bientôt le pouvoir de ses charmes, qui ne pouvaient captiver que l'incompréhensible fantaisie dépravée d'une princesse. Il n'en abusa avec personne et se fit aimer de tout le monde par ses manières, mais il traita Mme la duchesse de Berry comme M. de Lauzun avait traité Mademoiselle. Il fut bientôt paré des plus belles dentelles et des plus riches habits, plein d'argent, de boîtes, de joyaux et de pierreries. Il se faisait désirer; il se plaisait à donner de la jalousie à sa princesse, à en paraître lui-même encore plus jaloux, il la faisait pleurer souvent. Peu à peu il la mit sur le pied de n'oser rien faire sans sa permission, non pas même les choses les plus indifférentes. Tantôt prête de sortir pour l'Opéra, il la faisait demeurer; d'autres fois il l'y faisait aller malgré elle. Il l'obligeait à faire bien à des dames qu'elle n'aimait point, ou dont elle était jalouse, mal à des gens qui lui plaisaient, et dont il faisait le jaloux. Jusqu'à sa parure, elle n'avait pas la moindre liberté. Il se divertissait à la faire décoiffer ou lui faire changer d'habit quand elle était toute prête, et cela si souvent, et quelquefois si publiquement, qu'il l'avait accoutumée à prendre le soir ses ordres pour la parure et l'occupation du lendemain, et le lendemain il changeait tout, et la princesse pleurait tant et plus. Enfin elle en était venue à lui envoyer des messages par des valets affidés; et ces messages se réitéraient plusieurs fois pendant sa toilette, pour savoir quels rubans elle mettrait; ainsi de l'habit et des autres parures, et presque toujours il lui faisait porter ce qu'elle ne voulait point. Si quelquefois elle osait se licencier à la moindre chose sans son congé, il la traitait comme une servante, et les pleurs duraient quelquefois plusieurs jours. Cette princesse si superbe, et qui se plaisait tant à montrer et à exercer le plus démesuré orgueil, s'avilit à faire des repas avec lui et des gens obscurs, elle avec qui nul homme ne pouvait manger s'il n'était prince du sang.

Mme de Mouchy, dont j'ai parlé ailleurs, était la confidente de tous ces étranges particuliers; elle et Rion mandaient les convives, et choisissaient les jours. La Mouchy raccommodait souvent sa princesse avec son amant, qui en était mieux traitée qu'elle, sans qu'elle osât s'en apercevoir, de crainte d'un éclat qui lui aurait fait perdre un amant si cher et une confidente si nécessaire. Cette vie était publique : tout à Luxembourg s'adressait à M. de Rion, qui de sa part avait grand soin d'y bien vivre avec tout le monde, même avec un air de respect qu'il refusait, même en public, à sa seule princesse. Il lui faisait devant le monde des réponses brusques qui faisaient baisser les yeux aux spectateurs, et rougir ceux de Mme la duchesse de Berry [5.11].

Mme la duchesse de Berry rendait avec usure à Monsieur son père les rudesses et l'autorité qu'elle éprouvait de Rion, sans que la faiblesse de ce prince en eût moins d'assiduité de complaisance, il faut le dire, de soumission et de crainte pour elle. Il était désolé du règne public de Rion et du scandale de sa fille, mais il n'osait en souffler, et si quelquefois quelque scène également forte et ridicule entre l'amant et la princesse avait percé en public, M. le duc d'Orléans osait en faire quelque représentation, il était traité comme un nègre, boudé plusieurs jours, et bien empêché comment faire sa paix.

Il n'y avait jour qu'ils ne se vissent [5.12].

Il passait beaucoup de temps par jour avec elle, surtout tête à tête dans son cabinet. L'assiduité d'un père malheureusement né désœuvré et dont l'amitié naturelle et de tout temps trouvait de l'amusement dans l'esprit et la conversation de sa fille, donna beau jeu aux langues de Satan [3.58].

CHAPITRE XIII

OU, APRÈS AVOIR ÉTÉ CRUELLEMENT ÉPROUVÉ DANS SA FAMILLE, LE ROI RÉUSSIRA, GRACE A LA VICTOIRE DE DENAIN, A METTRE FIN A LA GUERRE

(*1712-1713*)

1712

Les loups

Il y eut en ce temps-ci un débordement de loups qui firent de grands désordres dans l'Orléanais; l'équipage du roi pour le loup y fut envoyé, et les gens furent autorisés à prendre des armes et à faire quantité de grandes battues [4.2].

Où il est question de poison

Le lundi 18 janvier, le roi alla à Marly. Je marque exprès ce voyage. A peine y fut-on établi que Boudin, premier médecin de la Dauphine, l'avertit de prendre garde à elle, et qu'il avait des avis sûrs qu'on la voulait empoisonner et le Dauphin aussi, à qui il en parla de même; il ne s'en contenta pas, il le débita en plein salon, d'un air effarouché, et il épouvanta tout le monde. Le roi voulut lui parler en particulier; il assura toujours que l'avis était bon, sans qu'il sût pourtant d'où il lui venait.

Ce qu'il y eut de fort singulier, c'est qu'à vingt-quatre heures près de cet avis donné par Boudin, le Dauphin en reçut un pareil du roi d'Espagne, qui le lui donnait vaguement et sans citer personne, mais comme étant bien averti.

On eut l'air de mépriser des choses en l'air, dont on ne connaissait point l'origine; mais l'intérieur ne laissa pas d'en être frappé, et il se répandit un sérieux de silence et de consternation dans la cour à travers des occupations et des amusements ordinaires [3.63].

Monsieur de la Bazanière.

La Bazanière, en banqueroute, fut mis à la Bastille. C'était un riche, un délicieux et fastueux financier, qui jouait gros jeu, qui était souvent de celui de la reine, et qui la quittait familièrement à moitié partie, et la faisait attendre, pour achever, qu'il eût fait sa collation, qu'il faisait apporter dans l'antichambre, et dont il régalait les dames. Il était si bon homme et si obligeant qu'on lui passait toutes ces impertinences; fort galant, libéral, magnifique, homme de grande chère, et si aimé que tout le monde s'intéressa pour lui. Je l'ai vu chez mon père, avec un joli équipage, et, tout vieux qu'il était, l'homme le plus propre et le plus recherché [3.63].

La marquise de Gondrin perd son mari

Elle fut si affligée qu'elle en tomba malade au point qu'on lui apporta les sacrements. Toute sa famille y était présente, et la maréchale de Noailles sa mère, qui l'aimait passionnément, était fondue en larmes au pied de son lit, qui priait Dieu à genoux, tout haut et de tout son cœur, et qui, dans l'excès de sa douleur, s'offrait elle-même à lui, et tous ses enfants, si il les voulait prendre.

La Vallière, qui était là aussi à quelque distance, et qui l'entendit se leva doucement, alla à elle, et lui dit tout haut d'un air fort pitoyable : « Madame, les gendres en sont-ils aussi? » Personne de ce qui y était ne put résister à l'éclat de rire qui les prit tous, et la maréchale aussi, avec un scandale fort ridicule, et qui courut aussitôt par toute la cour; la malade se porta bientôt mieux, et on n'en rit que de plus belle [3.63].

Le duc de Beauvillier, ancien gouverneur des enfants de France.

Il était grand, fort maigre, le visage long et coloré, un fort grand nez aquilin, la bouche enfoncée, des yeux d'esprit et perçants, le sourire agréable, l'air fort doux, mais ordinairement fort sérieux et concentré. Il était né vif, bouillant, emporté, aimant tous les plaisirs. Beaucoup d'esprit naturel, le sens extrêmement droit, une grande justesse, souvent trop de précision; l'énonciation aisée, agréable, exacte, naturelle, l'appréhension vive, le discernement bon, une sagesse singulière, une prévoyance qui s'étendait vastement, mais sans s'égarer; une simplicité et une sagacité extrêmes et qui ne se nuisaient point l'une à l'autre. Doux, modeste, égal, poli avec distinction, assez prévenant, d'un accès facile et honnête jusqu'aux plus petites gens.

M. et Mme de Saint-Aignan à six ou sept ans l'envoyèrent en pension chez un chanoine. Toute la domesticité du chanoine consistait en une servante, qui mit le petit garçon coucher avec elle, lequel y couchait encore à quatorze et quinze ans, sans penser à mal ni l'un ni l'autre, ni le chanoine s'aviser qu'il était un peu grand [4.24].

Dans les particuliers où il était libre, comme chez lui les soirs, surtout chez le duc de Chevreuse, et à Vaucresson, il était gai, mettait au large, plaisantait avec sel, badinait avec grâce, riait volontiers. Il aimait qu'on plaisantât aussi avec lui; il n'y avait que le coucher de la servante du chanoine dont sa pudeur se blessait, et je l'ai vu quelquefois embarrassé de ce conte que Mme de Beauvillier faisait, en rire pourtant, mais quelquefois aussi la prier de ne le point faire.

C'était l'homme le plus avare de son temps, et qui faisait des excuses à son cocher s'il n'arrivait pas avec justesse au moment qu'il avait demandé son carrosse.

M. de Beauvillier, qui voulait le bien en tout, s'en content tait; et M. de Chevreuse qui cherchait le mieux, manquai- bien souvent l'un et l'autre [4.26].

Un accident de chasse

Le samedi 30 janvier, le Dauphin et M. le duc de Berry allèrent avec Monsieur le Duc faire des battues. Il gelait assez fort. Le hasard fit que M. le duc de Berry se trouva au bord d'une mare d'eau fort grande et longue, et Monsieur le Duc de l'autre côté fort loin, vis-à-vis de lui. M. le duc de Berry tira; un grain de plomb, qui glissa et rejaillit sur la glace, porta jusqu'à Monsieur le Duc, à qui il creva un œil. Le roi apprit cet accident dans ses jardins.

Le lendemain dimanche, M. le duc de Berry alla se jeter aux genoux de Madame la Duchesse. Il n'avait osé y aller la veille, ni voir depuis Monsieur le Duc, qui prit ce malheur avec beaucoup de patience [3.64].

La maréchale d'Estrées.

Elle était fille d'un riche financier nommé Morin, qu'on n'appelait que Morin le juif. C'était une grande et assez grosse femme, de bonne mine, quoique avec des yeux un peu en dedans, qui avait une physionomie haute, audacieuse, résolue, et pleine d'esprit; aussi n'a-t-on guère vu de femme qui en eût tant, qui sût tant de choses, ni qui fût de plus excellente compagnie. Elle était brusque et pourtant avec politesse, et savait très-bien rendre ce qu'elle devait, et se le faire rendre aussi. Elle passait pour méchante. Elle ne l'était que par dire franchement et très-librement son avis de tout, souvent très-plaisamment, toujours avec beaucoup d'esprit et de force.

Elle était avare à l'excès, et en riait la première; avec cela brocanteuse, se connaissait aux choses et aux prix, avait le goût excellent et ne se refusait rien.

Sa fille, Mlle de Tourbes, se laissa un jour tomber à Marly, au milieu du salon, chargée de pierreries, en dansant au bal devant le roi. La maréchale qui, comme les vieilles, était assise au second rang, escalada le premier, courut à elle, et sans s'informer si elle s'était blessée, car elle était encore par terre, ne pensa qu'aux pierreries. On en rit beaucoup, elle aussi [4.20].

Tombée soudainement malade, la Dauphine se meurt

La confession fut longue. L'extrême-onction fut administrée incontinent après, et le saint viatique tout de suite, que le roi fut recevoir au pied du grand escalier.

Une heure après, la Dauphine demanda qu'on fît les prières des agonisants. On lui dit qu'elle n'était point en cet état-là, et avec des paroles de consolation on l'exhorta à essayer de se rendormir. Le roi et Mme de Maintenon étaient dans ce salon, où on fit entrer les médecins, pour consulter en leur présence : ils étaient sept, de la cour ou mandés de Paris. Tous d'une voix opinèrent à la saignée du pied. La nuit fut cruelle. La journée se passa en symptômes plus fâcheux les uns que les autres; une connaissance par rares intervalles.

Tout à fait sur le soir la tête tourna dans la chambre, où on laissa entrer beaucoup de gens, quoique le roi y fût, qui peu avant qu'elle expirât en sortit, et monta en carrosse au pied du grand escalier avec Mme de Maintenon et s'en alla à Marly. Ils étaient l'un et l'autre dans la plus amère douleur, et n'eurent pas la force d'entrer chez le Dauphin [3.64].

Six jours après le Dauphin meurt à son tour emporté par le même mal mystérieux

La consternation fut vraie et générale; elle pénétra les terres et les cours étrangères. Tandis que les peuples pleuraient celui qui ne pensait qu'à leur soulagement, et toute la France un prince qui ne voulait régner que pour la rendre heureuse et florissante, les souverains de l'Europe pleurèrent publiquement celui qu'ils regardaient déjà comme leur exemple, et que ses vertus allaient rendre leur arbitre et le modérateur paisible et révéré des nations [3.65].

Ces Mémoires ne sont pas faits pour y rendre compte de mes sentiments : en les lisant on ne les sentira que trop, si jamais longtemps après moi, ils paraissent, et dans quel état je pus être et Mme de Saint-Simon aussi.

Je me contenterai de dire que je voulus tout quitter et me retirer de la cour et du monde, et que ce fut tout l'ouvrage de la sagesse, de la conduite, du pouvoir de Mme de Saint-Simon que de m'en empêcher avec bien de la peine [3.64].

La Dauphine et le Dauphin avaient-ils été empoisonnés?

L'espèce de la maladie du Dauphin, ce qu'on sut que lui-même en avait cru, le soin qu'il eut de faire recommander au roi les précautions pour la conservation de sa personne, la promptitude et la manière de sa fin, comblèrent la désolation et les affres, et redoublèrent les ordres du roi sur l'ouverture de son corps. Le roi et Mme de Maintenon en attendaient le rapport avec impatience; il leur fut fait le soir même chez elle, sans aucun déguisement.

Fagon, Boudin, et quelques autres y déclarèrent le plus violent effet d'un poison très-subtil et très-violent, qui, comme un feu très-ardent, avait consumé tout l'intérieur du corps, à la différence de la tête, qui n'avait pas été précisément attaquée, et qui seule l'avait été d'une manière très-sensible en la Dauphine. Maréchal, qui avait fait l'ouverture, s'opiniâtra contre Fagon et les autres : il soutint qu'il n'y avait aucune marque précise de poison; qu'il avait vu des corps ouverts à peu près dans le même état, dont on n'avait jamais eu de soupçon; que le poison qui les avait emportés, et tué aussi le Dauphin, était un venin naturel de la corruption de la masse du sang, enflammé par une fièvre ardente qui paraissait d'autant moins qu'elle était plus interne; que de là était venue la corruption qui avait gâté toutes les parties, et qu'il ne fallait point chercher d'autre cause que celle-là, qui était celle de la fin très-naturelle qu'il avait vue arriver à plusieurs personnes, quoique rarement à un degré semblable, et qui alors n'allait que du plus au moins.

Fagon répliqua, Boudin aussi, avec aigreur tous deux. Maréchal s'échauffa à son tour, et maintint fortement son avis; il le conclut par dire au roi et à Mme de Maintenon, devant ces médecins, qu'il ne disait que la vérité comme il l'avait vue et comme il la pensait, que parler autrement c'était vouloir deviner, et faire en même temps tout ce qu'il fallait pour faire mener au roi la vie la plus douloureuse, la plus méfiante et la plus remplie des plus fâcheux soupçons, les plus noirs et en même temps les plus inutiles, et que c'était effectivement l'empoisonner. Il se prit après à l'exhorter, pour le repos et la prolongation de sa vie, à secouer des idées terribles en elles-mêmes, fausses suivant toute son expérience et ses connaissances, et qui n'enfanteraient que les soucis et les soupçons les plus vagues, les plus poignants, les plus irrémédiables, et se fâcha fortement contre ceux qui s'efforçaient de les lui inspirer.

Mme de Maintenon se fâcha contre Maréchal devant le roi; il lui échappa qu'on savait bien d'où venait le coup, et de nommer M. le duc d'Orléans. Le roi y applaudit avec horreur, comme n'en doutant pas, et tous deux ne parurent pas trouver bon la liberté que prit Maréchal de se récrier contre cette accusation. Il y eut des valets, et à plus d'une reprise, qui le dirent, et par qui d'oreille en oreille cela se répandit.

Le public en fut si rapidement abreuvé que, dès le 17 février que M. le duc d'Orléans fut avec Madame donner l'eau bénite à la Dauphine, la foule du peuple dit tout haut toutes sortes de sottises contre lui tout le long de leur passage, que lui et Madame entendirent très-distinctement, sans oser le montrer, mais dans la peine, l'embarras et l'indignation qui se peut imaginer. Il y eut même lieu de craindre pis d'une populace excitée et crédule, lorsque, le 21 février, il alla seul donner l'eau bénite au Dauphin. Aussi essuya-t-il sur son passage les insultes les plus atroces d'un peuple qui ne se contenait pas, qui lançait tout haut les discours les plus énormes, qui le montrait au doigt avec les épithètes les plus grossières, que personne n'arrêtait, et qui croyait lui faire grâce de ne se pas jeter sur lui et le mettre en pièces.

Ce fut la même chose au convoi. Les chemins retentissaient de cris plus d'indignation et d'injures que de douleur. On ne laissa pas de prendre sans bruit quelques précautions dans Paris pour empêcher la fureur publique, dont les bouillons se firent craindre en divers moments. Elle s'en dédommagea par les gestes, les cris, et par tout ce qui se peut d'atroce, vomi contre M. le duc d'Orléans. Vers le Palais-Royal, devant lequel le convoi passa, le redoublement de huées, de cris, d'injures fut si violent, qu'il y eut lieu de tout craindre pendant quelques minutes [3.66].

De ces jours-là, M. le duc d'Orléans fut non-seulement abandonné de tout le monde, mais il se faisait place nette devant lui chez le roi et dans le salon; et s'il y approchait d'un groupe de courtisans, chacun, sans le plus léger ménagement, faisait demi-tour à droite ou à gauche, et s'allait rassembler à l'autre bout, sans qu'il lui fût possible d'aborder personne que par surprise, et même aussitôt après il était laissé seul, avec l'indécence la plus marquée. Jusqu'aux dames désertèrent un temps Mme la duchesse d'Orléans, et il y en eut qui ne la rapprochèrent plus.

En un mot, je fus le seul, je dis exactement l'unique, qui continuai à voir M. le duc d'Orléans à mon ordinaire, et chez lui et chez le roi, à l'y aborder, à nous asseoir tous deux en un coin du salon, où assurément nous n'avions aucun tiers à craindre, à me promener avec lui dans les jardins, et à la vue des fenêtres du roi et de Mme de Maintenon. On me fit entendre que le roi le trouvait mauvais, que Mme de Maintenon en était piquée; on n'oublia rien pour me faire peur : je fus insensible à tout ce qu'on me put dire; et je ne cessai pas un jour de voir M. le duc d'Orléans, et d'ordinaire deux et trois heures de suite [3.67].

Mort du petit Dauphin

Le dimanche 6 mars, les deux enfants fils de France, malades depuis quelques jours furent très mal, avec les marques de rougeole qui avaient paru sur Monsieur et Madame la Dauphine.

Les saignées et les autres remèdes qu'on employa ne purent sauver le petit Dauphin; il mourut ce même jour, un peu avant minuit. Il avait cinq ans et quelques mois, et était bien fait, fort et grand pour son âge [3.65].

Deuils royaux répétés

Trois Dauphins moururent donc en moins d'un an, dont un seul enfant, et en vingt-quatre jours le père, la mère et le fils aîné [3.65].

Le roi alla le mercredi 6 avril à Marly, où quoique le Dauphin et la Dauphine ne fussent pas encore enterrés, il rétablit son petit jeu chez Mme de Maintenon dès le vendredi suivant, et voulut le salon à l'ordinaire, et que M. et Mme la duchesse de Berry y tinssent le lansquenet public et le brelan, et des tables de différents jeux pour toute la cour. Il ne fut pas longtemps sans dîner chez Mme de Maintenon une ou deux fois la semaine, et à y entendre de la musique avec les mêmes dames familières [4.1].

Service funèbre du Dauphin et de la Dauphine

On fit à Saint-Denis, le lundi 18 avril, le service et l'enterrement des deux Dauphins et de la Dauphine, épouse et mère. Tout se fit avec les cérémonies et l'assistance accoutumée.

On fut assez content de l'oraison funèbre prononcée par Maboul, évêque d'Aleth. Monsieur de Metz, premier aumônier, officia. La cérémonie commença sur les onze heures. Comme elle est fort longue, on s'avisa de mettre sur la crédence un grand vase rempli de vinaigre, en cas que quelqu'un se trouvât mal. Monsieur de Metz, ayant pris la première ablution et voyant au volume des petites burettes qu'il restait peu de vin pour la seconde, en demanda davantage. On prit donc ce grand vase sur la crédence, pensant que ce fût du vin, et Monsieur de Metz, qui se voulut fortifier, dit, en lavant ses doigts sur le calice, de verser tout plein. Il l'avala d'un trait, et ne s'aperçut qu'à la fin qu'il avait avalé du vinaigre. Sa grimace et sa plainte fit un peu rire autour de lui, et lui-même conta après son aventure, dont il fut très-mécontent.

J'allai voir le lendemain M. de Beauvillier, dont la santé souffrit de cette cruelle cérémonie. Je lui dis en l'embrassant : vous venez donc d'enterrer la France? Il en convint avec moi [4.1].

Regrets laissés par la Dauphine

Avec elle s'éclipsèrent joie, plaisirs, amusements mêmes et toutes espèces de grâces; les ténèbres couvrirent toute la surface de la cour : elle l'animait tout entière, elle en remplissait tous les lieux à la fois, elle y occupait tout, elle en pénétrait tout l'intérieur; si la cour subsista après elle, ce ne fut plus que pour languir. Jamais princesse si regrettée, jamais il n'en fut si digne de l'être; aussi les regrets n'en ont-ils pu passer, et l'amertume involontaire et secrète en est constamment demeurée, avec un vide affreux qui n'a pu être diminué.

Le roi fut pénétré de la plus vive douleur, qui fut la seule véritable qu'il ait jamais eue en sa vie [3.64].

Le maréchal de Villars.

C'était un homme avantageux, tout personnel, jaloux de tout, sans principes, accoutumé à tout gain, à usurper la réputation d'autrui, à faire siens les conseils et les actions heureuses, et à jeter aux autres tous mauvais succès et ses propres fautes [3.16].

Il avait fait en 1705 une campagne digne des plus grands généraux [2.29].

Mort du marquis de la Fare

Démesuré en grosseur, il était grand gourmand; et au sortir d'une grande maladie, il se creva de morue, et en mourut d'indigestion.

Il dormait partout les dernières années de sa vie; ce qui surprenait, c'est qu'il se réveillait net, et continuait le propos où il le trouvait, comme s'il n'eût pas dormi [4.1].

Le lieutenant général du Casse.

Du Casse était connu pour le fils d'un petit charcutier qui vendait des jambons à Bayonne. Il était brave et bien fait; il se mit sur les bâtiments de Bayonne, passa en Amérique, et s'y fit flibustier. Il y acquit des richesses et une réputation qui le mit à la tête de ces aventuriers.

Du Casse entra dans la marine du roi, où il ne se distingua pas moins. Il y devint lieutenant général, et aurait été maréchal de France si son âge l'eût laissé vivre et servir, mais il était parti de si loin qu'il était vieux lorsqu'il arriva. C'était un des meilleurs citoyens et un des meilleurs et des plus généreux hommes que j'aie connus [4.1].

C'était un grand homme maigre, qui avec l'air d'un corsaire, et beaucoup de feu et de vivacité, était doux, poli, respectueux, affable, et qui ne se méconnut jamais. Il était fort obligeant, et avait beaucoup d'esprit avec une sorte d'éloquence naturelle, et, même hors des choses de son métier, il y avait plaisir et profit à l'entendre raisonner. Il aimait l'État et le bien pour le bien, qui est chose devenue bien rare [4.38].

La duchesse de Lorges.

C'était une grande créature, très-bien faite, d'un visage agréable, avec de l'esprit et un naturel si simple, si vrai, si surnageant à tout, qu'il en était ravissant; la meilleure femme du monde et la plus folle de tout plaisir, surtout du gros jeu. Jamais personne si peu soigneuse d'elle-même, si dégingandée : coiffure de travers, habits qui traînaient d'un côté, et tout le reste de même, et tout cela avec une grâce qui réparait tout.

Sa santé, elle n'en faisait nul compte. Elle était délicate, et sa poitrine s'altérait. On le lui disait : elle le sentait, mais de se retenir sur rien, elle en était incapable. Elle acheva de se pousser à bout de jeu, de courses, de veilles en sa dernière grossesse. Toutes les nuits elle revenait couchée en travers de son carrosse. On lui demandait en cet état quel plaisir elle prenait. Elle répondait d'une voix qui de faiblesse avait peine à se faire entendre qu'elle avait bien du plaisir. Aussi finit-elle bientôt. J'étais fort bien avec elle; mais je lui disais toujours que pour rien je n'eusse voulu être son mari [4.20].

Après avoir rétabli la situation en Espagne, Vendôme y meurt

Pour être plus en liberté, il s'alla établir avec deux ou trois de ses plus familiers et ses valets, qui faisaient partout sa compagnie la plus chérie, à Vignarez, petit bourg presque abandonné et loin de tout, au bord de la mer, dans le royaume de Valence, pour y manger du poisson tout son soûl. Il tint parole et s'y donna de tout à cœur joie près d'un mois.

Il se trouva incommodé, on crut aisément qu'il ne lui fallait que de la diète; mais le mal augmenta si promptement et d'une façon si bizarre, après avoir semblé assez longtemps n'être rien, que ceux qui étaient auprès de lui, en petit nombre, ne doutèrent pas du poison et envoyèrent aux secours de tous côtés; mais le mal ne les voulut pas attendre; il redoubla précipitamment avec des symptômes étranges. Tout ce qui était autour de lui s'enfuit et l'abandonna, tellement qu'il demeura entre les mains de trois ou quatre des plus bas valets, tandis que les autres pillaient tout et s'en allaient. Il passa ainsi les deux ou trois derniers jours de sa vie sans prêtre, sans qu'il eût été question seulement d'en parler, sans autre secours que d'un seul chirurgien.

Les trois ou quatre valets demeurés auprès de lui le voyant à la dernière extrémité, se saisirent du peu de choses qui restaient autour de lui, et, faute de mieux, lui tirèrent sa couverture et ses matelas de dessous lui. Il leur cria pitoyablement de ne le laisser pas mourir au moins à nu sur sa paillasse, et je ne sais s'il l'obtint.

Ainsi mourut, le vendredi 10 juin, le plus superbe des hommes et pour n'en rien dire davantage après, avoir été obligé de parler si souvent de lui, le plus heureux jusqu'à ses derniers jours. Il avait cinquante-huit ans [4.2].

Le 24 juillet, grande victoire de Villars à Denain

Ce fut à Fontainebleau un débordement de joie dont le roi fut si flatté qu'il en remerçia les courtisans pour la première fois de sa vie.

Le prince Eugène manquant de pain et de toutes choses leva aussitôt après le siège de Landrecies, et une désertion effroyable se mit dans ses troupes [4.2].

M. de la Haye.

C'était un grand homme sec, à taille contrainte, à visage écorché, l'air sot et fat, peu d'esprit et bon homme de cheval [4.41].

Un succès de Cassart dans l'Atlantique

Cassart, avec une escadre armée à Toulon, prit dans la principale île du Cap Vert le fort et la ville de Santiago aux Portugais, où il y avait douze mille hommes en état de porter les armes, et on n'en avait débarqué que mille. Le Gouvernement s'était rendu à condition qu'en payant soixante mille piastres, la ville ni les forts ne seraient point endommagés. Cependant le gouverneur, l'évêque et les principaux habitants se sauvèrent dans les montagnes. Cette fuite irrita Cassart. Il en prit prétexte de prendre quatre cents nègres et deux vaisseaux qui se trouvèrent à la rade, d'emporter les principales marchandises de la ville, puis de la piller et brûler [4.2].

Henri Daguesseau, conseiller d'État.

Son esprit était si juste et si précis que les lettres qu'il écrivait disaient tout sans qu'on ait jamais pu faire d'extrait de pas une [5.21].

Exil de l'abbé Servien

L'abbé Servien fut chassé de Paris, et envoyé je ne me souviens plus où. L'abbé était à l'Opéra, où on chantait au prologue un refrain de louange excessive du roi, qui se répéta plusieurs fois. L'abbé, impatienté de tant de servitude, retourna le refrain fort plaisamment à contre-sens, et se mit à le chanter tout haut d'un air fort ridicule, qui fit applaudir et rire à imposer silence au spectacle [4.2].

Les Van Holl, père et fils.

Van Holl, riche financier, trésorier général de la marine, puis grand audiencier, qui donnait grand jeu et grande chère à Paris et à sa belle maison d'Issy, à beaucoup de gens de la cour, dérangea si fort ses affaires, qu'il fit une entière banqueroute, qu'il jugea à propos de ne pas voir. On dit qu'on l'avait trouvé mort dans son lit à Issy, et on se hâta d'enterrer ou lui ou une bûche. On prétendit qu'il avait fait sa main pour aller vivre inconnu quelque part. Il était Hollandais.

Son fils, protégé par les Rohans et par quelques autres, n'osa se montrer d'abord; peu à peu il parut, fut maître des requêtes, et a passé par diverses intendances. Il n'est pas sans esprit ni sans talents. De Van Holl il s'est fait M. de Vanolles : le « de » est plus noble et le nom plus français [4.28].

Mariage du marquis de la Salle

C'était un homme chagrin, particulier, sauvage. Désœuvré par n'avoir plus de fonctions, il s'en était allé auprès de Dreux, dans une petite terre appelée Montpinçon, dont la maison était au bord de la rivière d'Eure, dont les jardins étaient souvent inondés. Il l'accommoda pour habiter et pour s'amuser; il s'y ennuya, il s'alla promener en basse Normandie chez des gens de sa connaissance.

Il trouva dans une des ses visites une fille de vingt ans, jolie et bien faite, avec sa mère, qui était du voisinage, et qui s'appelait Mlle de Bénouville. Il les vit le soir qu'il y arriva, et y dîna le lendemain avec elles. Quelqu'un à table demanda à la mère si elle ne songeait point à la marier. Elle répondit qu'elle y pensait bien mais que cela n'était pas facile quand on n'avait rien à donner. De propos en propos elle dit que ce qu'elle voudrait trouver, ce serait quelque homme âgé qui ne songeât point au bien, mais à se donner une compagnie et une femme qui eût soin de lui et qui en fût toute occupée; que sa fille avait la raison de penser de même et d'aimer mieux un mariage comme celui-là, qui la mettrait à son aise, que d'épouser un jeune homme.

La conversation changea; la Salle ne parut pas y prendre la moindre part, mais il y fit ses réflexions. Elles ne furent pas longues. Dans la fin de la journée il s'informa au maître de la maison de ce que c'était que M., Mme et Mlle de Bénouville; ce qu'il en apprit ne lui déplut pas, et la demoiselle lui avait donné dans les yeux. Il crut bannir l'ennui de sa vie en l'épousant, et tout de suite pria celui à qui il s'en informait d'en faire la proposition à la fille et à la mère.

Toutes deux, le lendemain matin, crurent rêver, et eurent peine à se persuader que la chose fût sérieuse. Le cordon bleu du vieux galant qui la demandait sans dot quelconque, leur parut les cieux ouverts. Elles envoyèrent bien vite chercher le père, et dans le jour tout fut d'accord et réglé. La Salle partit là-dessus pour le venir dire au Roi, et s'en retourna tout aussitôt en Normandie où le mariage se fit. Il a été très-heureux, et cette jeune femme a vécu avec lui à merveilles; vertu, complaisance, soin d'attirer du monde, et pourtant avec économie. Ils se firent aimer et considérer chez eux. La Salle avait soixante-six ans [4.4].

Le marquis de Chamilly et la religieuse portugaise.

C'était un grand et gros homme, fort bien fait, extrêmement distingué par sa valeur, par plusieurs actions, et devenu célèbre par la défense de Grave. Il était fort homme d'honneur et de bien, et vivait partout très-honorablement; mais il avait si peu d'esprit qu'on en était toujours surpris, et sa femme, qui en avait beaucoup, souvent embarrassée.

Il avait servi jeune en Portugal, et ce fut à lui que furent écrites ces fameuses « Lettres portugaises », par une religieuse qu'il y avait connue et qui était devenue folle de lui [4.35].

A le voir et à l'entendre on n'aurait jamais pu se persuader qu'il eût inspiré un amour aussi démesuré que celui qui est l'âme de ces fameuses « Lettres portugaises », ni qu'il eût écrit les réponses qu'on y voit à cette religieuse [2.9].

La duchesse de Schrewsbury, ambassadrice d'Angleterre, fait la mode à Paris

C'était une grande créature et grosse, hommasse, sur le retour et plus, qui avait été belle et qui prétendait l'être encore; toute décolletée, coiffée derrière l'oreille, pleine de rouge et de mouches, et de petites façons.

Dès en arrivant elle ne douta de rien, parla haut et beaucoup en mauvais français, et mangea dans la main à tout le monde. Toutes ses manières étaient d'une folle, mais son jeu, sa table, sa magnificence, jusqu'à sa familiarité générale, la mirent à la mode.

Elle trouva bientôt les coiffures des femmes ridicules, et elles l'étaient en effet. C'était un bâtiment de fil d'archal, de rubans, de cheveux et de toutes sortes d'affiquets de plus de deux pieds de haut qui mettait le visage des femmes au milieu de leurs corps, et les vieilles étaient de même, mais en gazes noires. Pour peu qu'elles remuassent, le bâtiment tremblait, et l'incommodité en était extrême. Le roi, si maître jusque des plus petites choses, ne les pouvait souffrir. Elles duraient depuis plus de dix ans sans qu'il eût pu les changer, quoi qu'il eût dit et fait pour en venir à bout.

Ce que ce monarque n'avait pu, le goût et l'exemple d'une vieille folle étrangère l'exécuta avec la rapidité la plus surprenante. De l'extrémité du haut, les dames se jetèrent dans l'extrémité du plat, et ces coiffures plus simples, plus commodes et qui siéent bien mieux, durent jusqu'à aujourd'hui. Les gens raisonnables attendent avec impatience quelque autre folle étrangère qui défasse nos dames de ces immenses rondaches de paniers, insupportables en tout à elles-mêmes et aux autres [4.7].

Madame de Saint-Pierre.

Elle avait été fort jolie et fort aventurière, l'air et le jeu étourdi, mais avec de l'esprit et de l'art. Elle était gaie, libre, plaisante, savait toutes les galanteries de la cour, et la meilleure créature du monde.

Son mari avait un flegme de sénateur et un impérieux silence qu'il ne rompait guère que pour prononcer des sentences et des maximes.

Il avait été cassé de capitaine de vaisseau pour avoir mis la sédition dans la Marine [4.40].

La duchesse de Nevers.

Peu de femmes l'avaient surpassée en beauté. La sienne était de toutes les sortes, avec une singularité qui charmait.

On ne se pouvait lasser de lui entendre raconter les aventures de ses voyages d'Italie.

M. le Prince avait été extrêmement amoureux d'elle. Il voulut lui donner une fête sous un autre prétexte, et c'était l'homme du monde qui s'y entendait le mieux. Mais comme il n'était pas moins malin qu'amoureux, il imagina d'engager M. de Nevers de faire les vers de la pièce qui devait être le principal divertissement de la fête, et dont toute la galanterie était pour Mme de Nevers. Il le cajola si bien que M. de Nevers lui promit de faire ces vers, et il y réussit au-delà des espérances de M. le Prince. Il prépara donc sa fête, dans le double plaisir de plaire à sa dame et de se moquer du mari. Celui-ci, tout jaloux, tout Italien, tout plein d'esprit qu'il fût, n'avait pas conçu le plus léger soupçon de cette fête, quoiqu'il n'ignorât pas l'amour de M. le Prince.

Quatre ou cinq jours avant celui de la fête, il découvrit de quoi il s'agissait; il n'en dit mot, et partit le lendemain pour Rome avec sa femme, où il demeura longtemps, et à son tour se moqua bien de M. le Prince [4.35].

1713

Après treize ans de guerre la paix est enfin signée à Utrecht

Le vendredi saint, 14 avril, Torcy entra sur les huit heures du soir chez Mme de Maintenon, menant au roi le chevalier de Beringhen chargé par le maréchal d'Huxelles d'apporter la nouvelle tant désirée de la signature de la paix, faite enfin le lundi précédent fort avant dans la nuit.

Le 22 mai la publication de la paix se fit dans Paris avec grande solennité. M. et Mme du Maine, qui songeaient fort à se rendre populaires, vinrent dans la place Royale s'y montrer sur un balcon, et y jeter de l'argent au peuple. Il y eut, le soir, beaucoup de feux devant les maisons, et plusieurs furent illuminées; le soir, grand feu d'artifice à la Grève, qui fut suivi d'un superbe festin que le duc de Tresmes, gouverneur de Paris, donna à ses dépens à l'hôtel de ville aux ambassadeurs et à grand nombre de personnes distinguées de la cour et de la ville, des deux sexes, et les vingt-quatre violons pendant le repas.

Ce temps sembla celui des grâces; on ne le négligea pas [4.9].

Anecdotes sur les deux plénipotentiaires du roi :

Le maréchal d'Huxelles.

C'était un grand et gros homme, tout d'une venue, qui marchait lentement et comme se traînant, un grand visage couperosé mais assez agréable, quoique de physionomie refrognée par de gros sourcils, sous lesquels deux petits yeux vifs ne laissaient rien échapper à leurs regards : il ressemblait tout à fait à ces gros brutaux de marchands de bœufs; paresseux, voluptueux à l'excès en toutes sortes de commodités, de chère exquise, en débauches grecques dont il ne prenait pas la peine de se cacher, et accrochait de jeunes officiers, qu'il domestiquait, outre de jeunes valets très bien faits.

Huxelles, établi à Paris, tenait une excellente table pour avoir compagnie, sortait peu pour se faire rechercher. Il fut vanté à Mlle Choin par Mme de Beringhen, la cultiva jusqu'à envoyer tous les jours de sa vie des têtes de lapin et d'autres mangeailles à sa chienne : il pétillait de s'approcher de la cour, il mourait de ne rien faire [3.27].

Le lendemain de la mort de Monseigneur, l'envoi des têtes de lapin cessa et oncques depuis Mlle Choin ne le revit ni n'en ouït parler. A la fin, lorsqu'elle fut revenue à elle-même, elle s'en aperçut; elle s'en plaignit même comme d'un homme sur qui elle avait eu lieu de compter, et qu'elle avait fort avancé dans l'estime et la confiance de Monseigneur. Le maréchal d'Huxelles le sut : il n'en fut point embarrassé, et répondit froidement qu'il ne savait ce qu'elle voulait dire, qu'il ne l'avait jamais vue que fort rarement et fort généralement, et que pour Monseigneur à peine en était-il connu. C'était un homme qui courait en cachettes, mais plus bassement et plus avidement que personne, à tout ce qui le pouvait conduire, et qui n'aimait pas à se charger de reconnaissance inutile. Néanmoins cela fut su, et ne lui fit pas honneur [3.49].

et l'abbé de Polignac.

C'était un grand homme très-bien fait, avec un beau visage, beaucoup d'esprit, surtout de grâces et de manières, toute sorte de savoir, avec le débit le plus agréable, la voix touchante, une éloquence douce, insinuante, mâle, des termes justes, des tours charmants, une expression particulière; tout coulait de source, tout persuadait. Personne n'avait plus de belles-lettres; ravissant à mettre les choses les plus abstraites à la portée commune, amusant en récits. On se croyait aisément de l'esprit et des connaissances dans sa conversation.

Il était de tous les voyages de Marly, et c'était à qui jouirait de ses charmes. Il en avait pour toutes sortes d'états, de personnes, d'esprits.

Avec tout le sien, il lui échappa une flatterie dont la misère fut relevée, et dont le mot est demeuré dans le souvenir et le mépris du courtisan. Il suivait le roi dans ses jardins de Marly; la pluie vint; le roi lui fit une honnêteté sur son habit, peu propre à la parer. « Ce n'est rien, Sire, répondit-il; la pluie de Marly ne mouille point. » On en rit fort, et ce mot lui fut fort reproché [2.31].

L'électeur et archevêque de Cologne.

Il aimait à prêcher, et on peut juger comment il prêchait. Il s'avisa un premier jour d'avril de monter en chaire; il y avait envoyé inviter tout ce qui était à Valenciennes et l'église était toute remplie. L'électeur parut en chaire, regarda la compagnie de tous côtés, puis tout à coup se prit à crier : « Poisson d'avril! poisson d'avril! » et sa musique avec force trompettes et timbales à lui répondre. Lui cependant fit le plongeon et s'en alla.

Voilà des plaisanteries allemandes, et de prince, dont l'assistance, qui en rit fort, ne laissa pas d'être bien étonnée [3.45].

Incendie de l'ambassade de France à Londres

L'hôtel où logeait à Londres le duc d'Aumont, fut entièrement brûlé, et il fallut abattre une maison voisine pour empêcher que l'incendie ne se communiquât aux autres. Sa vaisselle fut sauvée. Il prétendit avoir perdu tout le reste. Il prétendit aussi avoir reçu plusieurs avis qu'on le voulait brûler et même assassiner, et que la reine, à qui il l'avait dit, lui avait offert de lui donner des gardes. Le monde en jugea autrement à Londres et à Paris, et se persuada que lui-même avait été l'incendiaire, pour gagner sur ce qu'il en tirerait du roi, et pour couvrir une contrebande monstrueuse, dont les Anglais se plaignirent ouvertement dès son arrivée, et où il gagna infiniment : c'est au moins ce qui se débita publiquement dans les deux cours et dans les deux villes, et ce que presque tous en crurent.

M. d'Aumont avait toute sa vie été un panier percé qui avait toujours vécu d'industrie. Il prenait à toutes mains et dépensait de même. C'était un homme de beaucoup d'esprit, mais qui ne savait rien, à paroles dorées, sans foi, sans âme, de peu de réputation à la guerre pour en parler sobrement, et à qui son ambassade ne réussit ni en Angleterre ni en France [4.7].

Quand il arriva de son ambassade d'Angleterre, on remarqua qu'il affecta toutes les manières anglaises jusqu'à nouer sa croix à son cordon bleu, comme les chevaliers de la Jarretière portent leurs médailles attachées à leur cordon [4.15].

La duchesse de Bouillon.

Le roi personnellement ne l'avait jamais aimée; sa liberté l'effarouchait; elle avait été souvent exilée, et quelquefois longtemps. Malgré cela elle arrivait chez le roi la tête haute, et on l'entendait de deux pièces; ce parler haut ne baissait point de ton, et fort souvent même au souper du roi.

Elle traitait ses enfants, et souvent aussi ses amis et ses compagnies, avec empire. Elle traitait M. de Bouillon avec mépris, et tous étaient plus petits devant elle que l'herbe.

Jamais femme qui s'occupât moins de sa toilette; peu de beaux et de singuliers visages comme le sien qui eussent moins besoin de secours, et à qui tout allât si bien; toutefois toujours de la parure et de belles pierreries. Elle savait, parlait bien, disputait volontiers, et quelquefois allait à la botte.

Le monde s'accoutuma à en être dominé. Elle n'était ni grande ni menue, mais tout le reste admirable et singulier. Au demeurant une créature très-audacieuse, très-entreprenante, par conséquent toujours embarrassante et dangereuse. Elle sortit plus d'une fois du royaume; elle se promena en Italie et en Angleterre; mais elle régna moins à Rome et à Londres qu'à Paris [4.20].

Raimon Phelypeaux, gouverneur général des Iles meurt à la Martinique

C'était un homme très-extraordinaire, avec infiniment d'esprit, de lecture, d'éloquence et de grâce naturelle; fort bien fait, d'excellente compagnie et un goût exquis en bonne chère, en meubles et en tout. Il était lieutenant général, fort paresseux et plus propre aux emplois du cabinet qu'à la guerre [4.15].

Phelipeaux avait de l'esprit comme cent diables, et autant de malice qu'eux [1.63].

CHAPITRE XIV

OU, EN CETTE FIN DU RÈGNE DE LOUIS XIV, APPARAISSENT A LA COUR DIVERS PERSONNAGES QUI FERONT PARLER D'EUX SOUS LA RÉGENCE

(*1714-1715*)

1714

Mort de la jeune reine d'Espagne

La reine d'Espagne, depuis longtemps violemment attaquée d'écrouelles autour du visage et de la gorge, se trouvait à l'extrémité. Elle mourut le mercredi 14 février avec beaucoup de courage, de connaissance et de piété. Le roi d'Espagne en fut extrêmement touché, mais un peu à la royale. On l'obligea à chasser et à aller tirer pour prendre l'air. Il se trouva en une de ces promenades lors du transport du corps de la reine à l'Escurial, et à portée du convoi. Il le regarda, le suivit des yeux, et continua sa chasse. Ces princes sont-ils faits comme les autres humains? [4.17].

La Comtesse de Brassac, victime de la variole.

Personne n'avait été plus singulièrement ni plus délicatement jolie, avec une taille charmante qui y répondait. La petite vérole la changea à tel point qu'il n'y eut personne qui la put reconnaître. Je le rapporte par l'extraordinaire de la chose portée à cet excès.

La graisse survint bientôt après, et en fit une tour; d'ailleurs une bonne, honnête et très-aimable femme [4.21].

Après une courte maladie le duc de Berry meurt le 3 mai

Les obsèques de M. le duc de Berry furent un peu cavalières. Cela fut pitoyable aux Tuileries. La décence fut fort observée chez Mme la duchesse de Berry, à quoi Mme de Saint-Simon eut grande attention.

Son appartement fut entièrement fermé et sans jours, c'est-à-dire la chambre où elle était. Cette précaution fut prise pour qu'on ne la vît pas dans son lit; et la première fois que le roi y vint, on ne donna le jour qu'au moment qu'il entra pour qu'il vît à se conduire. Personne que lui n'eut ce privilège, ce qui causa force scènes ridicules et des rires assez indécents qu'on avait peine à retenir. Les personnes habitantes de la chambre étaient accoutumées à y voir un peu, mais celles qui venaient du grand jour n'y voyaient rien, trébuchaient et avaient besoin de secours. Le P. du Trévoux, et le P. Tellier après lui, firent leur compliment à la muraille, d'autres au pied du lit, cela devint un amusement [4.19].

Mesdemoiselles de Mesmes.

Le premier président, qui était veuf, n'avait que deux filles. Elles étaient riches; et, pour contenter les fantasques, l'une était noire, huileuse, laide à effrayer, sotte et bégueule à l'avenant, dévote à merveilles; l'autre rousse comme une vache, le teint blanc, de l'esprit et du monde, et le désir de liberté et de primer. Quoique la cadette, elle fut mariée la première à Lautrec qui avait la bonté d'en être amoureux. Il fut mal payé de ses feux [4.39].

Émeute à Lyon

Il y eut un petit désordre à Lyon pour une imposition que la ville avait nouvellement mise sur la viande. Les bouchers excitèrent le peuple, dont quantité prit les armes et fit une assez grande sédition, tellement que Méliant, intendant, fut obligé d'ôter l'imposition, et apaisa tout par là [4.20].

Comment naguère Mme Voysin avait su plaire à Mme de Maintenon

Mme de Maintenon venant sur la frontière pendant que le roi assiégeait Namur, elle la reçut chez elle à Dinant, la salua à son arrivée, pourvut avec le dernier soin à la commodité et à l'arrangement de son logement, courtisa jusqu'à ses moindres domestiques, se renferma après dans sa chambre, sans se montrer à elle, ni aux autres dames de la cour, que précisément pour le devoir, donnant ordre à tout de cette retraite, de manière à contenter tout le monde, mais comme si elle n'eût pas habité sa maison. Une réception si fort dans le goût de Mme de Maintenon la prévint favorablement pour son hôtesse. Ses gens, charmés d'elle, s'empressèrent à lui raconter tout ce qu'elle avait fait pour les officiers et les soldats blessés, la libéralité, le bon ordre de sa maison, et à lui vanter sa piété et ses bonnes œuvres.

Une bagatelle heureuse, et heureusement prévue, toucha tout à fait Mme de Maintenon. En un instant le temps passa d'une chaleur excessive à un froid humide et qui dura longtemps; aussitôt une belle robe de chambre, mais modeste et bien ouatée, parut dans un coin de sa chambre. Ce présent, d'autant plus agréable que Mme de Maintenon n'en avait point apporté de chaude, ne lui en parut que plus galant par la surprise, et par la simplicité de s'offrir tout seul.

La retenue de Mme Voysin acheva de la charmer : souvent deux jours de suite sans la voir, non pas même à son passage; elle n'allait chez elle que lorsqu'elle l'envoyait chercher, à peine s'y voulait-elle asseoir; toujours occupée de la crainte d'importuner, et de l'attention à saisir le moment de s'en aller. Une telle circonspection, à quoi Mme de Maintenon n'était pas accoutumée, tint lieu du plus grand mérite. La rareté devint la source du désir, qui attira à l'habile hôtesse les agréables reproches qu'elle était la seule personne qu'elle n'eût pu apprivoiser. Elle prit un véritable goût à sa conversation et à ses manières. Mme Voysin ne s'ingéra jamais de rien, même après qu'elle fut initiée, et finalement plut si fort à Mme de Maintenon, dans ce long séjour qu'elle fit chez elle, qu'elle s'offrit véritablement à elle, et lui ordonna de la voir toutes les fois qu'elle irait à Paris : il parut toujours plus d'obéissance dans l'exécution que d'empressement, et réussit de plus en plus par ses manières si respectueuses et si réservées [3.13].

François de Nesmond, évêque de Bayeux.

C'était de ces vrais saints qui attirent, malgré eux, une vénération qu'on ne peut leur refuser, et dont la simplicité donne à tous les moments à rire. Il reprit un jour un de ses curés d'avoir été à une noce. Le curé se défendit sur l'exemple de Notre-Seigneur aux noces de Cana. « Voyez-vous, monsieur le curé, répliqua-t-il, ce n'est pas ce qu'il a fait de mieux » [4.38].

Disgrâce et mort de Mme Voysin

Mme Voysin eut dans les premiers temps de son arrivée à la cour toute la faveur de Mme de Maintenon et toute sa confiance. Elle ne s'aperçut pas assez tôt qu'il ne la fallait pas rassasier d'elle. L'indigestion vint peu à peu. Tout ce qui lui avait tant plu en elle commença à lui être à charge ou à lui paraître ridicule. Son assiduité, ses empressements, ses flatteries l'importunèrent; ses douceurs et ses complaisances la dégoûtèrent. Son vêtement et sa coiffure imitée de la sienne lui semblèrent ridicules. Mme Voysin commençait à sentir sa décadence, lorsque sa jalousie de Mme Desmarets acheva de la perdre. Mme Desmarets, grande, bien faite, toujours bien mise sans affectation, avait un air simple, naturel et, avec de l'esprit, beaucoup de monde, rien du tout de bourgeois, un air et des manières nobles, un dehors de franchise qui n'était pas sans art, mais cet art était sans duplicité. Ses soins et ses respects pour Mme de Maintenon étaient sans bassesse.

Elle se ménagea toujours si bien à l'approcher, que, bien loin de lui devenir à charge, elle eut l'adresse de s'en faire toujours désirer. Tout cela était bien loin de l'air doucereux, composé, préparé et de l'extrême bourgeoisie de Mme Voysin : aussi en fut-elle coulée à fond. Elle ne put soutenir une disgrâce personnelle ni une rivale d'autant plus odieuse qu'elle ne lui donnait aucun lieu de plainte. La douleur extrême prit sur la santé de Mme Voysin jusqu'alors ferme et brillante. La maladie se déclara, elle s'en alla à Paris, elle y mourut enfin de désespoir le vendredi 20 avril, à cinquante et un an, peu regrettée. Ce fut une délivrance pour Mme de Maintenon [4.18].

Le marquis d'Effiat.

C'était un assez petit homme, sec, bien fait, droit, propre, à perruque blonde, à mine rechignée.

Il donnait quelquefois de fort bonnes chiennes couchantes au roi, et il en était toujours reçu avec une sorte de distinction [4.42].

Bonne nouvelle de Bretagne

On apprit en même temps une nouvelle intéressante : l'arrivée au Port-Louis de la flotte des Indes orientales, riche de dix millions en marchandises [4.21].

Le baron de Longepierre.

Rat de cour, pédant, d'ailleurs fort maussade, il avait plus d'esprit que d'honneur [4.43].

Réjouissances nocturnes à Paris et à Sceaux

On se mit à Paris à s'aller promener au Cours à minuit, aux flambeaux, à y mener de la musique, à danser dans le rond du milieu. Cette mode emporta longtemps tout Paris, et beaucoup de personnes de la cour. Il en naquit force histoires, qui ne corrigèrent personne de continuer à y aller. Il y avait presque autant de carrosses qu'aux plus beaux jours de l'été. Cette folie eut son cours, et prit fin avec les derniers jours où les nuits purent être supportables.

Sceaux était le théâtre des folies de la duchesse du Maine, de la honte, de l'embarras, de la ruine de son mari, par l'immensité de ses dépenses, et le spectacle de la cour et de la ville qui y abondait et s'en moquait. Elle y jouait elle-même Athalie avec des comédiens et des comédiennes, et d'autres pièces, plusieurs fois la semaine. Nuits blanches en loteries, jeux, fêtes, illuminations, feux d'artifice, en un mot fêtes et fantaisies de toutes les sortes et de tous les jours [4.28].

Le marquis de Canillac.

C'était un grand homme bien fait, maigre, châtain, d'une physionomie assez agréable, qui promettait beaucoup d'esprit et qui n'était pas trompeuse.

Il parlait beaucoup, et beaucoup trop, mais si agréablement qu'on le lui passait. Il savait toutes les histoires de la cour, et de la ville, les anciennes, les modernes, les courantes de toutes les sortes. Il contait à ravir, et il était le premier homme du monde pour saisir le ridicule et pour le rendre comme sans y toucher.

Il discutait volontiers les nouvelles, volontiers tournait tout en mauvaise part, n'approuvait guère, blâmait cruellement et grand frondeur. Il était presque tous les jours chez M. et Mme de Maisons, avec lesquels il politiquait sur le futur, avec toute liberté [4.42].

Visite en France du roi de Pologne

Il arriva le 26 septembre à Fontainebleau, ayant passé quelques jours à Paris. Il vit Madame en arrivant, qui le présenta au roi sous le nom de comte de Lusace au sortir de son souper. Il parut un grand et gros garçon de dix-huit ans, bien fait, blond, avec de belles couleurs, et faisant fort souvenir de M. le duc du Berry, l'air sage, modeste, attentif à tout, fort poli, mais avec mesure et dignité, et qui, sous un incognito qui ne prétendit jamais rien, montrait sentir fort ce qu'il était, et sans embarras.

Le roi le convia souvent aux chasses, et sur ce qu'il versa dans Paris, envoya un gentilhomme ordinaire savoir de ses nouvelles [4.26].

Remariage de Philippe V avec la princesse Elizabeth de Parme et chute de la princesse des Ursins

La perte de la princesse des Ursins fut conclue entre le roi et Mme de Maintenon, mais d'une manière si secrète, devant et depuis, que je n'ai connu personne qui ait pénétré de qui ils se servirent, ni ce qu'ils firent pour l'exécuter. Il est de la bonne foi d'avouer ses ténèbres, et de ne pas donner des fictions et des inventions à la place de ce qu'on ignore. Il faut raconter l'événement avec exactitude, et ne donner après ses courtes réflexions que pour ce qu'elles peuvent valoir.

La nouvelle reine d'Espagne s'avançait vers Madrid, avec ce qui avait été la recevoir aux frontières, d'équipages, de maison et de gardes du roi d'Espagne. Alberoni était à sa suite depuis Parme, et le duc de Saint-Aignan depuis le lieu où il l'avait jointe en France. La princesse des Ursins avait pris auprès d'elle la charge de camarera-mayor, comme elle l'avait auprès de la feue reine, et avait nommé toute sa maison, qu'elle avait remplie de ses créatures, hommes et femmes. Elle n'avait eu garde de quitter le roi de loin; ainsi elle le suivit à Guadalaxara, petite ville appartenant au duc del Infantado. Guadalaxara est sur le chemin de Madrid à Burgos, par conséquent de France, à peu près de distance de Madrid quelque chose de plus que de Paris à Fontainebleau. Le palais qu'y ont les ducs de l'Infantado est vaste, beau, bien meublé, et en est habité quelquefois. Ce fut jusque-là que le roi d'Espagne voulut s'avancer, et dans la chapelle de ce palais qu'il résolut de célébrer son mariage. Le voyage fut ajusté des deux côtés, de façon que le roi n'arriva à Guadalaxara que la surveille de la reine.

Il fit ce petit voyage accompagné de ceux que la princesse des Ursins avait mis auprès de lui, pour lui tenir toujours compagnie et n'en laisser approcher qui que ce soit. Elle suivait dans son carrosse pour arriver en même temps; et dès en arrivant, le roi s'enfermait seul avec elle, et ne voyait plus personne jusqu'à son coucher. Les retardements des chemins et de la saison avaient conduit à Noël. Ce fut le 22 décembre que le roi d'Espagne arriva à Guadalaxara. Le lendemain 23, surveille de Noël, la princesse des Ursins partit avec une très-légère suite pour aller à sept lieues plus loin à une petite villette nommée Quadraqué, où la reine devait coucher ce même soir. Mme des Ursins comptait aller jouir de toute la reconnaissance de la grandeur inespérable qu'elle lui procurait, passer la soirée avec elle, et l'accompagner le lendemain dans son carrosse à Guadalaxara. Elle trouva à Quadraqué la reine arrivée; elle mit pied à terre en un logis qu'on lui avait préparé vis-à-vis et tout près de celui de la reine. Elle était venue en grand habit de cour et parée. Elle ne fit que se rajuster un peu, et s'en alla chez la reine. La froideur et la sécheresse de sa réception la surprit d'abord extrêmement; elle l'attribua d'abord à l'embarras de la reine, et tâcha de réchauffer cette glace. Le monde cependant s'écoula par respect pour les laisser seules.

Alors la conversation commença. La reine ne la laissa pas continuer, se mit incontinent sur les reproches qu'elle lui manquait de respect par l'habillement avec lequel elle paraissait devant elle, et par ses manières. Mme des Ursins, dont l'habit était régulier, et qui, par ses manières respectueuses et ses discours propres à ramener la reine, se croyait bien éloignée de mériter cette sortie de sa part, fut étrangement surprise et voulut s'excuser; mais voilà tout aussitôt la reine aux paroles offensantes, à s'écrier, à appeler, à demander des officiers, des gardes et à commander avec injure à Mme des Ursins de sortir de sa présence. Elle voulut parler et se défendre des reproches qu'elle recevait; la reine redoublant de furie et de menaces se mit à crier qu'on fît sortir cette folle de sa présence et de son logis, et l'en fit mettre dehors par les épaules. A l'instant elle appelle Amenzaga, lieutenant des gardes du corps, qui commandait le détachement qui était auprès d'elle, et en même temps, l'écuyer qui commandait ses équipages; ordonne au premier d'arrêter Mme des Ursins et de ne la point quitter qu'il ne l'eût mise dans un carrosse avec deux officiers des gardes sûrs et une quinzaine de gardes autour du carrosse; au second, de faire sur-le-champ venir un carrosse à six chevaux et deux ou trois valets de pied, de faire partir sur l'heure la princesse des Ursins vers Burgos et Bayonne, et de ne se point arrêter. Amenzaga voulut représenter à la reine qu'il n'y avait que le roi d'Espagne qui eût le pouvoir qu'elle voulait prendre; elle lui demanda fièrement s'il n'avait pas un ordre du roi d'Espagne de lui obéir en tout, sans réserve et sans représentation. Il était vrai qu'il l'avait, et que qui que ce fût n'en savait rien.

Mme des Ursins fut donc arrêtée à l'instant et mise en carrosse avec une de ses femmes de chambre, sans avoir eu le temps de changer d'habit ni de coiffure, de prendre aucune précaution contre le froid, d'emporter ni argent ni aucune autre chose, ni elle ni sa femme de chambre, et sans aucune sorte de nourriture dans son carrosse, ni chemise, ni quoi que ce soit pour changer ou se coucher. Elle fut donc embarquée ainsi avec les deux officiers des gardes, qui se trouvèrent prêts dans le moment ainsi que le carrosse, elle en grand habit et parée comme elle était sortie de chez la reine. Dans ce très-court tumulte elle voulut envoyer à la reine, qui s'emporta de nouveau de ce qu'elle n'avait pas encore obéi, et la fit partir à l'instant. Il était lors près de sept heures du soir, la surveille de Noël, la terre toute couverte de glace et de neige, et le froid extrême et fort vif et piquant, comme il est toujours en Espagne. Dès que la reine sut la princesse des Ursins hors de Quadraqué, elle écrivit au roi d'Espagne par un officier des gardes qu'elle dépêcha à Guadalaxara. La nuit était si obscure qu'on ne voyait qu'à la faveur de la neige.

Il n'est pas aisé de se représenter l'état de Mme des Ursins dans ce carrosse. L'excès de l'étonnement et de l'étourdissement prévalut d'abord, et suspendit tout autre sentiment; mais bientôt la douleur, le dépit, la rage et le désespoir se firent place. Succédèrent à leur tour les tristes et profondes réflexions sur une démarche aussi violente et aussi inouïe, d'ailleurs si peu fondée en cause, en raisons, en prétextes même les plus légers, enfin en autorité, et sur l'impression qu'elle allait faire à Guadalaxara; et de là les espérances en la surprise du roi d'Espagne, en sa colère, en son amitié et sa confiance pour elle, en ce groupe de serviteurs si attachés à elle dont elle l'avait environné, qui se trouverait si intéressé à exciter le roi en sa faveur. La longue nuit d'hiver se passa ainsi tout entière, avec un froid terrible, rien pour s'en garantir, et tel que le cocher en perdit une main. La matinée s'avança; nécessité fut de s'arrêter pour faire repaître les chevaux; mais pour les hommes il n'y a quoi que ce soit dans les hôtelleries d'Espagne, où on vous indique seulement où se vend chaque chose dont on a besoin. La viande est ordinairement vivante; le vin épais, plat et violent; le pain se colle à la muraille; l'eau souvent ne vaut rien; de lits, il n'y en a que pour les muletiers; en sorte qu'il faut tout porter avec soi; et Mme des Ursins ni ce qui était avec elle n'avaient chose quelconque. Les œufs, où elle en put trouver, furent leur unique ressource, et encore à la coque, frais ou non, pendant toute la route.

Jusqu'à cette repue des chevaux, le silence avait été profond et non interrompu. Là il se rompit. Pendant toute cette longue nuit, la princesse des Ursins avait eu le loisir de penser aux propos qu'elle tiendrait, et à composer son visage. Elle parla de son extrême surprise, et de ce peu qui s'était passé entre la reine et elle. Réciproquement les deux officiers des gardes, accoutumés comme toute l'Espagne à la craindre et à la respecter plus que leur roi, lui répondirent ce qu'ils purent du fond de cet abîme d'étonnement dont ils n'étaient pas encore revenus. Bientôt il fallut atteler et partir. Bientôt aussi la princesse des Ursins trouva que le secours qu'elle espérait du roi d'Espagne tardait bien à lui arriver. Ni repos, ni vivres, ni de quoi se déshabiller jusqu'à Saint-Jean de Luz. A mesure qu'elle s'éloignait, que le temps coulait, qu'il ne lui venait point de nouvelles, elle comprit qu'elle n'avait plus d'espérances à former. On peut juger quelle rage succéda dans une femme aussi ambitieuse, aussi accoutumée à régner publiquement, aussi rapidement et indignement précipitée du faîte de la toute-puissance par la main qu'elle avait elle-même choisie pour être le plus solide appui de la continuation et de la durée de toute sa grandeur. La reine n'avait point répondu aux deux dernières lettres que Mme des Ursins lui avaient écrites; cette négligence affectée lui avait dû être de mauvais augure, mais qui aurait pu imaginer un traitement aussi étrange et aussi inouï?

Ses neveux, Lanti et Chalais, qui eurent permission de l'aller joindre, achevèrent de l'accabler. Elle fut fidèle à elle-même. Il ne lui échappa ni larmes, ni regrets, ni reproche, ni la plus légère faiblesse; pas une plainte, même du froid excessif, du dénûment entier de toutes sortes de besoins, des fatigues extrêmes d'un pareil voyage. Les deux officiers qui la gardaient à vue n'en sortaient point d'admiration. Enfin elle trouva la fin de ses maux corporels et de sa garde à vue à Saint-Jean de Luz, où elle arriva le 14 janvier, et où elle trouva enfin un lit, et d'emprunt de quoi se déshabiller, et se coucher, et manger. Là elle recouvra sa liberté. Les gardes, leurs officiers et le carrosse qui l'avait amenée s'en retournèrent; elle demeura avec sa femme de chambre et ses neveux. Elle eut loisir de penser à ce qu'elle pouvait attendre de Versailles. Malgré la folie de sa souveraineté si longuement poussée, et sa hardiesse d'avoir fait le mariage du roi d'Espagne sans la participation du roi, elle se flatta de trouver encore des ressources dans une cour qu'elle avait si longuement domptée. Ce fut de Saint-Jean de Luz qu'elle dépêcha un courrier chargé de lettres pour le roi, pour Mme de Maintenon, pour ses amis. Elle y rendit brièvement compte du coup de foudre qu'elle venait d'essuyer, et demandait la permission de venir à la cour pour y rendre compte plus en détail. Elle attendit le retour de son courrier en ce premier lieu de liberté et de repos, qui par lui-même est fort agréable. Mais ce premier courrier parti, elle le fit suivre par Lanti chargé de lettres écrites moins à la hâte et d'instructions, qui vit le roi dans son cabinet à Versailles le dernier janvier, avec lequel il ne demeura que quelques moments. On sut par lui que, dès que Mme des Ursins eut dépêché son premier courrier, elle avait envoyé à Bayonne faire des compliments à la reine douairière d'Espagne, qui ne voulut pas les recevoir. Que de cruelles mortifications à la chute du trône! Revenons maintenant à Guadalaxara.

L'officier des gardes que la reine y dépêcha avec une lettre pour le roi d'Espagne, dès que la princesse des Ursins fut hors de Quadraqué, trouva le roi qui s'allait bientôt coucher. Il parut ému, fit une courte réponse à la reine, et ne donna aucun ordre. L'officier repartit sur-le-champ. Le singulier est que le secret fut si bien gardé qu'il ne transpira que le lendemain sur les dix-heures du matin. On peut penser quelle émotion saisit toute la cour, et les divers mouvements de tout ce qui se trouva à Guadalaxara. Personne toutefois n'osa parler au roi, et on était en grande attente de ce que contenait sa réponse à la reine. La matinée achevant de s'écouler sans qu'on ouït parler de rien, on commença à se persuader que c'en était fait de Mme des Ursins pour l'Espagne. Chalais et Lanti se hasardèrent de demander au roi la permission de l'aller trouver, et de l'accompagner dans l'abandon où elle était; non-seulement il le leur permit, mais il les chargea d'une lettre de simple honnêteté par laquelle il lui manda qu'il était bien fâché de ce qu'il s'était passé, qu'il n'avait pu opposer son autorité à la volonté de la reine, qu'il lui conservait ses pensions et qu'il aurait soin de les lui faire payer. Il tint parole, et tant qu'elle a vécu depuis elle les a toujours très-exactement touchées.

La reine arriva l'après-midi de la veille de Noël, à l'heure marquée à Guadalaxara, comme s'il ne se fût rien passé. Le roi de même la reçut à l'escalier, lui donna la main, et tout de suite la mena à la chapelle, où le mariage fut aussitôt célébré de nouveau, car en Espagne la coutume est de marier l'après-dînée; de là dans sa chambre, où sur-le-champ ils se mirent au lit avant six heures du soir pour se lever pour la messe de minuit.

Ce qui se passa entre eux sur l'événement de la veille fut entièrement ignoré. Il n'y en eut pas plus d'éclaircissement dans la suite. Le lendemain, jour de Noël, le roi déclara qu'il n'y aurait aucun changement dans la maison de la reine, toute composée par Mme des Ursins, ce qui remit un peu le calme dans les esprits. Le lendemain de Noël, le roi et la reine seuls ensemble dans un carrosse, et suivis de toute la cour, prirent le chemin de Madrid, où il ne fut pas plus question de la princesse des Ursins que si jamais le roi d'Espagne ne l'eût connue [4.36].

La reine arrivant en Espagne ne songea qu'à remplir seule auprès du roi le vide qu'y laissait l'expulsion qu'elle venait de faire de la princesse des Ursins [6.48].

Le maréchal de Bezons.

Une tête de lion et fort grosse, lippu, dans une grosse perruque, qui eût fait une bonne tête de Rembrandt, et qui paraissant tout d'une pièce, comme tout son corps, passait parmi les sots pour une bonne tête [5.3].

Bezons, était un homme naturellement timide, et qui mourait toujours de peur de déplaire et de ne réussir pas [3.14].

1715

Cette année commença par les remerciements que la reine d'Espagne fit au roi des présents qu'elle en avait reçus [4.35].

La duchesse Sforze.

Son extérieur droit, sec, froid et haut, avait du rebutant. Elle aimait à gouverner. Mais perçant cet épiderme, vous ne trouviez que sagesse, mesure, bonté, politesse, raison, désir d'obliger, de concilier, surtout vérité, sincérité, droiture, sûreté entière, secret inviolable; assemblage si précieux et si rare, surtout à la cour, et dans une femme [4.40].

Mort du comte de Grignan

Le comte de Grignan, seul lieutenant général et commandant de Provence, gendre de Mme de Sévigné, qui en parle tant dans ses lettres, mourut à quatre-vingt-trois ans dans une hôtellerie, allant de Lambesc à Marseille.

C'était un grand homme, fort bien fait, laid, qui sentait fort ce qu'il était, fort honnête homme, fort poli, fort noble, en tout fort obligeant, et universellement estimé, aimé et respecté en Provence, où à force de manger et de n'être point aidé, il se ruina [4.35].

Le chancelier Voysin, secrétaire d'État de la guerre.

C'était un homme de néant en tout genre, incapable, ignorant, intéressé, sans amis que ceux de sa faveur et de ses places, haï à la cour et détesté des troupes pour sa sécheresse, son orgueil, sa hauteur, méprisé pour le tuf qu'il montrait en toute affaire [4.44].

Voysin eut grand besoin de la femme dont la Providence le pourvut. Sec, dur, sans politesse ni savoir-vivre, jamais homme ne fut si intendant que celui-là, et ne le demeura si parfaitement toute sa vie, depuis les pieds jusqu'à la tête, incapable jusque de faire les honneurs de chez lui. C'était un homme à peine visible et fâché d'être vu, renfrogné, éconduiseur, qui coupait la parole, qui répondait sec et ferme en deux mots, qui tournait le dos à la réplique ou fermait la bouche aux gens par quelque chose de sec, de décisif et d'impétueux [3.13].

M. de Luxembourg, fils du maréchal.

Fort homme d'honneur, il avait à peine le sens commun rectifié par le grand usage du meilleur et du plus grand monde où son père l'avait initié. Il était plein de petitesses dans le commerce, quoique le meilleur homme du monde; mais il voulait des soins, des prévenances, qu'il rendait bien à la vérité mais qui étaient importunes à la continue [4.49].

Éclipse de soleil le 3 mai

Le roi, étant à Marly, s'arrêta dans ses jardins avant la messe, pour s'y amuser à voir une éclipse de soleil, sur les neuf heures du matin. Toutes les dames y étaient longtemps auparavant. Cassini, fameux astronome, y était venu de l'Observatoire avec des lunettes pour la faire bien remarquer [4.38].

Le marquis de Clermont-Gallerande.

M. de Clermont était un bellâtre tout à fait dépourvu de sens et d'esprit, qui, débarqué du Mans par le coche, car il n'avait rien, se targuait de son nom et de sa figure avec quoi il prétendait faire fortune.

Il épousa la seconde fille de M. et de Mme d'O; c'était la faim et la soif ensemble [5.29].

Le marquis de Broglie.

C'était un homme de lecture, de beaucoup d'esprit, très méchant, très avare, très noir qui se piquait de la plus haute impiété et de la plus raffinée débauche pourvu qu'il ne lui en coûtât rien, quoique fort riche. Je n'ai guère vu face d'homme mieux présenter celle d'un réprouvé que le sien : cela frappait [5.21].

Ce que Saint-Simon attendait de Louis XIV

On souhaitait que le roi établît de son vivant le gouvernement tel qu'il le voulait laisser après lui; qu'il mît actuellement dans son conseil et dans ses affaires ceux qu'il y destinait après lui, et dans les places et les fonctions qu'ils devaient remplir; que lui-même, gouvernant toujours avec la même autorité, réglât publiquement celle qui devait succéder à la sienne, dans les limites et dans l'exercice qu'il avait résolu qu'elle eût; qu'il dressât le futur régent, et ceux qui en tout genre entreraient après lui dans l'administration, à celle que chacun devait avoir; qu'il en formât l'esprit et l'harmonie en se servant d'eux dès lors en la même façon qu'ils devaient servir après lui, chacun respectivement au gouvernement de l'État; qu'il eût le temps de voir et de corriger, de changer, d'établir ce qu'il trouverait en avoir besoin; qu'il accoutumât à ce travail, et qu'il instruisit ceux qu'il ne faisait qu'y destiner, et le reste de ses sujets à voir ceux-là en place, et à les honorer; en un mot à tout exécuter lui-même, de manière qu'il n'y eût aucun changement à sa mort, qu'elle n'interrompît pas même la surface des affaires, et qu'il n'y eût qu'à continuer tout de suite et tout uniment ce qu'il aurait établi lui-même, dirigé et consolidé [4.24].

L'abbé Dubois, ancien précepteur du duc d'Orléans.

C'était un petit homme maigre, effilé, chafouin, à perruque blonde, à mine de fouine, à physionomie d'esprit. Tous les vices combattaient en lui à qui en demeurerait le maître. Ils y faisaient un bruit et un combat continuel entre eux. L'avarice, la débauche, l'ambition étaient ses dieux ; l'impiété parfaite, son repos ; et l'opinion que la probité et l'honnêteté sont des chimères, son principe, en conséquence duquel tous les moyens lui étaient bons. Il excellait en basses intrigues, il en vivait [4.40].

A propos de « pain de munition ».

Voysin, dont la dureté et l'incapacité étaient égales, et qui pouvait avoir ses raisons personnelles de favoriser les munitionnaires, força les troupes, malgré toutes sortes de représentations, de prendre le pain de munition, et à plus haut prix qu'aux marchés. Peu à peu il se fit une traînée d'intelligence de sédition dans les garnisons, depuis Strasbourg jusqu'aux places maritimes de Flandres, qui éclata tout à coup, et où quelques officiers furent tués en voulant imposer à leurs soldats.

Heureusement du Bourg, qui commandait à Strasbourg et en Alsace, et qui fut bien secondé par les officiers de tous rangs, l'étouffa dans sa naissance, en faisant distribuer de l'argent aux troupes, mais en les obligeant aussi à prendre le pain, pour n'en avoir pas le démenti. Cet exemple porta coup sur toute la traînée; tout fut apaisé, mais avec de l'argent partout, et peu à peu on ne les força plus à prendre le pain [4.39].

Le duc de Brancas et le marquis de Canillac.

L'habitude les unissait plus que l'amitié; d'estime, ils se connaissaient trop pour en avoir l'un pour l'autre [5.18].

Les intrigants de cour

Ces politiques dont le manège effronté court après ceux à qui ils n'ont jamais parlé, dès qu'ils se les croient pouvoir rendre utiles [4.47].

Le comte de Rieux.

Il avait beaucoup d'esprit, était fort avare, fort méchant, fort glorieux, fort pensant en-dessous, fort obscur [5.29].

Lord Stairs, ambassadeur d'Angleterre.

C'était un Écossais grand et bien fait, qui avait l'ordre du Chardon. Il portait le nez au vent avec un air insolent, qu'il soutenait des plus audacieux propos et toutes sortes de querelles et de chicanes, en sorte qu'on le jugeait moins chargé d'entretenir la paix, et de faire les affaires de son pays, que de causer une rupture. Il était si peu mesuré dans les audiences qu'il demandait fréquemment, et avec la plus grande hauteur que le roi prit le parti de ne le plus entendre.

Il tâchait à se mêler avec ce qu'il pouvait de meilleure compagnie, qui se lassa bientôt de ses discours, dont il répandait l'impudence aux promenades publiques, aux spectacles et chez lui, où il cherchait à s'attirer du monde par sa bonne chère.

C'était un homme d'esprit, de toute espèce d'entreprises et qui haïssait merveilleusement la France. Il parlait aisément, éloquemment, et démesurément sur tous chapitres, avec la dernière liberté [4.38].

Le Czar et les ambassadeurs

Le Czar avait déjà commencé ses voyages. Il a tant et si justement fait de bruit dans le monde, que je serai succinct sur un prince si grand et si connu, et qui le sera sans doute de la postérité la plus reculée, pour avoir rendu redoutable à toute l'Europe, et mêlé nécessairement à l'avenir dans les affaires de toute cette partie du monde, une cour qui n'en avait jamais été une, et une nation méprisée et entièrement ignorée pour sa barbarie.

Ce prince était en Hollande à apprendre lui-même et à pratiquer la construction des vaisseaux. Bien qu'incognito, suivant sa pointe, et ne voulant point s'incommoder de sa grandeur ni de personne, il se faisait pourtant tout rendre, mais à sa mode et à sa façon.

Il trouva sourdement mauvais que l'Angleterre ne s'était pas assez pressée de lui envoyer une ambassade dans ce proche voisinage, d'autant que, sans se commettre, il avait fort envie de lier avec elle pour le commerce. Enfin l'ambassade arriva : il différa de lui donner audience, puis donna le jour et l'heure, mais à bord d'un gros vaisseau hollandais qu'il devait aller examiner. Il y avait deux ambassadeurs, qui trouvèrent le lieu sauvage, mais il fallut bien y passer. Ce fut bien pis quand ils furent arrivés à bord : le

Czar leur fit dire qu'il était à la hune, et que c'était là où il les verrait.

Les ambassadeurs, qui n'avaient pas le pied assez marin pour hasarder les échelles de corde, s'excusèrent d'y monter; le Czar insista, et les ambassadeurs fort troublés d'une proposition si étrange et si opiniâtre; à la fin, à quelques réponses brusques aux derniers messages, ils sentirent bien qu'il fallait sauter ce fâcheux bâton, et ils montèrent. Dans ce terrain si serré et si fort au milieu des airs, le Czar les reçut avec la même majesté que s'il eût été sur son trône : il écouta la harangue, répondit obligeamment pour le roi et la nation, puis se moqua de la peur qui était peinte sur le visage des ambassadeurs, et leur fit sentir en riant que c'était la punition d'être arrivés auprès de lui trop tard [1.33].

Le marquis de Polignac.

Polignac était un petit bilboquet qui n'avait pas le sens commun [5.31].

Le marquis d'Armentières.

Il était surprenant de trouver en M. d'Armentières un homme aussi parfaitement bouché, avec deux frères qui avaient tant de savoir et d'esprit; d'ailleurs bon et honnête homme [5.29].

Le président de Harlay, et son fils, l'avocat général

On ferait un livre, et fort divertissant, du domestique entre le père et le fils. Jamais ils ne se parlaient de rien; mais les billets mouchaient à tous moments d'une chambre à l'autre, d'un caustique amer et réciproque presque toujours facétieux. Le père se levait pour son fils, même étant seuls, ôtait gravement son chapeau, ordonnait qu'on apportât un siège et ne s'asseyait que quand le siège était en place. C'était après des compliments, et dans le reste un poids et une mesure de paroles. A table de même, enfin une comédie continuelle. Au fond, ils se détestaient parfaitement l'un l'autre, et tous deux avaient parfaitement raison.

Le ver rongeur du fils était de n'être de rien, et cette rage le rendait ennemi de presque tout ce qui avait part au gouvernement, et frondeur de tout ce qui s'y faisait.

Sa femme, demoiselle de Bretagne, riche héritière et d'une grande vertu, en eut grand besoin, et fut avec lui une des plus malheureuses femmes du monde [5.37].

Le marquis de Beaufremont.

Avec de l'esprit et de la valeur, et un des premiers noms de Bourgogne, il serait difficile d'être plus hardi, plus entreprenant, plus hasardeux, plus audacieux, plus fou qu'il l'a été toute sa vie [5.47].

L'introducteur des ambassadeurs

Son nom était Chassepoux, sieur de Croquefromage; celui de sa femme était Bigre. Je n'ai pu retenir le ridicule de ces noms [5.38].

Le comte d'Évreux, qui se fait construire un somptueux hôtel (l'actuel Palais de l'Élysée)

Le comte d'Évreux n'avait de commun avec son grand-oncle, M. de Turenne, que d'être l'homme du monde le moins simple en affectant de le paraître le plus [5.48].

Le financier du Noyer et la famille de Biron

Ce richard, pour ses péchés, s'était dévoué à la protection des Birons, qui, en bref, le sucèrent si parfaitement qu'il est mort sur un fumier, sans que pas un d'eux en ait eu souci ni cure.

C'était leur coutume; plusieurs autres les ont enrichis de toute leur substance, et en ont éprouvé le même sort. Mme de Biron en riait comme d'une fine souplesse, et comptait leur avoir fait encore trop d'honneur [5.45].

Le président de Menars.

C'était une très-belle figure d'homme, et un fort bon homme aussi, peu capable, mais plein d'honneur, de probité, d'équité et modeste, prodige dans un président à mortier.

Le cardinal de Rohan acheta sa précieuse bibliothèque qui fut pour tous les deux un meuble de fort grande montre, mais de très-peu d'usage [5.47].

Le procureur général Daguesseau, fils du conseiller d'État.

Daguesseau, de taille médiocre, était gros, avec un visage fort plein et agréable, et toujours avec une physionomie sage et spirituelle, un œil pourtant bien plus petit que l'autre. Il est remarquable qu'on se piquait volontiers au Parlement de ne pas suivre ses conclusions, par une jalousie de l'éclat de la réputation qu'il avait acquise, qui prévalait à l'estime et à l'amitié.

La longue et unique nourriture qu'il avait prise dans le sein du Parlement l'avait pétri de ses maximes et de toutes ses prétentions, jusqu'à le regarder avec plus d'amour, de respect et de vénération que les Anglais n'ent ont pour leurs parlements, qui n'ont de commun que le nom avec les nôtres.

Toute autre considération, même de la plus évidente justice, disparaissait à ses yeux devant la plus petite formalité.

Le long usage du parquet lui avait gâté l'esprit.

Cette continuelle habitude pendant vingt-quatre années l'avait formé à une incertitude dont il ne pouvait sortir, et qui, lorsqu'il n'était point nécessairement pressé par quelque limite fixe, prolongeait les affaires à l'infini. Il en souffrait le premier; c'était pour lui un accouchement que se déterminer.

Sa lenteur et son irrésolution s'accordaient merveilleusement à ne rien finir.

La moindre difficulté l'embarrassait, et il en cherchait partout avec le même soin que d'autres en mettent à les lever.

A tant de défauts essentiels, il s'en joignait d'autres qui ne venaient que de son trop d'attachement à bien faire : il ne pouvait finir à tourner une déclaration, un règlement, une lettre d'affaires tant soit peu importante. Il les limait et les retouchait sans cesse. Il était esclave de la plus exacte pureté de diction, et ne s'apercevait pas que cette servitude le rendait très-souvent obscur, et quelquefois inintelligible [5.24].

Avec un des plus beaux et des plus lumineux esprits de son siècle, et c'est peu dire, vastement et profondément savant, fait exprès pour être à la tête de toutes les académies et de toutes les bibliothèques de l'Europe, et pour se faire admirer à la tête du Parlement, jamais rien de si hermétiquement bouché en fait de finance, d'affaires d'État, de connaissance du monde, ni de si incapable d'en rien entendre. Le parquet, où il avait si longtemps brillé en maître, l'avait gâté pour tout le reste par l'habitude de cet exact et parfait balancement de pour et de contre de toutes les affaires contentieuses. Sa science et ses lumières le rendaient fécond en vues : sa probité, son équité, la délicatesse de sa conscience, s'y embarrassaient, en sorte que plus il examinait, plus il voyait, et moins il se déterminait. C'était pour lui un accouchement que de prendre un parti sur les moindres choses. De là, devenu le père des difficultés, c'étaient des longueurs infinies. Il était arrêté tout court par les moindres vétilles, mais surtout par la forme, qui le maîtrisait plus qu'un procureur qui en vit.

Une correction, une perfection trop curieusement recherchée dans tout ce qu'il veut qui sorte de sa plume, naturellement excellente, décuple son travail, tombe dans la puérilité, dans la préférence de la justesse de la diction sur l'exposition nette et claire des choses, dans une augmentation de longueurs insupportables. Il épuise l'art académique, se consume en des riens, et l'exécution en souffre toutes sortes de préjudices [5.45].

Ce que l'on pensait du roi de Prusse

Le désir d'acquérir et la crainte de perdre ne s'accordaient en lui ni avec ses lumières, ni avec son courage. Il ne savait ni se résoudre ni soutenir ses résolutions. Il était léger, changeant, facile à regarder les mauvaises finesses comme un trait d'habileté, et la mauvaise foi comme la politique la plus fine [5.44].

Ses ministres le regardaient comme un zéro (c'était leur expression) [5.49].

M. de Saint Contest.

Il avait de la capacité et de l'esprit, infiniment de liant, et sous un extérieur lourd, épais, grossier et simple, beaucoup de finesse et d'adresse, une oreille qui entendait à demi-mot, un désir de plaire au-dessus de tout [5.46].

M. de Machault.

C'était un homme intègre et capable, exact et dur, magistrat depuis les pieds jusqu'à la tête, fantasque et bourru, qui ne se radoucissait qu'avec des créatures de mauvaise vie dont il ne se laissait jamais manquer [5.46].

Le marquis de la Vrillière.

C'était un homme dont la taille différait peu d'un nain, grosset, monté sur de hauts talons, d'une figure assez ridicule. Il avait de l'esprit, trop de vivacité, des expédients, de la vanité beaucoup trop poussée; mais bon ami, très obligeant, et capable de rendre des services avec adresse, même avec hasard, mais sans préjudice de l'honneur et de la probité.

A l'égard du public, obligeant, honnête, d'un accès aisé et ouvert, cherchant à plaire et à se faire des amis.

M. le duc d'Orléans, qui se prenait assez aux figures, quoique la mienne ne fut pas avantageuse, mais il y était accoutumé d'enfance, me répondait sans cesse : « Mais on se moquera de nous avec ce bilboquet », en sorte que je fus plus d'un an à mettre tout ce que j'eus de force et d'industrie à le poulier. J'en vins enfin à bout, à force de bras, et cette destination ne varia plus [4.43].

Le marquis d'Argenson.

Argenson, lieutenant de police, s'était habilement saisi de la confiance du roi, et par elle du secret de la Bastille et des choses importantes de Paris; il les avait enlevées à Pontchartrain, à qui, en habile homme, il n'avait laissé que les délations des sottises des femmes et des folies des jeunes gens.

Argenson était un homme d'infiniment d'esprit, et d'un esprit souple, qui, pour sa fortune s'accommodait à tout. Il faisait depuis longtemps la police et avec elle l'inquisition d'une manière transcendante. Il était sans frayeur du Parlement, qui l'avait souvent attaqué, et il avait sans cesse obligé les gens de qualité, en cachant au roi et à Pontchartrain des aventures de leurs enfants et parents, qui n'étaient guère que des jeunesses, mais qui les auraient perdus sans ressource, s'il ne les eût accommodées d'autorité et subitement tiré le rideau dessus.

Avec une figure effrayante, qui retraçait celle des trois juges des enfers, il s'égayait de tout avec supériorité d'esprit, et avait mis un tel ordre dans cette innombrable multitude de Paris, qu'il n'y avait nul habitant dont, jour par jour, il ne sut la conduite et les habitudes, avec un discernement exquis pour appesantir ou alléger sa main à chaque affaire qui se présentait, penchant toujours aux partis les plus doux avec l'art de faire trembler les plus innocents devant lui; courageux, hardi, audacieux dans les émeutes, et par là maître du peuple.

Ses mœurs tenaient beaucoup de celles qui avaient sans

cesse à comparaître devant lui, et je ne sais s'il reconnaissait beaucoup d'autre divinité que celle de la Fortune. Au milieu de fonctions pénibles et en apparence toutes de rigueur, l'humanité trouvait aisément grâce devant lui, et quand il était en liberté avec des amis obscurs et d'assez bas étage, auxquels il se fiait plus qu'à des gens plus relevés, il se livrait à la joie, et il était charmant dans ces compagnies. Il avait quelques lettres, mais peu ou point de capacité d'ailleurs en aucun genre, à quoi l'esprit suppléait, et une grande connaissance du monde, chose très-rare en un homme de son état.

La fortune était sa boussole.

De sa nature il était royal et fiscal, il tranchait, il était ennemi des longueurs, des formes inutiles ou qu'on pouvait sauter, des états neutres et flottants [5.45].

Le duc de Guiche.

C'était un homme sans consistance, sans esprit, qui était gueux, avare, dépensier et qui serait à qui lui donnerait d'avantage [4.42].

M. de Crèvecœur.

Avec ce beau nom, ce n'était qu'un assez plat gentilhomme [5.14].

La comtesse de Sabran.

Il n'y avait rien de si beau qu'elle, de plus régulier, de plus agréable, de plus touchant, de plus grand air et de plus noble, sans aucune affectation [5.47].

Les ducs d'Estrées et de Mazarin.

C'étaient des excréments de la nature humaine, à qui le reste des hommes ne daignait parler [5.26].

Le comte de Laval.

M. de Laval avait servi avec assez de distinction. Il avait tâché de tirer un grand parti d'une blessure qu'il avait reçue à la mâchoire, et, pour le distinguer des autres Laval, on l'appelait la Mentonnière, parce qu'il en conserva une, toute sa vie, de taffetas noir, qui d'ailleurs ne l'incommodait en rien, mais qu'il crut qui affichait son mérite militaire.

Cette mentonnière ne lui ayant pas valu ce qu'il en avait espéré, il quitta le service avec hauteur, et retomba dans l'obscurité [5.29].

Le duc de Rohan.

Jamais d'accord avec personne, ni avec lui-même [5.26].

Le marquis de Chamlay.

Il était extrêmement gros; sa grande sobriété et un exercice à pied journalier et prodigieux ne purent le garantir de l'apoplexie. Il en eut plusieurs attaques qui lui avaient fort abattu le corps et l'esprit [6.17].

René Beauvais, archevêque de Narbonne.

C'était un grand vilain homme, sec et noir; avec des yeux bigles. L'âme en était aussi belle que le corps en était désagréable; très-bon évêque et pieux, sans fantaisie et sans faire peine à personne, adoré partout où il avait été [6.17].

Mort accidentelle de Sponeck, bâtard de Montbéliard

Le Sponeck se rompit le col en allant à Versailles; sa femme alla loger chez Mme de Carignan, et jusqu'à l'heure que j'écris, a l'audace, malgré tant d'arrêts, de porter tout publiquement le nom de princesse de Montbéliard, les armes de Wurtemberg peintes à son carrosse, et se montre ainsi effrontément partout, avec deux tétons gros comme des timbales, et qui, avec sa dévotion, sont médiocrement couverts [7.15].

Le cardinal de la Trémoille.

C'était un homme qui ne se souciait de rien, et qui pourtant craignait tout, tant il était inconséquent, et qui, pour plaire ou de peur de déplaire, n'avait sur rien d'opinion à lui [6.25].

Le conseiller Trudaine.

Trudaine, conseiller d'État, était prévôt des marchands : c'était un homme dur, exact, sans entregent et sans politesse, médiocrement éclairé, aussi peu politique, mais pétri d'honneur et de justice, et universellement reconnu pour tel [6.31].

L'abbé de Gamaches.

L'abbé de Gamaches était fort glorieux, encore plus ambitieux et fort plein de lui-même; il faut dire aussi qu'il n'était pas sans mérite, et qu'il avait du savoir et de l'esprit pour toute sa race; mais il ne souffrait pas aisément de supérieur, ne démordait point de ce qu'il avait entrepris, et savait parfaitement être ami et ennemi [6.28].

Chavigny et son frère, nouvellistes.

Chavigny était fils d'un procureur de Beaune, en Bourgogne.

En courant le pays, son frère et lui se firent nouvellistes, espèces de gens dont les personnes en place ne manquent pas, tous aventuriers, gens de rien et la plupart fripons, dont il m'en est passé plusieurs par les mains.

Chavigny avait beaucoup d'esprit, d'art, de ruse, de

manège, un esprit tout tourné à l'intrigue, à l'application, à l'instruction, avec tout ce qu'il fallait pour en tirer parti : une douceur, une flatterie fine, mais basse, un entregent merveilleux, et le tact très-fin pour reconnaître son monde, s'insinuer doucement à pas comptés, et juger très-sainement de lâcher ou de retenir la bride, éloquent, bien disant, avec une surface de réserve et de modestie, maître absolu de ses paroles et de leur choix, et toujours examinant son homme jusqu'au fond de l'âme, tandis qu'il tenait la sienne sous les enveloppes les plus épaisses, toutefois puant le faux de fort loin. Personne plus respectueux en apparence, plus doux, plus simple, en effet plus double, plus intéressé, plus effronté, plus insolent et hardi au dernier point, quand il croyait pouvoir l'être.

Ces talents rassemblés, qui font une espèce de scélérat très-méprisable, mais fort dangereux, font aussi un homme dont quelquefois on peut se servir utilement. Torcy en jugea ainsi. De bas nouvelliste, il s'en fit une manière de correspondant, et prétendit s'en être bien trouvé en Hollande et à Utrecht, où néanmoins il n'osait trop fréquenter nos ambassadeurs, mais se fourrait chez les ministres des autres puissances, en subalterne tout à fait, mais dont il savait tirer des lumières par leurs bureaux, où il se familiarisait en leur en laissant tirer de lui qu'il leur présentait comme des hameçons.

Son frère n'en savait pas moins que lui; mais son humeur naturellement haute et rustre le rendait moins souple, moins ployant, moins propre à s'insinuer et à abuser longtemps de suite. Toutefois ils s'entendaient et s'aidaient merveilleusement [7,2].

La marquise d'Alluye.

C'était une femme qui n'était point méchante, qui n'avait d'intrigues que de galanterie, mais qui les aimait tant que, jusqu'à sa mort, elle était le rendez-vous et la confidente des galanteries de Paris, dont, tous les matins, les intéressés lui rendaient compte.

Elle aimait le monde et le jeu passionnément, avait peu

de bien et le réservait pour son jeu. Le matin, tout en discourant avec des galants qui lui contaient les nouvelles de la ville, ou les leurs, elle envoyait chercher une tranche de pâté ou de jambon, quelquefois un peu de salé ou des petits pâtés, et les mangeait. Le soir, elle allait souper et jouer où elle pouvait, rentrait à quatre heures du matin, et a vécu de la sorte grasse et fraîche, sans nulle infirmité jusqu'à plus de quatre-vingts ans qu'elle mourut d'une assez courte maladie, après une aussi longue vie, sans souci, sans contrainte et uniquement de plaisir. D'estime, elle ne s'en était jamais mise en peine, sinon d'être sûre et secrète au dernier point; avec cela, tout le monde l'aimait, mais il n'allait guère de femmes chez elle [6.29].

M. de Truménies, maître des requêtes.

Il était petit, grosset, le col fort court, la tête dans les épaules, avec de grands cheveux blonds qui lui donnaient encore l'air plus engoncé, et qui lui avaient valu le sobriquet de Courtcollet [6.29].

M. de Mortagne, veuf et de nouveau amoureux, se remarie

Mortagne avait une espèce de maison de campagne dans le fond du faubourg Saint-Antoine, où il demeurait le plus qu'il pouvait.

M. de Guémené, qui n'aimait pas à marier ses sœurs ni ses filles, avait une de ses filles dans un couvent tout voisin de la maison de Mortagne, lequel avait fait connaissance avec elle, et pris grand'pitié de ses ennuis et de la voir manquer de tout. Il y suppléa par des présents, et l'amitié s'y mit de façon qu'ils eurent envie de s'épouser.

Les Rohans jetèrent les hauts cris. Mortagne ne s'en offensa point. Il leur fit dire que ce n'était que par compassion du misérable état de cette fille, qui manquait de tout, qui se désespérait d'ennui et de misère, et qui avait trente-cinq ans, qu'il la voulait épouser; qu'il leur donnait un an pour la pourvoir; mais que s'ils ne la mariaient dans l'année, il l'épouserait aussitôt après.

Ils ne la marièrent point. Ils comptèrent empêcher que Mortagne l'épousât, il se moqua d'eux. La fille fit des sommations respectueuses, et ils se marièrent publiquement dans toutes les règles. Ils ont très-bien vécu ensemble, car il était fort honnête homme, et sa femme se crut en paradis [5.26].

Mme Dacier.

Dacier était garde des livres du cabinet du roi, ce qui l'avait fait connaître et estimer à la cour. Il avait une femme bien plus précieusement savante que lui, qui lui avait été fort utile, qui était consultée de tous les doctes en toutes sortes de belles lettres grecques et latines, et qui a fait de beaux ouvrages.

Avec tant de savoir, elle n'en montrait aucun, et le temps qu'elle dérobait à l'étude pour la société, on l'y eut prise pour une femme d'esprit, mais très-ordinaire, et qui parlait coiffures et modes avec les autres femmes, et de toutes les autres bagatelles qui font les conversations communes, avec un naturel et une simplicité comme si elle n'eût pas été capable de mieux [7.12].

D'habiles courtisans : les Rohans.

Ils ont tous en préciput une finesse de nez qui les porte sans faillir à l'insolence ou à la bassesse, qui les fait passer de l'un à l'autre avec une agilité merveilleuse, et dont l'air simple et naturel surprendrait toujours, si leur extrême fausseté était moins connue, jusqu'à douter avec raison s'ils ont soif à table quand ils demandent à boire.

En vérité, la souplesse ni l'étude des plus surprenants danseurs de corde n'égala jamais la leur [7.12].

M. de Nyert, premier valet de chambre du roi.

C'était un des plus méchants singes, auxquels il ressemblait fort, et des plus gratuitement dangereux qu'il y eût parmi ce qu'on pouvait appeler les affranchis du roi, qui, par leurs entrées à toute heure et leur familiarité avec lui, étaient des personnages fort comptés et redoutables aux ministres mêmes. Celui-ci l'amusait aux dépens de tout le monde avec le jugement d'un valet d'esprit et d'expérience.

L'avarice, l'envie et la haine étaient peintes sur son visage décharné [6.17].

Les Mémoires du marquis de Dangeau

Dangeau était un esprit au-dessous du médiocre, très-futile, très-incapable en tout genre, prenant volontiers l'ombre pour le corps, qui ne se repaissait que de vent, et qui s'en contentait parfaitement. Toute sa capacité n'allait qu'à se bien conduire, ne blesser personne, multiplier les bouffées de vent qui le flattaient, acquérir, conserver et jouir d'une sorte de considération, sans vouloir s'apercevoir qu'à commencer par le roi, ses vanités et ses fatuités divertissaient souvent les compagnies, ni des panneaux où on le faisait souvent tomber là-dessus [6.32].

Dangeau, qui ne méprisait rien, et qui voulait être de tout, avait brigué et obtenu de bonne heure une place dans l'Académie française, dont il est mort doyen [5.21].

Dès les commencements qu'il vint à la cour, c'est-à-dire vers la mort de la reine mère, il se mit à écrire tous les soirs les nouvelles de la journée, et il a été fidèle à ce travail jusqu'à sa mort. Il le fut aussi à les écrire comme une gazette sans aucun raisonnement, en sorte qu'on n'y voit que les événements avec une date exacte, sans un mot de leur cause, encore moins d'aucune intrigue ni d'aucune sorte de mouvement de cour ni d'entre les particuliers.

Tout ce que le roi a fait chaque jour, même de plus indifférent, et souvent les premiers princes et les ministres les plus accrédités quelquefois d'autres sortes de personnages, s'y trouve avec sécheresse pour les faits, mais tant qu'il se peut avec les plus serviles louanges, et pour des choses que nul autre que lui ne s'aviserait de louer.

Il est difficile de comprendre comment un homme a pu

avoir la patience et la persévérance d'écrire un pareil ouvrage tous les jours pendant plus de cinquante ans, si maigre, si sec, si contraint, si précautionné, si littéral à n'écrire que des écorces de la plus repoussante aridité. Mais il faut dire aussi qu'il eût été difficile à Dangeau d'écrire de vrais Mémoires, qui demandent qu'on soit au fait de l'intérieur et des diverses machines d'une cour. Quoique il n'en sortît presque jamais, et encore pour des moments, quoique il y fût avec distinction et dans les bonnes compagnies, quoique il y fût aimé, et même estimé du côté de l'honneur et du secret, il est pourtant vrai qu'il ne fut jamais au fait d'aucune chose, ni initié dans quoi que ce fût. Sa vie frivole et d'écorce était telle que ses Mémoires; il ne savait rien au-delà de ce que tout le monde voyait.

Avec cela, ses Mémoires sont remplis de mille faits que taisent les gazettes, gagneront beaucoup en vieillissant, serviront beaucoup à qui voudra écrire plus solidement, pour l'exactitude de la chronologie, et pour éviter confusion. Enfin ils représentent, avec la plus désirable précision, le tableau extérieur de la cour, des journées, de tout ce qui la compose, les occupations, les amusements, le partage de la vie du roi, le gros de celle de tout le monde, en sorte que rien ne serait plus désirable pour l'histoire que d'avoir de semblables Mémoires de tous les règnes, s'il était possible, depuis Charles V, qui jetteraient une lumière merveilleuse parmi cette futilité sur tout ce qui a été écrit de ces règnes [6.32].

Le marquis et la marquise de Pons.

La femme était aussi dépiteusement laide que le mari était beau, et aussi riche qu'il était pauvre; d'ailleurs autant de gloire, d'esprit, de débit et d'avarice l'un que l'autre [6.25].

La marquise de Charlus.

La marquise de Charlus était toujours faite comme une crieuse de vieux chapeaux, ce qui lui fit essuyer maintes avanies parce qu'on ne la connaissait pas.

Elle était très-avare et grande joueuse. Elle y aurait passé les nuits les pieds dans l'eau. On jouait à Paris les soirs gros jeu au lansquenet chez Mme la princesse de Conti. Mme de Charlus y soupait un vendredi, entre deux reprises, avec assez de monde. Elle n'y était pas mieux mise qu'ailleurs, et on portait en ce temps-là des coiffures qu'on appelait des commodes, qui ne s'attachaient point, et qui se mettaient et ôtaient comme les hommes mettent et ôtent une perruque et un bonnet de nuit, et la mode était que toutes les coiffures de femmes étaient fort hautes.

Mme de Charlus était auprès de l'archevêque de Reims. Elle prit un œuf à la coque qu'elle ouvrit, et en s'avançant après pour prendre du sel, mit sa coiffure en feu, d'une bougie voisine, sans s'en apercevoir. L'archevêque, qui la vit tout en feu, se jeta à sa coiffure et la jeta par terre. Mme de Charlus, dans la surprise et l'indignation de se voir ainsi décoiffée sans savoir pourquoi, jeta son œuf au visage de l'archevêque, qui lui découla partout. Il ne fit qu'en rire, et toute la compagnie fut aux éclats de la tête grise, sale et chenue de Mme de Charlus et de l'omelette de l'archevêque [6.13].

M. de Plénœuf, sa femme et sa fille

Plénœuf avait épousé une femme de même espèce que lui, grande, faite au tour, avec un visage extrêmement agréable, de l'esprit, de la grâce, de la politesse, du savoir-vivre, de l'entregent et de l'intrigue, et qui aurait été faite exprès pour fendre la nue à l'Opéra et y faire admirer la déesse. Le mari était un magot plein d'esprit, qui voulait en avoir la meilleure part, mais qui du reste n'était pas incommode, et dont les gains immenses fournissaient aisément à la délicatesse et à l'abondance de la table, à toutes les fantaisies de parure d'une belle femme, et à la splendeur d'une maison de riche financier.

La maison était fréquentée; tout y attirait; la femme adroite y souffrait par complaisance les malotrus amis de son mari, qui, de son côté, recevait bien aussi des gens d'une autre sorte, qui n'y venaient pas pour lui. La femme était impérieuse, voulait des compagnies qui lui fissent honneur; elle ne souffrait guère de mélange dans ce qui venait pour elle. Éprise d'elle-même au dernier point, elle voulait que les autres le fussent; mais il fallait en obtenir la permission. Parmi ceux-là elle savait choisir; elle avait si bien su établir son empire, que le bonheur complet ne sortait jamais à l'extérieur des bornes du respect et de la bienséance, et que pas un de la troupe choisie n'osait montrer de jalousie ni de chagrin. Chacun espérait son tour, et en attendant, le choix plus que soupçonné était révéré de tous dans un parfait silence, sans la moindre altération entre eux. Il est étonnant combien cette conduite lui acquit d'amis considérables, qui lui sont toujours demeurés attachés, sans qu'il fût question de rien de plus que d'amitié, et qu'elle a trouvés, au besoin, les plus ardents à la servir dans ses affaires.

Entre plusieurs enfants, elle eut une fille, belle, bien faite, plus charmante encore par ces je ne sais quoi qui enlèvent, et de beaucoup d'esprit, extrêmement orné et cultivé par les meilleures lectures, avec de la mémoire et le jugement de n'en rien montrer. Elle avait fait la passion et l'occupation de sa mère à la bien élever. Mais devenue grande, elle plut, et à mesure qu'elle plut elle déplut à sa mère. Elle ne put souffrir de vœux chez elle qui pussent s'adresser à d'autres; les avantages de la jeunesse l'irritèrent. La fille, à qui elle ne put s'empêcher de le faire sentir, souffrit sa dépendance, essuya ses humeurs, supporta les contraintes; mais le dépit s'y mit. Il lui échappa des plaisanteries sur la jalousie de sa mère, qui lui revinrent. Elle en sentit le ridicule, elle s'emporta; la fille se rebecqua, et Plénœuf, plus sage qu'elles, craignit un éclat qui nuirait à l'établissement de sa fille, leur imposa en sorte qu'il en étouffa les suites, qui n'en devinrent que plus aigres dans l'intérieur domestique, et qui pressèrent Plénœuf de l'établir.

Entre plusieurs partis qui se présentèrent, le marquis de Prie fut préféré. L'affaire fut bientôt conclue. Presque incontinent après, de Prie fut nommé à l'ambassade de Turin, et tous deux ne tardèrent pas à s'y rendre. On y fut content du mari. La femme y réussit fort.

Avec de la beauté, l'air et la taille de nymphe, beaucoup d'esprit, et, pour son âge et son état, de la lecture et des connaissances, c'était un prodige de l'excès des plus funestes passions : ambition, avarice, haine, vengeance, domination, sans ménagement, sans mesure [7.12].

La marquise de Lévis.

C'était une femme de beaucoup d'esprit, vive à l'excès, toujours passionnée, et ne voyant ni gens ni choses qu'à travers la passion, qui, en bien ou en mal, la possédait sur les choses et sur les personnes [6.21].

Telle était la cour du roi

Pour le tableau de la cour, des personnages, des desseins, des brigues, des partis, il se trouve tout fait par tout ce qui a été raconté et expliqué jusqu'ici. En se le rappelant on verra d'un coup d'œil quelle était la cour de Louis XIV en ces derniers temps de sa vie [4.39].

CHAPITRE XV

OU NOUS ASSISTONS AUX DERNIERS JOURS ET A LA MORT DU ROI

L'ennui gagnait le roi chez Mme de Maintenon, dans les intervalles de travail avec ses ministres. Le vide qu'y laissait la mort de la dauphine ne se pouvait remplir par les amusements de ce très-petit nombre de dames qui étaient quelquefois admises. Mme de Maintenon chercha fort à amuser le roi par des dîners, des musiques, quelque jeu. On avait pratiqué une tribune sur la salle de la comédie en face du théâtre. On allait à cette tribune de chez Mme de Maintenon. Le roi, qui depuis de longues années n'allait plus aux spectacles, y parut quelquefois pendant quelques actes. Il ne laissa pas d'en voir quelques-unes entières de Molière, jouées par les comédiens, avec des intermèdes de musique [4.5].

Le roi vieillissait, et sans qu'il parût aucun changement à l'extérieur de sa vie, ce qui le voyait de plus près commençait depuis quelque temps à craindre qu'il ne vécût pas longtemps [4.23].

La goutte, dont il avait eu de longues attaques, avait engagé Fagon à emmailloter le roi, pour ainsi dire, tous les soirs dans un tas d'oreillers de plume qui le faisaient tellement suer toutes les nuits, qu'il le fallait frotter et changer tous les matins avant que le grand chambellan et les premiers gentils-hommes de la chambre entrassent.

Comme il devint la dernière année de sa vie de plus en plus resserré, Fagon lui faisait manger à l'entrée de son repas beaucoup de fruits à la glace, c'est-à-dire des mûres, des melons et des figues, et celles-ci pourries à force d'être mûres, et à son dessert beaucoup d'autres fruits, qu'il finissait par une quantité de sucreries qui surprenait toujours [4.48].

***

On voyait décliner sensiblement la santé du roi, et son appétit, qui était fort grand et toujours égal, avait très-considérablement diminué. Si l'attention y était grande au milieu de sa cour, où il n'avait pas néanmoins changé la moindre chose en la manière accoutumée de sa vie ni en l'arrangement divers de ses journées, toujours les mêmes dans leur diversité, les pays étrangers n'y étaient pas moins attentifs et guère moins bien informés. Les paris s'ouvrirent donc en Angleterre que sa vie passerait ou ne passerait pas le 1er septembre, c'est-à-dire environ trois mois, et, quoique le roi voulût tout savoir, on peut juger que personne ne fut pressé de lui apprendre ces nouvelles de Londres. Il se faisait ordinairement lire les gazettes de Hollande en particulier par Torcy, souvent après le conseil d'État. Un jour qu'à cette heure-là Torcy lui faisait cette lecture qu'il n'avait point parcourue auparavant, il rencontra ces paris à l'article de Londres; il s'arrêta, balbutia et les sauta. Le roi, qui s'en aperçut aisément, lui demanda la cause de son embarras, ce qu'il passait et pourquoi : Torcy rougit jusqu'aux blancs des yeux, dit ce qu'il put, enfin que c'était quelque impertinence indigne de lui être lue. Le roi insista; Torcy aussi, dans le dernier embarras; enfin il ne put résister aux commandements réitérés; il lui lut les paris tout du long. Le roi ne fit pas semblant d'en être touché, mais il le fut profondément, et au point que s'étant mis à table incontinent après, il ne put se tenir d'en parler en regardant la compagnie, mais sans faire mention de la gazette.

Le roi partit le mercredi 12 juin pour Marly : ce fut son dernier voyage [4.48].

*
* *

Le vendredi 9 août, le roi courut le cerf après dîner dans sa calèche, qu'il mena lui-même à l'ordinaire, pour la dernière fois de sa vie, et parut très-abattu au retour. Il eut le soir grande musique chez Mme de Maintenon. Le samedi 10 août, il se promena avant dîner dans ses jardins à Marly; il en revint à Versailles sur les six heures du soir pour la dernière fois de sa vie, et ne revoir jamais cet étrange ouvrage de ses mains. Il travailla le soir chez Mme de Maintenon avec le chancelier, et parut fort mal à tout le monde. Le dimanche 11 août, il tint le conseil d'État, s'alla promener l'après-dînée à Trianon pour ne plus sortir de sa vie.

Le lendemain 12 août, il prit médecine à son ordinaire, et vécut à son ordinaire aussi de ces jours-là. On sut qu'il se plaignait d'une sciatique à la jambe et à la cuisse. Il n'avait jamais eu de sciatique ni de rhumatisme; jamais enrhumé, et il y avait longtemps qu'il n'avait eu de ressentiment de goutte. Il y eut le soir petite musique chez Mme de Maintenon, et ce fut la dernière fois de sa vie qu'il marcha.

Le mardi 13 août, il fit son dernier effort pour donner, en revenant de la messe, où il se fit porter, l'audience de congé, debout et sans appui, à ce prétendu ambassadeur de Perse. Sa santé ne lui permit pas les magnificences qu'il s'était proposées comme à sa première audience; il se contenta de le recevoir dans la pièce du trône, et il n'y eut rien de remarquable. Ce fut la dernière action publique du roi.

Cette audience, qui fut assez longue, fatigua fort le roi. Il résista en rentrant chez lui à l'envie de se coucher; il tint le conseil de finance, dîna à son petit couvert ordinaire, se fit porter chez Mme de Maintenon, où il y eut petite musique, et, en sortant de son cabinet, s'arrêta pour la duchesse de la Rochefoucauld, qui lui présenta la duchesse de la Rocheguyon, sa belle-fille, qui fut la dernière dame qui lui ait été présentée. Elle prit le soir son tabouret au souper du roi, qui fut le dernier de sa vie au grand couvert.

Le mercredi 14 août, il se fit porter à la messe pour la dernière fois.

Ce même jour, Mme de Saint-Simon, que j'avais pressée de revenir, arriva des eaux de Forges. Le roi entrant après souper dans son cabinet l'aperçut. Il fit arrêter sa roulette, lui témoigna beaucoup de bonté sur son voyage et son retour, puis continua à se faire pousser par Bloin dans l'autre cabinet. Ce fut la dernière femme de la cour à qui il ait parlé. Mme de Saint-Simon me dit le soir qu'elle n'aurait pas reconnu le roi, si elle l'avait rencontré ailleurs que chez lui. Elle n'était partie de Marly pour Forges que le 6 juillet [4.48].

***

L'état du roi, qui n'était plus ignoré de personne, avait déjà changé le désert de l'appartement de M. le duc d'Orléans en foule.

Il ne marchait plus, il ne s'habillait plus même les derniers jours qu'il se fit porter chez Mme de Maintenon, il ne sortait de son lit que pour souper en robe de chambre, les médecins couchaient dans sa chambre et dans les pièces voisines, enfin il ne pouvait plus rien avaler de solide.

Le samedi 24, la nuit ne fut guère plus mauvaise qu'à l'ordinaire, car elles l'étaient toujours. Mais sa jambe parut considérablement plus mal, et lui fit plus de douleur. La messe à l'ordinaire, le dîner dans son lit, où les principaux courtisans sans entrées le virent; conseil de finances ensuite, puis il travailla avec le chancelier seul. Succédèrent Mme de Maintenon et les dames familières. Il soupa debout en robe de chambre, en présence des courtisans, pour la dernière fois. J'y observai qu'il ne put avaler que du liquide, et qu'il avait peine à être regardé. Il ne put achever, et dit aux courtisans qu'il les priait de passer, c'est-à-dire de sortir. Il se fit remettre au lit; on visita sa jambe, où il parut des marques noires. Il envoya chercher le P. Tellier, et se confessa. La confusion se mit parmi la médecine. On avait tenté le lait et le quinquina à l'eau; on les supprima l'un et l'autre sans savoir que faire. Ils avouèrent qu'ils lui croyaient une fièvre lente depuis la Pentecôte, et s'excusaient de ne lui avoir rien fait sur ce qu'il ne voulait point de remèdes, et qu'ils ne le croyaient pas si mal eux-mêmes.

Le dimanche 25 août, fête de Saint-Louis, la nuit fut bien plus mauvaise. On ne fit plus mystère du danger, et tout de suite grand et imminent. Néanmoins, il voulut expressément qu'il ne fût rien changé à l'ordre accoutumé de cette journée, c'est-à-dire que les tambours et les hautbois, qui s'étaient rendus sous ses fenêtres lui donnassent, dès qu'il fut éveillé, leur musique ordinaire, et que les vingt-quatre violons jouassent de même dans son antichambre pendant son dîner. Il fut ensuite en particulier avec Mme de Maintenon, le chancelier et un peu le duc du Maine.

Peu après que le chancelier fût sorti de chez le roi, Mme de Maintenon, qui y était restée, y manda les dames familières, et la musique y arriva à sept heures du soir. Cependant le roi s'était endormi pendant la conversation des dames. Il se réveilla la tête embarrassée, ce qui les effraya et leur fit appeler les médecins. Ils trouvèrent le pouls si mauvais qu'ils ne balançèrent pas à proposer au roi, qui revenait cependant de son absence, de ne pas différer à recevoir les sacrements. On envoya quérir le P. Tellier, et avertir le cardinal de Rohan, qui était chez lui en compagnie, et qui ne songeait à rien moins, et cependant on renvoya la musique qui avait déjà préparé ses livres et ses instruments, et les dames familières sortirent.

En un quart d'heure, depuis le renvoi de la musique et les dames, tout fut fait. Le P. Tellier confessa le roi tandis que le cardinal de Rohan fut prendre le saint-sacrement à la chapelle, et qu'il envoya chercher le curé et les saintes huiles. Deux aumôniers du roi, mandés par le cardinal, accoururent, et sept ou huit flambeaux portés par des garçons bleus du château, deux laquais de Fagon, et un de Mme de Maintenon. Ce très-petit accompagnement monta chez le roi par le petit escalier de ses cabinets, à travers desquels le cardinal arriva dans sa chambre. Le P. Tellier, Mme de Maintenon, et une douzaine d'entrées, maîtres ou valets, y reçurent ou y suivirent le saint-sacrement. Le cardinal dit deux mots au roi sur cette grande et dernière action, pendant laquelle le roi parut très-ferme, mais très-pénétré de ce qu'il faisait [4.48].

***

Le lundi 26 août la nuit ne fut pas meilleure. Il fut pansé, puis entendit la messe. Le roi fit demeurer les cardinaux de Rohan et de Bissy.

Après que les deux cardinaux furent sortis, le roi dîna dans son lit en présence de ce qui avait les entrées. Il les fit approcher comme on desservait, et leur dit ces paroles, qui furent à l'heure même recueillies : « Messieurs, je vous demande pardon du mauvais exemple que je vous ai donné. J'ai bien à vous remercier de la manière dont vous m'avez servi, et de l'attachement et de la fidélité que vous m'avez toujours marquée. Je suis bien fâché de n'avoir pas fait pour vous ce que j'aurais bien voulu faire. Les mauvais temps en sont cause. Je vous demande pour mon petit-fils la même application et la même fidélité que vous avez eue pour moi. C'est un enfant qui pourra essuyer bien des traverses. Que votre exemple en soit un pour tous les autres sujets. Suivez les ordres que mon neveu vous donnera, il va gouverner le royaume. J'espère qu'il le fera bien; j'espère aussi que vous contribuerez tous à l'union, et que si quelqu'un s'en écartait, vous aideriez à le ramener. Je sens que je m'attendris, et que je vous attendris aussi. Je vous en demande pardon. Adieu, Messieurs; je compte que vous vous souviendrez quelquefois de moi. »

Quelque temps après il manda à la duchesse de Ventadour de lui amener le dauphin. Il le fit approcher et lui dit ces paroles devant Mme de Maintenon et le très-peu des plus intimement privilégiés ou valets nécessaires, qui les recueillirent : « Mon enfant, vous allez être un grand roi; ne m'imitez pas dans le goût que j'ai eu pour les bâtiments, ni dans celui que j'ai eu pour la guerre; tâchez, au contraire, d'avoir la paix avec vos voisins. Rendez à Dieu ce que vous lui devez; reconnaissez les obligations que vous lui avez, faites-le honorer par vos sujets. Suivez toujours les bons conseils, tâchez de soulager vos peuples, ce que je suis assez malheureux pour n'avoir pu faire. N'oubliez point la reconnaissance que vous devez à Mme de Ventadour. Madame (s'adressant à elle), que je l'embrasse »; et en l'embrassant lui dit : « Mon cher enfant, je vous donne ma bénédiction de tout mon cœur. » Comme on eût ôté le petit prince de dessus le lit du roi, il le redemanda, l'embrassa de nouveau, et, levant les mains et les yeux au ciel, le bénit encore. Ce spectacle fut extrêmement touchant; la duchesse de Ventadour se hâta d'emporter le dauphin et de le ramener dans son appartement.

Le mardi 27 août il envoya chercher le chancelier, et, seul avec lui et Mme de Maintenon, lui fit ouvrir deux cassettes pleines de papiers, dont il lui fit brûler beaucoup, et lui ordonna d'expédier aussitôt qu'il serait mort un ordre pour faire porter son cœur dans l'église de la maison professe des jésuites à Paris, et l'y faire placer vis-à-vis celui du roi son père, et de la même manière.

Quelque temps après ces ordres donnés, il dit à Mme de Maintenon qu'il avait toujours ouï dire qu'il était difficile de se résoudre à la mort; que pour lui, qui se trouvait sur le point de ce moment si redoutable aux hommes, il ne trouvait pas que cette résolution fût si pénible à prendre. La nuit qui suivit fut fort agitée. On lui voyait à tous moments joindre les mains, et on l'entendait dire les prières qu'il avait accoutumées en santé, et se frapper la poitrine au Confiteor.

Le mercredi 28 août, il fit le matin une amitié à Mme de Maintenon qui ne lui plut guère, et à laquelle elle ne répondit pas un mot. Il lui dit que ce qui le consolait de la quitter était l'espérance, à l'âge où elle était, qu'ils se rejoindraient bientôt. Sur les sept heures du matin, il fit appeler le P. Tellier, et comme il lui parlait de Dieu, il vit dans le miroir de sa cheminée deux garçons de sa chambre assis au pied de son lit qui pleuraient. Il leur dit : « Pourquoi pleurez-vous? est-ce que vous m'avez cru immortel? Pour moi, je n'ai point cru l'être, et vous avez dû, à l'âge où je suis, vous préparer à me perdre. »

Au P. Tellier, qui lui demanda s'il souffrait beaucoup. « Eh! non, répondit le roi, c'est ce qui me fâche, je voudrais souffrir davantage pour l'expiation de mes péchés » [4.48].

***

Le jeudi 29 août, il parut plus de force et quelque rayon de mieux, qui fut incontinent grossi et dont le bruit courut de tous côtés. Le roi mangea même deux petits biscuits dans un peu de vin d'Alicante avec une sorte d'appétit. J'allai ce jour-là sur les deux heures après-midi, chez M. le duc d'Orléans, dans les appartements duquel la foule était au point depuis huit jours, et à toute heure, qu'exactement parlant une épingle n'y serait pas tombée à terre. Je n'y trouvai qui que ce soit. Dès qu'il me vit, il se mit à rire, et à me dire que j'étais le premier homme qu'il eût encore vu chez lui de la journée, qui jusqu'au soir fut entièrement déserte chez lui. Voilà le monde.

Le soir fort tard ne répondit pas à l'applaudissement qu'on avait voulu donner à la journée.

Sa tête parut embarrassée; il dit lui-même qu'il se sentait fort mal. Vers onze heures du soir sa jambe fut visitée. La gangrène se trouva dans tout le pied, dans le genou, et la cuisse fort enflée. Il s'évanouit pendant cet examen.

Le vendredi 30 août, la journée fut aussi fâcheuse qu'avait été la nuit, un grand assoupissement, et dans les intervalles sa tête embarrassée. Il prit de temps en temps un peu de gelée et de l'eau pure, ne pouvant plus souffrir le vin. Sur les cinq heures du soir, Mme de Maintenon passa chez elle, distribua ce qu'elle avait de meubles dans son appartement à son domestique, et s'en alla à Saint-Cyr pour n'en sortir jamais.

Le samedi 31 août, la nuit et la journée furent détestables. Il n'y eut que de rares et de courts instants de connaissance. La gangrène avait gagné le genou et toute la cuisse. On lui donna du remède du feu abbé Aignan, que la duchesse du Maine avait envoyé proposer, qui était un excellent remède pour la petite vérole. Les médecins consentaient à tout, parce qu'il n'y avait plus d'espérance.

Vers onze heures du soir on le trouva si mal qu'on lui dit les prières des agonisants. L'appareil le rappela à lui. Il récita des prières d'une voix si forte qu'elle se faisait entendre à travers celle du grand nombre d'ecclésiastiques et de tout ce qui était entré. A la fin des prières, il reconnut le cardinal de Rohan, et lui dit : « Ce sont là les dernières grâces de l'Église. » Ce fut le dernier homme à qui il parla. Il répéta plusieurs fois : Nunc et in hora mortis, puis dit : « O mon Dieu, venez à mon aide, hâtez-vous de me secourir. » Ce furent ses dernières paroles. Toute la nuit fut sans connaissance et une longue agonie, qui finit le dimanche 1er septembre 1715, à huit heures un quart du matin, trois jours avant qu'il eût soixante-dix-sept ans accomplis, dans la soixante-douzième année de son règne.

L'Europe ne vit jamais un si long règne, ni la France un roi si âgé.

Par l'ouverture de son corps, qui fut faite par Maréchal, son premier chirurgien, avec l'assistance et les cérémonies accoutumées, on lui trouva toute les parties si entières, si saines, et tout si parfaitement conformé, qu'on jugea qu'il aurait vécu plus d'un siècle sans les fautes dont il a été parlé, qui lui mirent la gangrène dans le sang. On lui trouva aussi la capacité de l'estomac et des intestins double au moins des hommes de sa taille, ce qui est fort extraordinaire, et ce qui était cause qu'il était si grand mangeur et si égal.

Le vendredi 6 septembre, le cardinal de Rohan porta le cœur aux Grands-Jésuites avec très-peu d'accompagnement et de pompe. Outre le service purement nécessaire, on remarqua qu'il ne se trouva pas six personnes de la cour à cette cérémonie.

Ce qui composait la cour était de deux sortes : les uns, en espérance de figurer, de se mêler, de s'introduire, étaient ravis de voir finir un règne sous lequel il n'y avait rien pour eux à attendre; les autres, fatigués d'un joug pesant, toujours accablant, et des ministres bien plus que du roi, étaient charmés de se trouver au large; tous, en général, d'être délivrés d'une gêne continuelle, et amoureux de nouveautés.

Paris, las d'une dépendance qui avait tout assujetti, respira dans l'espoir de quelque liberté, et dans la joie de voir finir l'autorité de tant de gens qui en abusaient. Les provinces, au désespoir de leur ruine et de leur anéantissement, respirèrent et tressaillirent de joie; et les parlements et toute espèce de judicature, se flattèrent, les premiers de figurer, les autres de se trouver affranchis. Le peuple, ruiné, accablé, désespéré, rendit grâces à Dieu, avec un éclat scandaleux, d'une délivrance dont ses plus ardents désirs ne doutaient plus.

Les étrangers, ravis d'être enfin, après un si long cours d'années, défaits d'un monarque qui leur avait si longuement imposé la loi, et qui leur avait échappé par une espèce de miracle au moment qu'ils comptaient le plus sûrement de l'avoir enfin subjugué, se continrent avec plus de bienséance que les Français. Les merveilles des trois quarts premiers de ce règne de plus de soixante-dix ans, et la personnelle magnanimité de ce roi jusqu'alors si heureux, et si abandonné après de la fortune pendant le dernier quart de son règne, les avait justement éblouis. Ils se firent un honneur de lui rendre après sa mort ce qu'ils lui avaient constamment refusé pendant sa vie. Nulle cour étrangère n'exulta; tous se piquèrent de louer et d'honorer sa mémoire [5.2].

*
* *

Prince heureux s'il en fut jamais, en figure unique, en force corporelle, en santé égale et ferme, et presque jamais interrompue, en siècle si fécond et si libéral pour lui en tous genres qu'il a pu en ce sens être comparé au siècle d'Auguste; en sujets adorateurs prodiguant leurs biens, leur sang, leurs talents, la plupart jusqu'à leur réputation, quelques-uns même leur honneur, et beaucoup trop leur conscience et leur religion pour le servir, souvent même seulement pour lui plaire : de là cette autorité sans bornes qui put tout ce qu'elle voulut, et qui trop souvent voulut tout ce qu'elle put, et qui ne trouva jamais la plus légère résistance [4.53].

On l'a vu grand, riche, conquérant, arbitre de l'Europe,

redouté, admiré tant qu'ont duré les ministres et les capitaines qui ont véritablement mérité ce nom. A leur fin, la machine a roulé quelque temps encore, d'impulsion, et sur leur compte. Mais tôt après, le tuf s'est montré, les fautes, les erreurs se sont multipliées, la décadence est arrivée à grand pas, sans toutefois ouvrir les yeux à ce maître despotique si jaloux de tout faire et de tout diriger par lui-même, et qui semblait se dédommager des mépris du dehors par le tremblement que sa terreur redoublait au-dedans.

Accablé des plus cuisants revers de la fortune, après une si longue habitude de la dominer, il le fut bien davantage par les malheurs domestiques. Tous ses enfants avaient disparu devant lui, et le laissaient livré aux réflexions les plus funestes. Il s'attendait lui-même à tous moments au même genre de mort. Au lieu de trouver du soulagement à cette angoisse dans ce qu'il avait de plus intime, et qu'il voyait le plus continuellement, il n'y rencontrait que peines nouvelles. Personne ne doutait du poison, personne n'en pouvait douter sérieusement; et Maréchal, qui en était aussi persuadé qu'eux, n'en différait d'avis auprès du roi que pour essayer de le délivrer d'un tourment inutile, et qui ne pouvait que lui faire un grand mal.

Avec ses enfants il avait perdu, et par la même voie, une princesse incomparable, qui, outre qu'elle était l'âme et l'ornement de sa cour, était de plus tout son amusement, toute sa joie, toute son affection, toutes ses complaisances dans presque tous les temps qu'il n'était pas en public. Jamais depuis qu'il était au monde il ne s'était familiarisé qu'avec elle; on a vu d'ailleurs jusqu'à quel point cela était porté. Rien ne pouvait remplir un si grand vide, l'amertume d'en être privé s'augmentait par ne plus trouver de délassement.

La grandeur d'âme que montra constamment dans de tels et si longs revers, parmi de si sensibles secousses domestiques, ce roi si accoutumé au plus grand et au plus satisfaisant empire domestique, aux plus grands succès au-dehors, se vit enfin abandonnée de toutes parts par la fortune.

Cette constance, cette fermeté d'âme, cette égalité extérieure, ce soin toujours le même de tenir tant qu'il pouvait le timon, cette espérance contre toute espérance, par courage, par sagesse, non par aveuglement, ces dehors du même roi en toutes choses, c'est ce dont peu d'hommes auraient été capables, c'est ce qui aurait pu lui mériter le nom de grand, qui lui avait été si prématuré. Ce fut aussi ce qui lui acquit la véritable admiration de toute l'Europe, celle de ceux de ses sujets qui en furent témoins, et ce qui lui ramena tant de cœurs qu'un règne si long et si dur lui avait aliénés [4.58].

***

Le grand prévôt perdit sa femme de la même maladie dont le roi était mort, et du même âge. Ces circonstances la consolèrent de mourir [5.9].

CHAPITRE XVI

QUELQUES RÉFLEXIONS DE SAINT-SIMON

Sur l'Homme et la condition humaine.

L'homme est fait de manière qu'il est bien plus touché de son mal particulier que de celui qu'il souffre en commun avec tous les autres.

Les injures que l'on a faites se pardonnent infiniment moins que celles qu'on a reçues.

Chacun est attaché aux siens, à ses intérêts, à ses prétentions, à ses chimères, et rien de tout cela ne peut souffrir la moindre contradiction. On n'est ami de la vérité qu'autant qu'elle favorise.

Beaucoup de gens comptent l'utile pour tout et l'honneur pour rien.

Le monde veut bien mal faire, mais le trouve mauvais d'autrui, et surtout de ses maîtres.

Tout est exemple et mode : tels et tels l'ont fait, il faut donc le faire aussi.

On veut bien être ingrat, mais on ne veut pas en être soupçonné.

La grandeur d'un service au-dessus de toute récompense a presque dans tous les temps et en tout pays porté par terre ceux qui l'ont rendu; l'envie se réunit contre un homme qui ne peut être égalé, et pour l'autorité sans contre-poids duquel tout crie, tout applaudit.

Les contre-temps sont toujours de toutes les grandes affaires.

Les plus fâcheux inconvénients ont quelquefois leur utilité.

Le mauvais dure toujours plus que le bon.

Il semble qu'il y ait dans de certains temps des modes de crimes comme d'habits.

Il y a des choses que le temps efface, et d'autres que le temps imprime de plus en plus.

Il est ordinaire à ceux qui sont occupés d'une affaire principale de croire qu'elle occupe également tous les esprits.

On n'éprouve jamais ni tout le bien ni tout le mal qu'on a, à ce qu'il semble, le plus de raison de prévoir.

C'est un grand bonheur que de savoir goûter celui que l'on possède.

Sur l'art de gouverner et la politique.

Les rois sont faits pour l'État et non l'État pour les rois.

Il faut être bien fortement persuadé qu'en même temps que la puissance est donnée aux rois pour commander et gouverner, les peuples ne sont pas aux rois mais les rois aux peuples, et pour leur rendre justice, les faire vivre selon les lois, et les rendre heureux par l'équité, la sagesse, la douceur et la modération de leur gouvernement.

Un roi n'a d'intérêt que celui de l'État.

La charité est due au public aux dépens du particulier.

Le public doit toujours être préféré au particulier.

Il ne suffit pas que la probité des princes soit connue et hors de doute, si la réputation de ceux dont ils se servent dans leurs affaires les plus importantes n'est aussi sans tache ni susceptible par leur conduite passée d'accusation ni même de soupçon.

Il faut se garder de perdre beaucoup de temps en audiences, surtout de femmes, qui en demandent souvent pour fort peu de chose, qui dégénèrent en conversations et en plaisanteries, qui ont souvent un but dont le prince ne s'aperçoit pas, et qui tirent vanité de leur longueur et, si elles le peuvent, de leur fréquence.

Suivre soigneusement l'excellente pratique du feu roi, qui presque jamais ne répondait qu'un « je verrai ».

Les hommes se mènent presque tous beaucoup mieux par l'espérance et par la dépendance que par la reconnaissance.

Plus on fait de grâces, moins il vous en reste à faire.

On ne peut tirer des gens plus que ce qui est en eux.

Les neutres et les tièdes sont de la même classe, par conséquent également à rejeter.

Une publicité ne se peut détruire que par une autre.

Il y a des idées qu'on ne fortifie jamais mieux que lorsqu'on entreprend de les combattre.

Le moyen le plus sûr de garder un secret est de ne le communiquer à personne.

La voie la plus sûre de plaire est de rapporter des choses agréables.

Les négociants veulent toujours que leur intérêt particulier soit la règle de l'État, et ne connaissent de bien public que leur gain particulier.

J'étais peiné de voir toute la difficulté qui se trouvait à égaler, même en pleine paix, la recette du roi à sa dépense.

Le roi d'Espagne est le seul monarque qui n'ait point de dettes, parce qu'il n'a pas eu le crédit d'en contracter.

La Cour de Vienne est accoutumée à reprocher à ceux avec qui elle traite, le peu de bonne foi dont elle-même ne sait que trop s'aider.

Sur les Français.

Rien n'égale la promptitude et la facilité des Français à suivre les modes et à se soumettre aux prétentions.

Les sottises sont plus volontiers imitées en France qu'ailleurs.

Les Français courent à la nouveauté, au bon accueil, à la bonne chère, à la magnificence.

Rien n'est pareil aux fantaisies, aux hauts et aux bas des Français.

Il n'est que trop vrai que dès qu'il arrive un malheur aux Français ils croient tout perdu, et se conduisent de façon que tout l'est.

Les extrêmes sont du goût des Français.

Les Français s'accoutument à tout.

Il n'y a pays en Europe où il y ait tant de si belles lois et si bons règlements, ni où l'observation en soit de si courte durée : on ne tient la main à aucun, et il arrive que souvent, même dès la première année, tout est enfreint, et qu'on n'y pense plus dès la seconde.

Quel bon pays est la France à tous les escrocs, les aventuriers et les fripons !

Nous périssons en tout genre par l'impunité.

Les intérêts particuliers gâtent toujours tout en France.

Les meilleures raisons échouent toujours contre celles des intérêts personnels et des cabales.

Une vérité que je n'aurais pu croire si une triste expérience ne me l'avait apprise, c'est que tout bien à faire est impossible. Si peu de gens le veulent de bonne foi, tant d'autres ont un intérêt contraire à chaque sorte de bien qu'on peut se proposer; ceux qui le désirent ignorent les contours, sans quoi rien ne réussit, et ne peuvent parer aux adresses ni au crédit qu'on leur oppose, et ces adresses appuyées de tout le crédit des gens de maniement supérieur et d'autorité, sont tellement multipliées et ténébreuses, que tout le bien possible à faire avorte nécessairement toujours.

En manière de conclusion.

Écrire l'histoire de son pays et de son temps, c'est se montrer à soi-même pied à pied le néant du monde, de ses craintes, de ses désirs, de ses espérances, de ses disgrâces, de ses fortunes, de ses travaux.

C'est se rappeler que nul des heureux de ce monde ne l'a été et que la félicité, ni même la tranquillité, ne peut se trouver ici-bas.

C'est mettre en évidence que s'il était possible que cette multitude de gens de qui on fait une nécessaire mention, avaient pu lire dans l'avenir le succès de leurs peines, de leurs sueurs, de leurs soucis, de leurs intrigues, tous, à une douzaine près tout au plus, se seraient arrêtés tout court dès l'entrée de leur vie et auraient abandonné leurs vues et leurs plus chères prétentions.

APPENDICE

LE CZAR VIENT EN FRANCE

(*mai-juin 1717*)

Il y a vingt mois que Louis XIV est mort et que le duc d'Orléans, son neveu et gendre, exerce les fonctions de Régent.

Le jeune roi Louis XV n'a encore que sept ans; il a comme gouverneur le maréchal de Villeroy.

Le roi d'Angleterre dont il sera question, est le souverain régnant George Ier, avec lequel le Régent, conseillé par l'abbé Dubois, vient de conclure un traité.

Le czar Pierre Ier qui, dès 1697, était allé visiter la Hollande et l'Angleterre, est maintenant âgé de quarante-cinq ans. Il a épousé en secondes noces la czarine Catherine.

En entreprenant vingt ans après un nouveau voyage en Europe occidentale, son principal dessein est de venir proposer à la France un pacte d'alliance.

Nota : Le terme « bayer », que l'on rencontrera ici pour la première fois, signifiait : « regarder en curieux » (littéralement : comme quelqu'un qui ouvrirait la bouche d'étonnement).

Pierre Ier, czar de Moscovie, s'est fait avec justice un si grand nom chez lui et par toute l'Europe et l'Asie, que je n'entreprendrai pas de faire connaître un prince si grand, si illustre, comparable aux plus grands hommes de l'antiquité, qui a fait l'admiration de son siècle, qui sera celle des siècles suivants, et que toute l'Europe s'est si fort appliquée à connaître. La singularité du voyage en France d'un prince si extraordinaire m'a paru mériter de n'en rien oublier.

On a vu qu'il avait voulu venir en France dans les dernières années du feu roi, qui l'en fit honnêtement détourner. N'ayant plus cet obstacle, il voulut contenter sa curiosité, et il fit dire au Régent par le prince Kurakin, son ambassadeur ici, qu'il allait partir des Pays-Bas où il était pour venir voir le roi.

Il n'y eut pas moyen de n'en pas paraître fort aise, quoique le Régent s'en fut bien volontiers passé. La dépense était grande à le défrayer; l'embarras pas moins grand avec un si puissant prince et si clairvoyant, mais plein de fantaisies avec un reste de mœurs barbares et une grande suite de gens d'une conduite fort différente de la commune de ces pays-ci, pleins de caprices et de façons étranges, et leur maître et eux très délicats et très entiers, sur ce qu'ils prétendaient leur être dû ou permis.

Le Czar de plus était avec le roi d'Angleterre en inimitié ouverte, qui allait entre eux jusqu'à l'indécence, ce qui ne gênait pas peu le Régent dont l'intimité avec le roi d'Angleterre était publique, et que l'intérêt personnel de l'abbé Dubois portait fort indécemment aussi jusqu'à la dépendance. La passion dominante du Czar était de rendre ses États florissants par le commerce. Il y avait fait faire quantité de canaux pour le faciliter. Il y en eut un pour lequel il eut besoin du concours du roi d'Angleterre, parce qu'il traversait un petit coin de ses États d'Allemagne. La jalousie du commerce empêcha George d'y consentir. Pierre, engagé dans la guerre de Pologne, puis dans celle du Nord, dans laquelle George l'était aussi, négocia vainement. Il en fut d'autant plus irrité, qu'il ne se trouvait pas en situation d'agir par la force, et que ce canal, extrêmement avancé, ne put être continué. Telle fut la source de cette haine, qui a duré toute leur vie et dans la plus vive aigreur.

Kurakin était d'une branche de cette ancienne maison des Jagellons, qui avait longtemps porté les couronnes de Pologne, de Danemark, de Norvège et de Suède. C'était un grand homme bien fait, qui sentait fort la grandeur de son origine, avec beaucoup d'esprit, de tour et d'instruction. Il parlait assez bien le français et plusieurs langues; il avait fort voyagé, servi à la guerre, puis été employé en différentes cours. Il ne laissait pas de sentir encore le Russe, et l'extrême avarice gâtait fort ses talents. Le Czar et lui avaient épousé les deux sœurs et en avaient chacun un fils. La Czarine avait été répudiée et mise dans un couvent près de Moscou, sans que Kurakin se fût senti de cette disgrâce.

Le Régent, averti par lui de la prochaine arrivée du Czar en France par le côté maritime, envoya les équipages du roi, chevaux, carrosses, voitures, fourgons, tables et chambres, avec du Libois, un des gentilshommes ordinaires du roi, pour aller attendre le Czar à Dunkerque, le défrayer jusqu'à Paris de tout et toute sa suite, et lui faire rendre partout les mêmes honneurs qu'au roi lui-même. Ce monarque se proposait de donner cent jours à son voyage. On meubla pour lui l'appartement de la reine mère au Louvre.

M. le duc d'Orléans, raisonnant avec moi sur le seigneur titré qu'il pourrait choisir pour mettre auprès du Czar pendant son séjour, je lui conseillai le maréchal de Tessé, comme un homme qui n'avait rien à faire, qui avait fort l'usage et le langage du monde, fort accoutumé aux étrangers par ses voyages de guerre et de négociations en Espagne, à Turin, à Rome, en d'autres cours d'Italie, qui avait de la douceur et de la politesse, et qui sûrement y ferait fort bien. M. le duc d'Orléans trouva que j'avais raison, et dès le lendemain l'envoya chercher et lui donna ses ordres. Il fut fort aise d'être choisi pour faire les honneurs au Czar, se tenir près de lui, l'accompagner partout, lui présenter tout le monde, et il s'en acquitta très-bien.

Quand on sut le Czar proche de Dunkerque, le Régent envoya le marquis de Nesle le recevoir à Calais et l'accompagner jusqu'à l'arrivée du maréchal de Tessé, qui ne devait aller que jusqu'à Beaumont au-devant de lui. En même temps on fit préparer l'hôtel de Lesdiguières pour le Czar et sa suite, dans le doute qu'il n'aimât mieux une maison particulière, avec tous ses gens autour de lui, que le Louvre. L'hôtel de Lesdiguières était grand et beau, touchant à l'Arsenal, et appartenait au maréchal de Villeroy, qui logeait aux Tuileries. On le meubla entièrement et très magnifiquement des meubles du roi.

Le maréchal de Tessé attendit un jour le Czar à Beaumont à tout hasard pour ne le pas manquer. Il y arriva le vendredi 7 mai sur le midi. Tessé lui fit la révérence à la descente de son carrosse, eut l'honneur de dîner avec lui, et de l'amener le jour même à Paris.

Il voulut entrer dans Paris dans un carrosse du maréchal, mais sans lui, avec trois de ceux de sa suite. Le maréchal le suivait dans un autre. Il descendit à neuf heures du soir au Louvre, entra partout dans l'appartement de la reine mère. Il le trouva trop magnifiquement tendu et éclairé, remonta tout de suite en carrosse et s'en alla à l'hôtel de Lesdiguières, où il voulut loger. Il en trouva aussi l'appartement qui lui était destiné trop beau, et tout aussitôt fit tendre son lit de camp dans une garde-robe. Le maréchal de Tessé, qui devait faire les honneurs de sa maison et de sa table, l'accompagner partout et ne point quitter le lieu où il serait, logea dans un appartement de l'hôtel de Lesdiguières, et eut beaucoup à faire à le suivre et souvent à courir après lui. Verton, un des maîtres d'hôtel du roi, fut chargé de le servir, et de toutes les tables tant du Czar que de sa suite. Elle était d'une quarantaine de personnes de toutes les sortes, dont il y en avait douze ou quinze de gens considérables par eux-mêmes ou par leurs emplois, qui mangeaient avec lui.

Verton était un garçon d'esprit, fort d'un certain monde, homme de bonne chère et de grand jeu, qui fit servir le Czar avec tant d'ordre, et sut si bien s'y conduire, que le Czar le prit en singulière amitié ainsi que toute sa suite.

Ce monarque se fit admirer par son extrême curiosité, toujours tendante à ses vues de gouvernement, de commerce, d'instruction, de police; et cette curiosité atteignit à tout et ne dédaigna rien, dont les moindres traits avaient une utilité suivie, marquée, savante, qui n'estima que ce qui méritait de l'être, en qui brilla l'intelligence, la justesse, la vive appréhension de son esprit. Tout montrait en lui la vaste étendue de ses lumières et quelque chose de continuellement conséquent. Il allia d'une manière tout à fait surprenante la majesté la plus haute, la plus fière, la plus délicate, la plus soutenue, en même temps la moins embarrassante quand il l'avait établie dans toute sa sûreté, avec une politesse qui la sentait, et toujours, et avec tous, et en maître partout, mais qui avait ses degrés suivant les personnes. Il avait une sorte de familiarité qui venait de liberté; mais il n'était pas exempt d'une forte empreinte de cette ancienne barbarie de son pays qui rendait toutes ses manières promptes, même précipitées, ses volontés incertaines, sans vouloir être contraint ni contredit sur pas une; sa table, souvent peu décente, beaucoup moins ce qui la suivait, souvent aussi avec un découvert d'audace et d'un roi partout chez soi; ce qu'il se proposait de voir ou de faire toujours dans l'entière indépendance des moyens qu'il fallait forcer à son plaisir et à son mot; le désir de voir à son aise, l'importunité d'être en spectacle, l'habitude d'une liberté au-dessus de tout lui faisait souvent préférer les carrosses de louage, les fiacres même, le premier carrosse qu'il trouvait sous sa main de gens qui étaient chez lui et qu'il ne connaissait pas. Il sautait dedans et se faisait mener par la ville ou dehors. Cette aventure arriva à Mme de Matignon, qui était allée là bayer, dont il mena le carrosse à Boulogne et dans d'autres lieux de campagne, qui fut bien étonnée de se trouver à pied. Alors c'était au maréchal de Tessé et à sa suite, dont il s'échappait ainsi, à courir après, quelquefois sans pouvoir le trouver.

C'était un fort grand homme, très-bien fait, assez maigre, le visage assez de forme ronde; un grand front; de beaux sourcils; le nez assez court sans rien de trop, gros par le bout; les lèvres assez grosses; le teint rougeâtre et brun; de beaux yeux noirs, grands, vifs, perçants, bien fendus; le regard majestueux et gracieux quand il y prenait garde, sinon sévère et farouche, avec un tic qui ne revenait pas souvent, mais qui lui démontait les yeux et toute la physionomie et qui donnait de la frayeur. Cela durait un moment, avec un regard égaré et terrible, et se remettait aussitôt. Tout son air marquait son esprit, sa réflexion et sa grandeur, et ne manquait pas d'une certaine grâce. Il ne portait qu'un col de toile, une perruque, ronde, brune, comme sans poudre, qui ne touchait pas ses épaules, un habit brun, justaucorps uni, à boutons d'or, veste, culotte, bas, point de gants ni de manchettes, l'étoile de son ordre sur son habit et le cordon par-dessous, son habit souvent déboutonné tout à fait, son chapeau sur une table, et jamais sur sa tête, même dehors. Dans cette simplicité, quelque mal voituré et accompagné qu'il pût être, on ne s'y pouvait méprendre à l'air de grandeur qui lui était naturel.

Ce qu'il buvait et mangeait en deux repas réglés est inconcevable, sans compter ce qu'il avalait de bière, de limonade et d'autres sortes de boissons entre les repas, toute sa suite encore davantage; une bouteille ou deux de bière, autant et quelquefois davantage de vin, des vins de liqueurs après, à la fin du repas des eaux-de-vie préparées, chopine et quelquefois pinte : c'était à peu près l'ordinaire de chaque repas. Sa suite à sa table en avalait davantage; et mangeaient tous à l'avenant à onze heures du matin et à huit heures du soir. Quand la mesure n'était pas plus forte, il n'y paraissait pas. Il y avait un prêtre aumônier qui mangeait à la table du Czar, plus fort de moitié que pas un, dont le Czar, qui l'aimait, s'amusait beaucoup. Le prince Kurakin allait tous les jours à l'hôtel de Lesdiguières, mais il demeura logé chez lui.

Le Czar entendait bien le français, et, je crois, l'aurait parlé s'il eût voulu; mais, par grandeur, il avait toujours un interprète. Pour le latin et bien d'autres langues, il les parlait très bien. Il eut chez lui une salle des gardes du roi, dont il ne voulut presque jamais être suivi dehors. Il ne voulut point sortir de l'hôtel de Lesdiguières, quelque curiosité qu'il eût, ni donner aucun signe de vie, qu'il n'y eût reçu la visite du roi.

Le samedi matin, lendemain de son arrivée, le Régent alla voir le Czar. Ce monarque sortit de son cabinet, fit quelques pas au-devant de lui, l'embrassa avec un grand air de supériorité, lui montra la porte de son cabinet, et se tournant à l'instant sans nulle civilité, y entra. Le Régent le suivit, et le prince Kurakin après lui, pour leur servir d'interprète. Ils trouvèrent deux fauteuils vis-à-vis l'un de l'autre; le Czar s'assit en celui du haut bout, le Régent dans l'autre. La conversation dura près d'une heure, sans parler d'affaires, après quoi le Czar sortit de son cabinet, le Régent après lui, qui avec une profonde révérence médiocrement rendue, le quitta au même endroit où il l'avait trouvé en entrant.

Le lundi suivant 10 mai, le roi alla voir le Czar, qui le reçut à sa portière, le vit descendre de carrosse, et marcha de front à la gauche du roi jusque dans sa chambre, où ils trouvèrent deux fauteuils égaux. Le roi s'assit dans celui de la droite, le Czar dans celui de la gauche; le prince Kurakin servit d'interprète. On fut étonné de voir le Czar prendre le roi sous les deux bras, le hausser à son niveau, l'embrasser ainsi en l'air, et le roi à son âge, et qui n'y pouvait pas être préparé, n'en avoir aucune frayeur. On fut frappé de toutes les grâces qu'il montra devant le roi, de l'air de tendresse qu'il prit pour lui, de cette politesse qui coulait de source, et toutefois mêlée de grandeur d'égalité de rang, et légèrement de supériorité d'âge; car tout cela se fit très distinctement sentir. Il loua fort le roi, il en parut charmé, et il en persuada tout le monde. Il l'embrassa à plusieurs reprises. Le Roi lui fit très poliment son petit et court compliment, et

M. du Maine, le maréchal de Villeroy, et ce qui se trouva là de distingué fournirent à la conversation. La séance dura un petit quart d'heure. Le Czar accompagna le roi comme il l'avait reçu, et le vit monter en carrosse.

Le mardi 11 mai, le Czar alla voir le roi entre quatre et cinq heures. Il fut reçu du roi à la portière de son carrosse, et conduit de même, eut la droite sur le roi partout. On était convenu de tout le cérémonial avant que le roi l'allât voir. Le Czar montra les mêmes grâces et la même affection pour le roi, et sa visite ne fut pas plus longue que celle qu'il en avait reçue; mais la foule le surprit fort.

Il était allé dès huit heures du matin voir les places Royale, des Victoires et de Vendôme, et le lendemain il fut voir l'Observatoire, les manufactures des Gobelins et le Jardin du Roi des simples. Partout là il s'amusa beaucoup à tout examiner et à faire beaucoup de questions.

Le jeudi 13 mai, il se purgea et ne laissa pas l'après-dînée d'aller chez plusieurs ouvriers de réputation. Le vendredi 14, il alla dès six heures du matin dans la grande galerie du Louvre voir les plans en relief de toutes les places du roi, dont Hasfeld avec ses ingénieurs lui fit les honneurs. Le maréchal de Villars s'y trouva aussi pour la même raison avec quelques lieutenants généraux. Il examina fort longuement tous ces plans; il visita ensuite beaucoup d'endroits du Louvre, et descendit après dans le jardin des Tuileries, dont on avait fait sortir tout le monde. On travaillait alors au Pont-Tournant. Il examina fort cet ouvrage, et y demeura longtemps. L'après-dînée, il alla voir Madame au Palais-Royal, qui l'avait envoyé complimenter par son chevalier d'honneur. Excepté le fauteuil, elle le reçut comme elle aurait fait le roi. M. le duc d'Orléans l'y vint prendre pour le mener à l'Opéra dans sa grande loge, tous deux seuls sur le banc de devant avec un grand tapis. Quelque temps après, le Czar demanda s'il n'y aurait point de la bière. Tout aussitôt on en apporta un grand gobelet sur une soucoupe. Le Régent se leva, la prit, et la présenta au Czar, qui, avec un sourire et une inclination de politesse, prit le gobelet sans aucune façon, but et le remit sur la soucoupe, que le Régent tint toujours. En la rendant, il prit une assiette qui portait une serviette, qu'il présenta au Czar, qui, sans se lever, en usa comme il avait fait pour la bière. Au quatrième acte il s'en alla souper, et ne voulut pas que le Régent quittât la loge.

Le lendemain samedi, il se jeta dans un carrosse de louage, et alla voir quantité de curiosités chez les ouvriers. Le 16 mai, jour de la Pentecôte, il alla aux Invalides, où il voulut tout voir et tout examiner partout. Au réfectoire, il goûta de la soupe des soldats et de leur vin, but à leur santé, leur frappant sur l'épaule et les appelant camarades. Il admira beaucoup, l'église, l'apothicairerie et l'infirmerie, et parut charmé de l'ordre de cette maison. Le maréchal de Villars lui en fit les honneurs. La maréchale de Villars y alla pour le voir comme bayeuse; il sut que c'était elle, et lui fit beaucoup d'honnêtetés.

Lundi 17 mai, il dîna de bonne heure avec le prince Ragotzi, qu'il en avait prié, et alla après voir Meudon, où il trouva des chevaux du roi pour voir les jardins et le parc à son aise. Le prince Ragotzi l'y accompagna.

Mardi 18, le maréchal d'Estrées le vint prendre à huit heures du matin et le mena dans son carrosse à sa maison d'Issy, où il lui donna à dîner, et l'amusa fort le reste de la journée avec beaucoup de choses qu'il lui fit voir touchant la marine.

Mercredi 19, il s'occupa de plusieurs ouvrages et ouvriers. Mme la duchesse de Berry et Mme la duchesse d'Orléans, à l'exemple de Madame, envoyèrent le matin complimenter le Czar par leurs premiers écuyers. Elles en avaient toutes trois espéré un compliment, ou même une visite. Elles se lassèrent de ne point en entendre parler, et à la fin se ravisèrent. Le Czar répondit qu'il irait les remercier.

Jeudi 20 mai, il devait aller dîner à Saint-Cloud, où M. le duc d'Orléans l'attendait avec cinq ou six courtisans seulement, mais un peu de fièvre qu'il eut la nuit l'obligea le matin à s'envoyer excuser.

Vendredi 21, il alla voir Mme la duchesse de Berry au Luxembourg, où il fut reçu comme le roi. Après sa visite il se promena dans les jardins. Mme la duchesse de Berry s'en alla cependant à la Muette, pour lui laisser la liberté de voir toute sa maison, qu'il visita fort curieusement. Comptant partir vers le 16 juin, il demanda des bateaux pour ce temps-là à Charleville, dans le dessein de descendre la Meuse.

Samedi 22, il fut à Bercy chez Pajot, principal directeur de la poste, dont la maison est pleine de toutes sortes de raretés et de curiosités, tant naturelles que mécaniques. Le célèbre P. Sébastien, carme, y était. Il s'y amusa tout le jour, et y admira plusieurs belles machines.

Le dimanche 23 mai, il fut dîner à Saint-Cloud, où M. le duc d'Orléans l'attendait; il vit la maison et les jardins qui lui plurent fort; passa, en s'en retournant, au château de Madrid qu'il visita.

Lundi 24, il alla aux Tuileries de bonne heure, avant que le roi fût levé. Il entra chez le maréchal de Villeroy, qui lui fit voir les pierreries de la couronne. Il les trouva belles et en plus grand nombre qu'il ne pensait, mais il dit qu'il ne s'y connaissait guère. Il témoignait faire peu de cas des beautés purement de richesse et d'imagination, de celles surtout auxquelles il ne pouvait atteindre. De là, il voulut aller voir le roi, qui de son côté venait le trouver chez le maréchal de Villeroy. Cela fut compassé exprès pour que ce ne fût point une visite marquée, mais comme de hasard. Ils se rencontrèrent dans un cabinet, où ils demeurèrent. Le roi, qui tenait un rouleau de papier à la main, le lui donna, et lui dit que c'était la carte de ses États. Cette galanterie plus fort au Czar, dont la politesse et l'air d'amitié et d'affection furent les mêmes, avec beaucoup de grâces, mais de majesté et d'égalité.

L'après-dînée il alla à Versailles, où le maréchal de Tessé le laissa au duc d'Antin, chargé de lui en faire les honneurs. L'appartement de Madame la Dauphine était préparé pour lui.

Mardi 25, il avait parcouru les jardins, et s'était embarqué sur le canal dès le grand matin, avant l'heure qu'il avait donnée à d'Antin pour se rendre chez lui. Il vit tout Versailles, Trianon et la Ménagerie. Sa principale suite fut logée au château. Ils menèrent avec eux des demoiselles, qu'ils firent coucher dans l'appartement qu'avait Mme de Maintenon, tout proche de celui où le Czar couchait. Bloin, gouverneur de Versailles, fut extrêmement scandalisé de voir profaner ainsi ce temple de la pruderie, dont la déesse et lui, qui étaient vieux, l'auraient été moins autrefois. Ce n'était pas la manière du Czar ni de ses gens de se contraindre.

Mercredi 26, le Czar s'amusa fort tout le jour à Marly et à la machine. Il manda au maréchal de Tessé à Paris qu'il y arriverait le lendemain matin à huit heures à l'hôtel de Lesdiguières, où il comptait le trouver, et qu'il le mènerait en lieu de voir la procession de la Fête-Dieu. Le maréchal lui fit voir celle de Notre-Dame.

Le défrai de ce prince coûtait six cents écus par jour, quoique il eût beaucoup fait diminuer sa table dès les premiers jours. Il eut un moment envie de faire venir à Paris la Czarine, qu'il aimait beaucoup; mais il changea bientôt d'avis. Il la fit aller à Aix-la-Chapelle ou à Spa, à son choix, pour y prendre des eaux en l'attendant.

Dimanche 30 mai, il partit avec beaucoup de relais pour aller dîner chez d'Antin à Petit-Bourg, qui l'y reçut et le mena l'après-dînée voir Fontainebleau, où il coucha, et le lendemain une chasse du cerf, de laquelle le comte de Toulouse lui fit les honneurs. Le lieu lui plut médiocrement, et point du tout la chasse, où il pensa tomber de cheval; il trouva cet exercice trop violent, qu'il ne connaissait point. Il voulut manger seul avec ses gens au retour, dans l'île de l'étang de la cour des Fontaines. Ils s'y dédommagèrent de leurs fatigues. Il revint à Petit-Bourg seul dans un carrosse avec trois de ses gens. Il parut dans ce carrosse qu'ils avaient largement bu et mangé.

Mardi 1er juin, il s'embarqua au bas de la terrasse de Petit-Bourg pour revenir par eau à Paris. Passant devant Choisy, il se fit arrêter, et voulut voir la maison et les jardins. Après s'être promené il se rembarqua, et il voulut passer sous tous les ponts de Paris.

Jeudi 3 juin, octave de la Fête-Dieu, il vit de l'hôtel de Lesdiguières la procession de la paroisse de Saint-Paul. Le même jour il alla coucher encore à Versailles, qu'il voulut revoir avec plus de loisir; il s'y plut fort et voulut aussi coucher à Trianon, puis trois ou quatre nuits à Marly dans les pavillons les plus près du château qu'on lui prépara.

Vendredi 11 juin, il fut de Versailles à Saint-Cyr, où il vit toute la maison et les demoiselles dans leurs classes. Il y fut reçu comme le roi. Il voulut voir aussi Mme de Maintenon, qui dans l'apparence de cette curiosité s'était mise au lit, ses rideaux fermés, hors un, qui ne l'était qu'à demi. Le Czar entra dans sa chambre, alla ouvrir les rideaux des fenêtres en arrivant, puis tout de suite tous ceux du lit, regarda bien Mme de Maintenon tout à son aise, ne lui dit pas un mot, ni elle à lui, et sans lui faire aucune sorte de révérence, s'en alla. Je sus qu'elle en avait été fort étonnée et encore plus mortifiée; mais le feu roi n'était plus. Il revint le samedi 12 juin à Paris.

Le mardi 15 juin, il alla de bonne heure chez d'Antin à Paris. Travaillant ce jour-là avec M. le duc d'Orléans, je finis en une demi-heure; il en fut surpris et voulut me retenir. Je lui dis que j'aurais toujours l'honneur de le trouver, mais non le Czar, qui s'en allait, que je ne l'avais point vu, et que je m'en allais chez d'Antin bayer tout à mon aise. Personne n'y entrait que les conviés et quelques dames avec Madame la Duchesse et les princesses ses filles qui voulaient bayer aussi. J'entrai dans le jardin, où le Czar se promenait. Le maréchal de Tessé qui me vit de loin, vint à moi, comptant me présenter au Czar. Je le priai de s'en bien garder, et de ne point s'apercevoir de moi en sa présence, parce que je voulais le regarder tout à mon aise, le devancer et l'attendre tant que je voudrais pour le bien contempler, ce que je ne pourrais plus faire si j'en étais connu. Je le priai d'en avertir d'Antin, et avec cette précaution je satisfis ma curiosité tout à mon aise.

Je le trouvai assez parlant mais toujours comme étant partout le maître. Il rentra dans un cabinet, où d'Antin lui montra divers plans et quelques curiosités, sur quoi il fit plusieurs questions. Ce fut là où je vis ce tic dont j'ai parlé. Je demandai à Tessé si cela lui arrivait souvent : il me dit plusieurs fois par jour, surtout quand il ne prend pas garde à s'en contraindre. Rentrant après dans le jardin, d'Antin lui fit raser l'appartement bas, et l'avertit que Madame la Duchesse y était avec des dames, qui avaient grande envie de le voir. Il ne répondit rien et se laissa conduire. Il marcha plus doucement, tourna la tête vers l'appartement, où tout était debout et sous les armes, mais en voyeuses. Il les regarda bien toutes, et ne fit qu'une très-légère inclination de la tête à toutes à la fois, sans la tourner le long d'elles, et passa fièrement; je pense, à la façon dont il avait reçu d'autres dames, qu'il aurait montré plus de politesse à celles-ci si Madame la Duchesse n'y eût pas été, à cause de la prétention de la visite.

Je fus là près d'une heure à ne le point quitter et à le regarder sans cesse. Sur la fin je vis qu'il le remarquait : cela me rendit plus retenu, dans la crainte qu'il ne demandât qui j'étais. Comme il allait rentrer, je passai en m'en allant dans la salle où le couvert était mis. D'Antin, toujours le même, avait trouvé moyen d'avoir un portrait très-ressemblant de la Czarine, qu'il avait mis sur la cheminée de cette salle, avec des vers à sa louange, ce qui plut fort au Czar dans sa surprise. Lui et sa suite trouvèrent le portrait fort ressemblant.

Le roi lui donna deux magnifiques tentures de tapisserie des Gobelins. Il lui voulut donner aussi une belle épée de diamants, laquelle il s'excusa d'accepter; lui, de son côté, fit distribuer environ soixante mille livres aux domestiques du roi qui l'avaient servi, donna à d'Antin et aux maréchaux d'Estrées et de Tessé à chacun son portrait enrichi de diamants, cinq médailles d'or et onze d'argent des principales actions de sa vie. Il fit un présent d'amitié à Verton, et pria instamment le Régent de l'envoyer auprès de lui chargé des affaires du roi, qui le lui promit.

Mercredi 16 juin, il fut à cheval à la revue des deux régiments des gardes, des gens d'armes, chevau-légers et mousquetaires. Il n'y avait que M. le duc d'Orléans : le Czar ne regarda presque pas ces troupes, qui s'en aperçurent. Il fut de là dîner-souper à Saint-Ouen, chez le duc de Tresmes, où il dit que l'excès de la chaleur, de la poussière et de la foule des gens à pied et à cheval lui avait fait quitter la revue plus tôt qu'il n'aurait voulu. Le repas fut magnifique.

Jeudi 17, il alla pour la seconde fois à l'Observatoire et de là souper chez le maréchal de Villars.

Vendredi 18 juin, le Régent fut de bonne heure à l'hôtel de Lesdiguières dire adieu au Czar. Il fut quelque temps avec lui, le prince Kurakin en tiers. Après cette visite, le Czar alla dire adieu au roi aux Tuileries. Il avait été convenu qu'il n'y aurait plus entre eux de cérémonies. On ne peut montrer plus d'esprit, de grâces ni de tendresses pour le roi que le Czar en fit paraître en toutes ces occasions, et le lendemain encore, que le roi alla lui souhaiter à l'hôtel de Lesdiguières un bon voyage, où tout se passa aussi sans cérémonies.

Dimanche 20 juin, le Czar partit et coucha à Livry, allant droit à Spa, où il était attendu par la Czarine, et ne voulut être accompagné de personne, pas même en sortant de Paris.

Le luxe qu'il remarqua le surprit beaucoup; il s'attendrit en partant sur le roi et sur la France, et dit qu'il voyait avec douleur que ce luxe la perdrait bientôt. Il s'en alla charmé de la manière dont il avait été reçu, de tout ce qu'il avait vu, de la liberté qu'on lui avait laissée, et dans un grand désir de s'unir étroitement avec le roi, à quoi l'intérêt de l'abbé Dubois et de l'Angleterre fut un funeste obstacle, dont on a souvent eu et on a encore grand sujet de repentir.

On ne finirait point sur ce czar si intimement et si véritablement grand, dont la singularité et la rare variété de tant de grands talents et de grandeurs diverses en feront toujours un monarque digne de la plus grande admiration jusque dans la postérité la plus reculée, malgré les grands défauts de la barbarie de son origine, de son pays et de son éducation. C'est la réputation qu'il laissa unanimement établie en France, qui le regarda comme un prodige dont elle demeura charmée [5.34].

Achevé d'imprimer le 13 janvier 1978
sur les presses de l'Imprimerie Bussière
à Saint-Amand (Cher)